丝路杏坛　芬芳吐蕊

2022—2023年莎车教育教学名师基地学术精粹

张权　主编

华龄出版社
HUALING PRESS

图书在版编目（CIP）数据

丝路杏坛　芬芳吐蕊：2022—2023年莎车教育教学名师基地学术精粹／张权主编．-- 北京：华龄出版社，2024.6

ISBN 978-7-5169-2652-9

Ⅰ．①丝… Ⅱ．①张… Ⅲ．①中小学—教学研究 Ⅳ．①G632.0

中国国家版本馆CIP数据核字(2023)第238538号

责任编辑　梁玉刚　　　　责任印制　李未圻

书　名	丝路杏坛　芬芳吐蕊：2022—2023年莎车教育教学名师基地学术精粹		
主　编	张　权		
出　版 发　行	华龄出版社 HUALING PRESS		
社　址	北京市东城区安定门外大街甲57号	邮　编	100011
发　行	（010）58122255	传　真	（010）84049572
承　印	三河市龙大印装有限公司		
版　次	2024年6月第1版	印　次	2024年6月第1版印刷
规　格	787mm×1092mm	开　本	1/16
印　张	22.5	字　数	493千字
书　号	ISBN 978-7-5169-2652-9		
定　价	98.00元		

教育与梦想

上海援疆莎车分指　张　权

纵览泱泱中华5000多年的文明史，教育的活动贯穿始终，它保持了独特的华夏文明的文脉，使其源远流长、生生不息；也是通过几千年的教育涵养孕育而成我们的民族精神、国家品格、个人理想……在实现中华民族伟大复兴的征程上，我们的教育仍要怀揣梦想。

站在浦东基础教育第一线，从教30年的经历让我深深感受到育人的根本在于“立德”“铸魂”“树根”，要坚持社会主义办学方向，培养德智体美劳全面发展的社会主义建设者和接班人。

自古以来，东西方社会的“教育”就有根据受教育程度选拔人才的意思。可以说，绝大多数社会人都需要通过受教育来实现社会地位的变迁，这是人作为万物之首兀立于茫茫宇宙又区别于世间万物而成为万物之灵的根本原因。教育伴随着人类社会的产生而产生，随着社会的发展而发展，与人类社会共始终。

“教育”有广义和狭义之分。广义的教育泛指一切有目的地影响人的身心发展的社会实践活动。狭义的教育是指专门组织的教育，即学校教育，它不仅包括全日制的学校教育，而且包括半日制的、业余的学校教育、函授教育、刊授教育、广播学校以及电视和网络学校的教育等。

教育是根据一定社会的现实和未来的需要，遵循受教育者身心发展的规律，有目的、有计划、有组织地引导受教育者获得知识技能、陶冶思想品德、发展智力和体力的一种活动，其目的是把受教育者培养成为适应一定社会（或一定阶级）的需要和促进社会发展的人。

教育又是一种思维的传授。不同的人因为其自身的意识形态有着不同的思维走势，所以教育当以最客观、最公正的意识思维教化于人，如此，人的思维才不至于过于偏差，并且能因思维的丰富而逐渐成熟、理性，从而由此成为最理性的自我，并拥有最正确的思维认知，这其实就是教育的根本所在；教育也是一种教书育人的过程，教育者可将自身的对于世界万物可以认知的最客观的理解教予他人，而后受教育者在自己的生活经验中得以把自己在接受教育、学习过程、对世界万物的实践反思中所形成的价值观等体现出来；教育更是一种提高人的综合素质的实践活动。

对于教育的定义，各国学者认识不同。

英国的斯宾塞说：“教育为未来生活之准备。”

美国的杜威说：“教育即生活。”

陶行知先生说："生活即教育。"他不仅在理论上进行探索，又以"甘当骆驼"的精神努力践行平民教育。鲁迅先生说："教育是要立人。"儿童的教育主要是理解、指导和解放。蔡元培先生说："教育是帮助被教育的人给他能发展自己的能力，完成他的人格，于人类文化上能尽一分子的责任，不是把被教育的人造成一种特别器具。"

尽管学者们对教育的定义认识各尽不同，但是教育随着人类活动的不断的发展，不断地演绎出不同的原则。

30 年来，我始终认同孔子的观点："大学之道，在明明德，在亲民，在止于至善。"

我国是有信史记载的最早系统性开展教育活动的国家（没有之一），也是全世界最重视教育的国家之一。被我们华夏民族尊为至圣先师的孔子就是非常重视教育的先贤。他把教育和人口、财富作为立国的三大要素。他认为民众应该受教育，其教育思想在很大程度上推动了其所处时代的进步。孔子承认知识和道德都是要靠学习获得的，教育是形成人的个别差异的重要原因，因而他说："性相近也，习相远也"，他主张"有教无类"，就是从"性相近"的思想源出的，这种教育思想至今是教育的最根本的原则之一。

很光荣、也很骄傲此生能成为一名祖国的教育工作者，更光荣、也更骄傲的是作为"上海第十批援疆干部"成员之一，继续为新疆的教育工作服务，延续我的教育梦想，以"文化润疆""教育援疆"为载体，为培育、强化中华民族共同体作出贡献。

习近平总书记强调：我国是统一的多民族国家，中华民族多元一体是我国的一个显著特征。我们创造性地把马克思主义民族理论同中国民族问题具体实际相结合，确立了以民族平等、民族团结、民族区域自治、各民族共同繁荣发展为主要内容的民族理论和民族政策，各民族在社会主义制度下实现了真正意义上的平等团结进步。我们的民族理论和政策是好的、管用的。要坚持走中国特色解决民族问题的正确道路，不断丰富和发展新时代党的民族理论，推进中华民族共同体基础性问题研究。各民族大团结的中国一定是无往而不胜的，一定是有着光明未来的，我们的第二个百年奋斗目标必然会胜利实现，中华民族伟大复兴必然会到来。

赓续千年的教育活动延续着独特的华夏文明的文脉，我们可以清贫，可以困顿，但必须坚持民族和国家的教育梦想，继续"立德""铸魂""树根"，培养德智体美劳全面发展的中华民族的代代莘莘学子。

我们的梦想终将实现。教育的梦想终将实现。中华民族的梦想终将实现！

2022 年 9 月 22 日笔于新疆喀什莎车

目　录

一、德育（思政）学科学术争鸣

"精神引领"对学校党建工作的意义探析 …… 张　权（3）
论初中道德与法治课堂互动式教学的应用策略 …… 司新伟（5）
如何做好一名新时代的思政课教师？ …… 阿迪力古力·吐尔孙（7）
浅谈教师人格对中学生成长的影响 …… 侯佼玫（10）
用心去浇灌　用爱去成就 …… 朱书娟（12）
小学道德与法治学科教学改进的路径探索 …… 史建玲（14）
小小蝌蚪变青蛙
——部编版小学一年级道德与法治课堂幼小衔接策略研究 …… 张亚梅（19）
在小学道德与法治教学中落实爱国主义教育的研究 …… 罗　燕（22）
浅析调动初中道德与法治课堂气氛方法策略 …… 贾瑞新（25）
小学道德与法治课堂视频资源的应用策略 …… 古丽尼牙孜·吐尔洪（27）
民族地区农村小学生良好行为习惯的养成教育 …… 任美丽（29）

二、语文学科学术争鸣

从多处入手，帮助小学生跨越语文阅读难关 …… 梁　英（35）
筑个性素材之宫殿
——浅谈如何挖掘高中语文课本中的作文素材 …… 李　磊（38）
浅谈怎样培养南疆少数民族高一后进生的阅读兴趣 …… 杨彩霞（40）
浅析少数民族地区高中文言文的教学方法
——以莎车一中为例 …… 王云飞（43）
如何提高少数民族地区学生的语文阅读理解能力 …… 王　肖（46）
新课标背景下高中语文单元教学设计探究 …… 倪　妍（48）
让学生爱上语文课堂的"不二法门" …… 郭盈盈（51）
浅谈初中名著导读教学 …… 吴晓飞（54）
以声传情，因读明义
——浅谈民族地区语文教学中的朗读指导 …… 乔海鹰（56）

发挥教材培根铸魂作用，铸牢学生共同体意识
——以初中语文统编本教材八年级上册第一、二单元为例 …………… 匡煌辉（60）
用统编本语文教材教作文策略初探 ………………………………… 匡煌辉（65）
随文仿写
——提高学生写作水平策略初探 ………………………………… 董　洁（71）
浅谈小学语文课本插图教学策略 ………………………………… 张　惠（73）
课文插图在小学语文教学中的运用教学案例 ……………………… 张　惠（76）
创建初中语文高效课堂的有效策略 ………………………………… 王丽娟（80）
浅谈语文教学技能的运用 ………………………………………… 王　乐（82）
诗歌教学中的以“读”激“趣” ………………………………… 刘　丽（85）
落实“双减”，提高语文课堂教学效率 …………………………… 乔海鹰（88）
语文名著导读教学的有效策略 …………………………………… 孙学瑞（93）
如何指导小学生进行语文预习 …………………………………… 史建玲（95）
现代信息技术在初中语文教学中的有效应用探索 ………… 西热尼阿依·投合提（100）
农村初中语文教学现状与改革措施浅谈 ……………… 阿依姑丽·阿不拉（104）
“双减”视域下初中语文作业设计研究 …………………………… 杨　梅（107）

三、数学学科学术争鸣

提高初中数学课堂教学质量的有效策略的初探 …………………… 郭秀世（113）
如何进行更有效的数学课后反思随笔 ……………………………… 赵永鹏（118）
如何提高初中生学习数学的兴趣 ……………………… 汗祖合热·亚森（124）
浅谈如何提高中考数学复习教学的有效性 ………………………… 党美娟（126）
初中数学课堂教学中的几点感悟 ………………………………… 曹爱国（131）
初中数学一题多解问题教学实践 …………………… 阿尔孜古丽·麦麦提（135）
如何培养小学中高段学生解决数学问题的能力 …………………… 杨　帆（141）
浅谈农村小学数学教学中如何培养学生语言表达能力 ……………… 白青海（144）
浅谈幼小衔接视角下小学数学学困生教改模式 …………………… 张莎莎（147）
幼小衔接中数学学习兴趣的培养 ………………………………… 文　超（151）
浅谈小学生口算错误的原因及改正方法 …………………………… 高瑞霞（154）
小学低年级数学游戏教学方法的研究 ……………………………… 马源泽（157）
浅谈小学数学作业批改中巧用评语 ……………………………… 韩喜萍（160）
指导一年级学生构建20以内进位加法数学模型的实践研究 ………… 何　菲（162）
注重幼小衔接，敲开数学之门 …………………………………… 盛　莉（168）
浅谈中学数学分层教学的优势与策略 ……………………………… 马　超（172）
新课程背景下提高初中数学课堂教学有效性的策略 ………………… 蒲文娟（180）

四、历史学科学术争鸣

试论公开课的内涵与特点 …………………………………… 姚　勇（185）
论南疆地区高中历史课堂中渗透家国情怀的重要性 …………… 杨晓华（189）
小图片　大历史
——从历史图片看家庭联产承包责任制 …………………… 何彩虹（192）
浅谈细节在初中历史教学中的作用 ………………………… 吴方香（195）
浅谈初中历史教学中如何培养学生的问题意识 ………… 阿依吐·玉苏普（197）
浅谈历史故事在初中历史教学中的灵活运用 …………… 布热比·拜克热（200）
激发学生的历史学习兴趣，提高学生的学习质量 ……… 叶力夏提·吾马尔别克（203）
任务教学法在初中历史教育教学中的融入 ………………… 王小强（206）
巧用多媒体技术，点亮历史课堂 …………………………… 杨　娟（208）

五、体育学科学术争鸣

浅谈小学体育器材不足的原因及其解决措施
——以莎车县城东街道办事处前进小学为例 ……………… 卢俊良（213）
初中体育教学提升学生主动参与策略分析 ………………… 杨　茹（215）
浅谈如何通过改进和优化体育课堂激发小学生的体育运动兴趣…… 阿迪力·吐孙（219）
如何在有限条件下上好一节体育课 ………………………… 张亚卫（222）
课外体育与体育课堂教学的探究 …………………………… 武冬雷（226）
体育游戏在初中体育教学中的应用 ………………………… 杨利民（231）
新课标下如何上好一堂体育课
——以莎车七中为例 ………………………………………… 靳　海（235）
分析探讨初中体育教学的多样化 …………………………… 程　剑（238）
莎车县中小学体育教学现状及发展对策 …………………… 宋向阳（241）

六、学前教育学段学术争鸣

幼儿良好行为习惯的培养 ……………………………… 苏比努尔·吾布力（249）
让京剧艺术之花在幼儿心田绽放
——谈少数民族幼儿京剧教学的方法与路径 ……………… 张　英（254）
农村少数民族地区幼儿园课程游戏化质量的策略研究
——以莎车县某幼儿园为例 ………………………………… 陈小雨（257）
浅析西部偏远地区农村学前教育发展现状及对策研究
——以莎车县伊什库力乡幼儿园为例 ……………………… 陈姣姣（262）

幼儿园“告状”行为的案例分析 …………………………………… 陈　霞（267）
传统民俗游戏与幼儿园五大领域活动教学中的有机融合 ………………… 樊　凡（270）
重视环境创设，促进儿童身心发展 ……………………………………… 王望霞（272）
浅谈幼儿班本剧的创新与发展 …………………………………………… 肖雪莹（277）
浅谈游戏化学习理念的幼儿园教学活动实施策略 ……………………… 寇莉君（280）
利用新疆石榴资源，打造幼儿园办园特色的设想
——以莎车县第十六幼儿园为例 ……………………………………… 姚素素（285）
如何运用游戏促进幼儿语言的发展 ……………………………………… 陈佳佳（288）
简述如何利用幼儿园一日生活及常规教育提升幼儿表达能力 ………… 陈莎莎（292）
论城乡接合部幼儿园家园合作的现状分析及策略
——以莎车县某幼儿园为例 …………………………………………… 李艳玲（295）
健康成长　静待花开
——莎车县某某幼儿园幼儿个案观察 ………………………………… 刘亚丽（298）
户外游戏在小班幼儿教学活动中的妥善应用方法研究 ………………… 闵阿丽（301）
论有效开展幼儿园语言教学活动的策略 ………………………………… 涂雪莲（305）
幼儿园区域活动材料投放的实践与思考 ………………………………… 王亚琦（308）
浅谈乡镇学前特殊儿童教育的现状及其研究
——以莎车县伊什库力乡为例 ………………………………………… 杨滨酸（311）
如何在游戏中促进幼儿社会认知与社会活动能力的发展 ……………… 冶雪莲（316）

七、综合学科学术争鸣

疆域内外学生化学学习方法的差异性研究
——以莎车县阔什艾日克乡中学为例 ………… 阿布都卡地尔·吾布里阿希木（323）
初中英语阅读教学中突出学生主体地位的策略分析 ……………………… 陈玉兰（333）
“双减”政策下，如何提高地理课堂效率 ………………………………… 姜海燕（335）
如何创建初中生物高效课堂 ……………………………………………… 魏海燕（338）
浅谈怎样在课堂中更好地进行歌唱教学 ………………………………… 赵婷婷（341）
因材施教，以学生为主体，让课堂活起来 ……………………………… 张　敏（345）

附录　做自我觉醒的教育工作者 ………………………………………… 张　权（348）

一、德育（思政）学科学术争鸣

“精神引领”对学校党建工作的意义探析

张　权

上海，是一座现代化的国际大都市。上海的教育领时代之先，一直站在中国现代教育改革的潮头。上海各学校的党建工作更是百花齐放、百舸争流，缤纷绚烂、精彩纷呈。回顾我个人扎根浦东基础教育的30年，迎来送往一批批的莘莘学子，内心深处越来越强烈地感受到，“精神引领”对学校党建工作具有重要意义。

精神作为汉语词语，描述的是有智动物特别是人类的内在灵魂和心理现象。

民族精神反映了在长期的历史进程和积淀中形成的民族意识、民族文化、民族习俗、民族性格、民族信仰、民族宗教、民族价值观念和价值追求等共同特质，是指民族传统文化中维系、协调、指导、推动民族生存和发展的精粹思想，是一个民族生命力、创造力和凝聚力的集中体现，是一个民族赖以生存、共同生活、共同发展的核心和灵魂。一个国家需要拥有伟大的民族精神，学校的党建工作由“民族精神引领”，将永远不会偏离教育的核心与原点，在此基础上的教育培养出来的学生必将铸就“民族之魂”“国家之魄”。中华民族深深根植于延绵数千年的优秀文化传统之中，生生不息，绵绵不绝，逐渐形成了以爱国主义为核心，团结统一、爱好和平、勤劳勇敢、自强不息的伟大民族精神。在此“精神引领”下全校师生在节操、气度、风范和日常行谊上表现出镇定自若、奋发有为、自强不息、不屈不挠的志节和心情。这就是“精神引领”对学校党建工作的第一个重要意义。

城市精神是一座城市的灵魂，是城市的文明素养和道德理想的综合反映，是城市的意志品格与文化特色的精确提炼，是城市的生活信念与人生境界的高度升华，是城市市民认同的精神价值与共同追求。

近20年来，我结合组织委派和个人旅行，在不同的国家和地区做教育访问，体验、收集、研究不同城市的不同学校，发现有的学校教育有可能没有“民族精神引领”的教育痕迹，但所有学校都深深地镌刻着所在城市的风土人情、发展变迁、市民性格的烙印，我把这种现象称之为“城市精神引领”。遍历祖国的大好河川、跨越万里体验不同城市的不同学校，我发现虽然中国是一个统一的大市场，都在使用国家通用语言文字，都在“双新课程，双创背景，双减任务”的新时代教育环境下展开教育教学活动，但在具体的教育目的的确立、教育载体的选择、教育活动的过程、教育评价的方式等方方面面都不尽相同，学校的教育教学活动无不和所在城市的精神无形地契合。可见，在学校党建工作中同样需要城市精神的引领。

上海的城市精神是：海纳百川、追求卓越、开明睿智、大气谦和。它综合凝聚了这座城市的历史传统、精神积淀、社会风气、价值观念以及市民素质等诸多因素。

浦东的精神虽没有统一凝练，但其开放之初就确定了“开发浦东、振兴上海、服务全国、面向世界”的工作方针，30 多年来成为“中国改革开放的象征”和“上海现代化建设的缩影”，如今更是改革开放的“排头兵”“先行者”“引领区”。

纵观浦东乃至上海的学校，其最终的教育教学活动无不与以上所述的浦东乃至上海的城市精神紧密相关。它对学校的建设与发展、教师的专业成长与引领、学生的健康生活与成熟都具有巨大的灵魂支柱作用、鲜明的旗帜导向作用与不竭的动力源泉作用，使得这座城市里的所有学校在教育教学活动中，对外树立形象、对内凝聚人心，上下团结一致、共谋发展。这是“精神引领”对学校党建工作的又一个重要意义。

学校精神是一所学校的整体精神面貌，是学校内各不同群体在长期的教育教学实践中积淀起来的、共同的心理和行为中体现出来的理念、价值体系、群体心理特征及精神价值传统。

我曾于傅雷中学工作了 25 年，“对祖国的热爱与忠诚”“对工作的执着与认真”“对友人的坦荡与诚实”是我和同仁们用 25 年时间研究、凝练成的“傅雷精神”，顺理成章地成为学校的精神，影响一代代傅雷师生。后来我到南汇四中、澧溪中学、进才实验中学等学校工作，教育访问了国外十多所学校，到如今我在周浦实验学校担任党支部书记的这 5 年，我发现每一所学校在“民族精神”“城市精神”的引领下，都会凝练出适合这一方水土、人文环境来培养孩子成长、成熟的“学校精神”。它构成了学校文化的内核，决定着学校的思维方式和工作态度，决定着学校的校风、学风和教风，决定并制约着学校文化系统的取向和性质，是全体师生员工认同的一种群体意识，是学校的一种“教育场”，是学校的“精、气、神”。它赋予学校特有的个性魅力，是学校群体凝聚力、向心力和战斗力的“原动力”。

尽管我们的学校很年轻，才仅有短短的 10 年历史，但纵观这几年的发展，学校规模已经达到近 70 个班级，师生员工 3000 多人，每年在教育教学活动中涌现出来的优秀团体与优秀个人数不胜数，学校的办学特色凸显而富有成效，学生的综合素养、社会评价卓越而优秀；学校书记带头跨越祖国万里疆土，为国戍边，践行中华民族共同体，三年来助力莎车教育高质量发展，使得莎车县教育从喀什地区低地跨越式发展成为喀什地区头部；三年来学校的“党员示范岗”“党员先锋队”“志愿者服务队”活跃在社会、社区、学校的角角落落；线上线下的“双线”无缝教育教学活动，以及面对新型冠状病毒感染疫情的逆风而行。这一切的一切成为学校的精髓和支柱，都是学校文化的核心和集中体现，更是全校师生崇尚真善美，追求真理的精神品质。所有的校园内的“凡人小事”都既表现了实事求是、虚心好学、勇于探索的科学精神，又彰显了文化陶冶、精神塑造、全面发展的人文精神，更表达了勇于发现、不断创造、学会做人的创新精神，它们共同汇聚凝结成了学校的一种理想和价值追求，是我们学校的凝聚力、生产力、创造力和生命力的源泉和动因，也使得学校成为周浦地区办学规模与教育质量都位居前列的好学校。这正是“精神引领”下学校党建工作风采，也是“精神引领”对学校党建工作的再一个重要意义。

学校作为社会发展和进步的推动者，在“精神引领”下学校党建工作必须走在时代的前列，具有敏锐的时代气息，永远代表着进步的时代精神，把“民族精神”“城市精神”“学校精神”的培养作为党建育人的重要载体，承担起传播文明、教化社会的责任，对整个社会的精神文明的建设作出持续的贡献。

论初中道德与法治课堂互动式教学的应用策略

司新伟

在新时期课堂教学引导过程中教师构建互动课堂，会促进学生在学习过程中的全面发展，也会保证学生理解能力、感知能力的提升。在互动课堂内学生对教师讲解的知识内容的接受程度和接受积极性会得到提升，学生更容易接受掌握，教师在课堂内诠释重点知识，从而保证学生的高效理解，促进学生在学习中的全面发展。在实际的初中道德法制课堂内，互动课堂教学模式的构建，也会促进学生的综合成长，保证学生总体学习意识的提升。

一、设置教学情境，构建互动课堂

在课堂教学过程中，教师可以通过实施教学情境的方式构建互动课堂，教学情境会缩短学生与道德与法治知识之间的距离，让学生在课堂内理解教师诠释的知识；同时，教学情境会深化学生在课堂学习过程中的情感感悟，是教师调动学生积极性、让学生了解学习内涵的有效方式，通过教学情境构建互动课堂会让学生在高效探索和参与中理解知识内容，提升学生的学习效果①。

例如，在有关“中学序曲”的知识讲解过程中，本堂课是初中时期道德与法治知识的第一讲，教师在课堂内也可以通过设置教学情境的方式，让学生了解中学时期学习的特点，以及中学生活与小学生活之间的差别，通过设置教学情境的方式，让部分学生扮演小学生，部分学生扮演中学生，以日常生活、学习内容、思想状态的对比方式表现出中学学习中的特点和重点内容，让学生了解知识，提升学习积极性，从而实现通过设置教学情境的方式构建互动课堂，让学生高效理解教师诠释的内容，促进学生的全面发展。

---

① 钟巧平．互动式教学模式在初中道德与法治课教学中的应用与实践［J］．才智，2020（7）：56.

二、融合多媒体，构建互动型课堂

在初中道德与法治课堂教学过程中，教师可以通过多媒体方式构建互动型课堂，以多媒体的灵动性特点展示图片和视频，以多媒体的延展性特点拓宽学生的学习思维眼界，让学生在课堂学习中实现高效探索，通过不同方式让教师在课堂教学内探索有效的方法，通过互动课堂的构建，让学生理解知识、探索知识、掌握知识，保证学生在多媒体构建的互动课堂内增强学习质量①。

例如，在有关“让友谊之树长青”知识点的教学过程中，教师可以通过多媒体为学生展示日常生活中的友谊，如幼儿时期的友谊、青少年时期的友谊和老年时期的友谊，通过不同图片的逐一展示，让学生了解友谊之树常青的概念。随后，在课堂教学内教师可以依据多媒体延展性的特点，拓宽课堂内讲解的知识内容，让学生形成完善的思维意识眼界，保证学生完善思维脉络的行程，从而通过多媒体的特点构建互动型课堂，让学生在讨论中了解知识，在实践中认识道德与法治学习内容，实现课堂内的教学目标。

三、开展实践活动，构建互动课堂

实践活动的开展能保证学生形成完整的知识脉络。因此，在初中道德法制课堂教学内，教师可以通过实践活动的开展构建互动型课堂，让学生在实践活动中讨论教师讲解的知识，同时在实践活动中验证教师讲解的理论内容，通过实践活动与课堂内教师讲解的融合，保证学生综合学习成效的增强，并促进学生在学习中的成长，让学生形成完整思维脉络，实现课堂教学的全面改革②。

例如，在有关“活出生命的精彩”知识讲解过程中，教师可以在课堂内讲述基础知识，随后让学生通过实践和活动方式讨论生活中精彩生命的体现，通过课堂教学与实践活动的融合，在学生的参与、互动、分享、探索过程中教师讲解重点知识和经典知识内容，会让学生的理解能力更加深化，让学生对知识点的探索意识得到提升，保证学生在学习中的成长，促进学生的全面发展，让学生在互动课堂教学中提升学习成效。

综上所述，初中道德与法治教师在课堂教学过程中构建互动课堂，会促进学生在学习中的全面进步，也会保障学生理解能力、学习积极性的增强，让学生在课堂学习过程中得到发展，让学生认知道德与法治课堂中的学习内容，形成正确的价值观念。但是，在取得丰硕的教学成果之后，教师仍须探索初中道德法治课堂教学的其他策略，让学生

---

① 王容容．课堂，因对话而生动——初中道德与法治对话课堂的有效构建［J］．教育观察，2019，8（41）：137－138.

② 缪书梅．现场互动，活跃课堂——道德与法治互动式教学略谈［J］．教书育人，2018（19）：47.

在课堂学习过程中得到更加系统的培养，在课堂内培养学生的终身学习意识，让学生平稳度过青春期，实现课堂教学目标。

如何做好一名新时代的思政课教师？

阿迪力古力·吐尔孙

什么是思政课？

思政课的“思”是思想的“思”、政是政治的“政”。

思政课是将思想政治教育元素，包括思想政治教育的理论知识、价值理念以及精神追求等融入各门课程中去，潜移默化地对学生的思想意识、行为举止产生影响的一门课程。

思政课是社会或社会群体用一定政治观点、道德规范，对其成员施加有目的、有计划、有组织的影响，使他们形成符合一定社会所要求的人的课程。

思政课是一门立德树人、培根铸魂的课程。

2019 年 3 月 18 日上午，北京人民大会堂东大厅召开了一场别开生面的座谈会——习近平总书记主持召开的全国大中小学思政课教师座谈会。习近平总书记在座谈会上提到，“思想政治理论课是落实立德树人根本任务的关键课程，思政课作用不可替代，思政课教师队伍责任重大。”为此全国各级各类学校所有思政课教师，应该利用国家对思政课重视的大好形势，不断夯实与提高自身理论知识水平，时刻把握好思政课改革创新的新动向、新态势，真正做到“立德树人”“三全育人”。习近平总书记强调：“办好思想政治理论课关键在教师，关键在发挥教师的积极性、主动性、创造性。”思政课教师政治要强，情怀要深，思维要新，视野要广，自律要严，人格要正，只有这样才能真正给学生心灵埋下真善美的种子，引导学生扣好人生第一粒扣子。

作为一名合格的思政课教师，面对新时代新要求，就如何贯彻落实好习近平总书记重要讲话精神，自觉与习近平总书记提出的六个方面要求对标，选定提升素质和水平的努力方向，管好属于自己的“责任田”，上好每一堂思政课，下面我跟大家分享我的看法。

一、政治素质和政治责任意识要强

思政课教师是学生正确世界观、人生观和价值观的重要培养者和领路人，责任重大，使命光荣。作为传道者，思政课教师自己首先要明道、信道；作为育人者，思政课教师要先受教育。思政课教师要以德立身、以德立学、以德施教，在大是大非面前，立场坚定、政治清醒，树牢“四个意识”，坚定“四个自信”，坚决做到“两个维护”，在党和人民的伟大实践中关注时代、关注社会，汲取养分、丰富思想，追求并确立大境界、大胸怀、大格局。坚持教书和育人相统一，坚持言传和身教相统一，坚持潜心问道和关注社会相统一，坚持学术自由和学术规范相统一，对马克思主义理论、习近平新时代中国特色社会主义思想要先学、真学、真信。教师是立教之本、兴教之源。上好思政课关键在教师。传道者自己首先要明道、信道，育人者要先受教育。思政课教师要具有高度的政治思想觉悟，负责自己和广大学生，思政课教师要时刻保持清醒的政治头脑和敏锐的政治判别力，做党忠实的信仰者和事业的笃行人，做一名有责任有担当有家国情怀的思政课教师。律己方能律他，己正方能正人。

二、知道自己的任务

作为一名思政课教师，要明确“培养什么人、怎样培养人、为谁培养人”这一根本问题，明确“立德树人”这一根本任务，在学生的心灵埋下“真善美”的种子，把做一名人民满意的教师作为自己的事业追求和价值标杆，不懈努力和追求。认真落实社会主义教育方针，必须培养一代又一代拥护中国共产党领导和我国社会主义制度、立志为中国特色社会主义事业奋斗终身的有用人才。

学生步入人生的新阶段，其正确的世界观、人生观、价值观的确立，最需要精心引导和栽培。给他们心灵埋下真善美的种子，引导学生扣好人生第一粒扣子，思政课的作用不可替代。

思政课教师要自觉立德树人，担负起思政课“培养社会主义事业合格建设者和可靠接班人”这一历史使命和神圣职责，理直气壮地讲好思政课，把“做让学生喜爱的思政课教师”作为自己的神圣使命和事业追求、价值尺度和事业标杆。

三、加强教研，提高效果

思想政治理论课教学，要力戒苍白无力的理论说教，让学生感觉内容入情、入理、生动而具体，想听、爱学，不“枯燥”和“无聊”，感受教师传授的内容与社会现实联系很密切，与自己的学习和生活很贴近，对自己做人做事很有启发，教师必须要增强内容的针对性和实践性，拉近思政课教学与学生的距离，真正让学生入心、入脑。

思政课教师在教学中要灵活运用案例教学法、实践教学法、短视频教学法、情境教学法等。“00 后”是互联网背景下成长起来的新一代，为实现对他们的针对性教育，思政课教师要关注互联网热点，加强对热点事件的分析和剖析，帮助学生树立正确的人生观、价值观和世界观。

思政课教育思维要新、视野要广，专业知识要扎实。思政课教师必须熟练掌握辩证唯物主义和历史唯物主义，不断创新思政课教学，让学生能够在启发中发现问题。

不断创新教学手段，激发学生的学习兴趣。多媒体的现代教学方式具有生动直观、信息量大、效率高等优点，其运用能够使深奥、抽象的理论通俗化、形象化，在艺术氛围下创造出感人的教学情境，更容易引发学生的共鸣；教师在课堂上一句生动幽默的语言，它既是一种教学的艺术，也是一种教学的风格，能使师生之间的关系更加和谐，缩小师生间的心理差距，引发学生的学习兴趣；消除教学中师生的疲劳，振奋精神；改善课堂气氛，有助于培养学生乐观和开朗的个性和发展学生的创造力，使原本生硬的课堂在宽松的气氛中舒展。

四、人格要正，道德情操高尚

水之积也不厚，则其负大舟也无力。思政课教师要积极占领德育高地，德高为师，身正为范。

自律要严，坚持以德立身。思政课教师要时刻保持清醒的政治头脑和敏锐的政治判别力，做党忠实的信仰者和事业的笃行人，做一名有责任有担当有家国情怀的思政课教师。律己方能律他，己正方能正人。一是提倡简约生活。在生活上，严于律己，保持良好的学习、生活和工作习惯，脚踏实地，坚持阳光、向上、简约的健康生活方式。二是注重言传身教。注意自己的一言一行、一举一动，言行一致，以高尚的品格、高雅的情趣、阳光的心态，积极面对工作生活中的一切困难，自觉践行言传和身教，做为学为人的表率，做学生思想的“清洁工”。三是热心公益事业。在空余时间，思政课教师可以积极参加公益活动、社会公德行动等，走出教室、走进社会。四是弘扬劳模精神。思政课教师要倡导学生努力学习劳模人物、劳模精神，弘扬正能量，以劳模精神深化思政课教学和改革，增强思政课的思想性、理论性、亲和力和针对性。五是勇担当敢作为。思政课教师要把思政小课堂搬入社会大课堂，关注时事热点，不仅以透彻的学理分析回应学生，而且用具体的事例、鲜活的人物故事来教育学生，敢于直面各种错误的思潮和观点，批判历史虚无主义，不断提高价值引领性。

五、思政课的重要特点——落实课程思政，实现课程育人

树立明确的课程思政的新时代课程观，课堂上体现好时代新要求，教学中实施好时代新方略，将更加有利于提高教学效果，也有利于教师自身成长，促进教师不断提高思想水平、人文素质，不断提高教学能力和教育艺术，实现教学相长。

落实思政课的立德树人根本任务，须用好中华优秀传统文化、革命文化、社会主义先进文化。中华民族几千年来形成了博大精深的优秀传统文化，我们党带领人民在革命、建设、改革过程中锻造了革命文化和社会主义先进文化，这些文化积淀着中华民族最深层的精神追求，代表着中华民族独特的精神标识，为思政课建设提供了深厚力量。

更好地锤炼青年人的品德，就要促使青年人自觉树立和践行社会主义核心价值观，矢志追求更有高度、更有境界、更有品位的人生，就要自觉用中华优秀传统文化、革命

文化、社会主义先进文化培根铸魂、启智润心，加强道德修养，明辨是非曲直，增强自我定力，内化于心、外化于行。

与此同时，还要在思政课的实践中，融贯文化元素，因时、因势制宜，创新教学形式，使思政课教学样态出彩、教学方式走心、教学内容动人，使学生愿意听、听得进、记得住，更好推动中华优秀传统文化创造性转化、创新性发展，继承革命文化，发展社会主义先进文化。

总之，思政课教师要自觉立德树人，担负起思政课“培养社会主义事业合格建设者和可靠接班人”这一历史使命和神圣职责，理直气壮地讲好思政课，把“做让学生喜爱的思政课教师”作为自己的神圣使命和事业追求、价值尺度和事业标杆。政治素质和政治责任意识要强，政治情怀要深，理想信念坚定，加强教研，提高教学效果，落实课程思政，实现课程育人，人格要正，道德情操高尚。为实现中华民族伟大复兴，认真落实习近平总书记对思政课教师的要求，坚持社会主义教育方针，必须培养一代又一代拥护中国共产党领导和我国社会主义制度、立志为中国特色社会主义事业奋斗终身的有用人才。

浅谈教师人格对中学生成长的影响

侯佼玫

教师的一言一行都会对学生的发展产生影响，这就决定了教师必须时刻严格要求自己，给学生做好表率，让学生在潜移默化中获得成长。

一、教师人格的内涵

教师人格是教师因其作为教师这一特殊的社会角色而具有的人格，教师人格是教师在长时间的教育工作过程中形成的，与教师的性别、年龄、教龄、教师所处的社会环境等密切相关。教师的职业目的是立德树人，相对于学生而言，教师是一个指引者、组织者、合作者，这就决定了教师必须具有高尚的教师人格，如工作富有热情，具有良好的性格和坚强的意志，目标明确，充满自信，道德高尚，等等。

教师的人格直接影响到学生的人格、心理、道德、行为等的发展。教师要不断地提升自己，首先，要加强自身修养，做学生人格的表率，在言谈举止，行为习惯上都应具有良好的道德表现；其次，丰富自身的文化底蕴，强化教师人格根基，及时更新自己的知识面，养成终身学习的理念，以学生为本，从学生角度出发，不断激发自己的求知欲，拓宽自己的学习领域，精益求精；最后，要做善于交流的教师，教师这门职业是要讲究语言艺术的，课内、课外都需要与学生交流，只有能够实现与学生间的分享与交流才会拉近师生距离，更好地体现教师的人格魅力。

二、教师人格对中学生的影响

（一）教师的人格影响中学生的道德品质

师德是教师的灵魂。在教师的教育教学过程中，教师的言行举止，作风仪表，处事态度等都在潜移默化地影响着学生。孔子曰："其身正，不令则行；其身不正，虽令不行。"中学生正处在独立思维逐渐成熟的时期，自我意识越来越强烈，其在成长中会自觉不自觉地受到周围环境的影响，会自然地模仿教师行为。"培养德、智、体、美、劳全面发展的社会主义事业建设者和接班人"是我们每一位教师的教育职责，教师是否具有良好的人格魅力，将会直接影响学生能否形成良好的个性和健康人格，教师身上所体现出来的精神、优秀品格，是任何书籍、任何格言、任何制度都不能替代的教育力量。因此作为教师，一定要在教育教学中给学生树立榜样示范，以良好的人格魅力影响学生，使学生真正成长为社会需要的人才。

（二）教师的人格影响中学生的学习兴趣

正所谓"德高于内，才能溢于外"，教师的内在修养能通过人格魅力展现出来，让学生感受到人与人之间的相互尊重，感受到平等的师生关系，从而更好地激发学生的主动性和积极性，从对教师的人格魅力的崇拜上引申到学习的兴趣上来。同样，一个拥有丰富的知识的教师，同时又拥有独特的教学方式的教师，从他的课堂上所展现出来自信、无法掩饰的人格魅力会深深地吸引着学生，由"尊其师而信其道"发展到"知之者不如乐之者，乐之者不如好之者"。学生具有个体差异性，不同的学生有不同的想法，教育是在培养人，但不是要求学生变成一模一样的人。教师在教育教学中所展现出来的包容性人格，将激励学生朝着多层次发展。教师在教学中是引导者，教师的教育行为会指引学生走向不同的方向。例如，一个注重学生平等发展，不仅仅拘泥于学生文化课成绩好坏的教师，他的学生也会在各个方面发展出闪光点，更加自信，更有信念感。

（三）教师的人格影响中学生的情绪情感

教师需要"平常心"。在日常的教学中，当教师的情绪情感处于不稳定的状态下时，学生也总是缺乏耐心，不够细致、专注。教师是学生的良师益友，随着社会的发展，学生的思维独立性越来越早地展现出来，师生之间可以通过沟通、对话的方式，平等地去交流，以教师的情绪情感去感染学生。教师对于工作的热情、对学生的爱心、对生活的积极性等这些美好的情感都会感染到学生，也会对学生的情感发展产生潜移默化的影响。一个温和有礼的教师，他的学生身上也会慢慢地体现出教师的影子；一个急躁的教师，他的学生在遇到问题时，也常常会表现得不够淡定。教师对学生的心理教育往往是隐性的，这些情感上的变化都会折射到学生的学习、生活上来，教师要注意对学生良好的情绪情感的培养。

用心去浇灌　用爱去成就

朱书娟

苏格拉底曾说过："人类最大的幸福就在于每天能谈谈道德方面的事情，无灵魂的生活就失去了人的生活价值。"身为教师的我们，培根筑基，立德树人，用多种方式浇灌和成就学生是我们从事教育永恒的旋律。

一、唤醒和信任，引领学生健康成长

教育者的使命就在于唤醒——唤醒每个孩子的善良纯真，让他们在阳光雨露下渐渐地生根发芽。用我们的信任，使我们的每一位后进生摘掉他们的"帽子"，使其勇于成为一名敢于挑战自己、乐于展示自我的人。看着学生的成长与进步，是每一位教师最幸福的事情。

学生步入初中生活后不久，班长很生气地告诉我一件事情——一位学生的零花钱丢了，怎么找也找不到。查询过后，发现了两位可疑的学生，一位是学习委员，另一位是很调皮的 Z 同学。我询问了事件的经过，让他俩分别叙述自己当时正在做什么，之后就让他们回班上课去了。当时，我心里很难过，他俩无一人承认是自己拿了钱，当然，我心里的天平倾向于学习委员，潜意识中认为 Z 比较有嫌疑，只是因为该生平时较为调皮。事后，我认真地回想他们的话语，觉得他俩说的话都是真的。我愿意相信他们，于是自己拿出了钱还给了丢钱的学生。过了两天，那位失主找到我把钱还给了我，并且告诉我，是他自己弄错了，他的零花钱被自己的妹妹拿走了，但却未告诉他。还好我相信了孩子们说的是实话而没有伤害到他们。从那以后，Z 同学变得不那么调皮了，而且越来越有正义感、有正能量，我想这就是信任的力量。用教师对孩子完全的信任去引领孩子健康成长，用信任去帮助孩子描绘他们更加美丽的蓝图！信任，是我们与每一位学生沟通的桥梁；信任，托起孩子们更加美好的未来！

二、关心和理解，给予学生自主选择的权利

每一个孩子天生是一位"天使"，他们善良，积极，但同时他们也需要我们的关心和关爱，身为教育者，我们应将关爱洒向每一位孩子的心田，让他们体会到教师的关心和爱护，更加勇敢地面向未来。同时，教师应该学会理解每一位学生，用理解这把心灵的钥匙去开启每个学生的智慧大门。

班里有一个女孩子是留守儿童，从初中开始就独自一人在学校附近租住房子，自己做饭、洗衣，自食其力。每逢周末才回到距离县城几十公里的家中和父母团聚。该生平

时独立、自强，但缺少关心和爱护。了解到这些，我很着急，也很心酸，是故平日里常悄悄地给予她一些生活上的帮助和精神上的鼓励。每个月班里都要更新一期黑板报，某天课下她主动找到我，要承担起这个事情并保证一定会尽力做到最好。我告诉她："老师相信你的能力，有什么困难随时来找我。"她没有说什么，就跑走了。连续几天中午，她很早到校，在班里认真地准备着，画草图、准备颜料、勾出线条、填充内容等。看她专注的样子我打心眼里佩服这个女孩子！通过她的努力，班里的黑板报获得一等奖，在班会课上，我隆重地表扬该生，并号召全班同学向她学习，同学掌声响起的那一刻，她的脸上呈现出别样的光彩。我问她为何这么用心为班里做事，她轻轻说了一句："因为您关心我，我想为班级多做点事！"很简单的话，却一直让我铭记在心。我只是对她多关心了一些，多鼓励了一些，本是师者分内之事，没想到对她帮助却是如此大。用心去关心和爱护每一位学生，他们终将懂得教师的爱，体会教师的情！并能在成长的岁月里，带着师爱成长，努力地成长为一个懂奉献，乐于付出的人，努力做一个愿意为集体贡献的有道德素养的人。给孩子一方成长的空间，让孩子们在成长中自主地选择，自己做决定，并学会对自己负责！

三、付出和帮助，点燃学生的希望之火

对待每一位学生，师者应勇于付出自己的辛勤劳动，善于付出自己关心的话语，勤于付出点点滴滴的行动，乐于付出对学生的无私援助和关怀，让成长中的孩子们体会到学习、生活的乐趣，体会到教师的与众不同。教师对学生的倾心付出，是培养孩子们德育素养的途径，它能够点燃孩子成长的能量，激发孩子内心的潜能。

运动会的跑道上，女子 800 米正在如火如荼地进行着。指令枪声刚响，我班的苗苗同学充分展现出她的优势，箭一般冲了出去。最后一圈，看着她疲累的样子着急的我大声呼喊"苗苗，加油！你一定可以的，加油！"在她身旁我竭尽全力地与她一同用最快的速度奔跑……在她似乎已经没有力气的时候，她仍然坚持着，用尽最后的力量跑到了终点。最后成绩，第一名！我为她骄傲，更钦佩她的坚持！听到她说"老师，谢谢你，要不是你我不会赢得今天的比赛，在我最想放弃的时候你点燃了我内心的力量"时，我想说，奔跑的路上，我们互相鼓励，除了陪伴还有引导，我用我的力量为你添光，你用你的毅力为我增彩！拼搏的过程精彩纷呈，点燃的瞬间美轮美奂。拼搏与进取，是道德素养的一部分。培养每个孩子的拼搏意识，是教师的使命。生活中，教师的付出是为了学生更加出色！善于为孩子们的目标和梦想去"点火"，才能让孩子们有更大的成长空间！

四、激励和耐心，擦亮学生的眼睛

曾经听说过"教育的奥秘不在传授，而在激励、唤起和鼓舞"，教师当多用赏识教育，多激励、唤起学生的自信，激励学生实现自我超越。

有一个叫西西的学生，平时好动，学习成绩总是不够理想。偶然间看到了他跳街舞

的视频，很“有范儿”。临近新年，我请他排练一个舞蹈，他很爽快地就接受了。当时，我半信半疑，但还是抱着多给他一些机会的心态期待着，他果真不负众望，元旦晚会上迎来了同学们的阵阵掌声和喝彩，深受同学们的喜爱。只要涉及舞蹈表演，大家都会一致推荐他。他也由刚开始的厌学慢慢地转变为爱学习的好孩子，每次遇到不懂的问题他还主动询问，老师和同学开始对他刮目相看。从对舞蹈的热爱转化为对学习的喜爱，他说是因为大家的认可，因为老师对他的耐心，也是因为他不想落后。是啊，对于孩子，我们不妨再耐心一点，鼓励、表扬再多一点，让我们的耐心成为孩子成长的沃土。每个班里的学生都参差不齐，每个学生的学习能力都大相径庭。但是只要每个学生都尽心尽力，能够不断地超越自我，这何尝不是一件乐事呢？生命的成长是自然的，教师当顺应自然，激发和挖掘学生特有的个性，让其闪烁光芒。

身为一名人民教师，我视工作为最大的乐趣，我会细心呵护，努力耕耘，收获快乐！伴随着岁岁年年，我想我的精神在与学生共同成长，我也会让自己的灵魂辉煌起来，不断攀登新的高峰。我愿意用自己的价值去实现学生道德素养的提升，时刻把自身的道德素养放在最为重要的位置上，和我的学生一起成长，把生命价值传递给学生，用精神成长成就学生！

小学道德与法治学科教学改进的路径探索

史建玲

小学道德与法治学科教学，承担着小学生思想品德、文明礼仪、法制观念等的启蒙教育和养成教育之重任。培育小学生的优良品德情操，教育小学生系统掌握社会主义核心价值观的内涵并践行之，帮助小学生接受法制观念启蒙教育，积极引领小学生参与社会生活实践，确实保证小学生健康成长是道德与法治课堂教学的应有之义。

一、小学道德与法治教学存在的主要问题

1. 方式方法陈旧，知与行严重脱节

小学生像纯白的纸张一样，明显区别于其他学段的学生，其品德、兴趣和习惯有待养成。在具体教学实践中，不少教师仅是朗读教材内容，不懂得灵活运用，导致学生被动接受知识，从而导致教学效果不明显；部分教师忽视小学生的心灵空白、思想单纯等实际情况，缺乏钻研，导致教学方式方法单一；还有的教师甚至就是走过程式地读读教材，进行一些粗浅的解读，没有结合现实生活中的案例，致使课堂枯燥无趣；等等。从小学基础学科重要性来说，有的教师认为道德与法治学科不是升学的必考科目，为此，其在教学上应付了事、以传授纯知识点为主，导致小学道德与法治教学中本应占很重篇

幅的社会生活实践教学内容严重匮乏。实践教学活动的缺乏，致使灌输给学生的理论知识缺乏生动活泼的社会实践的验证，导致知与行的严重脱节。

2. 学生参与度偏低，师生缺乏良性互动

良好的教学氛围必然促进高质量的课堂教学效率。现实中，不少教师忽视教学氛围对学生学习的影响，主动性、民主性在课堂氛围中体现不出来，致使小学道德与法治课堂气氛沉闷、死板，甚至让学生产生窒息感受。久而久之，学生主动参与道德与法治课堂学习的兴趣全无，教师成为课堂教学的主解，无形中削弱了课堂教学有效性。同时，在具体教学实践中，有的教师片面地把教学互动演变成教师的问和学生的答，有的教师还纯粹地以标准答案扼杀学生的想象力和主观能动性，致使师生间在教学中缺乏实质性的良性互动。

3. 任课教师“术业不精”，专业发展程度不高

很多学校从事道德与法治课程教学的教师都是兼职的，或配备了专职教师，也都是年老体弱的教师，根本无精力、无热情参与学科教学研究；而且，兼职教师主要精力在于钻研其负责的“主科”。另外，兼职教师主动参与专题教研培训少，即使能参加培训，也是被动式地、应付式地完成任务，导致道德与法治学科自我成长动力不足，教师也不能及时更新教学理念，致使学科专业成长基本处于停滞状态。

二、小学道德与法治教学活动的设计原则

一般来说，小学生的实践能力、认知水平、年龄差异等差异可以作为道德与法治教学设计活动的依据，从而遵循不同的教学原则进行教学。

一是坚持以人为本。教书育人、以学生为本是道德与法治教学设计的根本原则。比如，关于“我们的学校生活”专题的教学，教师应该有目的地组织学生开展课前或课中参观学校的活动，通过引导学生全面了解学校的基础设施，并利用这些设施来解决学生日常学习生活中遇到的问题，最终实现培养学生喜欢学校、热爱学校生活的教学目标。

二是注重以学定教。依据学习情况而确定课堂教学的起点、方式方法和策略。学习情况包括学生的知识与能力基础和学生的年段认知水准、课前的预习程度以及对新知识的情绪状态等方面。“定教”就是确定教学的起点不过低或过高，在恰当的起点上选择最优的教学方法，运用高超的教学艺术，让每个学生达到最优化的发展。比如关于“多样的气候”的教学需要教师根据学生对当地已有的气候的感知的生活经验来进行教学。

三是遵循生活施教。联系生活、认识社会，是道德与法治学科一条重要的教学原则。学生对生活的认识、体验和感悟，很大程度上决定了其道德水平与法制观念。道德与法治的教学离不开学生的现实生活，且必须如实反映学生的现实生活需求，要让学生张开双眼去观察社会，主动用心灵去感受、理解社会，用自己的思考去体验生活，否则，就必然违背了生活施教的初衷。

三、小学道德与法治教学改进的实践路径

1. 重构教学方式方法

一要激励学生自主学。小学道德与法治课程中涉及的基础知识丰富多彩，不仅包括关于交通、游戏、学校生活等方面应遵守的规则知识，也涵括了学生应基本熟记的法律条文、古诗词和成语故事、历史地理知识等。在教学前，对于学生的知识储备，教师要进行全面测试，确保心中有数，从而可以大胆地放手让学生开展自主学习。比如，在学习目标上，可以引导学生自我确定；在学习方法和策略上，可以实现学生自我选择；在学习效果上，可以帮助学生自我检测。也就是说，通过自主学，让学生在主动学和深度学中自主构建道德知识体系，让学生的学习意识和行为习惯自我养成，让每个学生都成为自己学习的主人。

二要激发学生善于学。在实践中，教师应有意识地引导学生善于观察和发现生活中的道德与法治问题，并引导其针对问题去探究根源，寻找出解决路径、办法和对策。比如，结合生活当中的具体案例，通过分析研究，有效激发和唤醒学生的国家意识、法治意识、责任担当意识、生态保护意识；又如，在解决问题的过程中，可以组织学生组建模拟法庭、召开“选举大会”、拟定角色扮演等方式，有效培养学生的沟通交流、主动参与、组织协调等能力。

三要引导学生反思学。积极培养学生的自主学习能力和自我发展能力是素质教育的重要内容之一。为此，教师要多营造问题氛围，创设有趣的情境，鼓励学生质疑问难，培养学生的问题意识。一方面，可以反思教师教学路径的优劣，提出教学改进的目标措施；另一方面，也可以培养学生自省和修身的习惯；有时，教师还可以让学生尝试自主设计规划活动方案，让学生直观地体验实践活动，从而充分激发学生的自我意识和独立意识。比如，在团队交往中，要使学生涵育以礼待人的德行，培育学生乐于交往、兴趣广泛，养成与人和谐相处、积极进取的人格品质。

2. 传承优秀传统文化

一是让学生在传承经典中夯实核心价值体系。《诗》《书》《易》《礼》《乐》《春秋》以及《三字经》《千字文》《百家姓》等中华传统瑰宝中蕴含诸多经典语录及典型人物故事，为此，在教学过程中教师要指导学生反复诵读、详细诠释，帮助学生了解语句大意和故事主要内容，使学生通过鲜活的人物故事掌握历史精神，从而培养学生的道德和行为标准；使学生通过经典历史人物故事熟悉历史脉络，学习古人为人处事的智慧；引导学生熟记名言语录，从而树立基本信仰、构建价值体系，达到在儿童最纯真善良的阶段打下其人生底色的目的。

二是让学生在知礼习仪中涵养人格。礼仪是人们在社会交往活动中，为了相互尊重，在仪容、仪表、仪态、仪式、言谈举止等方面约定俗成的，共同认可的行为规范。即礼仪是对礼节、礼貌、仪态和仪式的统称。一个人的思想道德水平、文化修养、交际能力的外在表现就反映出该人的礼仪水平。道德与法治课程囊括了家庭、学校、社会、

交际交往等礼仪内容，教师不仅要告知学生这些礼仪的基本内涵和具体做法，也要通过引导学生在礼仪的学习和实践中培养学生的人生观、世界观和价值观，更要让学生懂得人伦观念、自己民族的法度，争做一个有高尚文化教养的社会人。

三是让学生在日常生活中知行合一。“中华传统文化是有生命的学问，是知行合一的学问”，传承这样的大学问才有大价值。教师在优秀传统文化主题教学过程中，要高度重视学生的生活实践，让学生累积在课程以外和校园以外鲜活的生活经验，积极帮助学生搭建课内与课外、校内与校外的有效载体，让学生把课堂中学到的规则、礼仪等知识内化于心、外化于行，实现知行合一。

3. 优化教学选择

其一，教学内容决定教学主题活动的设计。教师要根据教学内容，有意识地组织学生采取搜集资料、情感体验、主题探究、互动交流、社会实践等多种形式，把课堂延伸至家庭、社区等，实现理论联系生活，让学生在丰富、立体、多元的社会实践体验活动中遵守规范、锤炼才干、提高技能。

其二，教学方法要兼顾原则与灵活。一个成功的教学实践案例必然是将问题和情境结合起来，以情境蕴含问题从而激发学生对教学内容的学习兴趣和好奇心的。在学生学习遭到挫折时，教师要适时组织开展小组合作学习活动，较好地帮助学生释疑解惑；在学生对教学内容产生困惑时，教师要大胆地开展课堂辩论活动，深化学生对教学内容的理解，使学生获得真切体验。

其三，教学方式要充分发挥多媒体作用。实践证明，传统的板书式教学方式较平淡且乏味，对学生的吸引力较弱，导致学生学习热情不高。成功的教学案例表明，灵活运用多媒体设施，有助于教师活跃课堂氛围，最终有效提升学生的学习兴趣。例如，有的教师在进行《花儿草儿真美丽》课堂教学时，为了让学生能精准地识别花卉图片，会通过多媒体展示颜色艳丽、造型独特的花卉图片，同时为学生播放有关植物花卉的纪录片，这不仅让学生有了对花卉的直观感受，还可大大吸引学生对纪录片产生兴趣，并主动进行查找和观看。

4. 凸显学生主体性

第一，学生的主体地位是课堂教学成功的关键因素。在教学实践中，教师如果不注重促进师生良性互动，也不推动学生和学生之间的互动，更不给学生发表意见的机会，一味地自说自话，这样的课堂教学就会失去应有之义。因此，教师要以学生为本，尊重学生的主体地位，相信学生、尊重学生，大胆地引导学生养成先学、自学、互学的兴趣，培养学生提高发现、分析和解决问题的能力。成功的教学实践就好比一个经典的话剧，教师是一名运筹帷幄的“导演”，学生就是形形色色的若干“角色”，“导演”就应该善于启发诱导，把时间和空间让给“角色”，充分保证“角色”在剧场中的主体地位和主体作用。

第二，生活实践教学是凸显学生主体性的必然路径。无论是道德教育还是法治教育，仅仅停留于课本、课堂的教育将缺乏生命活力。在教学研究过程中，要大力推进校内外德育与法治实践基地的建设，让学生学有所依，在生动活泼的实践世界中提升自己、发展自己。小学道德与法治教师的主要作用在于有意识地创设丰富多彩的课外生活实践主题活动，有机地融合社会生活实践与教学内容，以加深小学生对课程内容的理解，加深小学生对社会生活实践体悟，加深小学生对思想道德观念和法制素养的认知和养成。

第三，学生的情绪、态度和兴趣变化也是课堂教学中不可忽视的因素。在教学过程中，教师必须善于倾听沟通、及时反馈指导，在引领与关爱中确保学生走向健康成长的快车道。在成功的教学实践中，教师不仅要有效营造情感交融的良好氛围，也要深刻认识并掌握“情”和“理”在课堂教学中的重要作用，更要让学生树立信心、带着勇气主动融入学习中。教师与学生时刻保持平等和坦诚对话互动，教师与学生时刻处于心灵的碰撞和思维的互动，只有这样，才能实现教师与学生之间知识与情感的交流，进而实现教师获得教学水平的提升、学生获得心灵成长的力量。

5. 加强专职教师培训

一是全面提升小学道德与法治专职教师素质能力。教育部门和学校要把小学道德与法治学科专职教师培训纳入教师培训总体规划。加强思想政治建设，建立教师轮训制度，着力加强对小学道德与法治教师的马克思主义理论、师德师风、形势与政策的学习教育；加强专业能力培训，制定出小学道德与法治专职教师专业标准，培养“种子”教师；加强实践教育，建立健全实践教育和校外实践锻炼制度；加强教研队伍建设，配齐、建强小学道德与法治专职教研队伍，健全小学道德与法治专职教研员示范授课、巡回评课等制度，着力打造一支政治强、情怀深、思维新、视野广、自律严、人格正的专职教师队伍。

二是创新专职教师培训方式。实践表明，定期组织开展教师专题培训、理论学习、主题论坛、读书沙龙以及专家授课讲座、观课评课等活动，能够让教师在接受、感悟、交流、实践过程中丰富、修正和提升个人的理论素养、教学水平和专业技能，最终实现促进教师提升自我专业素养和提高教学的质量及水平的目的。

三是健全专职教师队伍建设激励机制。教育部门和学校要对道德与法治教学专业教师队伍进行人、财、物的政策倾斜，要切实关心专职教师队伍的培养和发展。在学校人才引进、人员经费投入、评优表彰、学科发展、教学资源使用和科研立项等方面充分体现道德与法治教学专业教师的地位和作用，给予积极的政策倾斜，帮助小学道德与法治教学专业教师队伍尽快建立梯队合理、学科互补的教学团队。

总之，小学道德与法治教学将对小学生终身发展发挥重要作用。在具体教学实践中，一方面，教师要不断进行课堂教学反思，让课堂出现的问题得到及时的解决；另一方面，教师要大胆探索创新有效的教学路径、教学方式方法，从而促进学生思想品德素养、文明礼仪、法制素养等方面的全面发展，最终成为社会主义事业的合格建设者和可靠接班人。

小小蝌蚪变青蛙

——部编版小学一年级道德与法治课堂幼小衔接策略研究

张亚梅

一、小学一年级学生做家务活的现状

小学一年级的学生年龄尚小，对于世界和生活的认识皆处于启蒙阶段，因此其家务劳动意识主要受父母影响。根据对一年级学生家长及学生本人的问卷调查发现，多数学生都意识不到家务劳动与自己的关系，认为做家务活是父母的责任，缺乏做家务活的家庭责任感，没有养成做家务活的良好习惯。因此，迫切需要对一年级学生进行劳动责任教育。《干点家务活》的教学目标即加强学生对家务活的理解，强化学生的家庭责任意识，引导学生担负起家庭成员的家庭责任，养成做家务活的习惯，通过劳动变得心灵手巧，身心得到健康成长。

二、开展《道德与法治》幼小衔接教学的途径

1. 在了解儿童已有经验的基础上解读教材

《干点家务活》这一课的编写初衷是让儿童树立家庭责任意识，拥有更好的家庭生活。课文主要包括四部分。第一部分，让儿童回忆自己做过哪些家务活；第二部分，做家务活的好处，鼓励儿童做家务活；第三部分，如何做家务活；第四部分，如果家长不让儿童做家务活，儿童应该怎么办。其编写目的是让儿童通过做家务形成家庭责任感。教师仅仅了解课文编写目的还远远不够。因此，笔者又通过与儿童沟通，了解到绝大多数儿童是很爱自己父母的，但是部分儿童会受到父母的溺爱，事事依靠父母，衣来伸手、饭来张口，缺少足够的自理能力和劳动意识。因此，笔者将培养儿童责任意识、学习做家务活设为本课教学重点。

2. 借助绘本阅读开展教学活动

绘本是儿童在幼儿园经常接触的一种文学形式，其画面精美，文字简练，寓意深刻，较普通图书更直观、形象，与儿童心理特点、认知水平和审美需求相符合，备受儿童甚至成人所青睐①。小学一年级《道德与法治》的设计思路与绘本非常相似，其内容难度非常适合小学生学习。因此，笔者采用绘本教学方式开展《道德与法治》课堂教

---

① 张忠英．提高小学思想品德课堂教学效率之我见［J］．考试周刊，2018（19）：22.

学活动。

3. 根据《义务教育道德与法治课程标准（2022 年版）》开展劳动教育教学活动

儿童主要的生活场所就是家庭，家长是与儿童关系最亲密、陪伴儿童时间最长的人，家长的一言一行都会对儿童产生深刻影响。在家庭责任感方面，家长同样会对儿童产生潜移默化的影响。因此，家长应在家庭生活方面给予儿童正确指导，帮助其顺利实现从家庭生活向社会生活的过渡。《道德与法治》课程中，家庭生活内容占较大比重，对低年级学生提出的要求是能够感受父母的爱。因此，本课教学目标即为引导学生理解家务活的概念，明白做家务活的意义，知道哪些人应该做家务活、做家务活的方法是什么、做家务活遇到困难时应怎样解决，帮助学生建立家庭责任意识，使学生具备较强的自理能力。在课堂上可以采取播放动画、阅读绘本、创设情境等手段开展形式多样的教学活动。

三、以《干点家务活》为例探究幼小衔接教学策略

1. 明确教学内容、目标、方法和准备工作

（1）教学内容：《道德与法治》下册第三单元第 12 课《干点家务活》。

（2）教学目标：

①知识与技能：学会以沟通交流的方式让家长同意自己做家务活，并学会一些做家务活的简单技能。

②过程与方法：让儿童进行实践操作和交流讨论，提高自理能力、增加劳动经验。

③情感态度与价值观：体会家长做家务活的劳累、为家庭付出的辛苦，树立劳动意识和家庭劳动观念，主动做一些简单的家务活。

④教学重难点：让儿童学会做家务、主动做家务、坚持做家务。

（3）教学方法：调查法、分组讨论法。

（4）教学准备：课件、动画片。

2. 《干点家务活》幼小衔接教学案例

（1）课前绘本阅读，家庭情况调查。

让学生上课前自主阅读《小熊宝宝绘本》之《收起来》《来帮忙咯，家务小帮手》，并调查身边同学干家务活的情况。

教学策略评析：笔者了解到儿童喜欢读绘本，并具有一定做家务活的经验，因此，按下列步骤开展教学活动——绘本阅读与家庭情况调查——儿童不做家务的原因分析——激发学生的劳动热情，使其能够自觉主动地做家务活并获得参加劳动的成就感。

（2）课堂导入。

①“同学们，老师让大家读的两本绘本，你们读了吗？谁来给大家介绍一下书的内容？”让举手的学生来讲述。“同学们读完这两个绘本后有什么感想呢？”学生有的说应该向小熊宝宝学习，自己的玩具自己整理，有的说应该和书中的小朋友一样帮家长收

拾碗筷。

②“同学们回答得非常好，老师再问大家一个问题：你们在家里做过家务活吗？做过什么家务活？”

③学生说出自己做过的家务活，如擦桌子、洗碗，等等。教师给予评价，“你真勤劳”“你好能干”“你动手能力真强”。

④“昨天老师让大家通过采访同学发现班级的家务能手，你们找到了吗？”让三四名学生回答问题：“说出你心目中的小能手是谁？采访后你感受到了什么？”学生说出家务活能手的同学名字及自己的感受。

⑤教师总结：“听完大家的回答，老师感到很欣慰，多数同学都做过家务活，而且有的同学还经常做家务活，家务活做得非常好。那么，就让我们一起来学习《干点家务活》这课吧。”（板贴）

教学策略评析：首先，笔者让学生在课前阅读《小熊宝宝绘本》之《收起来》《来帮忙咯，家务小帮手》等与“干点家务活”主题内容相关的绘本，然后在课上教师让学生分享阅读感受，以这种方式导入课堂教学比较轻松。学生会在温馨的故事情节中感受到家庭的温暖，在图文并茂的劳动画面中体验到劳动的意义（学生读绘本时，教师和家长不得干预，要让儿童自由阅读、自由感受，通过与绘本人物的精神对话获得个性化感受，提高学习新课的积极性）。其次，以课前采访和课堂调查的方式了解学生已有的家务活经验，在此基础上，让学生知道家务活包括什么，并调动其做家务活的热情。

（3）想成为什么样的人。

其一，主动做简单家务活。

①播放动画片《小威利做家务》，“同学们，看完动画片，你有哪些感受？”

②学生畅所欲言。教师总结：“每个同学都是家庭的一分子，都应该主动做一些简单的家务活。”

其二，不愿意主动做家务活。

①让学生把课本翻到第46页。教师设问：“通过观察图中几个学生的表情、动作，你们能体会到他们的心情吗？”每个小组派一名代表回答，其他同学可以补充。

②让学生继续讨论：“看见图上的学生，你们能想到自己吗？你们觉得图上的学生可爱吗？你们和他们相像吗？”待学生回答完，教师总结：“我们应该像图中的学生一样帮助家长分担力所能及的家务活。”

③“同学们，这几位同学的观点，你同意吗？”迪丽热巴说：“我还小，妈妈不让我干家务活。”艾尼说：“家务活应该大人干，小孩子不用干。”

④“说一说你对迪丽热巴和艾尼观点的看法，哪位同学来说？”

⑤教师总结：“做力所能及的家务活有很多好处，同学们应该主动帮助家长承担家务劳动。你们做到了吗？”

教学策略评析：先让学生通过观看动画片获得熏陶，从感性角度感受做家务活的乐趣，然后让学生通过交流讨论意识到帮家长做家务活是一种爱的表现，也是一种责任，能主动帮家长分担劳动压力。最后通过两名小学生的说法分析有些学生不做家务活的原因，让学生自由辩论，进而思考为什么学生也应该做家务活。

（4）如果家长不让学生做家务活，学生应该怎么办？

①讨论：同学们不干家务活的原因和迪丽热巴、艾尼一样吗？你们不干家务活的原因是什么？

②教师总结：很多时候家长都不让我们干家务活，那么我们该怎么办呢？这个问题留到下堂课，我们一起来讨论。

教学策略评析：符合实际生活情况，能帮学生解决与家长沟通交流的问题，做好向下节课过渡的准备。

四、案例反思

教师只有了解学生的实际生活经验，才能更好地把握教材、上好课。教学活动在充分考量儿童生活经验基础上开展，既符合儿童身心发展规律，又符合知识从易到难递进的逻辑关系，可以帮助儿童获得更多经验。教师在开展小学《道德与法治》教学活动时，应以正确理解教材为基础不断创新课堂教学形式。另外，学生本身也是处于发展变化中的，其各方面特性也是千差万别的，教材编者所了解的学生与教师真正面对的学生是不尽相同的。因此，应重点关注学生的实际生活情况，站在学生的角度来考虑问题、解读教材，只有这样才能教好《道德与法治》，促进学生进一步成长。

在小学道德与法治教学中落实爱国主义教育的研究

罗　燕

一、在小学道德与法治教学中落实爱国主义教育的意义

1. 激发学生爱国情感，提高学生爱国热情

爱国情怀是民族团结的基本道德要求，爱国思想是国家凝聚力的重要精神支柱，爱国是对每一个中国公民的基本政治要求和基本道德要求。小学是小学生建立基本价值观的关键时期，小学生思想道德理念不成熟，小学生的价值观、人生观、世界观没有稳定巩固，小学生的性格、道德认知容易受到外界的影响。在这一关键时期，如何落实培养小学生的爱国精神尤为重要。

在小学时期开展爱国主义教育，有助于培养小学生的信念感和民族自豪感，有助于学生从小树立优良的价值观，有利于以后学生德育的开展以及综合道德素质的提高。在如今这个网络信息发达的时代，小学生接收外界信息的途径多种多样，小学生判断是非的能力比较弱，可能会受到社会中不良习气的影响，接收到不好的，甚至是错误的思想信息，有的信息甚至会对学生造成不可逆转的心理创伤。那么，学校如何传递给小学生正确的价值观就尤为重要，正如古老的寓言所说，去掉旷野上的杂草最好的方法是种上一片庄稼，对于小学生来说，避免那些不良信息对小学生的思想道德观念的不良影响的有效方法之一就是为他们传授正确的思想观念。教育者抓住小学生道德思想教育发展的关键阶段，运用合适的手段和技巧，在小学道德与法治这一课程中，培养小学生爱国这一基本道德素质，在小学生生活的各个方面渗透爱国情怀尤为重要。

2. 引导学生建立法治意识，提高学生对祖国的自豪感

党的十五大提出依法治国、建立法治国家这一基本方略，加强法治社会的建设，培养国民法律意识是建立法治国家的重要内容。小学生处在道德素质教育的重要阶段，从小培养学生的爱国意识和法治意识有利于他们以后道德观念的形成和发展，为他们以后成为一个知法、守法、懂法，并且可以用法律的武器来保障自己的生命财产安全的良好公民打下基础。法治社会的实现需要国家全体公民的共同努力，在法治教学中加强爱国主义教育教学有利于培养小学生的民族自豪感，有利于小学生树立国家法律神圣不可侵犯，要进行法治国家建设的思维意识。在小学道德与法治这一教学课程中，如何落实爱国精神的培养是教育者们应重点关注的内容。

二、小学道德与法治教学中落实爱国主义教育的策略

1. 关联教材内容，激发培养学生爱国热情

在小学道德与法治教学活动中，爱国主义教育是其教学的重要组成部分，培养学生的爱国情怀是教育者们应尽的责任和义务。相关教材在编撰的过程中，已经融合了很多关于爱国教育的内容，比如在小学生学习中国发展的历史，体会、发现人民生活水平的变化的过程中，小学生可以学习、体会到祖国一步步走向繁荣昌盛、人民生活水平不断提高的变化，这一变化离不开祖祖辈辈人的共同努力，离不开全国人民的团结，离不开广大人民的民族凝聚力；还可以进一步使小学生认识到祖国发展的不容易，认识到人民团结的重要性，进一步培养小学生的民族自豪感和爱国情怀。

中国的传统文化积淀非常深厚，在小学的教学活动中，比如“古代科技耀我中华”这一章节，教育者可以引导学生了解我国的传统文化，了解祖先们的勤劳和智慧，从而增强小学生的民族归属感和民族自豪感，培养小学生的爱国情怀。教育者还可以引导小学生自主搜集讲述英雄先辈们的英勇小小故事，这不仅可以加深小学生的爱国印象，还可以培养小学生们的自主学习能力和语言表达能力。

教育者在教学活动中，不仅要培养小学生的爱国情怀，还要使小学生对爱国精神的内涵有一定了解。爱国不仅体现在语言上，还体现在行动上，小学生要学会尊重维护祖

国的信誉和利益，教育者还可以结合教材内容，比如先辈们努力学习、利用自己的知识技能努力维护国家利益的小例子，引导小学生要努力学习科学技术和文化知识，做一个对国家、对社会有用的人才，做一个能够为祖国的发展和强大贡献出自己一份力量的人。

2. 在教学中穿插爱国故事，塑造学生爱国情怀

教育者在教学过程中，可以利用感人的故事，促使小学生感悟爱国人士的爱国的心境，让小学生内心的情感受到触动，从而强化其爱国主义情怀。教育者在课程讲授过程中，可以穿插一些爱国人士的故事和事迹，带领小学生了解爱国人士的高尚节操和深刻的爱国主义情怀，比如，岳飞英勇抗金；于谦在民族危难，君主被俘虏之时挑起重担，使民族免受外族胁迫；邓稼先利用自己的技术知识为祖国的科研作出了卓越贡献。对小学生的精神进行熏陶。

教育者在教学过程中，不仅可以通过爱国事迹激发小学生的爱国情怀，还可以引导小学生学习先辈们不怕困难、坚韧拼搏的优良品质。教育者在讲解爱国事例的过程中，要注意结合课堂氛围，注意对小学生情绪的引导，还可以结合多媒体，丰富教学手段，增强教学活动的趣味性，从而将小学生的注意力吸引到课堂上来。

3. 创新教学方式，提振学生爱国主义精神

教育者在对小学生进行爱国精神引导的过程中，要注意遵循小学生认知和发展的基本规律。单纯的讲授说教的教育方式可能难以吸引小学生的注意力，教育者应创新教学方式，合理综合运用多种教学手段，提振小学生的爱国主义精神。比如，教育者可以营造良好的爱国教育的氛围，创造良好的学习实践的条件，培养学生独自思考的能力、理性表达的能力，让小学生深入理解什么是真正的理性的爱国主义精神，以及如何正确地表达自己的爱国精神。小学生的认知能力水平有限，可能会误认为只要对祖国的某一事物提出批评就是不爱国，这是对爱国精神的一种片面的理解，不利于小学生培养良好的价值观和爱国主义情怀，教育者可以引导小学生参与一些力所能及的社会实践活动，促使小学生对社会有一定的了解，培养小学生的社会责任感和社会归属感。

另外，教育者可以优化学校的教育环境，促进教育的公平公正，比如可以让学生了解国家对教育行业的一些有益的政策，如我国针对中西部贫困地区儿童实施的儿童营养改善计划，我国实施的九年义务教育，我国对于学生、学校的一些补贴等，让学生从身边的事情中体会到国家的良苦用心，以实现小学生的民族自豪感的增强，实现小学生爱国主义精神的培养。

教育者还可以定期举办“故事会”，确立一些主题，如中国传统的优秀历史文化，爱国人士的事迹的分享等。教育者还可以定期带小学生参观纪念博物馆，定期带领小学生参加小学生力所能及的公益活动，定期为小学生播放爱国主义精神相关的电影、纪录片等。

4. 引导学生合作学习，渗透爱国情怀

在小学道德与法治教学的课程教学活动中，教育者可以创新、积极地应用小组合作学习的方式，培养小学生的团结能力和凝聚力，提高小学生的爱国认知。比如，在学习中华民族的优秀历史文化这一课程内容时，可以引导学生讨论我国有哪些优秀的文化积淀和智慧劳动的结晶；教育者还可以定期让学生分享自己搜集到的爱国小故事，这样不仅可以培养升华小学生的爱国主义情怀，还可以培养小学生的团结协作能力和思维表达能力；教育者还可以让小学生讨论如何爱国，教育者应注意到让每一个小组成员都能发表自己的观点，教师要在活动进行过程中起到积极引导的作用，并及时升华总结，为小学生树立传达正确的爱国主义观念。同时，小组探究的方式还可以帮助小学生意识到“集体”这一概念，培养学生的集体荣誉感和集体归属感，以利于进一步培养学生对国家这一个“大集体”的荣誉感和归属感，深化小学生的爱国主义情怀。在小组合作讨论的过程中，在小学生表达自己的观点和看法时，教育者要及时给予小学生公正、客观的点评和鼓励认可，并且积极引导升华，加深爱国主义情怀的进一步渗透。

三、结束语

小学教育者要深刻理解在小学道德与法治这一科目对学生的培养要求，积极响应国家新课程标准改革的号召，激发培养小学生的爱国主义情怀，引导小学生树立正确的人生观、世界观、价值观，激发学生的社会责任感和民族自豪感。教育者要从多方面入手，积极创新改善教育教学方法和手段，与社会热点相结合，培养小学生的爱国精神，提升小学生的综合素养。另外，教育者还要注意爱国主义氛围对小学生的熏陶，为小学生营造良好的爱国情怀和民族自豪感的培养氛围，深化学生的爱国精神。

参考文献

[1] 张书迁．在小学道德与法治课堂中如何厚植爱国主义教育［J］．家长，2019（35）．

浅析调动初中道德与法治课堂气氛方法策略

贾瑞新

初中生正处于人生观、世界观、价值观初步形成的重要时期，为了帮助学生树立正确的三观和形成健康的心理，教师必须科学合理地利用好初中道德与法治教材，在授课过程中要结合学生实际展开教学，学生必须参与其中，课堂不能成为教师的独角戏。

一、对教学导入环节进行精心设计

初中道德与法治课程部分内容的设置对初中学生来讲有较大的难度，简单地利用传统教学方法展开教学，会有削弱学生的课堂学习积极性，甚至会导致学生失去对本门课程的学习兴趣，难以达到教师预期的课堂效果。如若教师在授课导入环节就展示出生动有趣的地方，将学生的注意力吸引到自己的课堂教学中来，那么不仅可以使课堂教学达到事半功倍的效果，也可以活跃课堂教学氛围。例如，在“青春的情绪”这一课中，学生认为内容乏味，没有什么学习兴趣，教师在上课的过程中就可以通过设计课堂导入环节调动学生的学习积极性，如教师可以将“喜、怒、哀、惧”这几种简单的情绪通过情景体验的方式表现出来。教师在上课开始时和学生出其不意说，“这节课我们考试”，大多数学生表现出“惧”的表情，甚至有学生表现出“怒”的表情；当学生准备好时，和学生说，这是骗大家的，此时，有的学生表现出“喜”或者其他表情。教师可以从学生们的表情中概括出情绪的特点。类似的课堂导入，不仅可以帮助学生更好地参与到课堂的教学中，还有利于调动课堂气氛。

二、以情感为线索，加强对学生学习兴趣的培养

情感教育在初中道德与法治课程的教学中起着重要作用。教师在授课的过程中要加强情感教育的投入，激发学生的情感因素，引起师生在教学活动中的互动，从而调动教学课堂气氛。当教师的课堂教学可以帮助学生产生正面的情感时，学生的学习主动性会有很大的提升。另外，作为一名初中道德与法治教师，我们在上课的过程中不能只是单纯注重课本基础知识点的讲解，更要找出对学生情感教育的素材，结合学生现有的认知水平加强对学生积极情感的培养。例如，在讲解“单音与和声”这一节内容时，首先要帮学生树立集体利益至上的意识，个人利益应当服从集体利益，教师授课时就需要加强对学生的情感教育。

三、教学内容的设计要贴近学生生活实际

初中道德与法治课程设置的很多内容与学生的生活实际有一定的距离，教师在授课的过程中可以充分利用生活中的素材，以达到预期的教学目标。学生接受教育的目的是促进自身的健康成长，在社会实践中发挥自己的价值。所以，教师在对教学内容进行设计时要尽量从生活中挖掘素材，让学生在现实生活的经历中加强对初中道德与法治知识的理解，从而让学生在道德与法治课上学到的知识成为学生的行为指导。例如，在“集体生活成就我”这一课的教学时，可以让学生利用自己的亲身经历，回忆其在集体生活中扮演了哪些角色，同时又承担了哪些责任，让学生感受到集体生活的作用。

总之，初中道德与法治课程对初中学生的健康成长起着重要作用。在学生道德修养的提高和法律意识的确立方面有其独到的作用。为了落实立德树人的根本任务并提高教

学质量，新时代的初中道德与法治教师要紧跟时代步伐，创新教学方法，紧贴学生的生活实际，加强师生互动，在课堂教学中激发学生的学习积极性，以达到调动初中道德与法治课堂气氛的目的。

小学道德与法治课堂视频资源的应用策略

古丽尼牙孜·吐尔洪

道德与法治在小学阶段是一门非常重要的科目，它伴随着小学生学习和成长全部阶段，道德与法治课程的设置和学习不只是为了完成教学目的，最重要的是要强化学生的道德与法治意识，让他们在日常的学习和生活中养成正确的价值观和人生观，凸显道德与法治在学生学习与成长中的重要价值。但这门科目的知识内容比较枯燥，很多学生在初次接触这门课程时根本无法深入其中，因此整体学习效果不佳。为了改变这种情况，教师需要尝试在课堂上应用视频资源，将视频资源与学生的实际情况相结合，帮助学生更好地完成学习任务。

1. 根据学生的特点及需要确定视频的呈现形式

教师在进行视频资源选用时，需要了解学生年龄特点和身心发展规律，分析学生已有经验和发展需求，根据不同年段的学生可以采用不同的视频资源呈现形式。在低年段，可以选择动画视频、配乐视频等，激发学生的学习兴趣。比如，一年级上册第四单元第 3 课“快乐过新年”中涉及少数民族的春节，其中介绍了傣族泼水节、西藏的锅庄舞、苗族的挑稻花鱼等少数民族的过新年习俗，这些内容距离学生生活实际较远，只靠教师的口头讲述，一年级的孩子难以理解，而播放相关视频资源，能够极大地激发学生的学习兴趣。对于高年段的学生来说，视频资源的选用只是引起其兴趣是不够的。视频资源的选用应该引发其反思或者共鸣。比如，针对“虎门销烟”一课，可以给学生播放电影《虎门销烟》的片段，让学生了解“虎门销烟”对当时的中国意义巨大。“虎门销烟”在一定程度上沉重打击了英国资产阶级在中国的贸易掠夺，使很多中国人看清了英国向中国贩卖鸦片的本质，唤醒了中国人民的爱国意识，向全世界表明了中国人民禁烟的决心和反抗外国侵略者的坚强意志，从而引发学生更深入的理性思考。

2. 应用微课教学

在传统教学模式中，教师一般只会应用自己手中的教材，能不能拓展知识则依赖于教师自己的意识与知识储备量。对于学生而言，他们也是照着课本进行学习，具有很大的局限性，无法学到更多的知识。基于此，教师可以应用微课教学，通过播放一系列短视频吸引学生的注意力，让学生学习到更丰富的内容，促进学生对道德与法治知识的理解。这样一来，静态的知识就转为动态的视频，从而变得形象生动，能够提升课堂氛围，获得良好的教学效果。

3. 围绕课堂，开发与利用环境资源

环境会对学生产生潜移默化的影响。在科学技术的导向下，学校可以围绕道德与法治课堂，重视环境资源的开发与利用，为学生创造现代化的学习环境，让学生在模拟环境中理解道德与法治学科知识的真实内涵，驱使学生在视听结合的课堂环境中深化知识理解能力。具体来说，教师可以利用智慧教室、多媒体设备、电子白板等信息化的技术和手段，为学生营造极具科技感和体验感的课堂学习氛围，让学生在这样的环境中提升学习效率、拓宽学习广度。现代化的教学环境能促使小学生深刻地记忆教材中的基础理论，从根本上提升小学生的人文素养、思想道德水平和社会责任感等。以《安全记心上》的教学为例，教师可以在智慧教室中展开教学，挖掘现代化的环境资源，通过智慧教室中的灯光系统、音响系统、交互系统等，为学生创设与教学内容相关的模拟情境。为了让学生谨记安全出行的准则，教师可利用智慧教室为学生营造模拟出行情境，通过演示动画方案的形式，让学生产生置身其中的感觉，在逼真的生活情境中明白正确的出行规则，增强学生的安全意识。这样，学生不仅牢固地记忆和掌握了理论知识，还增强了道德意识和思维品质。

4. 注重视频资源使用的课堂实效

使用视频资源进行教学，最终目的是在单位时间内获得最好的教学效果。在选用视频资源时应考虑以下几点：①是否必须使用视频资源。视频资源的收集整理分析，还是需要老师花费一定的时间和精力的，对于一些简单的问题通过解说或其他较为省时省力的方式就能解决，这时就没有必要使用视频资源。比如，在五年级上册第二单元第 4 课“协商决定班级事务”中“班级事务共商定”这一框题。这节课的教学目标是“了解班级事务决策的形式，说明班级民主决策的意义；决策中，学会清楚表达个人见解，倾听他人意见，体会他人需要，学会与他人平等交流合作”。在这类课程中，就可以充分调动学生的参与，而没有必要使用视频资源。可以选择一个班级关心的话题引导学生共同参与讨论。教师就同一个话题，围绕如何“商”、如何“定”，让学生在共同的讨论和参与中，参与班级公共生活。②考虑视频资源的投入效果，是否能真正地解决问题。选择的视频资源能否激发学生的兴趣或营造融洽的学习气氛；是否能够化繁为简、化抽象为具体，使不易被掌握的知识通过视频演示而能轻松地理解和运用；是否能够突出重点、难点。③考虑视频资源在哪个环节中使用最好，是在课堂导入还是讲授新课时使用，是在过渡时使用还是在归纳总结时使用，视频资源的设计应与使用环节的特性相对应。总之，教师在课堂中投入使用视频资源时应该有明确的针对性，对选用的视频资源可能带来的效果胸有成竹，只有这样才能使视频资源的使用达到提高教学效果的目的。

总之，道德与法治教学不能仅仅停留在书本和课堂上，教师要不断更新自己的教育观念，采用各种资源丰富的教育内容，用更丰富、更广博的知识和更科学、更艺术的教育形式、教育手段去培养学生。教师应不断对自己的教学实践进行深入反思，积极探索与解决教学中出现的问题，在反思中成长，在反思中进步。

参考文献

[1] 彭开富．“互联网＋”视角下提升小学道德与法治教学信息化的途径 [J]．国家通用语言文字教学与研究，2021（8）．

[2] 杨小益．小学道德与法治教学与互联网的融合措施 [J]．文渊（高中版），2021（2）．

民族地区农村小学生良好行为习惯的养成教育

任美丽

良好的习惯具备一种顽强而巨大的力量，拥有无尽的积极向上的感染力，它可以影响人的一生。因此，人从儿时起就应该通过教育培养良好的行为习惯。就南疆农村小学生在特殊成长环境下如何养成良好的行为习惯，笔者从基层的视角来谈点粗浅的认识。

一、阻碍民族地区小学生良好行为习惯养成的因素

1. 父母对小学生良好行为习惯养成认知存在薄弱环节

由于历史原因和重男轻女思想观念的影响，民族地区农村家庭的孩子数量偏多。许多父母迫于生活的压力，把更多精力放在了工作上，对孩子没有更多时间照看，只是一味满足于孩子提出的物质需求，这就对孩子形成良好行为习惯造成极其不利的影响。父母更多认为学生的优秀取决于学校、教师的培养，忽视了自身和学校、教师齐抓并进一起促使孩子良好行为习惯养成的重要性。

2. 父母对孩子良好行为习惯养成缺乏言传身教的原则

父母受教育水平有限，对孩子良好行为习惯没有一个清晰的衡量标准。我国自古以来就有“望子成龙、望女成凤”的殷切期盼，许多父母在注重孩子学习成绩时，往往忽略了以身作则对孩子养成良好行为习惯的重要作用。平时从教师家访中不难看出，绝大多数父母不能给孩子营造一个良好的行为习惯养成环境。学生在学习和生活中的一言一行，直接呈现的是父母的言传身教。由此可见，父母的言传身教对孩子成长的重要性。

二、民族地区小学生良好行为习惯养成的培养策略

1. 营造优秀校园氛围，切实践行文化育人

现阶段，教育主管部门倡导推动中华优秀传统文化进校园，为了更好地贯彻落实上

级文件精神，我校组织开展了相关主题活动。例如，我校每月按时开展国语朗诵比赛，让孩子们不断地去突破自我、展现自我，让诗词歌赋、精美文学以及优秀的传统文化影响着学生，让学生在知识的海洋中了解人性的光辉，传承优秀文化的人文魅力。学校利用校园文化建设，在中午学生就餐时刻，借助校园广播站传播中华优秀传统文化。学校深刻发掘中华优秀传统文化的育人精华，让教师利用优秀的传统文化力量来引导学生。每天课后服务让学生坚持一小时的阅读习惯，学习优秀传统文化成为一种生活常态，使学生养成良好的行为习惯。平时，教师带领学生一起学习优秀传统文化知识，在校园营造一种良好的文化氛围。

2. 尊重学生个性发展，提高学生综合能力

对于学校的教师，无论是重抓课程还是重抓部分学生，都应该从整体上了解学生的个体性格。在学校开展的阳光体育下的“体艺2+1”活动中，凸显学生个性化展示，从阅读、写作、美育、钢琴、舞蹈、体育、综合实践等去发掘学生，从而在个性化中提高学生的综合能力。从学生的特点出发，激发学生的学习兴趣，根据学生的性格特点建立相应的沟通模式和成长方式。教师注重观察班级中思想积极向上的学生，特别对格外努力的学生着重培养，让这些心理健康的学生发挥榜样作用，使得整个班级充满积极向上的环境氛围。教师通过因材施教这一教育理念，不放过每个学生拥有优点的积极发扬，不抛弃每个存在缺点学生的鼓励前进，以个性发展推动全班良好行为习惯的共同养成。

3. 构建三位一体机制，实现“三全育人”目标

孩子良好行为习惯的养成不仅需要学校的培养，更需要家庭、社会的齐心合力构建三位一体的育人机制。我校德育处每月定期开展“家庭微型讲座”活动，通过家访实地对父母进行小学生良好行为习惯养成的培训，主要围绕集中注意力、执行能、自控力、个人卫生等主题进行培训。通过此活动，让家长和学生参与到讲座课程中，使家长树立正确的育人理念。为进一步加强学生的法制观念和安全意识，社区工作人员兼职我校的法制校长，按时进行一月一主题的宣讲，运用法制力量构建“平安校园”。通过家庭、学校和社会合作，共同促使学生良好行为习惯的养成。

4. 加强行为规范训练，树立身边优秀榜样

没有规矩不成方圆，特别是农村小学生良好行为习惯的养成，重在日常的规范训练和反复强调。以学生按时到校为契机，严抓学生一日在校的行为习惯养成。从早读、卫生、就餐、学习、做操等各方面对学生的行为习惯进行考核及班级评比，按时做到每日一小结、每周一大结。在每周一升国旗结束后，颁发班级流动红旗，让班级更加具有集体荣誉感，树立班级优秀榜样，从而加强学生的日常行为规范。每月的民族团结活动开展，按班级为单位选拔民族团结好伙伴、好学生各四名，以全校为单位选拔一个好班级，让此活动彰显出乐于助人、无私奉献的育人理念。教师必须做到亲力亲为，督促日常良好行为习惯的落实情况，逐渐引导学生自觉遵守规则，以更好促进学生在学习和生活中良好行为习惯的养成。

德育工作与良好行为习惯养成是养成教育的重中之重。南疆农村对小学生日常生活中的行为习惯训练应加以重视，使养成教育真正变成学生的内在需要，促进学生自觉养成各方面的良好行为习惯，让学生在潜移默化中塑造美好的心灵，使学生成为知识丰富、品德高尚的人。

二、语文学科学术争鸣

从多处入手，帮助小学生跨越语文阅读难关

梁　英

在小学语文教学中，阅读教学无疑是很难的。阅读理解的主观性很强，单靠技巧去解决阅读问题是远远不够的，学生还需要多读、多练，形成语感。小学生在语文阅读中存在两大难点：一是不愿意阅读，二是难以产生深刻的阅读感悟。不愿意阅读，学生的阅读量少，语感就无法形成，阅读感悟也就难以产生。它们之间是关系十分密切的，牵一发而动全身。小学语文教师要掌握高超的教学艺术，要能够激发学生内在的活力和潜力，引导学生喜欢阅读，并使学生能够进行创造性的学习。在具体实践中，教师要从多方面着手，以兴趣为基础，以思维为抓手，引导学生多读、多思、多练，逐渐提升学生的阅读理解能力。

一、巧设层次性问题引导，逐层推进阅读步伐

小学生的阅读经验少，对抽象文字的理解和感悟不够。在初读课文时，要求学生马上就领悟到作者的深层思想和情感是不现实的，需要教师的逐层引导和不断启发。阅读教学是一个循序渐进的过程，不能过于心急，要有“静待花开”的爱心和耐心。在很多时候，有的教师提出一个问题，就渴望学生立刻回答上来，答不上来就心急。这样高压的课堂会给学生带来很大的心理压力，导致课堂气氛沉闷，学生潜力无法释放。因此，教师就要给学生思考的时间，让他们慢慢消化问题，必要时要设计一连串的问题，由浅入深地引导学生思考，并鼓励学生反复读课文，反复揣摩文中的关键性文字，最后成功从文中找出正确答案。

例如，在学习《鸟的天堂》这篇课文时，我就以问题来叩开学生的思维大门，通过设置层次明显的问题串来推进学生的阅读步伐。文章写了两次看到“鸟的天堂”的场景，两次的时间不同，侧重点也不同。在阅读中，我引导学生对比着来阅读，找出两次的主要描写对象是什么，特点有哪些，作者用了哪些词来体现它们的特点，从这些细节描写中可以读出作者怎样的情感，等等。这样，学生通过反复读课文来寻找答案，其阅读的程度自然就逐渐加深了。

二、巧引生活的源头活水，唤醒学生语文感知

文学作品是作者对生活的再加工和再创作。入选语文课本的大多数作品都比较贴近学生的生活。在语文教学中，面对学生无法深刻理解抽象文字这一现实，教师就要善于

从学生的实际生活去引入活水，用相似的事件或相同的背景去创设情境，引导学生回想生活中的实情实景，从而产生更多感受。这些感受都是真实的，带着温度的。带着真实的感受再去读课文，学生的阅读感知会被成功唤醒，抽象的文字就变成了生动具体的一幅幅画面，理解起来就变得十分容易了。

例如，在学习《落花生》这篇课文时，我引导学生从生活中寻求能够代表“落花生”精神的人群，帮助学生加深对“落花生”精神的理解和认同。当前一些小学生具有强烈的享乐主义观点，对不追求外表、只默默奉献的“落花生”精神的认可度不够。于是，我就引导学生从生活中寻找“落花生”的原型，使学生思考如果没有“落花生”的默默奉献，我们的生活会变成什么样子。从逆向思维的角度去逐层引导学生。当学生有了正确认识后，再读课文，他们会不由自主地代入自己的理解，阅读的感悟会更深刻。

三、把握师讲和生读的度，加深学生阅读体验

教学是需要互动的。在课堂上，不能只有教师讲的声音，也不能只有学生读的声音，一名好的语文教师，要把教师的讲和学生的读很好地结合起来，讲中有读，读中有讲，既有教师的抛砖引玉，也有学生的独特见解，这样的阅读课堂才是真正对学生有益的课堂。在阅读课堂上，语文教师要学着做一名出色的导演，不仅自己会讲，更重要的是会引导，能够教会学生读的方法，思考的方向，让学生慢慢找到阅读的感受，逐渐能够产生深刻的阅读体验。

例如，在学习《将相和》这篇课文时，在课堂上，我就很好地把握了教师讲解和学生阅读之间的度，通过巧妙的引导和反复的阅读逐渐增强了学生的阅读体验。本课是一个历史故事，年代久远。学生在学习时很容易过于关注故事情节，而不注重思考人物所具备的美好精神和良好品德。在学习时，我从“和”这一关键字入手，让学生思考文中的人物是如何产生分歧的，又是如何和好的。在此过程中，我让学生反复地读文中的关键信息，甚至鼓励学生用演的方式进行沉浸式体验，在反复的揣摩和咀嚼中，故事中的人物形象变得越来越立体、越来越生动了。有了良好的基础，我再引导学生总结主要人物的性格特点就容易得多了。

四、以课文留白处为抓手，增强学生语言感受性

留白是文学创作中常用的一种艺术手法，它能够让读者产生情感共鸣，是判断一篇作品好坏的重要标准。优秀的作品是虚实结合的，在描写的同时作者会留下一定的空白，给读者预留广阔的想象空间，让不同的人能够结合自己的经历产生不同的感受，从而真正凸显文学创作的魅力。阅读是人的一种个性化行为。在小学语文教学中，教师要抓住课文中的留白部分，鼓励学生去想象，引导学生进行个性化解读，让学生逐渐能够看到“景外之景”，听到“话外之音”。慢慢地，学生对语言文字的

感受力也就越来越强了。

例如，在学习《山居秋暝》这首古诗时，我就以分析诗中的留白艺术为抓手，引导学生运用丰富的想象力来感受诗中的意境美。一个“空”字，虽简单至极，却留给了学生丰富的想象空间。什么样的山能够称之为“空山”呢？“流”“喧”二字又给沉寂的山林带来了无限的生机，潺潺的流水声是什么样子的？是什么话题引得浣纱女们频频发出银铃般的笑声呢？随着学生的分享，他们的思维被拉得越来越长。在此基础上，我鼓励学生用画笔来描绘诗中意境，使学生进一步体会“留白”对意境塑造的神奇效果，同时学生对诗中优美的意境也有了更深刻的感受。

五、注重听说读写巧结合，提升学生综合能力

听、说、读、写是语文的四大方面的能力。阅读是语文教学的重要内容，基础知识的学习都是贯穿于阅读教学当中的。在阅读的过程中，要有朗读，有思考，有表达，有倾听，有习作。只有把听、说、读、写有机结合起来，学生的阅读层次才会逐渐加深，学生对课文内涵的理解也才会越来越深刻。因此，语文教师在教学中，要把语文当成一个整体来教，不要把每一部分割裂开来，而要把听、说、读写结合起来，从发展学生的综合能力出发，让语文教学有序、有效地展开。

例如，在学习《祖父的园子》这篇课文时，引导学生体会“我”童年生活的自由自在、快乐无忧，感受语言文字中流露出来的童趣是重点。课文中有很多特殊的句式，而且同样句式反复出现，强调意味十分明显；如“祖父干什么，我也干什么。”这些句子看似平平无奇，但反复读来，一个任性、调皮的小孩形象就浮现出来了。在描写“我”在园子里玩耍的场景时，作者用到很多动词，如“跑”“吃”“丢”“追”“捉”等，情节很像我们读过的《小猴子下山》，这样一对比，童真童趣就浓厚得多了。在阅读中，我既让学生开展多种形式的阅读，又鼓励学生勇敢地分享阅读感受，把听说读写有机结合了起来。此外，我还鼓励学生仿写文中的特殊句式，写一写童年的趣事，等等，把写作也融入其中，有效锻炼了学生的多种语文能力。

总而言之，面对阅读难关，语文教师的引导、指导和鼓励尤为重要。在具体的教学实践中，小学语文教师要从多方面入手，引导学生多读课文，并采用有效的策略把阅读的乐趣和魅力呈现在学生面前，让学生能够读出课文的情、景、意，不断提高学生的阅读能力。

参考文献

[1] 张宏云．浅议新课程理念下如何提高小学语文教学质量［J］．现代阅读（教育版），2013（7）．

[2] 赵小雅，张云鹰．以“开放”思维重构小学语文［J］．课程教材研究，2014（24）．

筑个性素材之宫殿

——浅谈如何挖掘高中语文课本中的作文素材

李　磊

在写作练习中，每位同学都希望自己头脑中所积累的素材就像《西游记》里面孙悟空的金箍棒一样，可大可小，能随心所欲地使用，但冰冻三尺非一日之寒，语文素材的积累并非一日之功，那么我们该怎样打造有个性的素材宫殿呢？我们常常把自己的目光投向了远方美好的风景，但殊不知美好的风景就在我们的眼前，正如叶圣陶先生所言："语文教材无非是个例子，凭这个例子要学生能够举一反三，练成阅读和作文的熟练技巧。"而我们语文高考的源头活水其实就是我们的教材，毕竟我们走过十多年语文的路，可以说，高中三年的语文教材就是我们写作中最雄厚的积淀，只要能用好这些素材，就一定能建好我们的个性宫殿，书写出锦绣文章。

个性宫殿第一层：巧借作者生平，强化论证之理。

现在我们所学习的教材中的作者多为中外文学巨匠，他们的成功道路上往往伴随着许多的艰辛与磨难，他们或勇于担当，不负韶华，或忍辱负重，卧薪尝胆，或挑战困境，披荆斩棘，在他们身上我们能看到人性的光芒，受到人生的启示，这些作者的生平经历犹如一块块厚重的基石，如果学生多去了解他们的生平经历，从中汲取人生的智慧和精神的营养，就一定能为自己构建个性素材宫殿打下坚实的基础。2017 年高考作文全国二卷的题目是让同学们在读了杜甫、李清照、魏源、鲁迅、毛泽东，以及《周易》中的名言后，谈谈自己的感触与思考，同学们在写作中就可以运用课本素材，结合苏轼宦海浮沉，经历人间无数风霜雨雪，却依然乐观豁达、兼济天下的人生态度来解读李清照的"何须浅碧深红色，自是花中第一流"这一名句；也可以谈到鲁迅先生敢于以笔为戎，战斗一生，用自己的笔去批判封建礼教对人的毒害，使勇士不再彷徨，使国民敢于呐喊，共同去推翻封建制度的铁屋子，而去迎接未来中华之光明未来而写作，他的生平经历和思想光辉正是对"必须敢于正视，这才可望，敢想，敢说，敢做，敢当"这句话的深刻诠释。所以我们一定要多用一些时间去了解作家的生平经历和主要事迹，然后巧借他们的生平，去增强我们的论证力度。

个性宫殿第二层：引用诗词名句，展现文学功底。

近几年，高考作文把弘扬中华优秀传统文化作为一个考查的重点，在党的治疆方略中也提到了文化润疆这一重大工程，而"润"字则体现了一种润物细无声的滋润，使人们在潜移默化中感受传统文化的无穷魅力，从而有利于铸牢中华民族共同体意识。例如，2020 年全国二卷的作文题目直接引用了墨子的名言"视人之国，若视其国；视人之家，若视其家；视人之身，若视其身。”2021 年全国乙卷作文题目直接引用了扬雄的名言：“修身以为弓，矫思以为矢，立义以为的，奠而后发，发必中矣。”由此可见，对传统文化的了解与掌握是非常重要的，它不仅可以帮助我们解读诗词名句，也可以让我们把这些诗词格言作为精美的装饰品，去修饰我们的素材宫殿。

在多年的教学实践中，我们发现，很多学生还是很喜欢吟诵古诗词的，对古诗词的背诵也有着浓厚的兴趣，但如果仅停留在朗读记忆这一环节上，是远远不够的，学生还要学会灵活应用。我们可以指导学生在要求阅读背诵的古典诗歌文章里，选择名句名段强化记忆，并加以归类，从而在文章中加以引用，增强材料的多样性，同时，也使文章更具文学魅力。例如，2017 年高考浙江卷的作文是“有位作家说，人要读三本大书；一本是有字之书，一本是无字之书，一本是心灵之书。对此你有什么思考，写一篇作文，对作家的看法加以评说”，其实，读有字之书就是学习书本上的知识，我们可以引用杜甫的“读书破万卷，下笔如有神”来论证读书的重要意义；也可以引用陶渊明《五柳先生传》中的“好读书，不求甚解；每有会意，便欣然忘食”来表现陶渊明不为求取功名，只为把读书作为消遣、自娱的快乐的隐士情怀；还可以引用朱熹的《观书有感》“问渠哪得清如许，为有源头活水来”来说明观书和观水一样，都要有源源不断的源头，告诉我们只有不断读书，不断学习，才能使自己知识更丰富，思维更灵活这一人生哲理。由此我们可以尝试这样来写：有字之书是我们平时所看到的书籍，在阅读这些书籍时我们能读书破万卷，下笔如有神，在不断阅读中积累经验，从而使自己腹有诗书气自华；我们能“好读书，不求甚解；每有会意，便欣然忘食”，从中享受读书所带来的乐趣；我们还可以在书本中探寻源源的活水，去思考深刻丰富的人生哲理。无字之书指的是每个人的生活阅历和经历，读无字之书就是通过亲身实践，向自然和社会去学习书本上没有的知识，正如苏轼在赤壁矶下领悟出“惟江上之清风，与山间之明月，耳得之而为声，目遇之而成色，取之无禁，用之不竭，是造物者之无尽藏也，而吾与子之所共适。”这些深刻的人生哲理，正是历经宦海浮沉的东坡先生依然“回首向来萧瑟处，归去，也无风雨也无晴”的豁达精神的体现；正如王安石在游览褒禅山时所发出的“尽吾志也，而不能至者，可以无悔矣，其孰能讥之乎”的感慨，表现了在变法革新的过程中必须有着一往无前、不畏艰险的坚强意志，这正是无字之书给他带来的感受。心灵之书是经过学习书本知识和亲身实践后，个人的感想和对人生的思考，如陆游在《冬夜读书示子聿》中写道：“纸上得来终觉浅，绝知此事要躬行。”就是作者在读书中感悟出的道理，即不仅要学习书本知识，更要去亲身实践，这样才能将书本知识化为己用，成为一个真正有学识，有修养的人。又如《论语》中写道：“学而不思则罔，思而不学则殆。”也强调了读书必须深入理解文中的深刻含义，不能一味空想而不去踏实地读书学习的道理，告诫后人只有把学习和思考相结合，才能有所收获。

综上所述，我们不难看出，在写作中巧用诗词名句，能够充分展现我们的文学功底，让我们的素材宫殿更加富丽堂皇。

个性宫殿第三层；巧用课本人物，论证有理有据。

我们在学习语文课本的过程中讲到了很多人物形象，如奋起反抗的林冲，思想保守的别里科夫，坚强不屈的桑地亚哥，扼住命运咽喉的贝多芬，这些经典人物既可以成为学生写作中的核心素材，更能让学生的文章论证有理有据，犹如巨大的石柱，支撑着个性素材之宫殿。2020 年全国一卷作文中讲到了关于齐桓公、管仲和鲍叔的一段故事，让考生围绕上述材料展开讨论，谈一谈这三个人物中，对哪一个人物感触最深，写一篇发言稿。对于这则材料考生如果要从鲍叔推荐管仲这一角度来写，就可以引用《烛之武退秦师》中的佚之狐慧眼识才，在郑国危难之际向郑伯推荐了一直未受重用的烛之武，才使郑国最终转危为安；也可以写《廉颇蔺相如列传》中的宦官缪贤，他虽然只是一个出场很少的次要人物，但正是他的引荐，才使当时地位低微的蔺相如有施展才华的机会。鲍叔、佚之狐、缪贤都是善于发现人才、推荐人才的伯乐，在文中可以进行举例论证，使文章内容更加具有说服力。

总之，巧妙地将作文教学与回归课本相结合，可使学生在作文中左右逢源、如鱼得水。只要我们指导学生夯牢作者生平之基石，巧借诗词名句之装饰，建构课本人物之支柱，就一定可以使学生建起个性素材之宫殿，写出云锦巧裁之华章。

参考文献

[1] 张莹．议论文写作中课本素材的运用 [J]．考试与评价，2018 (2).

浅谈怎样培养南疆少数民族高一后进生的阅读兴趣

杨彩霞

后进生的学习成绩一直以来是教师和家长比较“头痛”的事，尤其是南疆地区的少数民族高一新生，虽然中考结束后，只有一部分学生考进高中，但留在县级高中的是被层层选拔后留下的学生，这些学生大多数对汉语的理解还处在识字造句阶段，其对长篇文章的阅读就更困难了。但由于新课标的要求，南疆的语文教师不得不考虑让这样的学生抽出大量时间用来阅读。如何引导南疆少数民族高一后进生喜欢上语文阅读？怎样指导其有效阅读？我根据平时的教学实践经验，摸索总结出培养后进生课外阅读兴趣的几点策略。

一、培养后进生安静读书的习惯

随着社会的进步和经济的发展，网络的迅速普及使得不少中学生沉迷于手机和网络游戏不能自拔，好多同学生活在虚拟阅读的世界中，还有部分南疆的学生家长没有培养孩子阅读的意识，导致孩子自觉阅读的意识淡薄，在一定程度上影响了学生在阅读文本时获得体验的能力，所以培养高一新生安静读书的习惯非常有必要。

特级教师严华银说："让语文课堂安静。让学生真正自主并成为主体，静静地看书，静静地思考，接着与同学、与老师静静地研讨，悄悄地对话，正是在这一神圣的殿堂里，静谧的'情境'下，语文的营养如随风潜入的春夜细雨，在有无之间缓缓注入，于是，语文能力和素养的芽儿在无声无息中潜滋暗长。"

尤其是刚进入高一的学生，教师在其课堂回答问题中明显能感觉到学生的急躁和无法静心读书的现象，甚至在课堂上会出现学生大声说话和故意说自己不识字的现象，这时候教师不能因为学生急躁而沉不住气，哪怕是两节语文课只静静地读一段文字，只要学生能静下来，我们的课堂也不算失败。经过一个月左右安静阅读的训练，如果发现学生会发自内心地、不由自主地在阅读时安静，就说明学生在与作者进行心灵的对话、与文本的情感发生了共鸣，进入了"此时无声胜有声"的境界。另外，慢慢从课内到课外的迁移，也是非常有必要的。

经过高一一学期的安静读书的训练，高一第二学期我在讲林觉明的《与妻书》时，讲到第二段"吾至爱汝，即此爱汝一念，使吾勇于就死也"与第五、六自然段作者林觉民提出"一嘱""三愿"时，不用教师讲，学生就能联系当时的历史背景和写作原因，进行带入情感的朗读，当班里有学生声情并茂地朗读时，教室里异常安静，其他学生默不作声，当朗读的学生读完时，读者和听者都依然沉浸在朗读中，在学生朗读的过程中，我仔细地观察了每个学生的表情和眼神，我从中感受到他们已经走近了作者，走入了文本。

二、抓住关键，培养阅读兴趣，有目的性地读书

胡适说："无目的的读书是散步，而不是学习。"欧阳修也说："立身以立学为先，立学以读书为本。"抓住关键期，对于学生来说，培养阅读兴趣、养成阅读习惯的最好方法是有目的性地读书。阅读应该从小抓起，但对于南疆地区而言，由于种种原因，学生从小没有阅读的习惯，所以等进入高中后，高一开始语文教师慢慢要培养学生的阅读习惯，让学生知道读书的好处，并且告诉学生，当在生活和学习中遇到难以解决的事情时，别慌张，静下心来，从书中寻找解决问题的办法，哪怕一时没有找到，通过阅读慢慢也可以顿悟。

第一，从教材入手，利用好手头资料，语文课本不能只是为了考试服务，语文教师有必要把选自课本的文章出自哪本书告知学生，且有必要把整本书的故事讲给学生听，并建立起有效的阅读激励制度，以引起学生的阅读兴趣，达到润物无声的效果。例如，上部编版语文教材上册时，讲到史铁生的《我与地坛》，我不但讲了节选的内容，而且给学生布置任务，使其阅读全篇，甚至阅读史铁生的《史铁生散文集》一书。教师应根据教材推荐适合学生的书目，学生不能漫无目的地读书，必须有计划有目标地读书。

第二，让学生感受到文字的温度，每天语文上课前五分钟，教师或学生可以分享自己阅读到的美文或美句，期间必须要声情并茂地读，让读者和听者都能感受到文字的魅力。例如，在袁隆平院士去世的第二天，我给学生读了袁隆平的母亲写给袁隆平的一封信，当我读完时，看到班里好多学生在抽泣，这时我意识到了，每天分享美文或美句非常有必要。

第三，在班中设立隐形图书角。让学生爱上阅读，必须要有大量的书籍以供阅读，学生不可能随时去图书馆，因此，我会求助于任课教师和办公室其他老师，向他们帮学生借一些学生能读懂的书籍。通过图书交流，让学生参与图书角管理工作，使学生把爱书、保护书的习惯与日常的阅读行为结合起来。

第四，建立阅读奖惩制度。为了激发学生的阅读兴趣，在班级文化建设时，可以留出一块阅读专栏，贴上阅读树，每周根据学生的阅读量和积累量，张贴到阅读树上，星期天晚自习时在阅读树上比比谁的“果实”最多，作出评比，评出本周的“阅读和朗诵小达人”。为了防止学生在上课时不好好听课而只阅读，还要制定出相关的制度。如果发现学生在其他课上读课外书，没有好好听课，或没有按时完成作业，不但惩罚其本周不能借阅图书角的书，而且惩罚其不能借阅图书馆的书，并且取消其阅读课两周。如此，阅读和课堂就能形成激发学生阅读兴趣的双驱动力。

第五，举办一些读书交流会。利用周末或假期，举办一些读书交流会，在交流会上，教师只负责主持（等时机成熟了可以让学生主持），分享的事交给学生，不过这种活动不在次数多而在有质量。在活动期间，学生之间既可以交流也可以争辩，教师不作任何的评价，只需要静静地聆听。记得有一次的读书交流会在寒假举办，这次的主持者不是教师，而是毕业了已上大学的学生，这对高一学生来说是难得的交流机会，通过这次交流会，他们接触到了外面不一样的思想，这更激发了学生的阅读兴趣和他们想走出去的欲望，到第二学期开学时，班里学习的劲头更足了。

不管是培养学生安静读书的习惯还是抓住关键，培养阅读兴趣，教师都要做好阅读指导。要指导学生学会阅读，明晰课外阅读设计的基本原则，把阅读推向学生的灵魂深处。课外阅读是与课内阅读的一种衔接，尤其对高一新生来说，要把握低起点、低要求，只有门槛低了，学生才能有兴趣，才愿意参与阅读与讨论。但是一定要保证学生的高参与度，即所有学生参与，要求全员阅读与交流，积极展示自己的阅读成果。

教师在设定阅读目标时要根据不同的学生个体设定不一样的目标，即设定的目标要贴近学生生活实际，除了经典阅读外，其他阅读内容必须根据学生的实际，不能过低，也不能过高。要贴近课标和学段要求。课外阅读和课内阅读是相辅相成的，课外阅读必须为课内阅读服务，所以选文上一定要紧贴学段要求和课标要求。要鼓励学生自由阅读、自主阅读，要从学生感兴趣的文本入手，慢慢培养学生独立思考、各抒己见的能力，使学生真正做到学以致用。

浅析少数民族地区高中文言文的教学方法

——以莎车一中为例

王云飞

文言文的学习是高中语文教学的重要部分，也是学生掌握好汉语言文学的有效途径。文言文的教学是语文教学的重难点，它不仅要传授给学生字词句法和修辞手法等知识，还必须培养学生的阅读、写作以及表达能力。本文主要介绍了高中文言文教学方法的理论基础及内容，在文言文教学中应采用多种形式来丰富语文文言文的教学形式，改进文言文的教学方法。目前，高中文言文教学中存在较多的问题。本文主要从高中文言课教学方法入手进行浅析，并提出相应对策和建议，希望可以为相关教师提供一些帮助和参考。

一、激发学生兴趣，让课堂活起来

和现代文相比较而言，文言文本身就是枯燥、乏味的，首先，古人与现代人说话的方式不一样，这给高中生的文言文学习造成了一定的阻碍，使得他们对文言文学习产生了一种排斥的心理；其次，文言文学习起来比现代文难度大，一些特殊句式、熟词生义让学生更加难以理解。所以，语文教师要找准切入点，尝试一些有效的方法来进行教学，在我们的课文中有许多文言文还是以故事性为主的，那么语文教师就可以通过讲一些有趣的故事，能够激发学生学习文言文的积极性，使学生逐渐喜欢上文言文的学习，了解文言文中的历史人物及其所处时代的故事，并传扬历史文化。比如，在学习《荆轲刺秦王》这一篇文言文的时候，学生首先要了解故事中的人物所处的社会的背景，知道荆轲为什么会去刺杀秦王。通过一步步引导，使学生了解到荆轲是一个有胆识、有智慧的人。最后通过刺杀秦王的结果，使学生主动地讨论他们对这件事的看法，这件事给其带来的启示。通过这样的方式，激发学生的学习兴趣，使学生进行独立地思考以及历史故事的学习。

在上课之前，语文教师也可以让学生去读一些比较简短的古诗词、人物传记、成语故事或一些古代文学常识，因为我们的古汉语和现代语在某种意义上是相通的，比如可以讲“敬谢不敏”中的“谢”，“敝帚自珍”中的“敝”，不仅让学生掌握了成语，同时也掌握了常考的文言实词，还让学生了解了谦辞和敬辞的用法。教师可以通过用一些故事性的人物传记或成语将文言文知识一点一滴渗透到课堂中去，让学生在潜移默化中渐渐喜欢上语文，喜欢上文言文。有故事情节的导入可以从整体上提高学生对于文言文的认知能力，更好地将学生带入历史情境之中，增强他们的语文素养和文言文素养。

教师也可以充分利用幻灯片等多媒体技术来充实课堂，还可以给学生播放与古代文言文相关的影视片段，让学生快速了解文言文故事的内容，激发学生的兴趣和求知欲，让我们的课堂真正地“活”起来。

二、充分调动感官，让身体动起来

莎车的学生有这样一个特点，教师在早读中布置完背诵任务之后，学生就可以快速地背完，但是，如果教师让学生去默写他刚刚背诵的东西，学生也许会错字连篇，这说明在背诵过程中学生往往不通其意，只是形成一个机械记忆而已。

朱熹曾在《训学斋规》中说：“读书有三到，心到、眼到、口到。”心若不在此，则眼不仔细，又怎能默写正确呢？教师可以采用诵读法和指读法的方式来进行教学，无论是古诗词还是古文的阅读，都是有语感的，教师的范读不仅可以达到言传身教的效果，也可以增进学生对教师的认可，所谓“亲其师，信其道”就是这个道理。在读的时候，教师一定要注意语气、语调和节奏，通过读来吸引学生的兴趣，也能使学生更容易体会文中作者的情感。比如，在读《阿房宫赋》的时候，当读阿房宫富丽堂皇的时候，可以通过轻快、抑扬顿挫的节奏来彰显秦国国富民强的盛况，当读到秦国大肆暴殄天物时，又可以语调高昂，体会出作者的悲愤之情，在读到主旨句的时候，可以用低沉、哀婉的语调去诵读体会作者的怜悯和同情。教师范读完毕后，就应当让学生自读，学生整体读的时候声调不会有太大问题，但让学生个体读时，学生总是喜欢把最后一个声调发成二声，所以教师可以让学生分组去纠正读音问题。

让学生动起来，当学生声调没有问题时，教师可以培养学生的读书习惯，采用指读法，在读书的时候，用手指去指着文本的内容，培养学生的专注能力，打破机械记忆的壁垒，然后再次通过反复的阅读，使学生体会句子的深刻含义，对于文章的字词进行反复的咀嚼，通过反复的练习，使学生能够对文言文进行熟练的背诵、经常性的阅读，并形成良好的文言文语感，从而有利于学生构建关于文言文学习的知识体系。例如，可以在每天的早自习，抽出一定的时间让学生自由地进行朗读，这也是进行文言文教学的一个重要的方法。

充分调动学生的感官，不仅可以培养学生的专注力，也可以避免学生在背诵完毕之后默写时错别字现象的发生，从而增加学生的信心，让学生学有所获、爱上语文。

三、采用多种方式，让课堂新起来

教师要提升自我的文学素养，通过阅读一定量的文献来充实自我的知识，与此同时，教师还要对文言文的教法进行创新，通过对教材的重新整合，将初高中的知识相结合，并引导学生进行回顾和衔接，让学生克服畏难的心理；教师也可采用现代的教育技术，优化文言文学习的方法，使学生真正成为学习的主体，发挥现代技术的优势，实现文言文教学效果的最大化；教师还可以通过微课、慕课等教学平台，提前录制好教学视频，使学生可以通过网络随时随地进行观看，通过在线课堂的方式，使学生能够在课下弄懂自己课上没有听清、听懂的问题和知识点，通过反复观看视频内容，学生能够对文言文的内容理解更加到位，更加准确，从而打下扎实文言文学习的基础。教师在网上也可以给学生提供很好的教学资源，为学生提供优质的学习资料，使学生进一步巩固课堂上所学的知识，这是一个应当大力提倡的教学方法。

对于高中阶段的学生来说，文言文的学习是具有一定难度的，文言文教学的过程也是非常的枯燥的。教师必须通过采取一系列的措施，不断改变传统课堂的教学方法。避免灌输式、机械式地传授知识的教学模式，在学生能接受的范围内考虑到学生的年龄特点和学生的实际学习能力，使学生在能够读懂文章并且了解文章意思的前提下，再进行全文背诵。通过这种模式，学生能够取得良好的学习效果，也能够建立起对学习文言文的兴趣。教师在引导学生进行文言文学习的过程中需要从知识的传授者转变为学生学习的引导者，使学生发挥其主动性，引导学生进行独立思考，进而提高学生学习效率。教师通过不断的优化教学手段，调整教学的方式，完善教学的方案，能够实现对于课堂的创新和变革。在文言文教学的过程中，教师要加强与学生之间的关系，建立良好的师生关系，以利于为学生营造一个宽松自由的学习氛围，使学生能够在没有压力的情况下全面掌握文言文的精髓。

四、温故而知新，让课堂实起来

学生在学习文言文的字词时容易遇到一些困难，通常一个词在文言文的注释有多种意思。教师需要把文言文的字词带入文章之中，使得学生能够知道文言文实词的含义，以及虚词的使用方法等，通过具体的解析句式的特点，使学生能够自己看懂文言文，并对文言文能够进行大致的了解。在教学的过程中，教师为了使学生更好地记忆文言文的内容，需要对知识进行复习，通过温故知新的学习方式，避免学生过快地遗忘所学的知识，从而加深印象，进而更好地理解全文。再如，教师在传授新课的时候也需要对于之前的知识进行复习，从而把新旧知识更好地衔接起来，为学生搭建新旧知识的桥梁。对于文言文虚实词的用法，教师需要及时地进行归纳和补充，帮助学生建立起一个文言文的知识库，为学生积累更多的例句，通过长期不断的坚持，学生的语文成绩就会得到提高，并对其他较复杂文言文也能够触类旁通。

综上所述，对少数民族学生来说，文言文的学习是非常重要的，也是具有难度的，但是只要教师掌握正确的教学方法，通过不断地变革教学方法，不断地指导学生更好地进行文言文的学习，激发学生的学习的兴趣，就能够带领学生自己进行文言文的阅读和翻译，帮助学生掌握文言文正确的知识，同时能够提高学生的语文素养和人文素养，并能够提高语文教师的教学效率，为语文教师提供科学的教学参考和建议。

参考文献

［1］严春红．高中文言文教学策略浅析——以《陈情表》的教学为例［J］．中学语文，2021（36）．

［2］黄丹．浅谈高中语文文言文课堂教学策略［J］．东西南北：教育，2021（11）．

［3］高伟琴．浅谈高中语文文言文课堂教学策略［J］．课外语文，2020（16）．

如何提高少数民族地区学生的语文阅读理解能力

王　肖

一、阅读能力的影响因素

1. 阅读速度

美国心理学家调查发现：①阅读时停顿的次数越多，停顿时间越长，则阅读速度越慢。据心理测验，阅读快的人每 5 ~8 行才停顿一次，每次停顿时间为 0. 3 ~0. 5 秒。②倒看：有些读者因为阅读留下的印象浅，不得不倒回来看。有经验的读者，其目光能很清楚地集中在那些关键词句上。③念词阅读：在阅读时眼睛往前看而口也在无声地念，则会限制阅读速度。④缺乏强制性的速度锻炼：会读书的人常是抓紧一切业余时间，以尽快把书看完，其阅读速度就是在这一过程中提高的。⑤不善于运用跳读：在阅读时有一种不能忽略一切的情感——在心理学上叫作“求全态度”。这自然影响速度。⑥注意力不集中：注意力不集中是学习的大敌，也是影响阅读最主要的“敌人”。⑦情绪的两极分化：过于忧伤或过于高兴都不利于阅读，应该在稳定的、舒畅的、自由的精神状态下阅读。⑧阅读时间的选择不当：睡眠后不应马上阅读。因为这时大脑神经系统尚处于抑制状态。

2. 捕捉信息的能力

①识别：对关键词、中心句和核心段的捕捉，如时间，年份，地点，带双引号中的词语或句子，带特殊符号的句子，抒情段落，议论的段落，每段的开头与结尾等特殊位置的句子。②领悟：将全部的阅读信息与其他所有相关联的信息联系起来，包括词语、数字、概念、事实、图片等。③理解：将先前所拥有的知识与阅读到的新信息相融合的过程。这包括对信息的分析、判断、鉴定、选择和摒弃。④保持：信息的基本存储，单独的存储是不够的——必须伴随着“回忆”，换句话说要有输出，输入才有意义。回忆是指从存储中反馈所需信息的能力。⑤交流：使用获取到的信息。我们获取信息的最终目的还是为了交流，不论是书面还是口头，抑或是舞蹈或者艺术等，输出才能体现出输入的价值。阅读最常见的输出是写作，也可以体现在个人气质修养的提升，或者非凡的谈吐等。

3. 整合信息

就单篇文本阅读教学而言，整合同类信息可以“更好地见主题，见人物形象，见写作手法，见语言特质，见作品风格”。例如，肖培东老师在教学《一滴水经过丽江》时，通过整合排比句段，让学生感受到这篇游记的“别具一格”：“我看见了潭边的亭台楼阁，看见了花与树。我还顺着人们远眺的目光看见了玉龙雪山。”“我乘水车转轮缓缓升高，看到了古城，看到了狮子山上苍劲的老柏树，看到了依山而起的重重房屋，看到了顺水而去的蜿蜒老街。”肖老师在教学中运用删改比读的方法，让学生品咂反复出现的“我”“看见了”“看到了”等词语，体会这篇游记散文综合运用空间顺序与时间顺序的写作方法，感受第一人称写作的妙处，体会作者游览丽江的欣喜愉悦等。再如，笔者在教学《济南的冬天》一文时，让学生整合朗读“小”字句，品咂“小山”“小摇篮”“小雪”“小村庄”“小水墨画”“小团花”“小灰色树影”，可以见出作品的言语特质：“小”景物源于大视角，文章写山的部分采用俯视视角，由高而低；写水部分则用仰视视角，由低到高。两个部分虚实结合，相映成趣，与标题结尾的呼应异曲同工。“小”景物源于真情感。景物不见得小，但作者的喜爱亲昵之情，让大事物在他眼中也娇小可爱。作者的创作匠心和情感在整合阅读中显露无遗。在实用类文本教学，整合文本内同类信息同样能收到四两拨千斤的功效。例如，王君老师教学《松鼠》和《苏州园林》时带领学生对同类词群进行赏读，学生对文本的语言特质和写作风格就有了清晰的认知。在这个方面，笔者也有一些实践经验。例如，在《出师表》一课中，为了达成“理解文章辞情恳切，体悟诸葛亮忠贞执着的情怀”这一教学目标，笔者整合了文中含有“宜”的几个句子，让学生感知贵为“相父”的诸葛亮处境之艰难；通过整合提及“先帝”的句子，让学生领会身为人臣的诸葛亮肝胆之赤诚。整合文本内部同类信息，就“教”的方面而言，可指向内容主旨的分析和理解，如上述《出师表》课例；可指向于作品风格的感知和品味，如上述《济南的冬天》《一滴水经过丽江》《松鼠》课例；可指向于语言的建构和运用，如上述《苏州园林》《松鼠》课例。就“学”的方面而言，有利于提升学生的归纳分析能力、比较统整能力、表达运用能力等，其中思维能力的训练始终在场。

二、鼓励学生分享自己的阅读经验

很多教师虽鼓励学生进行阅读，但忽视了阅读后对学生的阅读进行评价沟通。这样会使学生的阅读流于形式，达不到阅读的真正目的。因此，要想让阅读落到实处，就要鼓励学生分享自己的阅读经验。教师可以在班级开展一系列活动，为学生提供一个交流的平台，让他们将阅读过程中的感悟和收获表达出来与大家分享，也算是阅读后的总结，从而让学生获得更多的成就感和阅读动力。例如，我们可以举行读书会、报告会、诗歌朗诵会、经验交流会等。教师可将阅读同一本书的学生分在同一组，各自在组内先进行交流，然后将交流进行总结，再每个组进行沟通，将阅读的书的最精华、印象最深刻的部分拿出来与同学分享，这样让没读过这本书的同学也能对其有初步的认识。

三、教师要制定阅读的具体措施，让学生趣读

1. 每天识记三个成语及好句好段

记忆可帮助学生积累并加以运用。基础好的同学可识记成段的优美文字，基础差一点的同学以记好句子为准。教师要抽查并及时予以评价和肯定。学生在寻找相关材料的过程中，本身就能体会到阅读的妙处。

2. 每周阅读一本好书

教师在书籍选取方面，应根据不同阅读水平的学生的实际情况，予以推荐、指导。

3. 每周上一节阅读交流课

这是在每周阅读一本好书后的汇报课。交流形式不限，可以是谈心得体会，也可以是复述作品等。这样，就能在轻松愉快的气氛中锻炼学生的口头表达能力，并检查学生的阅读效果。

4. 每周写一篇文章

读和写必须有效结合，学生将阅读中学习到的写作技巧、方法与背诵中积累的好词好句结合起来，写文章就不难了。作品要定期展示、传观或推荐发表，这样，就能极大地调动学生写作的兴趣，学生的好文章就能层出不穷，学生阅读及写作水平也将大大提高。

阅读是语文教学中最基本、最重要的环节。教师应注重激发学生的阅读兴趣，努力营造良好的阅读环境，培养学生良好的阅读习惯，提升学生课外阅读的有效性。

新课标背景下高中语文单元教学设计探究

倪 妍

高中语文新课程标准提出：“新世纪的高中语文课程面临新的要求，要顺应社会发展的需要，调整课程的内容和结构；要在追求高中教育共同价值的同时，充分发挥语文课程促进学生发展的独特功能；要使全体高中学生在语文学习中探寻适合自己的发展方向，给他们提供展示才华的舞台。”新课程标准“进一步精选了学科内容，重视以学科大概念为核心，使课程内容结构化，以主题为引领，使课程内容情景化”。教师应以大任务、大概念串联起超文本阅读，建立不同文本之间的内在联系，用核心素养融通跨体裁文本壁垒。本文在新课标背景下，尝试探究高中语文单元教学设计方面的问题。

一、新课标背景下单元教学的必要性

单元教学是指在新课程改革的背景下，以单元主题为线索，以学生为主体、教师为

主导，围绕单元主体对教学内容进行系统设计与整合的教学方式。

新课标的基本理念中提出："全面提高学生的语文素养，同时应根据新时期高中语文教育的任务和学生的需求，努力改革课程的内容、结构和实施机制。"在新课程改革中，根据语文教学中存在的问题进行了新教材的编排和调整，提高了高中语文学习的目的性和有效性。语文教师实施单元教学比单篇教学能够展现出更多优势，能够大大提升语文课堂教学的效率，更加有利于学生整体核心素养的提高。新课标还提出："遵循共同基础与多样选择统一的原则，构建开放、有序的语文课程。根据课程目标，精选适应时代发展需要的学习内容、变革学习方式，使全体学生都获得参与社会生活所必需的语文素养。"并且新课程标准语文学科的四个核心素养"语言建构与运用""思维发展与提升""审美鉴赏与创造""文化传承与理解"要求语文教师在教学中要精选教学内容，变革课程方式，因此，以往的单篇教学已不能适应新课程标准的理念及统编教材的编排与改革，教师须实行自主探究式教学研究，对学习内容进行合理规划与精心设计，并针对学生进行分层教学，帮助学生在单元整体学习中进行重点学习、实践学习，使学生把知识点消化吸收后再运用知识，保证语文教学的整体性和系统性，从而提高高中语文课堂教学效果。

新课标的课程设计从语文的特点和高中生学习语文的规律出发，以语文学科素养为纲，以学生的语文实践为主线，设计"语文学习任务群"，这就要求教师整合学习情境、学习内容、学习方法和学习资源。这时单元教学显得十分有必要。

二、高中语文单元教学设计初探

1. 单元教学目标设定须紧扣课程标准

单元教学设计应以课程标准为纲，首先须定位本单元任务群，再紧扣课程标准的要求，找到设计的原点和思路。统编版新教材正是利用"人文主题 + 学习任务群"两条线索整体规划单元设计，目标是强化语文综合素养，凸显语文的育人价值。例如，统编教材必修上册第一单元"青春激扬"，其任务群是文学阅读与写作单元，课程标准对此任务群的要求是引导学生阅读中外诗歌、小说等不同体裁的优秀文学作品，使学生在品味诗歌语言、感悟小说形象的过程中提升文学欣赏能力，并尝试文学写作，学写诗歌，借以提高审美鉴赏能力和表达交流能力。

2. 单元教学设计要充分解读教学内容、了解学情

要确定单元教学目标，教师必须充分理解教材，解读课文内容，了解学生情况，教师只有在深刻全面地进行教材内容、文本内容的研究、解读、理解基础之上，再结合学生的实际情况，才能对整个单元进行精心的教学设计。例如，必修上册第二单元"劳动最光荣""实用性阅读与交流"，教材就劳动方面的内容为通讯报道、新闻评论、古诗，教师需要大量地查询关于新闻等方面的资料，反复进行文本解读，了解学生对此类体裁的原有的基础水平，并进行合理的单元教学设计。

3. 单元教学设计要创建实践活动情境

新课标指出：真实、富有意义的语文实践活动情境是学生语文学科核心素养形成、发展和表现的载体。语文实践活动情境包括个人体验情境、社会生活情境和学科认知情境。个人体验情境指向学生个体独自开展的语文实践活动；社会生活情境指向校内外具体的社会生活开展的语文实践活动；学科认知情境指向学生探究语文学科本体相关问题，并在此过程中发展语文学科认知能力。

也有人提出，所谓“情境”，指的是课堂教学内容涉及的语境。所谓“真实”，指的是这种语境对学生而言是真实的，是他们在继续学习和生活中能够遇到的，也就是能够引起学生联想，启发学生往下思考，从而在这个思考过程中获得需要的方法，积累必要的资源，丰富语言文字运用的经验的情境。例如，必修上第一单元“文学作品阅读与写作”，其重点帮助学生感受文学作品形象、品味诗歌语言、体验情感，提升学生的鉴赏能力和审美情趣，单元教学设计实践活动情境可借鉴文化类节目《诗词大会》或《经典咏流传》《朗读者》等，带动学生在真实情境、开放空间中体会学习过程，感悟青春与生命价值。

4. 单元教学目标设计要符合认知规律、循序渐进

统编版教材一个大单元包括多篇文章，体裁多样。学生学习容量较大，教师在设计单元教学时一定要遵循一般认知规律，循序渐进地进行，以免适得其反。要先易后难，先简后繁，先基础后深入，一步步设置教学目标。这里以必修下第八单元“思辨阅读与表达”为例，可以进行这样的单元目标设计：首先是进行基础的文言知识梳理，其次是进行写作背景的学习，之后进行课文的结构梳理，再然后是开展多篇课文的比较赏析，最后是进行相关主题的写作练习。这样的单元目标设计基本符合学生的认知规律，也做到了由简到难、循序渐进地接受学习内容，才能使单元教学起到一定的效果。

5. 单元教学设计要体现重点、突破难点，避免“胡子眉毛一把抓”

统编版教材单元文本内容较多，教师一定要突破重点，攻克难点，避免内容设计过多，导致重点、难点不明确，学生学起来一团乱麻。教师可根据文本体裁设置重点、难点，也可根据文本内容设置重难点，或根据文本主旨情感设置重难点，从而做到有效教学。以统编版必修上册第一单元“青春激扬”为例，诗歌体裁抓住意象，小说体裁抓住人物形象，主旨方面抓住这几篇的共同情感去突破、攻克。

三、单元教学设计注意细节问题

1. 学习任务群任务的设计方面

教师须借助学生的反馈进行设计，学生是学习的主人，学情了解与反馈将是单元化教学设计的最有效路径。

2. 实践活动情境设计方面

教师在实践活动情境设计方面要注意与学生真实的生活相联通，可将学科学习内容在学科内部进行合理安排，也可在学生全科学习生活中进行学科间整合与调整，为学生真实的学习进行适切的、更有针对性的单元设计，各学科间应加强备课，让学生每个阶段的学习不因项目或任务过多影响学生整体的学习效果。

3. 单元教学设计树立比较、对比的教学理念

单元教学、群文阅读要在比较、对比中进行学习。例如，可发现两篇或多篇文本的共同点与不同点来进行比较学习，在群文片段学习或文本对比学习中提升学生对文本类型共性与个性的理性审视与比较分析，使学生得到思维的提升与发展。以此来实现大跨度整合学习的设计。

4. 单元教学设计应注重单篇文本深度的推进

教师在单元教学设计中往往因顾及核心任务的完成而使单篇深度学习体现不充分或淡化，多节课大都在同一层级上重复出现，使单元学习少了深度的推进，使单元学习有重复之感，也呈现出对文本基本内容积累上的不足与不充分。在学科基础知识的学习与学习能力的培育方面，即每节课横的铺展与纵的推进之间度的拿捏仍然是单元学习始终在不断研究的重点。

5. 单元教学应注重把学生关键的学习过程放在课堂上

单元学习因过分强调课堂的呈现而让学生在课下的学习任务明显加重，不利于整个单元学习的持续推进，真实的单元学习应该注重把学生关键的学习过程放在课堂上，以利于教师及时的引导和小组之间有效的互助，静悄悄的课堂也需要呈现。

总之，高中语文单元教学能够实现“学为中心”的教学内容，重视学生个性的发展，培养学生在单元整体学习中去发现问题，合理地分析问题，有计划地解决问题，提升主题单元学习内容整合归纳同类文章的能力，并让学生掌握综合学习的能力，最终，提升学生的语文综合能力。单元教学设计探究之路任重道远，需要教师不断探索钻研。

让学生爱上语文课堂的“不二法门”

郭盈盈

运用什么样的教学方法能使学生的学习效率和学习热情提高，是广大教师和学生家长关心的问题，而快乐教学法因此应运而生。快乐教学法提倡保持学生在学习过程中的愉悦心情，培养学生的学习兴趣从而促进学生学习能力的提高。在小学语文的教学中，针对低年级的学生，为了让他们对语文学习产生兴趣，为了活跃课堂气氛，小学教师应学会在教学过程中应用快乐教学法。

“快乐教学法”是由英国教育家斯宾塞在 1854 年所提出的概念，在他看来，世界上效果最棒的教育其本质是快乐的，也可理解为“兴趣是最好的老师”。

首先快乐教学法不是“轻松教学”，此教学方法不意味着降低或减少学生学习负担，该布置的学习任务一点不少。部分教师和家长认为快乐教学法就是减少教学负担的教学方式，其实这是对快乐教学法的误解。

快乐教学法提倡根据学生的心理特点，适当减轻学生学习的心理负担，让学生主动参与到学习中来，对所学内容产生兴趣，从而提高教师的教学质量和学生的学习效率。快乐教学不是哗众取宠，有的教师认为只要活跃了课堂气氛，学生保持愉悦、开心的情绪就可以，其实这么做违背了快乐教学法的初衷。快乐教学法是建立在保证教学效果的前提下，采用学生乐于接受的教学方式。

随着我国经济的发展，财政给予教育的支持力度也在加大，许多学校配备了多媒体教学设备，让快乐教学具有了一定的硬件支撑。通过应用多媒体教学手段，运用更直观、有趣的教学素材，从而让学生更好地关注教学内容，启发学生的思维，引导学生的思考。

小学语文作为教学的重要科目，是小学生理解和学习其他学科的基础。小学语文教育不仅是让学生掌握一定的生字量，还要培养学生的阅读能力，使学生能够通过文字作品了解作者所要表达的观点，在思考能力和常识方面有所提升。

在小学阶段，大部分学生的学习成绩往往与对该科目感兴趣程度有很大关系，学生对学习的兴趣主要取决于：①有趣的课堂内容；②愉悦的课堂氛围。快乐教学法的采用，很好地实现了提高学生学习兴趣的目的。

学生总是喜欢有幽默感的教师，有幽默感的教师往往能更好地吸引学生的注意力，也不容易使学生对教学内容感到厌烦，学生专注听讲自然学习效果更棒。例如，在《小蝌蚪找妈妈》这节课中，教师可以先跟学生做个互动，展示几个动物的图片，让学生选择哪种动物是蝌蚪的妈妈，以此为契机让学生开始带着期待开始课堂教学。

语文来源于生活，教师在课堂教学时应联系好课本内容和生活实际，消除学生对语言文字的陌生和疏离感。因此，教师要充分挖掘和开发课本内容，最大程度利用教学资源，紧密语文知识与生活的联系。例如，在一年级的拼音教学中，可将“z”比作一只鹅；“n”比作一扇门。这样做是因为学生抽象思维还未健全，以具体事物来展示，更利于学生的认知和迅速掌握。

为学生布置的作业练习，也可与生活结合起来。例如，让学生把所住街道的商店招牌标出文字拼音，用类似的方法提高学生学习的趣味性，培养学生拼音的能力和习惯。

在课堂教学中引入游戏环节，此方法有利于活跃课堂气氛，在服务教学目标的前提下为课堂注入娱乐性。教育游戏种类丰富，大部分是实物、玩具和语言等。利用学生爱玩的天性，可以把游戏和课堂知识结合起来，鼓励学生思考教师所引导的知识，从而提高学生对语文的学习兴趣。

例如，集体造句。先把学生分为若干个小组，小组第一位学生准备好纸和笔，任意写上一个字随后将笔和纸传给第二人，第二人按要求写完一个字后交给第三位学生……直到组成一个句子。如果到最后句子没有结束，则排在最后的学生将句子写完整，写完后将所造的句子高举起来，最后以句子通顺、先举起造好句子的小组为胜。

教师在课堂上设置游戏环节时，要注意游戏是为教学目的服务的，要注意学生在做游戏的过程中开小差和偷懒的现象，及时制止并引导学生回到知识思考中来。同时，游戏环节的时间不宜过长，浅尝辄止即可。

上文提到有幽默感的教师最受学生欢迎，但是这一类教师在教师群体中百中取一，严厉、不苟言笑的教师形象才是校园中的主流，特别是担任班主任的教师往往都是主科教师。因此为消除学生对教师的惧怕和紧张情绪，让学生以平和的心态进入学习状态，教师要努力构建好平等、和谐的师生关系；教师要经常与学生沟通，适当指导学生在学习和生活中面临的问题，这么做将极大改善师生关系。此外，平和的语言和动作，也是拉近师生关系的手段之一，一个鼓励的微笑就可能改变学生的学习态度，消除学生在学习中的挫败感，提升学生的自信心。要强调和谐的师生关系构建，是因为对小学生特别是对一年级新生来说，他们初入校园，对周围环境比较陌生，同学间也互不相识，以上总总容易让一些内向性格的学生不敢融入班级集体，不利于教学工作的展开。课堂上安排小游戏和同学间的互动活动，能够让学生更好地融入班级集体，教师可组织背课文、背古诗等活动，这样做不仅能营造语文氛围，还能让学生更积极地学习语文知识，竞赛性活动还能培养学生的竞争意识。同时，教师在语文竞赛环节里，要充当裁判，为学生加油鼓劲，借此消除学生眼中教师的严肃权威的形象色彩。

语文表现信息的形式是比较有限的，对于一些小学生来说，他们正处在形象、抽象思维还未发展健全的时期，很难仅通过文字就能了解其意思。因此在小学语文的教学中，要充分利用多媒体技术等手段，用图片、音频、视频结合文字的方式，帮助学生理解语文知识。

不同年级的语文教学，学生的心理特点和语文层次也不相同，教师要根据学生语文知识的深度不同，有针对性地把教学内容转化为学生易于理解的形式。一些较为深奥难懂、讲究意境和意会的知识（如古诗），仅靠一些文字描述和讲解，是很难让学生体会古诗中情感表达和诗义的。具体教学中可这样做，教师在讲解古诗时，先声情并茂地朗诵一遍古诗，再配上适合古诗意境的轻音乐或春季大自然的声音，塑造氛围。除了诗朗诵，教学中还可以为学生播放作者的生平或古诗创作背景的视频。例如，在《望庐山瀑布》的教学中，教师可利用大屏幕展示现实中庐山瀑布的视频，有条件的话可以让学生观看 3D（三维立体）视频，这样更能让学生身临其境，使得学生在接下来的教学中保持期待感。

多媒体教学手段其实不仅局限于课堂的投影教学，或简单地播放音频、视频，随着 VR（虚拟现象）和 AR（增强现实）技术的发达，教师可充分运用新兴技术于教学中。此外，小学生群体中接触手机智能游戏的人数也不少，教师可以此为切入点，让学生在生活中发现更多的语文元素，使他们亲近语文知识的学习，消除学生对语文学习的困难印象和枯燥感。多媒体教学还可扩大到课堂之外，如当今火热的微信群，教师可利用此工具加强学生与教师的文字沟通，这样不仅能拉近师生关系，还能让学生将课堂所学应用于实际生活中。

随着新课改的改革推进，对于小学生的素质教育也越来越受重视，小学教学不再盲目追求分数，而是把教学侧重点放在学生的学习兴趣和学习能力的培养上。对于小学语文教学来说，快乐教学法在当前教育形势要求下，具有相当大的优势，它能充分提高学生的学习积极性和学习效率。

浅谈初中名著导读教学

吴晓飞

阅读教学应引导学生钻研文本，使学生在主动积极的思维和情感活动中，加深理解和体验，有所感悟和思考，受到情感熏陶，获得思想启迪，享受审美乐趣。应注重培养学生感受、理解、欣赏和评价的能力。名著以其无与伦比的文学价值与思想价值影响着一代又一代人的成长，名著阅读已成为中学语文教学不可或缺的重要组成部分。如何有效地进行名著阅读教学，是摆在每一位语文教师面前的一道难题。在初中语文教学中，应重视名著导读模块教学，使学生积极参与阅读。课堂教学中，语文教师应采用多元化教学手段，激发学生名著阅读兴趣，使学生在阅读的过程中，感受到文字的魅力，了解不同民族文化，以此促进学生综合素质提升。本文在名著阅读的方法指导、兴趣激发、课外拓展等方面进行了一些探索研究。

教师要完成名著导读的教学任务，就要积极主动地去创设教学情境，激发学生的阅读兴趣和阅读动机，让学生在循序渐进的引导中养成阅读的习惯，在潜移默化中渐渐提升语文素养和综合文化素养，让名著阅读为学生的未来发展奠定下良好的基础。

一、激发学生对名著的阅读兴趣

教师可以通过课本知识，培养学生阅读兴趣。例如，《从百草园到三味书屋》，教师在进行阅读设计时，先让学生自主阅读，阅读结束后，向学生推荐阅读鲁迅先生的《朝花夕拾》一书，拓展学生的阅读量。再如，根据《热爱生命》书本内容，推荐学生阅读名著《钢铁是怎样炼成的》，经过阅读，学生对生命有了全新的理解。教师可以利用多媒体，播放视频资料和歌曲，让学生感受到文学的魅力。例如，在讲解《水浒传》时，可以播放电视剧中的主题歌曲《好汉歌》吸引学生的注意力，引起学生对《水浒传》的阅读兴趣。

二、创造阅读环境，合理安排阅读时间

在实际的名著阅读教学中，很多学生向教师反映，名著因为字数很多，内容晦涩，读一遍需要花费很多的时间，因此学生不愿意也没有时间去读名著。这种错误的想法和做法，其实是不能合理安排阅读时间的表现。针对这个问题，教师可以指导学生如何去

节省时间，利用碎片化的时间去进行名著阅读，进而促进学生阅读能力和阅读水平的提升。让学生有选择地进行阅读，不必咬文嚼字。例如，教师可以指导学生每天在固定的时间内进行主动阅读，并实时记录自己的阅读进度，保证每天的阅读基本量，进而完成初步的阅读计划。我们这样计算：如果每天花 1 小时的时间进行阅读，那么一天最起码可以阅读近 2 万字，即使按照一般的书 100 万字来算，那么，读完一部百万字的文学名著只需要不到两个月的时间。而一部《钢铁是怎样炼成的》才近 46 万字，也就是说学生每天只要花 1 小时的时间，不到一个月就能将一本《钢铁是怎样炼成的》读完。因此，教师一定要积极指导学生坚持阅读，并合理安排阅读时间，进行选择性阅读。

三、指导阅读方法，提升学生阅读素养

教师可以针对不同的名著采取不同的阅读方法，如略读、速读、精读和细读等。例如，在指导学生阅读古典名著《水浒传》的时候，教师可以针对不同的学生特点进行不同阅读方法的指导，对于那些语文能力优秀、具备自制力的学生，教师可以指导学生进行精读，也就是细读每一个章节，并且仔细进行分析和思考，如这一章节都出现了哪些人物，发生了什么样的事情，原因、过程以及最后的结果是什么，以及这件事情对于未来发展有什么影响。这样能够有效地提升学生对于古典文学作品的理解，使学生体会其中的博大精深，进而促进学生语文阅读和写作能力的双提升。对于那些阅读兴趣不强、缺乏自制力的学生，教师可以指导学生进行精读与略读相结合的方式进行阅读。具体来讲就是学生选定几个他们喜欢的具体人物，只精读这些人物出现的场景，而对于其他事件进行大略了解就可以了。教师还要针对不同的书籍进行不同的阅读方式，如对于《艾青诗选》，教师一定要鼓励学生读出声来，让学生在大声朗读中体会作者在字里行间蕴含的美好情感，进而体会其美好，感受其韵味。

四、组织名著阅读活动，培养学生阅读能力

名著导读教学中，若是采用传统教学方法，则会影响学生学习积极性。在课堂教学中，可以组织不同类型的实践活动，使学生在实践活动中学习名著知识，以此提升学生阅读能力；可以组织主题班会，就某一名著内容进行讨论学习；也可以组织情景教学，引导学生角色扮演，在角色演绎的过程中，体会故事人物情感变化，以此提升学生阅读能力。以《西游记》这一名著的阅读为例，课堂教学中，教师让学生分别扮演不同的角色，然后根据教材中描述的故事情节，进行情景表演，感受师徒四人取经路上的不易。当角色扮演结束后，让学生说出自己对扮演人物的理解。这样一来，学生对名著的认识会更加深刻，学习热情也会随之提高。

五、运用现代信息技术，拓宽学生视野

现代信息技术在名著导读教学中应用，可以将枯燥的语文知识变得生动有趣，能够激发学生学习探究能力，对语文阅读教学活动开展具有促进意义。例如，在进行《海

底两万里》这一名著教学时，教师可以利用多媒体为学生播放视频，将海底世界完美地呈现出来，使学生感受大自然的美丽。当视频播放结束后，引导学生自主阅读文章，看一看文章中的海底世界是否和视频播放的一样和谐，思考作者写这一文章的目的。通过教师引导，学生分析，深化学生对名著的理解，同时使学生可以掌握不同类型写作方法，有利于学生语文能力培养。

现如今，初中语文名著导读的教学可谓任重而道远，语文教师在课堂教学以及课下教学设计上应当不断探索和创新，充分了解初中生的名著阅读兴趣和爱好，积极拓展教学思路和教学理念，寻找更加科学化、合理化的名著阅读教学方法和策略，培养学生对名著阅读的兴趣，培养学生养成良好的阅读习惯，培养学生的创作能力，努力实现初学语文教学目标，开展各种课外阅读活动，改善学生的阅读量，营造人人爱读书的良好氛围，力争让初中语文阅读教学的质量迈上一个新台阶。

以声传情，因读明义

——浅谈民族地区语文教学中的朗读指导

乔海鹰

古语有云，“读书百遍，其义自见”“熟读唐诗词三百首，不会作诗也会吟”；有学者也提出，“不读是语文的百病之源”。语文新课程在读书的步骤与方法等方面，就特别强调要加强诵读。要想进一步提高少数民族地区学生的语文素质，全面提高少数民族地区语文教学水平，就需要狠抓语文教学中的朗读训练。

一、朗读教学的重要作用

语文教学是一门情感教学课程，而朗读是学生在语文学习中的基本功，因此朗读训练是语文教学的一个重要环节。纵观我国数千年的教育史，语文教学一直都重视诵读。字音清楚、声音洪亮地朗读，能使本来无声的书面语言化为有声有色的口头话语，从而增进学生对知识点的了解与记忆，并培养学生的理解与表达能力，真可谓“以声传情，因读明义”。在语文课堂教学中，教师应注重朗诵训练，让学生充分地读，用心地读，并从中发现课文中美的文章、美的事件、美的意象、美的情感，从而训练学生体验美、享受美、创造美的才能，使学生透过朗读与文本产生共鸣，接受人文情感的陶冶，深刻认识文章所代表的深层含义。

1. 有助于学生语感的培养

（1）语感是一种语言素质，是在经过长时间规范的语音感受与语句使用过程中逐渐形成的、带有强烈经验色彩的能够较为直观快速地感受并领会语言文字意义的能力。

语感所“感”的，主要包括字、词、句的含义，词语的声调、韵律、节奏及语言组织形式的美感意义等。这种感知，重要的是在具体的文本和语境中通过诵读加以领悟。例如，诵读《故乡》一课中的闰土这一形象时，声调语气要变化，诵读少年闰土时必须是明快流利、天真豪放的声调，从而让人体会到了少年闰土的活跃、大胆、机灵；读中年闰土时要用吞吞吐吐、断断续续、谦恭麻木的语调，体现家庭重压给他身心带来的折磨，以及封建等级观念对他精神上的残害。

（2）朗读语文课本中那些经典的名篇佳作时，不但可以模仿经典话语以及文中对偶、排比、拟人等修辞方式的综合使用，还可以品味其浓厚的抒情笔调，从而受到其深远影响。文字读得朗朗上口，对文字里的词汇、用语组合、语句的格式、语句气势和风格也就会非常熟识，良好的语感也能基本建立。

2. 有助于学生对文本内容的感悟

（1）要了解文学作品的思想内涵，首先要做的就是朗读。通过有感情地诵读，使文字的内涵在大脑中形成深刻印象，从而产生立体感，正确理解课文内涵。对含义较深的语句段落，可以在反复朗读中让学生去体味。对一段文字有感情地诵读遍数多了，文字的含义在诵读中也就清楚明白了。朗读也可以作为学生对文本内容是否理解的一种检测手段。例如，课文《芦花荡》第一段，倘若学生在诵读中，语气抑扬顿挫，能体现出对敌军的仇恨，以及对劳动人民的热爱，便可发现学生对课文的认识比较深刻；倘若读得语调平和没有波澜，便可知道学生对文本认识并不深。

（2）在课文朗读过程中，教师也是引路人。教学过程中，教师层层抽丝剥茧地询问、诵读、感受，会引领学生进入文章，走入作者心田。与此同时，学生内心情感也会伴随着层次递进的诵读，进行着一次又一次的情感碰撞，从而增强学生对课文意境的认识。在朱自清先生的散文《背影》一文中，父亲跨越栅栏为儿买橘的背影，看似叙述平淡，却饱含父爱深情，是文中最精彩的一笔，上下站台的细节都通过一连串动作被写活了。朗读时应引导学生特别注意这些动词，在轻松平实的语气中，用低沉的重音读出这些词，父子真爱就会在看似质朴的诵读中浓烈地泼洒出来。看似简单平淡的文章用心读就能极易打动读者，所以朗读者要正确地表达出作家的思想内涵，要将作家的话语换成是自己的感觉，移情于文，以声传情，声情并茂。

3. 有助于提升学生审美情趣

（1）朗读一篇好的文章，总能给人美的体验。在诵读时，若能配上好的音乐，则更会使人形成强烈的情感共振，仿佛赋予了文字以生命。抑扬顿挫的语气，或快或缓的语速，再加之人物情感的起落迂回，都能够牢牢把握听众的心理，拨动听众的心弦，充分调动起听众的视觉、触觉、听觉等多种感觉，使朗读者得到极美的艺术陶冶，并逐渐提升审美趣味。

（2）朗读过程中，诗歌、散文、文言文等文学体裁所呈现出的节奏韵律之美独具审美价值。古时的“涵咏法”，便是在诵读时注重于慢慢地吟咏感受，从词句中的声调等入手，正确处理语调的起落变换，从而体味文字的丰富内涵，达到对语言表达的升华，抒发审美感受，提高审美意识。朗读时的节奏韵律，可以促进学生对汉语言文学艺术独特审美价值的感知和体悟。例如，“床前明月光，疑是地上霜。举头望明月，低头思故乡”，这样的押韵，小时候读来就能感受到这样诗韵上的美；朱自清先生的作品《荷塘月色》中的词语之精妙，音韵之悠长，形象之优美，意境之生动，都给人以无尽的遐想、深切的感悟，其依次推进的层次、看似散乱的文字，却独有一份凝聚力，也为朗读提供了丰富的想象空间，在起程转和间沁人心脾，犹如欣赏一首美妙的乐曲，美感不期而至。

4. 提高学生普通话水平

（1）中小学语文教师在推行普通话工作中，有着独特的历史使命。规范的普通话并不是轻而易举就能练就的，它是在千百遍地按普通话规范朗读课文的基础上逐渐生成的。要想提高学生的普通话水平，需要从提高课文的准确诵读着手。

（2）民族学校在字词教育中，必须将发音问题当成重点来教育，例如，学生在本地方言中，主要面临声调分不清楚的问题，教学过程中可以采用由教师领读、学生互读、个人展示朗读、对比读等方式强化训练。时间久了，学生就会牢记学过的词汇，并逐渐学会发音与诵读方式。语文教学过程中须把运用普通话朗诵当成阅读教学的一项重要能力，做好诵读引导，注重朗读练习，重视对学生运用普通话朗诵的能力训练，发挥普通话对诵读过程的影响，如此才能实现推广宣传普通话的目的。

二、朗读现状及原因分析

1. 民族地区朗读教学现状

语文教学中的朗读训练，是中小学生学习语文最主要的方法，也是民族地区学生体验汉语、锻炼语感的最基本方法。民族地区许多学校教师的构成、学生的来源都具有少数民族学校的共性和特点。在对维吾尔族学生较多的新疆莎车地区进行语文教学的过程中，学生的朗读能力确实存在很多问题。有的学生并不能将文字准确流利地朗诵起来，而且朗读时结结巴巴，还存在停顿不到位、将两个词连着念时不清楚哪个词该轻读哪个词该重音、不清楚哪个句子该用什么样的感情去念等现象。许多学生的普通话水平一般，而且在诵读中还掺入了较为浓重的民族口音。受当地话和少数民族文字的影响，能够很好地正确诵读一段短文的学生相对较少。在平时朗读教学时，当地语文教师也会改正学生的错字错词，并教给他们朗诵的诀窍，且教师自身朗读能力也很不错，但由于地区教学任务课时等一些其他事务时间的限制，教师在朗读指导方面花的时间较为欠缺，对朗读教学的力度可能还需要继续加强。

2. 原因分析

（1）语言环境问题：家、校、社尚未建立完善的家庭普通话氛围，因此学生在家中用普通话和家长沟通的机会相对较小；民族文字仍为当地社会沟通主要工具；校园内学校间也常有使用方言沟通，学生对普通话未有足够重视。这样缺少普通话练习环境和气氛，导致朗读教学遭受当地语言带来的巨大冲击。

（2）形式单调：在少数民族地区，在课堂上诵读文章的形式单调，大部分都是以齐读为主，创新方式与学生朗读展示机会不多，大都是在课堂，久而久之，学生慢慢对朗读失去兴趣，也不愿主动举手单独朗读。

（3）思想感情缺失："能用汉语普通话准确、流利"地朗诵，是"有思想感情"地朗诵的前提。凡课文均有自身的情感基调，民族地区学生大都需要借助教师的讲授、范读，才能深化对课文内容的认识。不能体悟到课文的思想感情基调与语气，会造成诵读时缺乏节奏、词语的连贯与停顿不到位以及无法处理轻读、重音等情况，搞不清楚文中的句子应该用什么样的思想感情去诵读。

三、朗读训练的要求与技巧

1. 朗读的要求与进程

朗读过程，按其熟练程度和教学进度，可分成三个阶段。首先是要准确，即发音准确，停顿合理，效果不错而不漏气；其次是平稳，要掌握好声调、语气衔接；最后是传神，即要熟练地使用语言和表情，以传达出文字的风貌与精神。

为了在语文课堂中更好地开展朗诵教学，还需要在朗诵前，具体分析作品的内容风格，对文字有深刻的认识与掌握。例如，《春》的清新鲜明，《沁园春·雪》的雄浑豪放，《背影》的质朴真诚等。在对文本格调有了初步认识与深入掌握之后，就可以用想象思维扩展心灵视野，身临其境，体其味，缘其情，进而通过渲染语言动作表情，化声为形体，抓住其情感的起伏变化，以跌宕的朗诵声调在听众的心中产生同振共鸣，最终达到朗诵的艺术功效。

2. 朗读的训练技巧

（1）基本声调：语调分为语音的高低、强弱、缓急三种，对学生表达思想感情有重要影响。因此每篇课文都有基本声调，即基调。同一篇课文的不同部分不同句式，语气语调也有所不同。有时一个字句念的长短高低轻重缓急，都能够表现出犹豫、坚定、喜悦、悲伤、愉快、沉重等截然不同的情感。

（2）语速：诵读的快慢也是根据课文内容而定。一般对于紧急、激烈、愉快、激动的内容都要诵读得稍微快些；庄重、沉痛、平和、忧伤的内容都要读得稍慢一些。当然，在同一段文字中，前后的快慢也会有所改变。

（3）重读：出于表现文字的中心思想和作者思想感情的需要，在朗读中常常要将某些字词和语句读得重一些，这重读部分便是重音。在传达思想感情上起了主要作用的词句，通常都要读得重一点，在表现快乐、温暖的感情时，通常要将重音轻读，即读得比其他句子轻柔一些。

（4）停顿：停顿要依据句子的语法结构、文章的段落层次和对表情达意的要求而定。为增加语言文字的感染力或突出某一事件、或强调某种特定含义，在朗读时可以适度拉长或减少停顿时间，还可不直接按标点停顿，变化停顿时间。适度的停顿不仅能让读者适当换气，更好地传达思想感情，还能让听众更清晰地了解朗诵的内涵，从而获得更强的感染力。

四、朗读教学的方法与形式

兴趣是最好的老师，有了兴趣读起书来才能用心、专注、细致，也才能更好地理解课文。中低段教育是中小学生掌握语文的开始阶段，是少数民族学生掌握普通语言的启蒙阶段。针对少数民族学生平时在家中极少接触讲普通话的人这一现实，教师可以引导或提供机会让维、汉族中小学生进行游戏、比赛等，充分调动学生练习普通话的主观积极性。在课堂教师也要努力创造民主、宽容、平等的气氛，让学生敢说、敢读。在此基础上注意规范学生语音，发展学生口头语言能力，使学生更有自信地学习普通话。学生会讲普通话，就能更好地运用普通话朗读课文。

针对民族地区中小学生讲普通话发音时语调不齐的状况，在课堂教学中，语文教师从一开始就要注意汉语拼音教育，通过使用录音机以及多媒体设备开展汉语拼音教学活动，让中小学生听到规范的汉字读音，并通过不断训练，使中小学生了解汉字的读音规则。从简短朗朗上口的童谣、寓言、古诗词等开始，逐步做到字字落地。在诵读教学中，将各种诵读方式贯穿整体朗读教学的始终，如教师范读、领读、开火车读、分角色读，在不知不觉中，学生的诵读欲望和学习趣味逐步增强。教师对学生诵读内容的规定也要注意由浅入深，从易到难，依次循序渐进。像《动物世界》《朗读者》等节目，语言规范，声情并茂，对纠正学生普通话有很大帮助，同时对学生也是极好的示范和熏陶，可以适当推荐学生收看聆听。还有课本剧表演、配乐朗诵等方式也能让学生体验到学习语文的快乐和朗读的魅力。

语文教学中贯彻朗读训练的意义，在于能让学生在读中整体感受，在读中有所体会，在读中形成语感，在读中获得审美情感的陶冶，从而真正实现“以声传情，因读明义”的目的。当然，万丈高楼从平地起，尽管一开始培养学生的朗读，尤其是少数民族地区的孩子们正确朗读课文并不是很容易，可能还需要一段过程，但在此期间中，哪怕有一点进步，也值得我们欣慰与坚持。相信只要我们在语文教学过程中能重视朗读，加强指导，长期训练，学生的朗读能力一定会有长足进步。

发挥教材培根铸魂作用，铸牢学生共同体意识

——以初中语文统编本教材八年级上册第一、二单元为例

匡煌辉

在 2021 年 8 月 27 ~ 28 日召开的中央民族工作会议上，习近平总书记强调：“做好新时代党的民族工作，要把铸牢中华民族共同体意识作为党的民族工作的主线。铸牢中

华民族共同体意识，就是要引导各族人民牢固树立休戚与共、荣辱与共、生死与共、命运与共的共同体理念。”

作为边疆少数民族地区的教师，铸牢中华民族共同体意识是我们义不容辞的责任，我们要利用好课堂这个主阵地，对学生渗透好国家的意志。我们的统编三科教材（语文、道德与法治、历史）是我们开展教育教学、发展学生核心素养的主要依托，它们对于铸牢中华民族共同体意识具有重要意义。尤其是统编本语文教材本身就是国家意志的体现，它本身所含有的爱国主义教育资源，在增强中华民族凝聚力等方面具有其独特优势，对铸牢中华民族共同体意识发挥着重要作用。

《义务教育语文课程标准（2011 年版）》在第一部分前言中明确指出：语文课程丰富的人文内涵对学生精神世界的影响是广泛而深刻的，学生对语文材料的感受和理解又往往是多元的。因此，应该重视语文课程对学生思想情感所起的熏陶感染作用，注意课程内容的价值取向，要继承和发扬中华优秀文化传统和革命传统，体现社会主义核心价值体系的引领作用，突出中国特色社会主义共同理想，弘扬以爱国主义为核心的民族精神和以改革创新为核心的时代精神，树立社会主义荣辱观，培养良好思想道德风尚，同时也要尊重学生在语文学习过程中的独特体验。

这就明确表明了在语文教学中向学生渗透爱国主义教育是语文教学的一项重要任务，而这对边疆学生铸牢中华民族共同体意识尤为重要。教育家苏霍姆林斯基说过：“热爱祖国，这是一种最纯洁、最敏锐、最高尚、最强烈、最温柔、最有情、最温存、最严酷的感情。一个真正热爱祖国的人，在各个方面都是一个真正的人。”那么作为一名边疆地区的初中语文教师，在学生开始正确树立世界观、国家观、人生观的时期，铸牢其中华民族共同体意识更是重中之重，那么应如何结合八年级上册的语文教材，在具体的教学实践中发挥出教材的“培根铸魂”作用呢？我曾苦苦思考这个问题，在具体的教学过程中，也曾经做过一些初步的探索，尤其是在八年级上册语文第一、二单元的教学中，我发现要想在边疆学生中铸牢中华民族共同体意识，我们首先就得做好爱国主义教育在语文课堂中的渗透。

一、寻找铸牢中华民族共同体意识的渗透点

（一）挖掘教材中的爱国主义资源

语文这一学科承担着培养学生爱国主义情感的任务，2019 年 11 月中共中央、国务院印发的《新时代爱国主义教育实施纲要》也强调：“学校是对青少年学生进行爱国主义教育的重要场所。”“要把青少年作为爱国主义教育的重中之重，将爱国主义精神贯穿于学校教育全过程，推动爱国主义教育进课堂、进教材、进头脑。”“将爱国主义教育内容融入语文、道德与法治、历史等学科教材编写和教育教学中。”“创新爱国主义教育的形式，丰富和优化课程资源。”那么我们在语文课堂教学中就要充分发挥好统编语文教材的育人作用，因为八年级上册语文教材中的课文中或明确或隐藏的爱国主义教育资源比较多，而这些资源需要我们每一位语文教师有意识地将其挖掘出来，把它们系

统地呈现在学生的面前，最好是教师能紧紧抓住这些素材向学生渗透爱国主义教育，从而让学生真正铸牢中华民族共同体意识。八年级上册第一单元是新闻单元，共有六篇课文，其中除了第二课《首届诺贝尔奖颁发》这篇课文在进行爱国主义教育上稍弱以外，其他的五篇课文完全就是相当好的爱国主义教育素材。如第一课毛泽东的《消息二则》中的两篇课文，我们可以引导学生深刻地感受到人民解放军横渡长江时那种英勇气概，以及毛主席那种运筹帷幄决胜千里的风度，这就能激发出学生的爱国豪情。第三课是新闻特写《“飞天”凌空——跳水姑娘吕伟夺魁记》，我们可以引导学生感受我国奥运健儿为国争光的瞬间。第四课是新闻通讯《一着惊海天——目击我国航母舰载战斗机首架次成功着舰》，我们可以引导学生在对比及细节描写中感受我国军事航天事业的卓越。第五课是新闻评论《国行公祭，为佑世界和平》，我们可以引导学生感受战争带给人类的灾难及和平的来之不易，从而更激发出学生对国家落后就要挨打的紧迫感。第二单元是人物传记单元，其中也有课文可以进行爱国主义教育。例如，第六课鲁迅的《藤野先生》，可以引导学生感受弱国弱民的悲哀，从而激发出他们要做一个强国强民之人的决心；第七课朱德的《回忆我的母亲》，可以引导学生感受一个母亲为了国家的解放而做出的巨大牺牲，从而更深刻地感受到今天幸福生活的可贵。

（二）结合生活适当拓展教材中的爱国主义内容

语文即生活，生活即语文。语文既是中国文化的载体，也与我们的日常生活密不可分。生活中每天都会有新的事件发生，罗曼·罗兰曾说过生活并不缺少美，只是缺少发现美的眼睛，作为语文教师，我们要具备一双善于观察生活的慧眼，能从众多的事件中寻找、积累适合在课堂中来深入讨论的爱国主义事件，这当然要结合具体的篇目来进行。这样我们就能把课堂教学延伸到课外生活，让课外生活又能进入课堂教学中，这就能够大大拓展教材中的爱国主义内容，丰富语文教材的内涵，同时也能激发学生对语文学习的兴趣。例如，在学习《飞天凌空——跳水姑娘吕伟夺魁记》这则新闻特写时，我就是引导学生从东京奥运会的跳水冠军全红婵说起，让学生谈谈运动员的爱国精神，这样就把语文与生活紧密地联系在了一起，更拓展了教材的内容。

二、实施铸牢中华民族共同体意识的路径

（一）实施好课堂教学

1. 品读文本，感受作者的爱国之情

《义务教育语文课程标准（2011 年版）》明确指出：“要让学生在朗读中通过品味语言，体会作者及其作品中的情感态度，学习用恰当的语气语调朗读，表现自己对作者及其作品情感态度的理解。”汪曾祺说：“探索一个作者的气质、他的思想，必须由语言入手，并始终浸在作者的语言里。”[①] 统编本八年级上册语文教材中第一、二单元中的多篇课文中都饱含着作者的爱国之情，语文教师要引领学生来品读这些文字，从而让

① 肖培东．我就想浅浅地教语文——肖培东语文课例品读［M］．武汉：长江文艺出版社，2016：61.

学生感受到作者的爱国之情，这样就能激发他们的爱国主义情感。如第三课《“飞天”凌空——跳水姑娘吕伟夺魁记》中有这样的文字：“‘妙！妙极了！’站在我们旁边的一名外国记者跳了起来。”首先可以引导学生来表演朗读这句话，要读出情味来；然后还要引导学生思考为什么这句话不是在场的中国记者来说，作者偏偏换成了外国记者来说呢？学生自然会明白连外国记者都能如此高度赞美吕伟的跳水如此之妙，那就更能想象到在场的中国记者那种手舞足蹈的样子，为国人能争得如此荣誉哪怕是痛哭流涕也不会感到意外了。这就是侧面描写的作用。还有一处是印度观众的话，他说：“了不起，你们中国的人才太多了！”让学生反复朗读这句话，他们自然能读出一种自豪之情来。尽管我们不在现场，尽管这件事已过去多年，但我们却为自己是一个中国人而深深地自豪着，特别是每四年一度的奥运会，学生就会不自觉地去关注中国跳水运动员“梦之队”在赛场上的表现，这样就能真正铸牢学生的民族共同体意识。再如在第四课《一着惊海天——目击我国航母舰载战斗机首架次成功着舰》这篇课文中，作者的爱国之情更是随处可见，这些文字都可以让学生去朗读，让学生用声音去传达内心的激动之情，如着舰成功后的场面描写，对此次成功后的插入的议论等，都能从中感受到我国海军的巨大成功，更能激起学生强烈的爱国之情。

2. 透过文本，挖掘事件背后的爱国之情

语文课程肩负着继承和发扬中华优秀传统文化的重任，统编本八年级上册语文教材第二单元是回忆性散文，其中在第六课鲁迅的《藤野先生》一文中就隐藏着作者的爱国之情，需要教师引导学生去发现、挖掘人物的爱国之情。我在讲第六课《藤野先生》一课时，先引导学生将能表现鲁迅先生的爱国情感的事件概括出来，再去体会作者的爱国之情。例如，在去仙台的途中，作者为何独独记得“日暮里”和“水户”这两个地名？匿名信事件与看电影事件与藤野先生的关系好像并不大，作者为何要详写呢？这些问题的设计就很好地引导学生要深入文本，甚至是透过文本，结合当时的时代背景去理解作者的弃医从文的原因，才能深刻地感受到鲁迅先生为什么是文学家、思想家、革命家，这与他一以贯之的爱国、救国热情是分不开的。

3. 借助文本，走近革命人物

语文课标在阅读方面指出，要“关心作品中人物的命运和喜怒，与他人交流自己的阅读感受”。在八年级上册教材出现了一个革命人物——朱德，他写了《回忆我的母亲》。这篇课文重在引导学生感受这位伟大母亲的形象，这看似与革命、与爱国关联不大，但正是因为有这样的母亲才能培养出这样对中国革命事业如此执着的儿子，他带领着中国人民走出了一片新的天地，在她去世时才赢得延安各界为她隆重举行追悼会。在文末，朱德除了沉痛悼念他的母亲以外，更是表达了自己的决心：“我将继续尽忠于我们的民族和人民，尽忠于我们的民族和人民的希望——中国共产党，使和母亲同样生活着的人能够过快乐的生活。”老一辈无产阶级革命家用行动践行着他们的决心，那么作为新时代的一员的我们，难道不应该将祖国的命运与自己的命运结合起来，努力学习，为自己有一天也能承担起建设祖国的大任做准备吗？

（二）及时发现生活或时事要闻中的素材，将之纳入课堂教学

课堂 45 分钟，时间是非常有限的，爱国主义教育必须从课堂延伸到课外，并将课外的时事要闻纳入课堂当中，扩大课堂的容量，才能取得更好的爱国主义教育效果。

1. 引入视频材料，扩大学生的视野

教材中的内容，有不少可以在时事要闻中找到相关的素材，或者可以用来导入，或者可以用来深入学习。例如，在学习《“飞天”凌空——跳水姑娘吕伟夺魁记》这一课时，2020 年东京奥运会刚过去不久，学生对全红婵夺得十米跳台金牌记忆最为深刻，因为她是本届奥运会中国队年龄最小的夺金队员。在导课时，我利用了全红婵夺得十米跳台金牌决赛的视频来迁移学习这一课，学生就能真切地感受文字版吕伟跳水惊心动魄的瞬间。这样，学生对吕伟跳水给国家带来巨大的荣誉会有更深的感触，课堂教学对学生的爱国情感的熏陶会更深刻。又如，第四课《一着惊海天——目击我国航母舰载战斗机首架次成功着舰》这篇课文，我先播放辽宁舰上战斗机着舰的视频，毕竟时间太短，学生还是不会有太大的感觉，但恰好 2021 年 9 月 12 日山东舰舰载机歼－15 在其甲板上起降训练的画面曝光，将两段视频进行对比播放，从辽宁舰的只降落到山东舰的起降，中国海军走过的这将近 9 年的时光，足以证明中国的海军已经真正走入大国的行列，了解这些后学生的爱国热情更是空前高涨。

2. 对比阅读，提升学生的阅读量

课堂上向学生抛出可以渗透爱国主义教育的知识点，还可以结合当前的时事要闻让学生对课外时事有更深入的了解。在讲授第六课《藤野先生》时，发生的大事是 2021 年 9 月 25 日孟晚舟回国，各大媒体铺天盖地的都是这一新闻，想不知道都不行。对比《藤野先生》这一课中的那一句：“中国是弱国，所以中国人当然是低能儿，分数在六十分以上，便不是自己的能力了；也无怪他们疑惑。”再来看孟晚舟回国事件，我就适时抛砖引玉，过去的中国人在国外是备受欺负，今天的中国人在国外还是如此吗？这样就调动起了学生的兴趣，让兴趣驱使学生去查找孟晚舟事件的相关资料，深入地了解这一事件的前因后果，一方面在引导学生关注了时事的同时也扩大了他们的阅读量；另一方面更让他们深刻地感受到，百年之后，我们已从“站起来”到“强起来”了，就像《人民日报》评论孟晚舟回国：“没有任何力量能够阻挡中国前进的步伐。”曾经的弱国弱民被人欺凌已成为过去，中华民族伟大复兴的前进步伐势不可当，敢于斗争、善于斗争的中国人民势不可当。在这种对比阅读中，学生爱国热情能不被调动起来吗？

3. 亲身体验，感受当时氛围

针对教材中的课文内容，有些在课堂教学当时可能找不到最适当的拓展素材，但在后来的教学过程中可能会出现合适的拓展素材，这时教师就要引导学生亲身体验，再次回顾当时学习这篇课文的情境，感受当时的氛围，从而强化学生的共同体意识。第一单元中第五课《国行公祭，为佑世界和平》是在开学初就学过了，当时只是观看了视频，毕竟距离久远，学生的感触不是太深。但 12 月 13 日这一天是“南京大屠杀”公祭日，那天早上我来到教室后问学生今天是什么日子，并请同学们再次回顾了第五课的内容，然后静等升旗仪式，学生在室内需要默哀三分钟，当广播里响起刺耳的警报声时，学生都低着头，从他们的表情上可以看出，他们是真的伤心。而这次默哀，激起了学生对制造这一灾难者的愤恨，也同时激发了他们强烈的爱国情，要使悲剧不再重演，唯有我们自强。

铸牢中华民族共同体意识是一项长期的任务，需要我们每一位语文教师承担起这项光荣而艰巨的任务，在开展各种语文学习的活动中，我们要充分发挥出语文教材“培根铸魂、启智增慧”的作用，做一个有心人，抓住教材中的一切可以渗透的教育点，联系生活实际，发现时事新闻中的素材，做好拓展延伸，让学生做到“家事，国事，天下事，事事关心”，激发并增强他们的共同体意识，真正让学生树立与国家休戚与共、荣辱与共、生死与共、命运与共的共同体理念。

用统编本语文教材教作文策略初探

匡煌辉

“实行课程改革要增强课程的资源意识，教师应该努力挖掘教材自身的课程资源。”“语文教育具有很强的实践性，语文课程的目标主要在于学生的语文实践能力，即读、写、听、说的能力，而写作是重要的语文能力，教师要活用教材资源加强写作指导，努力提高学生的写作能力。”“写作教学应贴近学生实际，让学生易于动笔，乐于表达，应引导学生关注现实，热爱生活，积极向上，表达真情实感。”“善于将读与写、说与写有机结合，相互促进。”

但现实却是学生很怕写作文，尤其是民族学生（我校初中班级中民族学生占了学生总数的70%），其语文作文水平低下，这是当前我校语文教学中面临的一个主要问题。而我们的学生一上写作课，就会怕写，不愿写，写不好，这直接导致了我校学生的作文水平止步不前。在平时的作文中，只要不是要求当堂完成的作文，大部分学生会去抄写网上的文章来交差。在作文中学生没有自己的真实表达，基本是编造作文，其作文平铺直叙，缺乏构思，语言表达更成问题，有些学生的作文干脆是连文句都不通顺。

从语文期末考试的网络改卷中，我发现学生的作文水平普遍偏低，得分率也不高。在平时的语文教学中我进行了一些调查，发现这种现象主要出于两方面的原因。

（1）学生方面的原因

第一，对作文无兴趣，害怕写作文。

第二，觉得自己写不好，干脆不写。

第三，缺乏写作素材，不关注自己的生活体验，无话可写。

第四，喜欢编造作文，素材老套陈旧。

第五，背作文范文，认为只要背下来几篇经典作文到时再模仿就可以。

（2）教师方面的原因

第一，年轻教师缺乏作文教学经验。近年来，由于要求使用国家通用语言教学，我校招聘的年轻老师较多，并且绝大多数都是非专业的语文老师，自己尚且害怕写作文，又哪来的经验教学生写作文。

第二，老教师作文教学处于随意状态。有一部分教师认为，作文是学生的天赋，不是教师教出来的，对于作文教学平时也不是那么认真去思考到底要怎么教，有些老教师甚至是让学生抄写作文来代替教作文。

第三，教学任务繁重，教师不愿意进行作文教学。目前，因为学校语文教师不多，一个萝卜一个坑，有时甚至一个萝卜要占两个坑，教作文难，改作文更难，一些教师因此不愿意教学生写作文。

第四，不善于利用统编本语文教材来进行作文教学。大多数的教师认为，教材里的课文是用来教学生阅读的，与写作关联并不大，就算有个别教师意识到课文里有写作方法可以借鉴，但也很少有教师把这些写作方法总结出来让学生在其写作中去实践。

从以上的原因分析中我认为，我们的语文教师在平时的作文教学实践中出了问题，只偏重于写作知识、写作技能、写作方法的传授，未充分利用好统编本语文教材里的课文来进行作文教学的渗透。其实从编者的角度来看，选入统编本语文教材中的每一篇课文都是经典，我们平时的语文教学只是侧重于阅读教学而忽视了写作教学。余映潮老师也说："教材中，有一些课文是可以作为学生作文的范本的。如果有这样的看法和做法，教材的利用价值就会更进一步提高。"① 如果我们在平时的阅读教学中能将阅读和写作融合到一起，让学生从每一篇课文中学习并领会作者的写作技巧，然后尝试用这些技巧来写自己的文章，那么学生的写作水平一定会有所提高。

于是我开始寻找"用统编本语文教材教作文"的策略，在课堂教学中不断实践，不断修正，我发现这种方法特别好用，学生学起来也比较轻松，学生对写作的兴趣也在不断地提升，自然他们的写作水平也在提升。我的具体做法如下。

一、充分了解用教材教作文的意义

用语文教材教作文，是"读写结合"的重要手段之一。一方面，我们可以通过"读"来引导学生学习作者的"写"，作者的写作思路、写作技巧都可以让学生来分析并进行试写；另一方面"写"可以促进"读"，当学生利用课文的写作思路或写作技巧来进行写作时，那么他们可以更深入地读懂课文这种读写结合的教学素材，从而既能培养学生的思维能力又能训练学生的写作能力。每一位语文教师若都能灵活运用统编教材

---

① 余映潮．余映潮语文教学设计技法80讲［M］．广州：广东人民出版社，2021：253.

中的课文，挖掘其内在的写作资源，根据初中学生的特点进行写作方面的指导和训练，那么我们的写作教学就有了依托。余映潮老师说过："就是要有用教材的思维来训练学生""要有作文教学的积累""要提高自己的文学素养"。我们可以尝试着从文本的篇章结构、艺术手法、词语、句式、段式等方面灵活地深挖教材的读写结合点来对学生进行写作训练。

每一篇课文都是可以指导学生写作的典范。每一篇文章都有其值得借鉴的一面，或有优美生动的语言，或有灵活精致的表达，或有独具匠心的布局谋篇……它们为学生提供了各种写作的范本。例如，七年级上册第一单元的三篇课文都是语言学习的典范之作，尤其是朱自清的《春》和刘湛秋的《雨的四季》更是其中翘楚，这两篇课文里运用了大量的比喻、排比修辞，增强了语言的魅力，对学生学习写景的文章极具借鉴性。而且这三篇课文的图片法组材也是学生学习写景文章的范本。

每一篇课文都是学生写作的舞台。我们要用好教材中的那些不起眼的地方，如课文中的情境设计，课文中的"空白"补白，课文中的插图是否合乎文章等，这些都是学生写作练笔的好材料。我们可以抓取有些课文中的片段来进行练笔，让学生领会这些语言的妙处，也可以借助文中的情境，来发挥学生的想象能力，再变成自己的文字，通过各种方式来调动学生的写作兴趣。

每一篇课文都是学生写作的秘籍。课文中蕴含着丰富的写作方法、技巧等，教师在进行阅读教学时可以根据学生特点来有目的、有计划地引导学生学习这些方法、技巧，并且将它们变成记录自己生活的文字，慢慢地，学生的写作素材就多了，学生的写作水平也会提升。

二、运用各种手段激发学生的写作兴趣

正是因为充分认识到了用统编本语文教材教作文的意义，我开始利用各种手段来激发学生的写作兴趣，这也的确收到了良好的效果。

（一）仿写

仿写就是引导学生模仿某些课文的立意、构思、布局谋篇或表现手法，使学生结合其生活实际来进行写作。其实现在统编教材八年级下册第一单元写作就是旨在教会学生学会仿写，更可以结合该作文训练来培养学生的仿写能力。著名语言学家吕叔湘说："语文的使用是一种技能，一种习惯，只有通过正确的模仿和反复的实践才能养成。"所以语文教师要充分挖掘文本资源的仿写点，带领学生进行有目的、有针对性的仿写训练，既可以点仿，也可以全仿。关键是要引导学生善于吸取，勤于积累，不断内化。在写前要和学生一起仔细揣摩原文，可以从课文的思想内容、构思立意或表现手法等方面对学生进行启发，通过引申、模拟，引导学生构思自己的作文，从而达到创新的目的。朱光潜在《谈文学》一书中说："文艺必止于创造，却必始于模仿，模仿就是学习。"①

---

① 朱光潜．谈文学［M］．北京：北京大学出版社，2013：16.

初中生的模仿能力很强，因此用课文来指导学生仿写是一种行之有效的写作教学途径。

1. 点仿，即从局部模仿课文

可以仿标题、仿结构、仿语言等。在每一次仿写训练中教师都要有明确的目的，要根据课文的不同特点而确定仿写点。例如，八年级上册学习汪曾祺的《昆明的雨》时，我引导学生抓住文本中“菌子极多”这段描绘菌子的方法来进行过仿写训练。

在课堂教学中，我的做法是首先引导学生分析这段文字有哪些写作方法，先由学生自己找，看能找出几种，随后再和学生一起进行总结，如开头总写一笔，接着分写几笔，要注意详略得当，还可以运用对比等来突出其特点。然后再指导学生模仿此段的写作方法对本地特色物种进行描写，我结合学生的生活实际来寻找当地的写作素材。因我校地处新疆莎车，大街上到处可见打馕店，尤其是民族学生对“馕”有一种特殊的情感，这种食物既是他们日常生活中的主食，同时品种也极多。因为有了可以借鉴的例子，每个学生都有话说，他们也就写出了很多精彩的片段。如下文。

莎车的馕

阿依古则力

说起莎车的美食，人们最先想到的一定是抓饭、大盘鸡、手抓羊肉，但一定不能忽略莎车的馕。馕是新疆人最值得骄傲的美食之一，餐桌上不仅当主食，还可以有各种吃法：可以泡、可以煮、可以炒，也可以直接吃。莎车的馕的种类也特别多。

“托喀西”馕是我们这里最小的馕，它精致而秀气，直径和茶杯口一般大，厚约二厘米，还有更小的，就像小点心，刚从馕坑里拿出来时，香气扑鼻，尝一口味道香甜，营养丰富。它主要以面粉、牛奶、鸡蛋、奶油或清油、砂糖为原料，久放也不会变质。

“格吉德”馕，是因它的中间有个小窝窝而得名的，这是最厚的一种馕。“格吉德”表面撒上了一些芝麻，烤出来后，最上面一层呈焦黄色，而下面的颜色是越来越浅。这种馕的面团要揉上上百次，因此，它好吃而有嚼劲。这种馕是最常见的，也是我们最喜爱的。

“喀特拉玛”馕是一层一层的，既酥又香，类似汉族的千层饼，所以也叫千层饼。吃的时候用刀子切成一片一片的，松软可口，非常好吃，这也是我最喜欢的。

“阿克”馕是白面囊的意思，是市场上最常见的一种圆形薄饼，它直径约 25 厘米，上面有用鸡毛梗把子压出的圆形花纹，抹有洋葱末或芝麻，趁热时吃，又香又脆。

还有玫瑰花酱馕、肉馕、辣子馕，这些都是依个人的口味而来的，喜欢的人也特别多。欢迎你来莎车品尝我们的特色馕，保证让你流口水，吃了还想再吃。

学生写完后我发现，平时一说写作文就唉声叹气的学生现在可以洋洋洒洒地写好多的话，而且因为写作方法已经总结出来了，在模仿的过程中极为方便，他们都认为，这样的作文写起来很轻松，而且很有成就感。所以课后我盘点本次作文写得好的学生发现他们竟然占了将近一半，而后我又让他们在自读课上进行了充分的交流，使其能够取长补短，自我修改。可以说，学生自此对作文的兴趣完全被激发出来了，此次作文小片段的训练也好似打开了学生创作的魔盒，他们从此觉得写作不再是一件难事，从而爱上了写作。

2. 全仿，即从整体模仿课文

针对统编本语文教材八年级下册写作《学习仿写》，则主要是挖掘其中的结构模仿。结合这次写作训练，我引导学生进行全仿。在平时的作文训练中，我发现学生不太会开头，尤其是考试时，很多学生会抄写题目上的一段文字来作为自己作文的开头，这样就容易给改卷老师留下一个很不好的印象，这也直接导致学生作文分数很低。在教学《背影》一课时，我发现这篇文章的开头非常简洁，直接扣题，但也为下文作好了铺垫，中间的重点事件是通过细节来表现的，文章的结尾又和第一段形成了前后照应，并且很好地表达了“我”对父亲的怀念之情。这样的结构对写人、写亲情类的文章有极强的借鉴性，于是，在教学中我着重引导学生学会仿写这篇文章前后照应的结构，并且让基本不会写作文开头的学生完全套用这篇课文的开头，“我与父亲不相见已二年余了，我最不能忘记的是他的背影”。只需要改变其中的几个关键字即可。学生仿起来可谓是得心应手。如：

“我与爷爷不相见已三年余了，我最不能忘记的是他那布满老茧的双手。”

“我与奶奶不相见已二年余了，我最不能忘记的是她那佝偻的身躯。”

“我与我的好朋友不相见已一年余了，我最不能忘记的是她的善良。”

“我与小学老师杜老师不相见已一年余了，我最不能忘记的是他临别时的嘱托。”

……

好的开头是作文成功的一半，学生对如何开头不再茫然，而是能直扣主题，并能自然引出下文的抒写。在模仿《背影》的开头及细节课之后，学生的写人作文就开始慢慢地各有特色了。

（二）改写

改写是引导学生对课文的内容进行再次加工，或者重新组织，这样因为有课文可以做依托，学生不至于无话可写，这不仅可以加深学生对课文内容的理解，还可以为学生创造练笔的机会，提高学生运用语言的能力。例如，在教学《我的叔叔于勒》这一课时，我让学生改写课文的后半部分：如果我们一家在哲尔赛岛旅行遇到的是发了财的于勒叔叔，菲利普夫妇会怎样对待他，接着又会发生什么样的事情呢？学生的想象力是非常丰富的，他们编出了各式各样的故事，既有合理性，也能表现小说的主题，更是加深了学生对课文的理解、对人性的把握。

在教学《桃花源记》时，我要求学生将文言文改写成现代文，以渔人的行踪来串起整个故事，特别是到了桃花源后的一系列遭遇。学生想象力大开，写出了上千字的文章，他们还在大呼：这样编故事多有意思！我也尝试让学生将《石壕吏》这首诗改写成一篇记叙文或一幕短剧，随后还请学生进行了当堂表演，学生编写故事的能力由此得到了提升。这些写作训练更是促进了学生对文章的理解，可以说是一举多得。

（三）续写

有些课文的结尾有留白，这就给了学生巨大的想象空间。此时，可以让学生通过合理的想象把作者没有说的用自己的语言表达出来。例如，在教学《皇帝的新装》这一课时，我让学生想象皇帝游行回来以后会发生什么事，学生也能写得五花八门，有些认为是将两个骗子杀头；有些认为皇帝将那个说真话的孩子抓起来了，导致这个国家的所有人再也没有人说真话了；有些则认为皇帝认识到了自己的错误，从此变成了一个好皇帝。

我有时还有意设计一些续写的内容，把一篇课外文章的后半部分情节去掉，让学生发挥想象，自己去续写后来会发生的事情，然后再出示原文，让学生对照其作文与原文，找出自身不足。通过这些形式的练习，学生对编写故事就有了热情，自然就可以快速提高写作水平。

（四）扩写

扩写，顾名思义，就是扩充文章的内容，将短文章变成长文章，其难点在于在哪扩，怎么扩。一般来说我们是根据文章中心来捕捉“扩写点”的，通过增加情节，补充细节来把能突出中心的内容写具体。如果是写人的，那就要从人物的描写上来展开；如果是叙事的，就应该从环境及情节上来充实。例如，在教学蒲松龄的《狼》时，我就利用这篇课文来训练学生的扩写能力。这是一篇文言小说，作者的用语极简练，我让学生根据原文的内容，想象情境以及屠夫的动作、心理等，不断扩充小说的内容。学生扩写的故事其可读性增强了，他们对这篇课文的内容理解得更深刻，最重要的是他们的写作能力也得到了极大的提升。

（五）补写

有些课文的某些情节跳跃较大或作者为了表达的需要而写得相当简略，甚至直接跳过去不写，这就为读者留下了“空白”。在阅读教学时，语文教师需要对这些地方进行深入的挖掘，引导学生把课文中作者未写的情节补充完整，这样就为学生提供了想象、思考的空间。例如，我在教学《阿长与〈山海经〉》这一课时，课文对阿长如何买来《山海经》并没有叙述，这时，我要求学生想象一字不识且题目都记错的阿长是怎么到书店里去买来的，她经历了哪些波折。通过这次补写，既加深了学生对阿长的理解，又训练了学生的创造想象力，还提高了学生的表达能力。

叶圣陶说：“从前教人作文，别的不讲，只教把若干篇文章读得烂熟。我们且不问其他，这读得烂熟的办法并不能算坏。读书就是要把一些成例化为习惯。”① 现在，这同样适用于我们的初中学生的作文教学，只要我们的语文教师善于运用统编本语文教材中的课文教学生来学写作文，做好读写结合、资源整合，随文而教，当堂训练，一堂课将一个点训练深、透，这应该就是最为简单、有趣、高效的作文教学策略。

---

① 叶圣陶．叶圣陶语文教学教育论集［M］．北京：教育科学出版社，2015：402，491.

随文仿写

——提高学生写作水平策略初探

董　洁

模仿是创作的先导。著名语文教育家吕叔湘曾总结出学习语文的一般过程，“语文的使用是一种技巧，一种习惯，只有通过正确的模仿和反复的实践才能养成。”他把学习的过程归结为“模仿—变化—创造”公式。著名语文教师丁有宽也强调“儿童学习欲望具有模仿性，要以模仿为桥梁，以片段训练为手段，引导学生学习范文，仿其神，仿其意，仿其路，仿其格，仿其法”。

随着新课改的深入，教师在教学中要注重培养学生的学科素养和综合能力。对于学生来说，其对语文知识及内容的感知与理解能力有限，在语文教学中进行有效的教材仿写教学极其重要，语文教师在仿写过程中进一步加深学生对知识的理解，培养学生的语文思维及表达应用的能力。仿写不仅能激发学生对语文学习的兴趣，还能让学生积累大量的仿写素材。

我校是位于南疆地区的一所乡镇中学，学生语文基础较差，其写作更是难上加难。为了缓解学生的畏难情绪，提高学生写作水平，应基于学生实际情况，在课堂教学中融入仿写训练，化整为零，由繁入简。

一、范文的选择

“仿写”又叫摹写，就是模仿某些文章的主旨、布局或修辞手法等特点，来写“自己的文章”。在选择范文时，一定要注意范文的典型性，教师可以给予学生适当的指导。范文的选择面较宽，可以是名家经典，也可以是课本中的文章，还可以是学生中的某些佳作。本文以课本中的文章为主要仿写对象，如《社戏》《回延安》《安塞腰鼓》《春》《背影》等，可选全篇，也可选其中的段节。选定适合学生“仿写”的范文，要求教师首先做到两点：其一，熟悉学生的作文实际与写作需求；其二，有十分明确的作文指导目标。

二、仿写的内容

仿写可以是全仿也可以是局仿。全仿是从整体上模仿范文的行文方式，如写作顺序和文章结构。局仿只是模仿范文的一两点写法，如词语运用、句式、修辞手法、表现手法、情感表达等。教师要针对学生实际确定仿写目标。

1. 仿其形

（1）词语的仿写

词语的运用对写作来说非常重要，朱自清的《背影》中一系列动词的运用，细致准确地描绘出了父亲买橘的背影，深沉的父爱跃然纸上。故在其教学过程中应让学生找准动词，反复阅读，并仿写一个活动细节，通过动词的运用写出一段连续的动作。

（2）句式的仿写

初中语文教材中有许多值得品味的句子，如《白杨礼赞》中“那就是白杨树，西北极普通的一种树，然而实在是不平凡的一种树！”“它没有婆娑的姿态，没有屈曲盘旋的虬枝，也许你要说它不美。”让学生仿写经典句子，可以提高学生的语言运用能力。

（3）段落的仿写

《紫藤萝瀑布》一文中，第二自然段对于紫藤萝花的描写“从未见过开得这样盛的藤萝，只见一片辉煌的淡紫色，像一条瀑布，从空中垂下，不见其发端，也不见其终极。只是深深浅浅的紫，仿佛在流动，在欢笑，在不停地生长。紫色的大条幅上，泛着点点银光，就像迸溅的水花。仔细看时，才知道那是每一朵紫花中的最浅淡的部分，在和阳光互相挑逗。这里春红已谢，没有赏花的人群，也没有蜂围蝶阵。有的就是这一树闪光的、盛开的藤萝。花朵儿一串挨着一串，一朵接着一朵，彼此推着挤着，好不活泼热闹！”生动活泼，引人遐想，让人仿佛亲眼看到那流动的紫色银河。让学生仿写这一片段，既能加深学生对文章的理解，也能让学生学会景物描写的技巧。

朱自清的《春》中，对于春花春雨的描写，运用了多种修辞手法，生动形象，让人仿佛置身其中，教师可以指导学生对某一季节或景物进行细致的描写，要求运用修辞手法。

2. 仿其神

（1）环境描写

环境要为塑造人物作铺垫，《邓稼先》一文中为突出邓稼先工作环境的荒凉，引用了《吊古战场文》，更添孤勇。通过学习，使学生在写人物时学会运用环境描写来衬托人物精神。

（2）场面描写

《安塞腰鼓》中对安塞腰鼓表演场面的描写淋漓尽致，十分准确。“骤雨一样，是急促的鼓点；旋风一样，是飞扬的流苏；乱蛙一样，是蹦跳的脚步；火花一样，是闪射的瞳仁；斗虎一样，是强健的风姿。”这一段排比句非常适合学生进行动作描写的仿写。

（3）人物描写

描写人物时要准确抓住人物的特点，《阿长与山海经》中，作者说阿长在床中间摆成一个“大”字，活灵活现地写出了她令人“讨厌”的睡姿。《老王》中作者写老王“直僵僵地镶嵌在门框里”，让人难忘。通过相关片段的仿写可以让学生学会人物描写。

3. 仿其意

仿意主要是仿写范文的主旨、情感，如《回忆我的母亲》《背影》《老王》等，学习这些名家作品，感受其中蕴含的情感，教师带领学生进行反思父亲或者母亲为我们做过什么？他们是怎么表达对我们的爱的？回忆一下发生在身边的故事，写一篇文章来纪念。以此来唤醒学生内心深处的记忆。在提高学生写作水平的同时进行感恩教育，一举两得。

《回延安》一文分为五节，回延安、忆延安、会亲人、逛新城、赞延安。可以让学生选择有话可说的一个点仿写一节，民歌的形式新颖独特，更能激发学生的兴趣，也能借此机会，让学生看到家乡的变化，激发学生对家乡、对祖国的热爱。

三、仿写的评价

基于学生实际情况，可以设计由易到难的仿写过程。学生由仿写句子到仿写段落，到仿写全文，逐步推进，虽然过程中也遇到了一些问题，学生在某些方面还存在一些困难，但整体上来看，是向好的，有效的，甚至是出乎意料的。

仿写《回延安》学生写出《颂莎车》。“吮吸着新鲜的空气，眺望着斑斓的彩霞；家家户户，有老有少，人人脸上迎春风；一条条河流哼小曲，一排排绿树随风舞。”虽然语句还略显稚嫩，但较此前已经有了极大进步。

仿写《安塞腰鼓》的动作描写，学生写出“彩带一样，是飞扬的衣摆；细雨一样，是晶莹的汗水；节拍器一样，是整齐的步伐；火花一样，是四射的活力；苍鹰一样，是矫健的身姿”。

随后，又让学生进行了全文仿写，仿写《背影》，仿写说明文，都取得了不错的效果。

从句子的仿写，到段落的仿写，到全文的仿写，循序渐进，步步深入，在这个过程中学生的写作水平有了明显提升。

浅谈小学语文课本插图教学策略

张　惠

小学语文教师在教学时可以借助插图创设情景，借助插图进行课文内容的导入，还可以引导小学生欣赏插图的美，引导小学生通过观察插图来初步理解课文。教师要充分发挥插图的辅助作用，借助插图提高小学生的语文素养。

一、小学语文课本插图的主要类型

小学语文教材中的插图按照抽象程度可以分为实物图、描绘图和漫画图，实物图是对事物的真实写照，如《吃水不忘挖井人》这篇课文的插图是实物图；描绘图是对情景进行的概括，如《文具的店》这篇课文的插图是描绘图；漫画图的特点是幽默夸张，如课本中的部分小动物的形象就采用了漫画的形式，漫画图的幽默、生动可以有效地吸引小学生的关注。而按照插图的内容则可以将小学语文课本中的插图分为人物插图、动植物插图、故事情节插图等。

二、插图在小学语文教学中的作用

1. 借助插图可以提高小学生的观察能力

在语文教学时，教师可以引导学生通过观察插图的内容来掌握更多的文本信息。观察插图可以有效提升小学生细心做事的能力。教师可以引导小学生观察插图中的人物神态、观察插图中所画事物的季节等各个细节，从而引导学生从多个角度来观察事物。

2. 借助插图可以丰富小学生的想象能力

借助插图可以锻炼小学生的想象能力，可以帮助学生体会诗歌中描写的意境，可以有效丰富学生的想象能力。教师可以引导学生观察图画，想象图画上的情节，使插图画面“活”起来。

3. 借助插图可以提高小学生的审美能力

借助插图可以增强小学生的审美能力，借助插图教师可以引导学生感知美，阅读课文感受课文所描写内容的美。小学语文教材中的插图具有美感，充满情趣，教师可以借助插图渗透审美教育。

三、运用小学语文课本插图的教学策略

1. 运用插图创设语文教学情境

由于小学生的年龄较小，其在学习课本中的文字内容时往往存在着困难。而课本插图可以有效地帮助小学生掌握语文知识。教师可以借助插图创设情境，增强学生的探究学习兴趣。

例如，在讲《小青蛙》这节课时，我组织学生观看课文的插图。并提问：仔细看插图，说一说小青蛙长什么样？插图中的小青蛙在做什么？小学生观察插图并回答：小青蛙肚皮是白色的，有四条腿，大眼睛，宽嘴巴，身体是绿色的。小青蛙在吃害虫。我继续提问：插图中小青蛙附近的禾苗是绿油油的，它吃害虫保护禾苗，我们应该怎么做？小学生回答：我们要爱护小青蛙。我引导学生：下面，我们来一起学习课文儿歌中是怎么描写小青蛙的。就这样，我借助插图创设情境，引导小学生看插图来说出对小青蛙的认识，增加学生朗读儿歌的兴趣。

2. 运用插图进行课文内容导入

教师可以借助插图进行课文内容的导入。在导入环节，教师可以根据插图内容提出相关的问题，导入新课，借助插图激发小学生对课文的阅读兴趣。插图比较形象，容易激发小学生的好奇心，小学生带着好奇读课文，其学习积极性会得到有效增强。

例如，《吃水不忘挖井人》这节课的插图是一个实物图，我引导学生看插图，读插图中石碑上写的文字。我提问：看了这幅插图你能提出什么问题？有的学生提问：这口井是什么时候挖的？挖这口井有什么作用？有的学生提问：人们为什么要立这块碑？我总结：这口井并不是一口普通的井，毛主席为什么带领战士要挖这口井呢？我们一起在《吃水不忘挖井人》这篇课文中寻找答案吧。通过设置疑问的方式进行课堂导入，能够激发学生求知的欲望。

3. 运用插图帮助学生理解课文

在语文教学时，如果仅凭语言来使小学生理解课文，学生很容易感到枯燥，而借助插图则可以增强学习的趣味性，小学生可以借助插图来体会文本的情感。插图可以将抽象的事物更加直观、具体地展示出来，教师可以通过图文对照的方式帮助小学生理解课文的内容。

例如，《怎么都快乐》这篇课文的插图和课文内容非常贴近，学生借助插图可以更加直观地理解课文内容。这篇课文的插图充满童真童趣，这篇课文共有四幅插图，学生观察这几幅插图，可以回答出：这几幅插图中分别有几个小朋友？他们在做什么？他们玩得开心吗？

学生在观察的过程中感受插图表现出的童趣。我引导学生读课文，并提问：说一说一个人时可以做哪些事情？两个人、三个人、许多人时能做哪些活动？学生思考并回答。我总结：独处是一种快乐，与他人相处也是一种快乐。每天做自己喜欢的事情，就会很快乐。

4. 引导学生观察欣赏课文插图

教师可以引导小学生观察欣赏插图的内容，小学课本中很多插图充满童趣和幽默感，画面精美，贴合课文，营造了美的意境。部分插图体现了中国传统文化的元素，有助于培养小学生的文化自信。教师可以引导学生感受插图的美，提升小学生的语文素养。

例如，在讲一年级下册语文园地一中的日积月累这部分时，我引导小学生观看插图，欣赏插图所表现的春天的美。我提出问题：看这幅插图，你看到了什么？学生回答：地上小草绿油油的，各种颜色的花儿都开了，小河中的水也静静地在流着，柳树的枝条在空中飞舞。我提问：猜一猜这幅插图展现的是哪个季节呢？学生回答：春天。我提问：看完了这幅插图，你有什么感受？一名学生回答：春天的景色真美，充满生机。另一名学生回答：春天鸟语花香，我们可以去外面玩耍。我带领学生读插图旁边的文字，图文结合感受春天的美好。学生带着欣赏的眼光来看插图，感受插图中事物的美。

又如，白居易的《池上》这首诗的插图是一幅水墨画，这幅水墨画充分展现了中国传统艺术的美，在讲这首古诗时，我引导学生观察这幅水墨画，并请他们说一说画面中画了什么。学生回答：一个划船的小男孩，船上有莲蓬，他撑着小船在水中划行。我提问：小男孩船上的莲蓬是怎样采的？我带领学生读古诗，看一看古诗中是如何描写这个小男孩的。学生通过读古诗，感受小男孩天真无邪、活泼调皮的形象，感受这首诗歌的美，插图画面的美。

5. 运用插图训练学生写话能力

教师可以借助插图带领学生进行写话训练，教师可以从课文中的插图入手，对学生加以引导，组织小学生进行交流，请小学生说一说图片上的内容，并写出来。学生带着对插图的理解，读课文，看一看课文中是如何描写的。

例如，我借助课本的插图训练小学生进行看图写话，低年级的小学生写话练习有助于小学生将句子表达得完整、通顺连贯，为中高年级的写作打好基础。我引导小学生初步感知图画的内容，在观察的时候提醒学生图画中的时间、季节、人物、背景等，学生观察图画后展开想象，然后组织语言展开写作。例如，在讲《文具的家》这节课时，我引导小学生仔细观察教材中的两幅图，并展开想象，写下小女孩和妈妈的对话内容。

综上所述，小学语文教师在教学时要注重插图教学，引导小学生细心观察插图，使小学生在观察的过程中感受插图的美，借助插图理解课文的内容，通过插图理解作者所要表达的情感，领悟课文的感情。教师可以借助插图创设情境进行课文导入以及写话训练，引导小学生观察插图并展开想象，教师要巧妙地运用插图开展教学活动，发挥插图在语文教学中的作用。

课文插图在小学语文教学中的运用教学案例

张 惠

一、案例背景

插图教学在小学语文教学中起着重要的作用，教师借助插图可以帮助学生理解课文所描写的内容。教师要培养小学生理解、欣赏插图的能力，借助插图教学培养小学生的观察能力、想象能力和审美能力。小学语文教材中的插图有多种类型，如实物图、描述图、漫画图等，教师可以借助插图创设语文教学情境，进行课文内容的导入，对学生进行审美教学，训练学生说话写话等。插图展示的教学内容更加直观、形象，易于被小学生接受和理解。小学低年级的小学生以直观思维为主，他们喜欢生动、有趣味性的图画，将文本和插图结合教学符合小学生的学习特点。

二、案例主题

本教学案例选取了小学低年级语文教材中的四个插图教学片段，旨在借助这些教学片段来分析如何进行插图教学从而提高课堂教学的实效性。插图可以使课文更加形象，它是重要的教学资源，插图可以弥补文字描述的不足，生动形象地展示课文内容。对于插图资源的有效利用可以有效提高学生的语文能力。教师借助丰富多彩的插图进行课文内容导入，借助插图帮助学生理清文章的脉络，图文对照，可以有效降低学生理解课文的难度。

三、案例描述

1. 案例描述 1

《四季》教学片段

师：同学们，咱们做一个游戏，观看课文的四幅插图，猜一猜图上画的分别是什么季节？并说出你是怎么看出来的？

我提问了 4 名同学。

生 1：第一幅图是春天，我看到了嫩绿的小草和飞翔的小鸟。

生 2：第二幅画是夏天，从小青蛙在圆圆的荷叶上休息可以知道是夏天下雨之后。

生 3：第三幅图是秋天，秋天是丰收的季节，谷穗弯了腰。

生 4：第四幅画是冬天，冬天下雪了，可以堆雪人。

师：同学们结合了自己的生活经验，并能够仔细观察，都回答对了，真好。你们认为这四幅图代表的季节哪个最美？为什么？

生 5：我认为第三幅图最美，秋天谷穗弯了腰，代表着丰收和喜悦。

生 6：我认为第一幅图最美，春天小草发芽了代表着生机和活力。

生 7：我认为第四幅画最美，冬天下雪了，我可以和小朋友去打雪仗了。

师：每个季节都有它独特的美，有一位小朋友将四季的美景写成了一首儿歌，这就是这节课我们将要学习的内容，我们一起来读一读。

2. 案例描述 2

《比尾巴》教学片段

师：森林里要举办一场比尾巴大赛，看课文的插图，看一看有哪些动物参加了呢？

生：猴子、兔子、松鼠、公鸡、鸭子、孔雀。

师：我们先看猴子、兔子和松鼠，它们的尾巴有什么特点呢？

生：猴子的尾巴长长的，兔子的尾巴短，松鼠的尾巴的形状像一把伞。

师：我们再看看公鸡、鸭子、孔雀的尾巴，它们的尾巴有什么特点？

生：公鸡的尾巴是弯的，鸭子的尾巴是扁的，孔雀的尾巴很漂亮。

师：这么多的小动物参加比尾巴大赛，你最喜欢哪个小动物的尾巴？为什么？

生 1：我最喜欢猴子的尾巴，因为它的尾巴可以挂在树上。

生 2：我最喜欢兔子的尾巴，因为它的尾巴毛茸茸的，很可爱。

生 3：我最喜欢孔雀的尾巴，因为它的尾巴最漂亮。

……

师：同学们，我们一起来读课文，看一看课文是怎样描写这几个小动物的尾巴的。

学生朗读课文。

师：同学们读书非常认真，哪位小朋友愿意读给我们听？

几名同学进行朗读。

师：读完了课文，谁的尾巴最好看？

生：孔雀。

师：现在我们做一个游戏，我说出尾巴的特点，你们说出对应的动物。我说出动物，你们说出它尾巴的特点。

师生进行游戏。

3. 案例描述 3

《青蛙写诗》教学片段

师：观察这节课的插图，你看到插图中有什么？

生 1：有水草、蜻蜓、蝌蚪、荷叶、水、青蛙。

生 2：还有水泡泡，荷叶上的露珠。

师：观察插图，谁能说一说小蝌蚪、水泡泡的形状，它们分别像什么标点符号？荷叶上的一串水珠的形状像什么标点符号？

生：小蝌蚪圆圆的脑袋，长长的尾巴，像逗号。水泡泡圆圆的，像句号，荷叶上的一串水珠，像省略号。

师：这篇课文的题目是青蛙写诗，它是怎样写的？谁来帮助小青蛙了？青蛙写出的诗的内容是什么？今天我们就来学习《青蛙写诗》。

学生朗读课文。

生：小蝌蚪、水泡泡、荷叶上的一串水珠都来帮忙了，有这么多的好朋友帮忙，青蛙把诗写成了。

4. 案例描述 4

《小蜗牛》教学片段

师：同学们你们在生活中见过小蜗牛吗？结合本课的插图说一说小蜗牛长得什么样子？你对它有哪些了解？

生 1：小蜗牛的身体软软的，它背着螺旋形状的小房子，它有两对触角。

生 2：小蜗牛喜欢在潮湿的环境中生存，它们行动比较缓慢。

师：观察课文的插图，谁能用语言说一说这几幅插图分别画的是什么季节？画中的景物都有什么？

生 1：第一幅图是春天，第一幅图中的树木开始发芽变绿了，小蜗牛和蜗牛妈妈到森林里玩。

生 2：第二幅画是夏天，第二幅画中的草莓成熟了，树上长满了叶子。

生 3：第三幅画是秋天，树木都落叶了，叶子变黄了。

生 4：第四幅画是冬天，地面上下满了雪，树枝变得光秃秃的，小蜗牛和妈妈躲到了家里。

师：看一幅画，小蜗牛和妈妈在一起时的姿态，想一想小蜗牛和妈妈的感情怎样？

生：小蜗牛感到很幸福，它与妈妈感情很好。

师：蜗牛妈妈对小蜗牛说了什么呢？现在大家朗读这篇课文，从课文中获得更多信息。

学生进行朗读。

师：蜗牛妈妈让小蜗牛去小树林，小蜗牛看到了什么？

生：树上长满了叶子，碧绿碧绿的，地上长着草莓。

师：小蜗牛看到的草莓是什么样的？

生：鲜红鲜红的；红红的。

师：蜗牛妈妈让小蜗牛去摘蘑菇，小蜗牛没有摘到，为什么呢？

生：因为小蜗牛爬到的时候已经是冬天了。

师：开动脑筋思考为什么小蜗牛每次爬回来都是下一个季节了呢？

生：小蜗牛爬行的速度太慢了。

四、案例评析

1. 借助插图增强学生的审美能力

借助插图可以有效增强学生的审美能力，教师可以引导学生观察插图的内容，感受插图的美。《四季》这篇课文的插图分别画了四个季节的景色。我先引导学生观察这四幅插图猜一猜其所画的季节，然后引导学生说一说自己认为最美的季节。学生思考每个季节的特点并感受不同季节的美。

2. 借助插图帮助学生理解课文

教师可以借助插图帮助学生理解课文内容，插图的表现形式更加直观、形象，学生观看插图可以更加直观地理解文本。在讲《比尾巴》这节课时，我先引导学生观察插图，通过直观的观察学生对课本中举出的几个动物的尾巴有一个直观的印象，学生在阅读课文内容时能够更轻松地理解不同动物尾巴的特点。

3. 借助插图增强学生的想象能力

借助插图可以有效增强小学生的想象能力，学生可以观察图画上的内容并展开想象。《青蛙写诗》这篇课文运用拟人化的方法将青蛙人格化，插图采用的是卡通人物形象，给予了青蛙情感和表情，这样的插图设计符合小学生直观思维的特点，插图中的青蛙深受学生喜爱。在引导学生观察这节课的插图时，我引导学生观察小蝌蚪、水泡泡、荷叶上的一串水珠的形状，并使学生发挥联想，和语文中的标点符号联系起来，学生经过联想和想象，将这些事物分别和逗号、句号、省略号联系起来。再组织学生读课文，学生很容易理解课文中的内容。借助插图内容使学生发挥想象力，有助于增强学习的乐趣，发挥学生学习的自主性。

4. 借助插图提升学生的思维能力

教师可以借助插图训练小学生的思维能力，教师可以引导学生观察插图，并根据插图内容提出相关的问题使学生积极展开思考。教师借助图文对照的方式，帮助学生理解文本的主题。在讲《小蜗牛》这节课时，我借助提问的方式引导学生思考四幅插图分别展示的是什么季节，并请学生说一说自己的理由。小学生结合自己的生活经验很快判断出了图画所画的季节。然后学生读课文，我引导小学生通过图文结合来理解课文，我就课文内容提出相关的问题，引导学生思考小蜗牛在不同季节所见到的景物有什么不同。我还就蜗牛每次爬回来的季节不同引导学生思考原因，学生得出了蜗牛的爬行速度慢。我借助提问的方式带领小学生逐步理解课文内容，有效锻炼了小学生的思维。

创建初中语文高效课堂的有效策略

王丽娟

随着我国对教育领域的发展愈加重视和教育改革的不断深入，国内相关教育学者和教育工作者均对现在的教育理论、教育方法等展开了深入的探索与探究，并在近几年内提出了很多先进、科学、高效的教学方法，极大地促进了我国教育事业的发展，其中很多科学的教学理论十分适合用于改进目前初中阶段的作文教学，如合作学习模式、行知教育理论、群文阅读等。我相信正确地理解先进的教学理论并合理地使用科学的教学方法能够对我们初中语文课堂效率的提高起到举足轻重的作用，下面我将为大家详细介绍如何在教学中融入新的理论和方法来营造高效的语文课堂①。

一、兴趣为先，培养学生对语文学习的自主能动性

木村久说："天才，就是强烈的兴趣和顽强的入迷。"

兴趣是孩子的第一老师，如果能将孩子的兴趣发挥于语文学习上，那么便可以大大提升学生的语文学习热情，激发学生进行自主学习，进而提升学生的语文水平。传统授课方式是教师站在讲台上侃侃而谈、妙语连珠，并且在学生身后拿着教鞭"赶"着他们学习，但每节课只用少数的课堂时间与学生进行互动和对课堂知识进行提问，教师在课堂上始终占据着主体地位，学生能够自由学习的时间可以忽略不计，这样的教学方式十分不利于培养学生的语文素养。我们应探究出一个能激发学生主动学习的教学方法，将大部分时间交给学生进行自主的思考，在思考中提升学生自身的语文思维能力。比

① 廖小云. 利用信息技术创建初中语文高效课堂的思考［J］. 中国校外教育，2020（10）：125，127.

如，我们可以加强在课堂上与学生之间的互动，在课堂就一个作文题目让学生展开思考，鼓励学生主动站起来发表自己的写作思路并鼓励其与其他同学的写作思路做比较，最终由教师进行归纳，提炼出其中的优质观点分享给全班学生。这种方式不仅能激发学生对作文语文学习的热情，还能使学生进行主动地探索学习，使学生学习的自主能动性得到培养，从而构建高效的语文课堂。

学习的自主能动性可谓现代教学目标中至关重要的一个方面，学生掌握这种能力后会主动去学习新的知识，主动扩大自己知识的覆盖面，并且能够养成长久的自主学习习惯。在自主学习的过程中，学生的语文科目学习意识、学习的方法和技巧等都会得到提高，同时还能促进学生对自己的学习和生活作出合理安排，在学习中发掘自身潜力，使自身各项素质都能得到有效的提高①。

二、借助背景知识帮学生扩充语文知识背景

在初中的语文教材中经常涉及学生并不熟悉的历史事件、名人传记、英雄人物等内容，编者将其编入课本当中就是为了通过这些背景知识的学习来拓宽学生的视野，培育学生的人文素养。基于这种情况，语文教师在讲解课文时，应当同时为学生讲解清楚课文的历史背景和相关人物的人生历程，以利于学生对文章中的人物与事件进行深入的了解，促使学生对课文的内容真正做到掌握。长此以往，学生对每一篇的课文都有了深入的了解之后，他们在脑海中就会自然而然地将相似的知识归为一类，从而在脑海中形成一个知识体系框架。这个时候学生在进行教材学习的时候就会变得沉着冷静，因为他们已经在脑海中有了一个系统的知识体系，从而大大提高自身在语文课堂中的学习效率②。

三、开展合作学习小组式的课堂组织方式

采用合作学习的方法可以有效调动课堂气氛，非常适合初中的语文教学。在传统的教育方法中，重视的是教师的水平以及教师设计的内容是否合理。在新课程改革后的课堂中，重点是课堂的生成以及学生的热情和创造力。在传统的教学课堂组织中，教师不允许学生进行课堂讨论，学生没有机会表达自己的想法而且如果教师也不进行课堂提问，就可能导致部分学生养成懒惰的习惯或在听课过程中不积极思考或懒于探索的消极心理，从而严重影响课堂教学质量。而合作模式学习大大改变了这种课堂现状。以我们初中语文课堂为例，教师可以采取学习小组模式来为学生营造良好的学习氛围，如教师可以在课堂提出一个难度较高的阅读理解题目，随后让学生以小组的模式对题目展开分析讨论，让学生有机会充分发表自己的见解，促进学生对自己的思维模式进行反思并吸收其他学生思维中的优点，达到共同提高的教学目标。在学生小组讨论结束后，教师可

---

① 付诗艺．初中语文高效课堂的有效构建策略探究［J］．新作文：教研，2020（1）：57－58.

② 潘曹生．浅探构建初中语文高效课堂的有效策略［J］．课堂内外·教师版（中等教育），2019（7）：39.

以让每个小组派一名代表发表自己组内总结出的最佳解题思路，最后教师对所有的思路进行归纳总结，这种课堂组织模式能够大大提高课堂的学习效率，从而构建出高效的语文课堂。

综上所述，教师应当及时吸收先进的教学理论和方法，总结出一套适合现代教育目标的教学模式，抛弃单一的教学，通过更加丰富的教学模式给学生带来不一样的学习体验，从而大大提高初中语文教学的效率和效果。

浅谈语文教学技能的运用

王　乐

每个人对教学技能的理解各有不同。我个人对教学技能的理解是教师运用理论和教学经验，通过反复多次练习而形成的固有框架模式的教学环节，在此基础上运用教学技巧展现出教学的能力。教学技能是教师必须具有的教育教学能力，语文教师的教学技能通常包括教学设计、课堂教学、作业批改和课后辅导、教学评价、教学研究等五个方面。教学技能的运用对于提升教学效果、推广教学经验极其重要。结合新疆地域的特点和语文教学实际，我认为在语文教学中应重点运用以下几个教学技能。

一、提高教学针对性，强化教学设计

1. 科学合理设计教学目标

我们设计一堂课，首先要参照语文课程标准的三维目标，即知识与能力，过程与方法，情感、态度与价值观。教师应该通过教研活动和备课活动，把个人的教学经验融入教材内容，科学设定教学目标。我们处在新疆地区，特别是南疆，普遍存在教学水平不高、学生基础较差、普通话程度参差不齐等问题，因此，教师更应该结合实际情况，让语言交际与受众知识、能力水平相适应，强化情感效应，用科学的方法来设置教学目标。让学生通过活动提升学习兴趣，掌握总结归纳能力，树立正确的人生观、科学的世界观等，使学生真正成为能让社会进步的人才。同时，在充分掌握了解学生的基础上，加强与学生的互动交流，不断地在教与学中进行督促、改进，特别突出语文教学的价值理念和基础功效，从而打造出精彩高效的语文课。

2. 合理设计教学过程

教学过程是实现教学目标的重要环节，是动态的教学活动，目前南疆地区的教师仍以民族教师居多，部分教师普通话水平不高、教学能力不强，导致教师的教学环节参差不齐，这更加要求教师以学生为基础，根据教学目标设计学习活动，参照课程内容，精心设计、开展适应学生年龄特征、难度适宜的课堂学习活动。通过丰富多彩的教学设计，提高学生的兴趣和追求知识的欲望，确保在教学实践中起到探究、交流、提升、巩固的教学效果。

3. 充分发挥教学媒体的作用

根据地域特点，本地区学生与其他地区学生特点差异很大。相比其他地区学生而言，本地区的学生更喜欢展现自我，而集中注意力的时间却不够长，此时可运用多媒体的图文来拓宽学生的视野，用生动直观的影像触及学生的思维兴趣点。多媒体内容生动活泼，会使抽象、难以理解的内容变得很有趣且简单易懂，一些不易讲清楚的知识利用多媒体进行展示学生就更易接受。同时，多媒体承载的信息量大，课堂上教师可随时用翻页笔或鼠标切换屏幕，不用再拿粉笔在黑板上一笔一画费力地写，既节约了板书时间，又增加了教学内容的容量，还大幅度地提高了上课效率，学生也可以在空余时间利用多媒体或上网学会查相关资料进行自学，使学生学习变得更加主动。例如，我在上《湖心亭看雪》这一课的时候，班级内大部分是少数民族同学，学生对于文言的理解向来都是一个难点。因此，我就利用多媒体图片先向学生展示画面，让学生根据画面说感觉，学生因而对人物的心境理解得相对比较透彻，不需要我用更多的话语去解释。

二、呈现更积极的课堂教学效果

1. 导语设计上力求新颖多变

“千里之行，始于足下。”导语是一堂课的开始，它的成功能为课堂效果的达成奠定坚实基础。而灵活多变的导语，一下子就能把学生的心抓住，能激发起学生强烈的求知欲，使其能主动积极地参与学习，达到良好的教学效果。经过多年经验积累，归纳下来，我觉得可以从以下几个方面进行导语设计：第一，利用标题直接导入。教师一进教室，学生一般会立刻调节上课情绪，注意力大部分会集中到听课上来，但总有部分学生抓不住一堂课的重点，此时教师的引导能够使学生明确本堂课的主题。使学生积极配合教师，自然营造出浓厚学习气氛，为课堂教学打下基础。第二，引用名言、俗语或网络用语导入。这样的导语设计，既符合孩子们的好奇心理，调动他们积极探索学习的欲望，又能轻松自然地把学生的注意力引到所要教学的内容上来，起到事半功倍的效果。例如，在上《太空一日》这一课时，我以网络流行的一句“世界那么大，我想去看看”作为导语，立刻吸引了孩子们的注意力。第三，由介绍作者导入。“课文是抽象的，作者是真实存在的”，这是孩子们读课文的感受。结合时代背景，让孩子们能穿越回到那个时代，了解作者身上所发生的事，既有故事性，又能让学生对人物的心情感同身受。第四，通过问题导入。设置疑问导入，积极开动学生的大脑。问题设计得新颖有趣，就能激发学生的好奇心和求知欲望。当然，导语设计还可以由介绍背景导入，由讲述故事导入，由对比导入，或利用图片、音乐导入等，导入的方法可以多种多样。每位教师的上课特点各不相同，只要能成功地达成教学效果，什么样的导入都适用。

2. 问题的设疑和提问作用要强

教师在上课时对提问的应用较为普遍，提问是否巧妙能直接决定学生对知识结构的理解程度。面对少数民族地区的孩子，作为语文教师，我们提问的用语应简单明确，我个人认同学生面对各种问题时，先要明确理解教师想要问什么，忌讳模棱两可，以免造成在回答问题时偏离主题。提问还要有一定的梯度和层次，问题应由浅入深、层层深入，既不能打击学生的学习积极性，又要能完成教师设置本堂课的教学目标。提问过程中，教师要有效调控教学进程，关注学生的差异，根据学生在知识掌握、问题表达、思维水平、合作交流等方面的课堂表现，采取有针对性的提问，引导全体学生参与学习活动，促进学生的合作学习。要认真倾听学生发言，多给学生充分表达的机会，并适时予以鼓励。

3. 注重研究教材，运用好教材

每位教师对教材的理解不同。有些教师拿到教材就认为每一篇课文对于他们来说都如在掌中；有些教师却觉得无法下口。这就涉及教师对教材的熟悉度，一个好的专业教师一定是会深钻教材的教师。教师对教材的掌握、运用，不仅影响着课堂教学，还决定着教师今后教学水平的提升。

三、在课后作业上下功夫

1. 布置作业

我们常说温故才能知新。课后作业对于每个学生来说，都应有其具体的目的。无论是优秀学生还是普通学生，优秀的学生可以通过课后作业弥补和纠错，普通学生可以通过课后作业达到快速提高成绩的目标。哪怕对于学习较为困难的学生，也可以培养他们养成良好的学习习惯。

2. 批改作业

教师批改作业是对学生知识掌握程度的反馈。教师在批改作业中可以发现学生存在的问题，可以及时根据问题调节教学内容，还可以和学生的思想发生碰撞，达到教学相长，为教师今后的专业发展起到一定的促进作用。例如，教师一边当面批改，一边对于学生存在的质疑及时进行解决，并给予适时的评价，可让学生更快地掌握学习方法，并因教师的评价而树立自信。

四、突出实用的评价功效

语文学科相对于其他学科的是语言性较强。语文教师应用巧妙的语言对学生进行评价，拒绝单一的评价。评价存在于语文教学的全过程。从开始的导入到课堂教学，以及课后作业的布置都涉及评价。教师对学生的课堂回答给予肯定和鼓励，能激发学生的自主学习，并使学生树立自信。教师对学生课后作业的评价，可以令学生自发地认真对待作业。曾经有名学生语文基础不好，我要求他每日写随笔，开始他仅仅只写三行字，但每一次我都给予他一段文字评价，如此仅仅半年过后，他对文学的热爱就已经超乎了我的想象。

五、善于归纳，积累教学经验

教师想要上好一堂课，就要不断进行教学研究，将多次的研究成果总结归纳，凝成精华，积累到一定程度，使之成为自己的教学经验，才能轻松地运用教学技能。归纳的过程可以是录制微课，可以是上完公开课后的评价，也可以是再查资料后的反思。

诗歌教学中的以“读”激“趣”

刘　丽

语文课程是实践性课程，应着重培养学生的语文实践能力，而培养这种能力的主要途径也应是语文实践。语文课程是学生学习运用祖国语言文字的课程，学习资源和实践机会无处不在，无时不有。因而，应该让学生多读多写，日积月累，在大量的语文实践中体会、把握运用语文的规律。

中国是诗的国度，在语文教学中，诗歌教学占据着重要位置。诗歌教学可以提高学生对语文的学习兴趣，引领学生进入文学艺术的殿堂。书读百遍，其义自见。余光中先生说：“诗词如果不加以朗读吟诵，那么，他的生命就没有完成。”

各个学段的阅读教学都要重视朗读和默读。各学段关于朗读的目标都要求“有感情地朗读”，这是指让学生在朗读中通过品味语言，体会作者及其作品中的情感态度，学习用恰当的语气语调朗读，表现自己对作者及其作品情感态度的理解。朗读要提倡自然，要摒弃矫情做作的腔调。

作为一名语文教师，结合自己的教学实践，我认为在诗歌教学中，可以“读”激“趣”，主要从以下几个方面入手。

一、创设情境，激发兴趣

语文教学应激发学生的学习兴趣，注意培养学生的自主意识和习惯，为学生创造良好的自主学习情境，尊重学生的个体差异，鼓励学生选择适合自己的学习方式。正所谓“知之者不如好之者，好之者不如乐之者。”在当今这个喧嚣浮躁的社会里，要想激发学生学习兴趣，对于教师来说确实是一个巨大的挑战，因此，教师更需要想方设法地进行教学设计，我认为创设情境就是一个很好的途径。

在教学余光中先生的《乡愁》时，我通过播放宁峰的《思乡》曲营造一个低沉哀伤的氛围，再以“乡愁”为话题的语言片段（在中国文化长河里，乡愁是一个永恒的话题，很多文人墨客，或遭战乱，背井离乡；或遭贬谪，辗转他乡；或不被理解，异乡漂泊……无论怎样，对家乡、对亲人的思念是他们心头永远也无法释怀的情感，今天就让我们来聆听一位台湾诗人的游子心声吧！）导入课题，使孩子们不由自主地走进课堂。

二、初读诗歌，激发“思”趣

“站在岸边学不会游泳。”要想使学生能及时自主解答导入语中的困惑，就要带领学生初读诗歌，整体感知诗歌大意。例如，在教学《乡愁》时，引领学生思考，初读诗歌，并向学生提问其感受（从诗歌的内容、意象、写作顺序、情感等方面谈）。通过布置这些初读时的学习任务，学生的思路无形中被打开，他们众说纷纭，畅所欲言，也就达到了初读的学习目的，为后面的教学做好了铺垫。

三、精读诗歌，激发“探”趣

学生是学习的主体。语文课程必须根据学生身心发展和语文学习的特点，保护学生的好奇心、求知欲，鼓励学生自主阅读、自主表达，充分激发学生的问题意识和进取精神，关注学生的个体差异和不同的学习需求，积极倡导自主、合作、探究的学习方式。教学内容的确定，教学方法的选择，评价方式的设计，都应有助于这种学习方式的形成。

《乡愁》一诗中，诗人的思乡情感随着时间的变化而变化，为了使孩子们更深入地体会到诗人强烈的家国情怀，我在教学中循序渐进地引导孩子们探索两个问题：

①抽象的乡愁为什么在作者的笔下却变成了可感的邮票、船票、坟墓、海峡？

②你是通过哪些有联系的诗句来感受到诗人的情感变化的？

孩子们以问题为导向，由自主查找资料（作者的简介和时代背景）到同桌合作或通过以四人为小组的讨论方式，进行深入探讨，最终解开谜底：诗人结合当时的生活背景和离乡情思，采用了比喻的修辞手法，逐层推进。在意象的撷取和提炼上，这首诗具有单纯而丰富之美。乡愁，本来是大家所普遍体验却难以捕捉的情绪，如果找不到与之对应的独特的美的意象来表现，那将不是流于一般化的平庸，就是堕入抽象化的空泛。《乡愁》从广远的时空中提炼了四个意象——邮票、船票、坟墓、海峡。它们是单纯的，是明朗、集中、强烈的；它们又是丰富的，很含蓄，有张力，能诱发读者多方面的联想。在意象的组合方面，《乡愁》以时间的发展来组合意象，可称为意象递进。“小时候”“长大后”“后来啊”“而现在”，这种表时间的时序语像一条红线贯串全诗，概括了诗人漫长的生活历程和对祖国的绵绵怀念，前面三节诗如同汹涌而进的波涛，到最后轰然汇成了全诗的大浪。

余光中作为一个离开大陆三十多年的当代诗人，他的作品也必然会烙上深刻的时代印记。《乡愁》一诗，侧重写其个人在大陆的经历，那年少时的一枚邮票，那青年时的一张船票，甚至那未来的一方坟墓，都寄寓了诗人以及万千海外游子的绵长的乡关之思，而这一切在诗的结尾升华到一个新的高度：“而现在/乡愁是一湾浅浅的海峡/我在这头/大陆在那头。”犹如百川奔向东海，又如千峰朝向泰山，诗人个人的悲欢与巨大的祖国之爱、民族之恋交融在一起，而诗人个人经历的倾诉，也因为结尾的感情的燃烧而更为撩人愁思了，正如诗人自己所说：“纵的历史感，横的地域感。纵横相交而成十字路口的现实感。”

孩子们在抓住诗歌中的意象和排比句式进行反复精读时，所体会到的思想情感会越发的清晰，其探索知识的求知欲和成就感也会随之剧增。这也是我和孩子们共同合作的初衷与快乐。

四、用“情”读诗，激发“悟”趣

叶圣陶先生曾经说过：“吟咏的时候，对于探究所得不仅是理智地理解，而且亲切地体会，不知不觉之间，内容与理法化为读者自己的东西了，这是最可贵的一种境界。”

在引导孩子们反复精读诗歌之时，我通过播放视频或教师的范读，引导孩子们再次结合作者的亲身经历和时代背景思考：如果你就是当时的余光中爷爷或十几年后，你也要远离家乡到国外去求知，特别是在你遇到极大的坎坷时，因为各种原因而不能如愿归国时，你会产生怎样的情感呢？不知不觉中孩子们慢慢地感受到了诗人对亲人的思念和对祖国的眷恋之情。

通过多种形式的有感情朗读，学生逐渐地感受到了诗歌的形式美和韵律美。

它的形式美一表现为结构美，二表现为音乐美。《乡愁》在结构上呈现出寓变化于统一的美。统一，就是相对地均衡、匀称；段式、句式比较整齐，段与段、句与句之间又比较和谐对称。《乡愁》共四节。每节四行，节与节之间相当均衡对称，但是，诗人注意了长句与短句的变化调节，从而使诗在外形整齐中又有参差之美。《乡愁》的音乐美主要表现在回旋往复、一唱三叹的美的旋律，其中的“乡愁是……”与“在这头……在那（里）头”的四次重复，加之四段中“小小的”“窄窄的”“矮矮的”“浅浅的”在同一位置上的叠词运用，使得全诗低回掩抑，如怨如诉。而“一枚”“一张”“一方”“一湾”的数量词的运用，不仅表现了诗人的语言的功力，也加强了全诗的音韵之美。

《乡愁》，犹如音乐中柔美而略带哀伤的“回忆曲”，是海外游子深情而美的恋歌。

“欣赏文学作品，有自己的情感体验，初步领悟作品的内涵，从中获得对自然、社会、人生的有益启示。对作品中感人的情境和形象，能说出自己的体验；品味作品中富于表现力的语言。”这是学生带着丰富的情感诵读诗歌的最大收获，也进一步增强了孩子们的爱国情感和民族自豪感，还使学生懂得了珍惜和感恩。

五、品读诗歌，激发“写”趣

语文教学要注重语言的积累、感悟和运用，注重基本技能训练，让学生打好扎实的语文基础。尤其要注重激发学生的好奇心、求知欲，发展学生的思维，培养学生的想象力，开发学生的创造潜能，提高学生发现、分析和解决问题的能力，提高学生的语文综合应用能力。

在学习《乡愁》接近尾声时，我带着好奇询问道：“谁来说说，你最喜欢诗中的哪句诗或哪个词？为什么？如果让你来写乡愁，你会将乡愁比作什么呢？”学生先独立思考写一写，同桌或小组之间进行交流和修改。经过 5 分钟的酝酿和激烈的讨论，答案百花齐放，令人惊喜不已。孩子的诗歌作品如下：

乡愁是一片小小的落叶，母亲在上头，我在下头；
乡愁是一只窄窄的小船，双亲在那头，我在这头；
乡愁是一根长长的风筝线，亲人在地上，游子在天上；
乡愁是一弯窄窄的新月，亲人在那里，我在这里；
乡愁是一件新新的毛衣，织的人在那头，穿的人在这头；
乡愁是一封长长的书信，读信人在那头，写信人在这头；
……

当我把孩子们的作品当场呈现出来时，莫大的幸福感和成就感像花一般绽放在他们的笑容中，此时的我就如张岱笔下的“莫说相公痴，还有痴似相公者”，也像欧阳修所写的“然而禽鸟知山林之乐，而不知人之乐；人知从太守游而乐，而不知太守之乐其乐也”，我不敢同以上两位大家相提并论，但是我却穿越般地享受到了他们所体会到的极乐！

说实话，以前我也不太喜欢诗歌，总感觉读不懂，但是在从事多年的语文教学，特别是在课外阅读诗歌，背诵了多篇古代和现代诗歌篇目后，我感受到了诗歌的丰富内涵和真情实感，初步学习到诗人们那丰富的想象力和炼字技能，还倾听了许多优秀教师的精彩诗歌教学，这对于我进行诗歌教学大有帮助，我也开始喜欢上琢磨诗中富有表现力的字、词、句，结合作者的经历和写作背景，展开丰富联想和想象，使我真切地领悟到诗人们超强的想象力和精湛的写作魅力，他们通过简短精练的篇章却能呈现出博大丰富的多彩世界和深奥莫测的人生真谛。从此，这便成了我学习诗歌的动力和目标，而且闲暇之余也时不时喜欢写点小诗，以此锻炼、表达和提高自己。

落实“双减”，提高语文课堂教学效率

乔海鹰

2021 年 7 月，中共中央办公厅、国务院办公厅印发了《关于进一步减轻义务教育阶段学生作业负担和校外培训负担的意见》，其目的是使教育回归其本质，通过提高作业布置的科学性、合理性和提升学校教育教学质量来为学生及其家长减负，真正从根本上落实立德树人的任务，培养德智体美劳全面发展的学生，促进学生的身心健康，使学生能够快乐成长。

然而“减负”喊了很多年，效果却一直不明显，教育内卷持续已久，“双减”之后，教师减少或不布置课外作业，课外辅导班又被取消，家长对于孩子教育的高需求却仍然存在，家长的教育焦虑目前显然还不能从根本上被改变。提升课堂教学效率，向课堂每分钟要质量，这显然是在落实“双减”政策的同时，教育所面临的最大关注点。

而语文课堂能教予赋予学生什么？如何让学生沉浸于课堂而不至于厌倦？如何让学生提升学习的兴趣、获得自信，从而专注于课堂？“双减”之下，语文教师又该如何才能打造高效课堂？这些问题的答案应该就蕴藏在教师语文教育教学的整个过程中。

一、课前热身：改变心态，优化备课

“教师是太阳底下最光辉的职业。”长久以来，这是社会对于教师职业普遍予以的高度评价。稳定，有寒暑假，受人尊重，通过自身努力能获得成就感，这可能是许多教师最初选择教师职业并对其满怀憧憬的初心。而陈旧的教育现状往往以应试为目标，以考纲为内容，以灌输为方法，语文教学似乎也仅局限于四十分钟课堂。较为功利的教育目的，被空前期待的教育环境，使教师职业已被认为是压力最大、要求最高的职业之一。大部分教师的日常都是在备课、上课、批改作业、处理学生琐事、家校沟通联系、应对各种教学活动、培训考核、升学、职称评聘等各种压力下，委屈憋闷，披星戴月，在循环往复中超负荷工作已成为教师的日常。过长的工作时间、过大的工作量、过高的工作强度，这一系列客观因素再加上对幸福概念与定义存在的主观性偏差，使许多教师陷入极度疲惫、厌倦麻木、情绪消极的状态。感觉丧失自我的教师，其职业倦怠感会倍增，其工作热情与职业幸福感根本无从谈起。

1. 改变心态，从容积极

一个身心俱疲、心力交瘁、被动工作的教师，何以主动地、富有热情地投入到教育教学中，发自内心地去体验和感受做教师的快乐与幸福？一个情绪消极生活无趣的教师，又何以创设出有趣的课堂，让学生集中注意力、主动投入、爱上学习？由此，调整教师心态，对于提高学生学习兴趣，促进教学的有效性尤为重要。

《阳光心态》一书有云：“你改变不了环境，但你可以改变自己；你改变不了事实，但你可以改变态度；你改变不了过去，但你可以改变现在；你不能左右天气，但你可以改变心情；你不能选择容貌，但你可以展现笑容。”老牛耕田，农夫种地，一生一事，原也寻常。教育的过程，就是一个不完美的人引领着另一群不完美的人追求完美的过程。作为一名现代教师，其关键在于面对压力不抱怨，能够变压力为动力，并以更加从容的姿态积极面对人生，进而追求人生更高层次的发展。诚然，教师的工作有诸多辛苦疲惫，但如果我们带着消极情绪去面对学生，面对每一天的工作，不仅于事无补，反而会使自己的心情更糟，状态更差，教学效果更坏。教师唯有改变心态，善于发现教育中的美，懂得与学生交心，将快乐和幸福传递给学生，才能够潜移默化地影响和教导学生以积极乐观的态度来面对生活。教师的阳光心态，其实是一种潜在的“教育生产力”，它带来的是和谐的师生关系。一个幸福教学的教师，才能让学生体会学习的快乐，从而激发学生学习兴趣，促进教育教学的有效性。

2. 预设学情，优化备课

教师觉得好懂的东西，对学生来说未必好懂。因此，在教授新知之前，教师必须预设学生思维的状态、弱点与学情，在方法上研究如何把学生所要学习的内容重新理线解点，使之能为学生所接受。面对课标要求高、教材内容多和学时数少、学生水平不齐的矛盾，教师须发挥创造性，提前消化，把教材彻底吃透，从而在进行课堂教学时能成竹于心，运筹帷幄，把学生的积极性充分调动起来。

二、课堂革新：乐享教学，合作倾听

课堂是教育教学的主阵地，改革的愿景是通过一些诚实地从事教育工作的普通教师、普通课堂与案例实现的，教师尝试用小小挑战、小小事件，构建合作学习、探究学习的课堂，使学校成为学习共同体，提高孩子学习的意愿，构建师生关系和谐的课堂，从而改变一些教师虽然拼命努力，而学生却丧失学习乐趣的现象。教师的任务是让学生乐学、会学、学会，在课堂上获得尊重与自由，从而体会学习的快乐与幸福。

1. 合作倾听，回归常识

课堂教学不仅要发生师生之间知识的传递，更应伴随着师生的心灵接触、情感交流以及合作倾听。怀想我当年学生时代的语文课堂，老师从不压制我们，让我们的心灵得以自由放飞。四十分钟的课堂，时光静静流淌，由课本延伸至故事典籍，都是我们不曾看到和感受的世界，一双双专注聆听的眼神，诠释了课堂效率本身。即便是课本知识的传授只占了课堂的不到一半时间，却仍让我们获得了优于其他班级的成绩，只因为我们是真正用心爱上了语文，我们的课堂是师生心灵的彼此倾听与合作的课堂，也是师生一道奏响着同声相应、同气相求的交响曲。

在课堂上教师除了要悉心倾听每一个孩子的心声，还要培育学生之间的相互倾听关系。《教师的挑战》翻译者陈静静老师曾经在我校借班上过一节语文阅读课，该节课的整个过程都展现小组协作交流，同伴互助合力，针对教师的提问，学生有复述，有探讨，有分歧，有争论；该堂课上，每一个个体都自主参与，自由交流，每一个人的尊严都得到维护；老师静静地含笑一旁，以“倾听”为原则，淡定而平和地面对一切合理或是不合理的回应，有肯定，有鼓励，有尊重，有倾听，完整接纳每一个孩子的想法，诚实面对每一个孩子，诚实面对教材。陈老师通过“串联”与“反刍”过程，促进每一个学生的参与，保障班级全员学习，组织多样的个体相互切磋，综合出一个完整结论，从而实现了学生高水准的学习。

课堂的革新，在于教师真正知道为什么教，怎样教。学生真正喜欢语文，乐于诉说，教育课堂重归常识、常理、常情，这才是教育课堂最纯粹最美好的样子。

2. 情境设置，营造氛围

托尔斯泰说过："成功的教学所需要的不是强制，而是激发学生的兴趣。"的确，兴趣是最好的老师，它所带来的积极情绪，是学生投入学习的动力。如何激励、唤醒、鼓舞学生，使学生乐于学习呢？实践证明，精心创设各种教学情境，对于激发学生的学习动机，调动学生求知欲望，发展学生的创造思维，培养学生的发现精神极为有益。

提高课堂效率，情境设置与环境氛围的创设是助力。不同的学生、不同的教师、不同的场合，所采用的教学方法未必相同。音乐、多媒体等的应用，以及配乐朗诵、课本剧表演等活动的融入，都可以为课堂增彩添色。比如，在教授《秋天的怀念时》，以《烛光里的妈妈》导入课文或为课文学习做结尾；在学习《小石潭记》的时候，选择一些对应画面加上流水潺潺的自然之声，诵读时配以古筝曲，立刻就能把学生带入情境当中；而《晏子使楚》《核舟记》等课文则可以课本剧方式呈现，进一步促进学生对课文的理解。同时，在课堂上，教师清晰流畅、幽默有趣、抑扬顿挫的课堂教学语言，让学生听得高兴，听得有趣，也会很大程度地提升学生的学习兴趣；教师的微笑肯定、不急不躁也能够给予学生勇气，铸就平等信任、彼此尊重、合作信赖的安全课堂，让学生以最佳状态进入良好的学习氛围，真正焕发出高效课堂的魅力。

3. 资源整合，适当点拨

有效课堂，一方面要让每个学生既会学，又学会；另一方面要在对学生进行编班、分组、排座时，注意将不同程度的学生合理搭配，交叉安排，以座位形式使学生结成帮扶对子，让会的学生教不会的学生，让积极主动的学生带动内向被动学生，对学生资源进行充分开发和整合利用。

有效课堂的主人是学生，教师的任务是给予学生最恰当、最精当的点拨。点拨既是课堂的重要环节，贯穿于整个课堂，也是师生之间交流与互动的途径，还是教师主导作用的重要体现。因此，教师的设问、提问，最后的点评、解答，要得体、要巧妙，要形成照应，要有开导性和启发性。内容上，要突出课标要求的重点、学生学习的难点以及课堂新生成的问题；要"点"得适时，"拨"得及时，一般可选择学生激烈争论难分难解之际，这时教师的及时点拨、启发、追问、总结，可使问题迎刃而解。教师点拨务必语言简练，注意技巧，诱导深入，面对学生的大胆质疑、开拓的思维、勇敢的表现，教师一定要支持、要肯定、要鼓励，激发学生课堂学习的积极性，从而提高课堂效率。

总而言之，"双减"之后的高效课堂，教师应使教育回归本质，圆满落实课堂教学重点难点，学生应能当堂掌握知识技能，解决学习过程中的问题，以愉悦的心情快速保质地完成作业；教师应教尽教，学生应学尽学，师生默契配合，学生思维活跃。这样的有效课堂，才算得上是最大限度地实现减负增质，实现真正意义上的解放教师，解负学生，解脱家长。

三、课后拓展：优化作业，渗透分享

教育并不仅限于课堂上的四十分钟，尤其是语文教学，更是融于整个日常生活。落实“双减”，实现提效增质目标，还须将教育延伸至课后。课余作业用心设计布置，做到减量不减质；师生之间分享生活感悟，阅读与写作相互交流，让学生自然而然地感悟语文的魅力，也是进一步促进语文课堂有效教学的途径。

1. 优化作业，层次多样

兴趣是最好的老师，形式新颖、富有情趣的作业，自然能够吸引学生乐于完成、自觉完成。“双减”政策的落地，无疑对作业优化提出了更高的要求。语文课本教材的内容虽然丰富，但是知识相对固定。因此，语文作业必须将课内外相结合，将课前预习、课堂学习及课后的拓展延伸相结合，让学生在完成丰富多彩的语文作业过程中提升对阅读的感悟力，对写作的感召力，实现课堂知识能力的构建、巩固、迁移，从而促进学生提升学习能力，真正提高语文素养。

语文作业的设计可以多样化，既要注重学生知识的积累，也要尊重学生个性化的发展。就初中生语文知识积累而言，名句古诗成语的摘抄、名著的阅读都是比较有效的途径。教师可以鼓励、带动学生泡书店、图书馆，引导学生在特定氛围中沉下心来地阅读，寓读于乐，在广泛阅读中自然积累。教师也可以推荐一些好的知识类电视节目，诸如《文化中国》《朗读者》《国家宝藏》等，学生在收看节目过程中，不仅得到音画享受，也加深了对名著名篇的理解，得到了历史文化的积淀，且这对学生文字表达能力也未尝不是一种潜移默化的提升。教师还可以设计一些特定环境或要求的诗文或成语接龙比赛，或者美文阅读分享会，在准备过程中，学生可以进行比对积累，对其过程也会甘之如饴。

当然，不同学生个性不同，兴趣爱好不同，学习能力不同，教师在设计布置作业过程中，要尊重学生，设计分层次的“阶梯式”作业。比如，同样是阅读，学习较困难的学生可以先完成摘抄，学习能力较强的学生可以撰写读后感，课堂上进行小组合作交流，从而使不同层次、不同水平的学生都能体会到完成作业、一同分享的喜悦，进而既满足学生的学习需求，又减轻学生的负担，使减负增效真正落到实处。

2. 陪练分享，课堂延伸

怎样的语文教学才是高效的？回顾自身的成长过程，对阅读与文字的挚爱，乃至最终走上语文教学的岗位，很大程度上都源于当初我的语文老师的影响。他不只是一个教我们“识”字的人，更是一个能陪伴我们一同感受文字美妙的朗读者、写作者、陪练者。课上，他带着我们享受语文课的快乐；课余，他带着我们一起骑上自行车去桃花深处探寻《桃花源记》的美妙，让我们慢慢学会用眼睛去感受天空的蓝草儿的绿，用真心去感受阳光的明媚春风的轻柔，渐渐地，我们的文字有了生命，在空气的氤氲中变得鲜活有张力，我们的心在感悟中也变得敏锐而真实。

尽管在纷扰的今天，教师静心、勇敢与坚持本真的教学并不是件容易的事，但教师的陪伴分享，仍可以带动并提升学生语文学习的热忱与兴趣。

我们不应让学生的心灵被僵硬的知识束缚，学生在课堂教室之外，也应能看到教师真真切切的生活。倘若教师本身没有一颗悦纳敏锐乐于分享的心，何以引导学生拥有一双细致灵动的明眸观察生活，何让以学生战胜对语文学习的倦怠和对写作的恐惧，乃至爱上阅读、写出美丽动人的文字？教师对学生的陪伴引导，与学生的交流沟通，会是一道穿透黑暗的强光，它能予学生温暖、光明和方向，引导并激发学生对语文学习的兴趣，从根本上促进语文课堂教学效率的提高。

德国哲学家雅斯贝尔斯曾说：教育意味着一棵树撼动另一棵树，一朵云推动另一朵云，一个灵魂唤醒另一个灵魂。学生不应只是语文课堂的看客，好的教育，好的课堂，好的师者，始终是常怀教育初心，用心在前，愿望在后。唯其如此，才能真正将“双减”落到实处，达到语文课堂教学效率提高的最终目的！

语文名著导读教学的有效策略

孙学瑞

经典名著有着极高的文学价值，能够对读者产生较为深刻的影响。初中生正处于快速汲取知识的教学阶段，运用恰当的教学方法，可以让学生对名著阅读有更深刻的情感理解，为培养学生的文学素养奠定基础。

一、在教学方式中增强学生阅读兴趣

语文教师可以根据名著内容设计课堂教学，增强学生对名著阅读的兴趣。例如，在教学《范进中举》时，教师可根据文本内容设计情景表演，让学生扮演文中的角色，也可将课文排演成课本剧，让学生体会书中人物的性格，学生通过自编自演，可以对课文内容产生深刻的认识并把文中的人物的形象再现得淋漓尽致。再如，由吝啬鬼严监生引出《儒林外史》，让学生根据上下文来分析角色的性格特点，用符合角色的口吻来进行表演。学生缺乏对书中人物形象的认识，就是因为这些名著离我们都很遥远，学生没有这些人生经历，只是凭借教师枯燥地叙述文本中的知识，难以令课堂氛围活跃起来，因此，增强学生的好奇心与兴趣，才是开展名著导读的第一步。

二、营造舒适的阅读氛围

相对教室有限的空间，图书馆的空间环境更为宽绰与舒适。在每周一次的阅读课上，教师可进行“放羊式”的阅读课，让学生对书本展开无任务式的静心赏读。一部分爱好宁静的学生无意识中会出于对兴趣书本的喜好，边读边圈画自己感兴趣的文字。而初中生具有明显的从众心理，在这种氛围中，另一部分学生也会无形中被感染，为自己浮躁的内心暂时性地寻找到一个休憩的港湾，沉淀自己，静心读书。人非生而知之者，孰能无惑？在阅读中，学生在读书时总有困惑的地方，此时教师可做一名开明又睿智的旁听者，收取大家共同的困惑。而将学生共同的问题提出，让学生自由交流和探讨，做好学生的发言记录，鼓励学生结合自身对作品的认识，结合文献查阅对作品的评价，引导学生借课外时间写成一篇读书报告，以备在接下来的阅读课中表述自己的见解。

三、通过名著群文阅读活动培养认知能力

名著阅读的一个重要价值就是培养学生的认知能力，即培养学生对文字以及文字符号的辨识度与感知度。提升学生的认知能力的重要手段之一就是扩展学生阅读的广度，开展群文阅读。通过广泛而大量的文学作品阅读，提升学生对汉字的敏感度和对词语的感知力，进而由量变引发质变，使学生逐渐形成独特的阅读技巧，提升学生的认读能力。初中语文教师应准确把握所有初中生必读名著的文体特点和魅力特征，寻找其与学生兴趣和认知特点的契合点并实施“主题式”群读活动，引导学生自主进行名著群读，通过丰富学生的名著阅读量，实现培养学生认读能力的教学目标，促进学生名著阅读能力的有效提升。以《朝花夕拾》的阅读教学为例。这部名著是鲁迅先生唯一的回忆性散文集，记录了鲁迅对童年、少年和青年时期不同生活经历和体验的回忆。

在进行相关阅读教学时，教师可以从“写作内容”的角度出发，实施名著群读活动，帮助学生提升名著阅读量，实现对学生认读能力的培养。具体活动流程为：①按照“回忆童年”“回忆某人”两个主题将散文集中 12 篇文章进行分类。②带领学生利用早读时间，以学生泛读的形式开展名著群读活动，每天读一篇《朝花夕拾》中的文章，如第一天读《阿长与〈山海经〉》、第二天读《父亲的病》，以此类推。③当学生完成《朝花夕拾》中所有以“回忆童年”为主要内容的文章后，让学生根据这段时间的群读收获，用 300 ~ 500 字概括出鲁迅先生的童年生活及其故乡的民俗风情，以此来检验学生名著群读活动的效果。这样的方式能够提升学生的名著阅读量，使学生的认读能力得到充分的锻炼，有效实现培养学生阅读能力的教学目标。

四、强化读法指导，优化阅读能力

阅读技巧是学生持续、深入阅读名著的支撑力量。在初中语文名著导读教学中，教师要对读法指导予以高度重视，立足教材，以名著选段为核心进行精读精讲，提炼出名著阅读所需的知识，如对比、分析、反思等思维方式，人物分析、写作手法及表达方式的分析技巧等，以此提高学生阅读名著的能力。例如，在《骆驼祥子》的名著导读中，教师围绕小说三要素进行读法指导。首先，借助表格呈现主要人物（祥子、虎妞、刘四爷、曹先生、小福子等）、身份（祥子——普通人力车夫；虎妞——刘四爷之女、祥子的妻子；刘四爷——虎妞父亲；曹先生——祥子的雇主、读书人等）、故事情节，让学生对整本书产生系统性的认知。其次，把握好其中较为典型的故事情节展开讲解，如祥子的“三起三落”，指导学生从环境、人物性格特点及情节三大要素出发，探析小说中悲剧的根本原因，体会旧社会的黑暗、封闭、压抑以及人们之间森严的等级、底层人物的悲惨生活等，让学生把握语言、动作、事件分析方法、情感品悟的技巧等。最后，指导学生自制名著阅读计划，为后续的自主阅读做好铺垫。

五、更新教学理念，保证名著阅读时间

在新课改的指导下，初中语文教师必须转变教学观念，从以往的应试教育观念中走出来，实现有效的指导，激发学生对名著经典的阅读兴趣。引导通过多种形式阅读名著，如教师示范做思维导图，做手抄报，做推荐阅读卡，也可以用丰富的画面吸引学生的眼球，不拘于单一的形式。在进行这样的尝试时，有好多学生表示自己不会画画、不会设计、不知道怎样选材，但是通过小组合作学生仍然完成得都很好，初步的尝试得到了甜头，也增进了学生的自信。学生就像一张白纸，教师怎样引导他们，他们就会向怎样的方向发展。平时教师还要和家长进行有效的沟通，取得家长的支持，让家长放下功利心，给孩子创造良好的阅读环境，大力满足孩子在阅读方面的要求。第一，要做到人人手中有书。我们学校的学生大都来自农牧区家庭，有少部分学生的汉语表达能力欠佳，购置的书还是拼音版本的，也有个别家长认为这些书是乱花钱，不会给孩子买书，致使热爱学习的孩子也有可能没有书读。第二，保证学生的名著阅读时间。找一些空课给学生提供充裕的时间对名著进行阅读，陪伴学生一起阅读，教师也认真做好阅读笔记，与学生一起分享自己看到的、喜欢的句段，或与学生探讨对书中句段的看法和认识。

结论：学生在名著阅读时能激发自身的学习兴趣，教师则需要在名著阅读中帮助学生掌握文本中的重点，让学生形成良好的阅读习惯。本文中提到了增强学生的阅读兴趣，营造舒适的阅读氛围，开展群文阅读活动，优化读法指导等策略，旨在强化学生阅读动因，保障学生阅读水平，使学生能够从多元化视角解读名著。

参考文献

[1] 钱梦霞．基于核心素养的初中语文名著阅读指导探究 [J]．科学咨询（科技·管理），2020（2）．

[2] 倪云鹏．信息化时代初中语文名著阅读教学策略初探 [J]．佳木斯职业学院学报，2019（8）．

[3] 林竹英．初中语文名著阅读教学有效性策略探究 [J]．科学咨询（科技·管理），2019（2）．

如何指导小学生进行语文预习

史建玲

预习，作为常规教学的必要组成部分之一，是处于教育第一线的教师不可忽略的重要环节，也可作为学生在语文学习过程中的起始阶段。教师在讲授新课前，会提前让学

生进行新课的预习工作，有的是提前一天让学生自主预习，有的是在教师组织下的课堂上集体完成预习，预习的工作似乎已经落实到每篇课文、每位学生的实际学习中。但是事实是否真是如此呢？通过一定量的课堂观察发现，部分教师将预习简单地理解为认识生字，读通课文，扫除阅读障碍，从而造成了学生预习形式的单一。有些教师虽然认识到预习的重要性，但是却无从下手，对学生的预习缺乏明确的指导。学生掌握不了预习的方法，久而久之，预习变成了若有似无的作业。像这样有形式却收效甚微的预习，不仅无法发挥其预期效果，在一定程度上也有碍于学生的学习习惯的养成和自学能力的发展。只有当教师对预习进行有计划、有步骤、有章法地组织和指导，学生才能掌握预习的方法，才能做到预习有法可循。

针对学生预习出现的实际问题，教师应该作出哪些努力和尝试？我认为，为了让学生掌握预习方法，培养良好的学习习惯，语文教师应该重视预习的指导，并且根据不同年段的学生，找出适合指导方法。

一、明确预习内容，丰富预习形式

1. 课内与课外

以预习空间来分，预习形式可分为课内预习与课外预习。课内预习是指将预习任务放在课堂内进行，在当下的课堂环境中，教师可以进行预习指导和检查，激发学生的思维，还可以对预习能力较弱的学生进行预习方法的指导和帮助，让他们体验到成功的喜悦。课内预习有利于教师对学生的预习能力作出判断，针对学生的预习状况，指导学生运用正确的预习方法，提高学生的预习效率。当学生在预习中遇到困难时，教师可以及时加以引导或帮助解决。课外预习是指把预习放在课外进行，学生有充分的时间进行自学，但是没有教师在旁的指导，可能会导致学生失去方向和兴趣，久而久之会出现草草应付的现象。因此，低年级学生在培养预习习惯的起步阶段，应该以课内预习为主，教师对预习进行一定的引导，并手把手地教给学生预习的方法，及时纠正出现的错误。经过一段时间的训练，教师可以逐步将预习放在课外进行。等到中高学段，学生已经具备了初步预习的能力，教师可以根据具体情况让学生进行课外预习。

2. 书面和非书面

按照预习的完成形式，预习形式分为书面预习和非书面预习。非书面预习多指口头预习，预习结果多不可见，主要以阅读为其主要形式。中低学段的小学生主要以阅读课文和教材为主，到高年级学生，教师可以鼓励学生阅读作家作品、写作背景等与课文有关的文本。书面预习是在预习过程中用文字、符号等形式来记录下预习成果。书面预习有利于教师进行预习检查，了解学生的预习质量。低年级的小学生缺乏主动预习的自觉性，因此以书面预习为主，以方便教师对预习情况进行检查，并给以一定的反馈和鼓励，当学生书面预习习惯养成后，教师也可安排学生进行互查。但是书面预习应控制好作业量，尽可能不加重学生的学习负担。因此，为了保证预习效率，教师应该根据学段的不同，给予学生科学有效的预习方法指导，让学生明确具体的预习做法。

二、指导预习方法，培养学习习惯

在语文学习中，教师应该从小重视培养学生的预习习惯。养成良好的预习习惯需要教师加强预习方法的指导，恰当的预习方法不仅有利于提高学生的预习效率，也培养了学生良好的阅读习惯，有利于学生的终身发展。不同学段的小学生因其能力发展不同，预习方法也应由简到繁地逐步推进。

1. 低年级语文学习的预习方法

低年级学生的自主预习能力还未形成，因此预习环节应该放在课堂上进行。这样做有利于教师进行细致的指导，有利于教师发现学生预习过程中的问题和困难。另外，低年级的预习内容主要是生字和朗读，因此教师预习方法指导可以从读、圈、查做起。

读：对于低年级小学生应要求他们能够借助拼音通读全文。在预习时，教师应该对学生的朗读加以指导，读不通顺的句子多读两遍。课外预习时要求学生从头到尾朗读课文不少于三遍，家长可在一旁进行监督，直至学生能够将课文读正确、读通顺。在读通课文的基础上，课内再进行自读，这是一次以班级形式组织的自读，可以让学生对课文内容有更深的了解和印象。

圈：圈出生字、生词。低年级学生不能同时完成教师布置的多项任务，比如让学生边读边圈出生字，学生要么通篇读完再圈，要么全圈完再读。因此，低年级学生布置预习任务时，要将任务分解分步骤进行。将圈出生字作为一个单独的任务，为学生自学生字做好准备。

查：就是查工具书。在圈出生字的基础上，要求弄清生字的字音、字形，弄清词或句子的含义，扫清文字障碍，过字、词关。教师应该及时教会学生使用字典，这样，学生可以通过工具书查生字、学词语，从而让预习更加得心应手。

例如，在学习二年级（上）《狼和小羊》一课时，教师在课堂上指导学生运用读、圈、查的方法进行预习。具体预习要求如下：①自由阅读课文，注意读准字音、读通句子，做到不加字、不漏字。②用圆圈圈出课文中的生字，读一读带有生字的句子。③运用部首查字法查出“辩”的读音。

在预习过程中，教师首先组织学生自由读课文。这一环节中教师应加强指导，使学生读准字音，如小羊称呼狼时的“您”字多次出现，教师应加强指导学生读好前鼻音。接着，教师给予学生充分的自学时间，让学生圈出课文的生字，并读好带有生字的句子。学生在朗读句子的过程中，掌握生字的读音，做到读准字音。让学生在语言环境中认读生字，识记生字。最后，学生运用查字典的方法预习生字“辩”，加深对这个字的理解，知道“辩”就是通过嘴巴、语言来进行解释。

低年级学生的预习需要教师耐心地在一旁指导和引领，久而久之，学生方能逐渐明白自己应该如何预习课文，掌握了预习的方法。

2. 中高年级语文学习的预习方法

如果低年级的预习习惯得到教师的重视和培养，那么中高年级的学生就基本具备了读通课文、自学生字的能力。因此，教师在指导中高年级预习时，应逐步转变预习方法，着重做好“注、查、疑、练”，这将有益于学生语文学习的能力发展。

注：即利用各种符号进行标注。俗话说不动笔墨不读书，教师应该重视培养学生良好的阅读习惯，而在阅读时做好标记就是其中之一。教师可以规定一套固定的预习符号，如生字画圈、好词用括号、疑问不解处打上问号、描写精彩处的好句画上曲线、课文中心句画上直线等。例如，预习课文《音乐之都维也纳》时，由于课文结构具有总分的特色，教师布置了找出中心句的预习任务。学生在预习过程中，通过品读，使用直线画出了课文中心句“奥地利首都维也纳是世界著名的音乐之都”。接着，在此基础上，教师又引导学生质疑“为什么维也纳被称为音乐之都?”让学生在中心句旁边打上一个问号，整节课围绕这一问题展开教学。通过符号标记，让学生一眼就看到课文的关键要点，引导学生细细品味维也纳被称为音乐之都的原因。

查：这里的“查”不仅包括查生字、查词语，还包括了查阅、搜集与文本相关的资料，一方面为了解作者、理解课文内容做好准备；另一方面又可以开阔学生的视野。学生通过书籍、网络等途径搜集资料，预习更加充分，学习兴趣也更加浓厚了。教师可以鼓励学生通过网络搜集资料，这一灵活的预习方式不仅吸引学生完成预习，同时又锻炼了学生搜集资料的能力。

疑：就是质疑。如何培养学生的质疑能力呢?在课堂预习中，教师可指导学生带着问题读课文，让学生熟悉这些问题都是从哪几个方面提出的。此后，教师可鼓励学生读完课文自己试着提出问题，并集中指导质疑的几种常见方法，如从课题质疑、从课文内容质疑、从矛盾处质疑、从表现手法上质疑等。教师指导学生质疑，不仅可以培养学生的思维能力，让学生勤于思考、爱上思考，同时也有利于培养学生提出问题、解决问题的能力。

练：中高年级学生可以根据课后练习题，对课文内容进行预习，加深对课文的了解。初步读完课文后，学生往往不能够进行主动思考，对课文的理解也不够深刻。而课后练习经过编者的精心设计，是培养学生知识和能力的一种方式。因此，教师应该尝试让学生利用课后练习来进行预习，让学生提前了解课文的学习重点，以此提高课堂效率。如四年级（下）课文《笋芽儿》的课后思考题：“娇嫩的笋芽儿长成强壮的竹子得到了许多朋友的帮助，他们是谁?给了笋芽儿怎样的帮助?”通过思考题的帮助，学生在学习新课之前，对于课文就有了自己的解读，对课文的重点进行了思考和理解，对课文中“笋芽儿”成长过程中的经历和得到的帮助有了自己的解读。带着这些思考，学生重回课堂面对教师的提问时，能够更有效地解决教学重点和难点，提高课堂效率。

教师在指导预习方法时须灵活运用，并且根据学生的实际情况和教学需要进行调整。另外，在进行预习方法指导时，教师应该由浅入深、循序渐进地进行指导，让学生逐步地、扎实地掌握预习方法，切勿囫囵吞枣。

三、重视预习评价，提升预习效果

坚持不懈地进行预习，对于小学生较为困难。小学生的自觉性还不够，坚持做到预习也较难持续。因此，对学生预习的效果进行必要的、适时的检查和客观的评价，是激发学生产生预习动机的强有力的手段，对指导学生及时调整预习行为有重要意义。美国著名专家西蒙说：“只有当学习者知道学习的结果如何时，才能发生学习兴趣。”为此，教师应该给予学生最及时的预习评价，学生在教师的评价中受到鼓舞和激励，可以激起学生继续预习的欲望，调动起学生自身的预习积极性；学生在教师的评价中还能知道自己预习时的不足和缺憾，以此进行弥补和改正，提高了学生的预习能力。另外，教师也可以根据预习情况来了解学生的学习需求，以此调整教学结构，做到因材施教。

1. 评价的内容

在评价过程中，教师不仅要评价学生在预习过程中知识的增长，而且要注重评价学生在能力上的培养；教师也应重视评价学生在预习的过程和方法上的变化、预习态度的转变。教师可以根据教学的三个维度进行预习评价，关注学生的学习发展，重视学生的个人成长。

2. 评价的形式

课前检查。预习习惯培养初期，学生自觉预习的习惯还未养成，因此教师应及时进行预习检查。当学生养成一定的预习意识后，教师可组织学生进行互查，可同桌或者其他组合两两互相检查，让每个学生成为监督者和被监督者，从而督促学生养成预习习惯。

课堂提问。在语文课堂上，教师可通过提问的方式来检查学生的预习情况，了解学生是否进行过预习，发现学生在预习中存在的困难和问题。课堂提问可以反映出学生的预习效果，当学生回答出教师的提问时，教师应该对学生的预习结果作出积极评价，以赞赏和鼓励的语言，让学生得到成功的体验，增强学生的自信。

勤于激励。当学生在预习中遇到困难时，教师应尽可能地肯定学生的优点和进步，以赞赏的表情和激励的语言，对学生的预习成果作出正面评价，从而树立学生的自信心，激发学生的预习积极性。对书面预习，教师可以采用书面评语的方式来进行激励，用鼓励性的话语激发学生学习语文的激情。例如，教师在检查低年级生字预习时，可采用奖励小红星的方式。以一个单元为单位，在每个单元的第一页页眉处，敲上小红星。一个单元的学习结束后，可让学生数数整个单元5篇课文中总共得到了几颗小红星。临近期末，可以奖励8个单元得到小红星最多的学生，以此来鼓励学生进行课外预习。

古人云：“授人以鱼，仅供一饭之需；教人以渔，则终生受用无穷。”教师作为语文学习的主导者，组织好学生预习、指导好预习方法是十分必要的。在教师的积极组织和指导下，学生能够学会预习、乐于预习，在预习中学到知识，在预习中培养能力。因此，教师必须将预习这一重要环节于日常工作中深入展开，让学生学到知识、学会方法。

现代信息技术在初中语文教学中的有效应用探索

西热尼阿依·投合提

国家科技实力的迅速增强，使得诸多现代化的信息技术出现在社会大众的视野当中，对人民日常工作、生活带来巨大积极影响的同时，也对初中校园的教学活动起到了至关重要的推动作用。本文将从初中语文教学的角度出发，简要探究现代信息技术联动教学与传统教学方法相比较的优势所在，分析现阶段初中语文教学环节当中存在的问题，解析不同现代信息技术在初中语文教学中的应用方法及其产生的作用，以供相关人士参考取用。

一、现代信息技术应用的优势所在

在分析现代信息技术应用优势前，首先应明确何谓“传统教学法”。传统教学方法多表现为“板书文字”，即初中语文教师以黑板演示、口头阐释的方式，将语文相关的理论、知识、内涵尽数“灌溉”给初中生们，让他们以较为被动的形式进行学习。这一教学方法的运用，非但难以凸显语文知识学习的趣味性，甚至还会抑制初中生自身学习能力、学习素质的成长与发展。而现代信息技术则与之不同，究其优势，主要体现在以下几个方面：首先，现代信息技术的应用能够有效改善初中语文课堂的教育环境，优化初中生们学习的视听感知，让初中生们可以以最为直观的形式，看到、听到、体会到语文知识所潜在的学习乐趣；其次，现代信息技术的应用可以将抽象、复杂的语文知识变得具象、易懂，让初中生们可以更为高效地理解、参透语文内容与语文内涵；再次，现代信息技术的应用可以打破初中语文教师固化的教学理念，让教师的教育素材、教育资料不再局限于教材书本这一要素，实现教学素材丰富的同时，还可以让初中生们学习到更为多元、更加优质的语文知识；最后，现代信息技术的应用还可以提升初中语文教师本身的教学水平，增强教师授课的感染力，让初中生们可以在课堂上保持更为集中的注意力与更为灵活的思维、意识，从而在根本上提升初中语文课堂教学活动的效率与质量。

二、传统语文教学环节中存在的问题

教学活动本就是一个矛盾的辩证过程，教学环节当中存在问题，自然是无可避免的事实，初中语文教师想要提升教学活动所产生的效果，构建高效化的教学课堂，不仅需要灵活运用各种现代信息技术进行辅助，还需要第一时间发现传统教学环节当中存在的问题，并选用科学、合理的方式，对其进行改善与解决。以下，则针对现阶段初中语文教学环节中存在的问题进行简要分析。

首先，语文课堂学习气氛枯燥、单调且乏味，难以引发初中生学习、探索语文知识的主动性。这一问题主要是我国长期实施应试教育的模式，致使部分初中语文教师自身的教育思想相对传统，开展教学活动时，过于依赖传统“板书文字”的教学方法与“师授生从”的教育格局，加之初中时段的学生经历了小学六年的教育成长历程，他们对“言传身教”的教育方法本就存在着较强的倦怠感，初中语文教师继续沿用这一教学方法，不仅容易影响初中生的知识学习心态，甚至还会为学生带来更为巨大的学习压力，进而降低了初中生学习、理解语文知识的效率与质量。

其次，初中阶段的语文知识存在较大的学习难度，初中生们难以将之轻松参悟。这一问题与前者相比则较为客观，初中语文不比小学语文，此时的语文知识存在更强的抽象性与复杂性，加之教师惯用于传统化的方式进行讲解，难以切实降低语文知识的学习难度，因此，又在一定程度上加重了初中生的学习负担，久而久之，则会导致初中生们丧失学习语文知识、探知语文内涵的动力与热情。

再次，部分初中语文教师落实教育工作时，忽略了资源拓展的重要性。这一问题与前两者不同，它主要影响着初中生自身的语文知识基础。少数初中语文教师由于自身的教学理念相对传统，开展教学活动时，多围绕教材课本进行展开，所阐释的语文内容也多为教材当中呈现的部分，对于课外多元且优质的语文内容，往往会选择“视而不见”，或使用率极为低下。这一问题得不到有效解决，不仅会造成教学资源的浪费，甚至还会局限初中生的语文学习眼界、限制初中生的语文学习思维，进而阻碍初中生全面、坚实语文课业知识功底的塑造。

最后，部分初中语文教师开展教学项目时，忽略了学生家长这一群体的作用。这一问题较前三者而言相对独立，主要表现为教师授课时、传授知识时、管理学生时，仅凭借自己一方进行施力，难以和初中生的家长们产生联动。初中语文教师若不重视这一现象，不仅会影响理想化教育效果的达成，而且还会疏远与学生家长之间的距离，进而导致家长们丧失对教师的信任与支持。

三、现代信息技术在初中语文教学中的具体应用

1. 应用媒体技术，改善语文课堂学习视听

在传统的语文课堂教学中，教师难以引发初中生的学习兴致、点燃初中生的学习热情，究其根本，是由于教学活动缺乏趣味性，难以让初中生们感知到学习的乐趣。对此，教师可以应用媒体技术来辅助授课，通过素材转换的形式，将静态教材文字变更为动态影音视频，以此来活化语文教学过程。这一信息化教学方法的运用，不仅可以以最为直观的形式优化初中生的语文学习体验，还可以切实改善初中生的语文知识学习视听感知。

例如，教师在教学《紫藤萝瀑布》这一文章时，可以联动多媒体投影设备辅助授课。该文主要描述了一树盛开的紫藤萝花，并抒发了作者对人生的感悟、对生命的感叹。授课时，文章赏析前，教师可以应用投影设备，播放一段与文章相关的短片，或展

示几组“紫藤萝花”盛开的图片，以此来优化初中生的文章预习体验，并集中学生的课堂注意力。赏析文章时，教师则需要结合多媒体设备的使用，实时展示文中提及的事物与景物，以此来帮助初中生们理解文章内容，并使之留下更加深刻的印象。待文章赏析环节结束后，教师还可以运用多媒体设备塑造文章相关的情景氛围，让初中生们置身其中，展开阅读，并细细感悟——如果自己是作者，面对这一场景时，自己又会产生怎样的心理变化。教师应用多媒体投影技术辅助文章的讲解，既能够一改传统板书文字教学的枯燥、单调氛围，还可以为初中生们带来极具视觉、听觉冲击的动态感知，进而在多媒体技术的应用下，逐步激发初中生对语文知识的学习兴趣与探知欲望。

2. 应用微课技术，培养学生独立学习技能

“师授生从”，顾名思义，即教师“传授”，学生“听从”，在这一模式下，不仅初中生的学习过程极为被动，且初中生自身的学习技能也难以得到长足的成长。为了及时改善这一局面，初中语文教师可以应用微课技术辅助教学。微课技术的运用主要是指教师将现阶段所需要讲解、传授的语文内容，尽数录制到10分钟左右的精简视频当中，让初中生利用生活中的碎片化时间，下载进行观看学习。这一信息化教学方法的运用，不仅可以打破传统教学在时间、空间、格局上的限制，还可以切实调动初中生自身的主观能动性。

例如，教师在教学《记承天寺夜游》这一文章时，可以联动微课技术进行授课。该文主要讲述了苏轼被贬黄州后的一个生活片段，体现他与挚友深厚友谊的同时，又抒发了对人生旷达乐观的态度。在录制时，教师可以对视频进行阶段性的划分。第一阶段为理论阐释，该部分教师应对课文涉及的所有内容进行解读，以此来帮助初中生对课程重点的理解与掌握，如原文翻译、字词注释、创作背景、内容解析等；第二阶段为情感体会，该部分教师则需要对课文进行深度剖析，或塑造情景，或穿插图片，以此将初中生的思绪带入到文章“场面”当中，让初中生的个人情感可以在某种程度上与作者产生共鸣；第三阶段为知识关联，该部分教师则需要对课文相关的语文知识点进行解析，或带入苏轼在同一时期所作的文章，或导入名师名家对该篇文章的解析与点评，以此来丰富初中生对本课程知识的储备；第四阶段则为课后巩固，该部分教师可以再度进行拆分，上半板块，教师可以带领初中生们解析课后题目，教导学生具体的解答思路，下半板块，教师则需要整合前三部分的内容，并在课后习题的基础上进行升华，而后，再让初中生根据对“上半板块”的理解，独立完成“下半板块”习题的解答。教师选用微课技术辅助教导，不仅创新了初中语文的教学方法，而且提高了初中生的日常时间利用率，进而在微课教学视频的观看中，发展了初中生们相对独立且高效的学习技能。

3. 应用网课技术，扩大语文知识教学范围

网课技术也称网络授课技术、网络教学技术，它主要是指初中语文教师围绕现阶段的课堂教学进度、初中生自身的知识理解水平，将适合学生延展学习的网络素材带入到教学环节的当中，而后在线上网络平台当中展开授课。这一信息化教学方法的运用，既有利于优化初中生的语文知识学习环境，也有利于扩大初中语文知识的范围。

例如，教师开展网络教学活动时，可以选用不同的课外素材作为教学的载体，如《范仲淹》《杜甫》等人物志纪录片，该类型的视频皆围绕我国历史上著名的诗人、词人进行展开，既讲述了诗人、词人的人生经历、仕途境遇，又解析了他们所作的千古名篇。教师围绕于此进行讲解，不仅可以增进初中生对“诗人、词人”的了解，还可以切实提高初中生自身的诗词鉴赏水平。又如，名师名校的语文公开课视频，该类型的视频与前者相比更富知识性，教师围绕于此开展网络授课，不仅可以丰富初中生的语文知识储备，还可以让初中生对语文解题思路、语文写作技巧产生全新且具体的感悟。再如，《经典咏流传》《国家宝藏》《中华诗词大会》等教育类的综艺节目，该类型的视频更具多元性与深度，不仅呈现了诸多教材当中并未提及的知识，还以相对直观的形式，凸显了语文学科与其他科目之间存在的联系，教师围绕于此进行授课，在扩充初中生语文知识储备的同时，还可以增强语文学科与其他学科之间的联系。教师基于网课技术的使用，将多种语文素材带入其中，既有助于满足初中生日益增长的语文知识需求，还有助于丰富初中生的语文知识掌握，进而加速了初中生全面知识基础的塑造。

4. 应用微信技术，创新家校共育表现形式

家校共育又称家校联动，主要是指教师根据现阶段的教学需求与管理需要，将初中生的家长们带入到语文教育的环节当中，发挥家长群体独有的优势，来提升初中生的学习效果、助力初中生的个人成长。为了有效创新家校共育的表现形式，教师可以应用微信技术，以线上沟通的形式进行联动。这一信息化教育方法的运用，不仅有利于规避以往线下联动的时间浪费，还可以有效提升信息交互的及时性。

例如，教师落实家校共育项目时，可以使用微信的不同功能进行辅助，如微信群聊功能，教师可以创办班级群，以线上的形式开展家长会、家校座谈会，与家长们交流近期的教育现状，并结合家长们的建议，制订未来的教育计划。又如，微信公众号功能，教师可以将近期的教学规划、校园活动安排、课程排班等内容上传到公众号当中，让家长们可以第一时间看到、了解校园的工作与活动。教师联动微信技术辅助家校共育项目，既创新了家校联动的表现形式，又拉近了初中生家庭与校园的距离，进而加速了优质、良好学习成长环境的塑造。

综上所述，初中语文教师借助不同的信息技术辅助教育工作，不仅可以改善初中生的知识学习体验，还可以切实提高语文教学活动所产生的效果，促进学生课业成绩增长的同时，且推动初中语文现代化教学的发展进程。

参考文献

[1] 韩正钦．现代信息技术背景下初中语文有效教学的实践与思考［J］．考试周刊，2021（2）．

[2] 刘正波．现代信息技术背景下初中语文有效教学的实践与思考［J］．新课程，2021（2）．

[3] 毛红星．浅谈现代信息技术如何优化初中语文古诗词的教学［J］．课堂内外·初

中教研，2021（4）.
[4] 刘燕．现代信息技术背景下初中语文有效教学的实践与思考［J］．数码设计（上），2020，9（6）.
[5] 汤中新．现代信息技术背景下初中语文有效教学的实践探讨［J］．读与写，2020，17（8）.

农村初中语文教学现状与改革措施浅谈

阿依姑丽·阿不拉

语文教师除针对学生进行知识教育之外，还应培养学生正确的学习态度和良好的行为习惯。作为语文教师，我们需要首先从农村学生实际情况入手，培养学生主动学习、努力学习的意识和习惯，帮助学生改善当下学习动力不足、素养发展不充分的局面。本文中笔者结合教学实践，从“学生基础薄弱”“语文兴趣不足”“懒于主动思考”“课堂学习态度松懈”“低效参与课堂活动”等农村初中语文教学中的现存问题出发，对农村初中语文教学具体措施实施进行深入讨论，希望对各位一线教师有所助益。

一、结合学生基础薄弱现状，引导学生积累语文素材

学生的教育和成长是由三部分组成的，即家庭教育、学校教育以及社会教育。其中任何环节的忽视或不足，都会导致学生发展上的不足。目前，我们在农村家庭教育的缺失，以及学校师资力量的薄弱问题尤为突出，学生缺少良好的学习习惯，缺少正确的学习观念，还表现出阅读量不足、知识储备欠缺、思考能力欠佳等问题。在学校里，学生有很多课内作业，也由于缺少良好的学习习惯，很少有学生主动进行课外阅读。课本上的课内阅读，其阅读量与语文课程标准的要求相差很大。

缺乏语文素材积累，学生势必无法进行高水平的表达，纵观当前语文教学现状，可以发现学生不仅阅读量不足，对事物观察也不够细致，因此可知学生的表达能力提升严重受阻源于对语文素材积累的薄弱，为此教师可引导学生积累素材，活跃学生思维，从根本上为学生提高表达能力打好基础。教师可以从学生阅读、赏析、口语表达等多方面进行主题学习与强化，从根本上改善学生语文基础薄弱现状，让学生逐渐有信心说、有信心写，并勇于表达自己的看法和观点。

例如，在教学七年级学生《秋天的怀念》内容期间，教师结合初中学生基础薄弱现状，从介绍与作者相同年代的文章及背景等方面进行了拓展。另外，教师首先结合自己的经历，分享了自己与母亲的情感和自己对母亲的思念。然后，教师鼓励学生两两一组互相说出自己与母亲的平常琐事，以及自己观物生情，产生对母亲思念的体验。此

外，教师为学生提供了作者史铁生的另一篇文章《我与地坛》。因此学生通过本篇课文学习中得到教师的引导，不仅学会联系课文文本，思考自己的生活，同时也能产生拓展阅读的意识，为学生主动积累语文素材提供了助力。

二、针对学生兴趣不足局面，多样展示语文课程资料

语文学科工具性强，是学生语言表达的基础学科。如何利用语言表达自身思维思想让学生感受语文的魅力，始终是语文课堂教学效率提升策略相关的常谈常新话题。目前农村多数学生因为生活条件较差等外部因素，普遍具有自卑心理，在课堂上也通过羞怯状态表现出对语文兴趣的不足。针对此种局面，教师可以从新课标教学理念出发，以学生的兴趣刺激为出发点，让学生从视听多方面进行信息接收，鼓励学生主动思考和积极表达，激发学生学习语文的内在动力，改善当下农村学生对语文学习兴趣不足的局面。

例如，在教学《纪念白求恩》一文期间，教师为了让学生主动了解文本故事，知晓白求恩同志为救治受伤战士而贡献自身生命的故事，采用了视频资料展示的方式。教师利用多媒体为学生在课堂上播放了《纪念白求恩》纪录片中的经典片段。学生通过视频资料的观看，能够对文本中描述的白求恩同志毫无自私自利之心的精神有更深刻的理解。同时对文中“一个人能力有大小，但只要有这点精神，就是一个高尚的人……一个有益于人民的人”有深刻的理解。由于有视频资料的提供，学生一改平日散漫状态，对视频资料聚精会神地观看，实现了基于兴趣的主动探究学习。

三、有效开展讨论交流活动，指引学生基于思考表达

语文学科与学生的实际生活息息相关。学生对事物的观察和思考是学生认知发展的核心，语言知识是学生进行表达的工具，要实现让学生基于思考的主动表达，就需要教师采用合理策略，打开学生自主探究的思维大门，将学生的被动学习转化为主动思考。教师可以利用问题激发学生主动参与讨论的意识，利用问题留给学生广阔的思维空间，利用问题指导学生实现基于思考的主动表达。

例如，教师在教学《大自然的语言》课文期间，就结合学生自身对于自然现象的观察经验，开展了基于“我们这里有哪些‘大自然的语言’?”主题讨论活动。教师利用多媒体为学生播放了本地美景，然后让学生参与讨论。有了图片资料的辅助支撑，学生对“胡杨林什么时候叶子黄”“何地有百鸟欢鸣景象”“什么现象出现时会有花鲜蜂飞”进行了逐一深入探讨。这样，学生从自己的旅行游玩经历，以及平日所见、所闻、所想，进行了基于思考的主动分享和聆听。由此可见，源于学生兴趣的主题确立，可以改善学生的课堂交流状态。

四、改善学生态度松懈状态，促进学生积极参与学习

师生共同努力是课堂教学活动成功开展的必要条件。单凭教师一方的努力，无法让

教师开展的教学活动取得理想效果。当下农村学生对语文学科知识重视程度不足，表现为课堂上的学习状态以松懈为主。那么教师可以对语文学科特点善加利用，通过教学知识抛出能够引发学生认知冲突的问题，以此促进学生积极参与教学活动。

例如，在教学《从百草园到三味书屋》一文期间，教师为了让学生实现主动表达交流，采用了结合文本内容及学生认知，在学生能够理解且感兴趣的范围内，提出引发学生认知冲突的提问方式。包括“你认为作者鲁迅对塾师的内心看法是怎样的?”针对这个问题，教师引导学生要能够结合文中作者描述的“百草园”和“三味书屋”的两部分之间，作者的经历，作者的成长，来对作者鲁迅内心的世界进行探查。学生能够结合自己的个人经验，主动代入角色，体验作者在“百草园”和“三味书屋”的不同感受，这进一步推动了学生了解全文大意。与此同时，学生一改平日课堂学习松懈状态，参与对与自己亲身经历有关的讨论活动，实现了主动参与，更在参与过程中主动表达。

五、有效开展小组合作互动，给予学生科学合理引导

学生是课堂教学活动的主体，良好的学习行为是学生自我主动完成的。教师对于学生的学习行为引导，需要以教师对学生的实际情况善加利用为基础。教师可对高效教学方法进行灵活应用，通过组织开展教学活动以取得收获。学生对学生的了解超过教师对学生的了解，因此教师可以对小组合作方法进行灵活应用，充分调动学生主动学习积极性。

例如，教师在教学《小石潭记》课文期间，要让学生有更好的“课堂主人公”为基础的学习体验，采用了小组合作教学方法。首先，教师根据学生实情将学生分为了不同小组，然后让每个小组在两分钟内选出自己的小组长。此时，教师结合教学目标和具体文本内容，对“如果让你用一个字形容小石潭，你会用哪个字”“作者柳宗元在小石潭那里有什么感受呢?”等问题，让学生带动学生思考、讨论、总结。最后，教师让小组长负责报告合作学习成果。如此，学生作为学生的“小老师”，实现了激发学生潜力的目标。

综上所述，对于农村初中语文教学现状与改革措施的讨论，需要基于初中语文教师结合农村学生语文基础薄弱现状等多方面因素，为学生提供语文学习素材，同时吸引学生兴趣，促学生主动思考，为学生主动表达交流创造一个气氛融洽的环境。此外，教师还需要对小组合作教学方法进行变换应用。教师应结合学生的实际素养、发展需求，对教法应用方式进行灵活改动，让学生在课堂上为同一目标而努力，从而提升学生语文学习体验，培养学生良好学习习惯，促进农村初中语文教学改革持续向前推进。

参考文献

[1] 李立洪. 新课改下初中语文教学方法的改进策略探析 [J]. 课程教育研究（新教师教学），2016（11）.

[2] 许双柱．初中语文教学中如何引导学生积累素材［J］．学周刊，2020（6）．
[3] 陈药综．新形势下中学语文教育价值导向实施策略［J］．新教育时代电子杂志（教师版），2019（36）．
[4] 于颖泓，孟庆文．提倡“原生态”的个性阅读［J］．语文天地，2011（18）．
[5] 何选斌．让“合作学习”之花绚烂绽放——初中语文小组合作学习摭探［J］．教育界（基础教育），2019（3）．
[6] 舒远分．初中语文“生活教育”思想的渗透浅探［J］．读与写，2019，16（18）．

“双减”视域下初中语文作业设计研究

杨　梅

“双减”的目的是减轻义务教育阶段学生的家庭作业和课后培训负担，但不降低学生的学习质量，这对教师的教学和学生的学习，尤其是家庭作业的设计提出了更高的要求。在“双减”的要求下，什么样的作业能提高学生的学习效率和兴趣？什么样的家庭作业能不仅贯穿课堂教学，而且延伸到课后？什么样的家庭作业能促进学生的深入学习？这些都是值得认真考虑的问题。

一、设计基础作业

初中语文基础知识是每个学生必须掌握的内容。这种作业的目的是让学生复习和巩固所学的知识，而不是让学生简单机械地背诵和抄写。

1. 基础字词

学习完一个单元或一篇课文后，引导学生巩固容易出错的字词的发音、形状和意义，词类的灵活使用，常见的古文通假字、古今同义词，一个词的多义性，这类作业首先要求学生掌握整个单元或课文的字词；其次，我们应该对这些词进行分类、比较和分析，以培养学生的归纳、分析和概括能力，提高学生的语文学习能力。

2. 句子鉴赏

初中语文教材中有许多既有文学性又有美感的文章。引导学生阅读优秀作品，提高学生语文素养是课程标准的要求。学生可以根据自己的理解选择自己喜欢的句子进行欣赏。我们可以从修辞、文字、写作等方面进行选择，通过对比分析，引导学生重新阅读和分析全文，使学生的阅读欣赏能力在不知不觉中得到提高。由于学生的能力水平不同，所选句子也不同，其完成的质量也不同。这种家庭作业设计的目的是给学生更多的选择性和主动性。通过作业批改，教师可以很容易地了解学生的个性爱好和认知水平，从而根据学生的学习情况对学生进行有针对性的指导，提高教学效率。

二、设计个性化作业

为了利用有效的作业设计来提高初中生的语文综合能力，初中语文教师必须关注作业形式的变化，按照新课程标准的要求，实施一系列积极的作业设计措施，帮助学生进一步提高语文核心素养。

1. 将统一作业转变为个性化作业

与传统的初中语文教学形式相比，新形势下的语文教学更注重发挥学生的主观能动性，激发学生自主学习的意愿。无数事实证明，只有在强烈学习意愿的支持下，学生才能积极克服学习中的诸多困难，更好地感受语文学习的乐趣。因此，初中语文教师在课堂教学和作业布置过程中，必须尊重学生在课堂中的主体地位的突出和个性特征的发挥，在因材施教的理念下，通过一系列有效的引导手段，使学生更加积极主动地参与学习和生活。例如，学生在学习完一组诗之后，我们可以根据学生的群体特点安排一些精彩有趣的家庭作业，如根据诗歌背景和作者的生活，绘制诗歌卡片和诗歌名片，或者根据学生的个人兴趣爱好，布置一系列个性化的作业。

2. 将自主作业转变为合作作业

众所周知，初中语文传统作业一般是教师从课程和教学内容中提取的练习。在初中语文单元教学过程中，教师经常通过练习来检验、验证和提高学生的语文学习能力。可以说，在完成作业的整个过程中，学生都是孤军奋战。因此，许多缺乏自律的学生往往会忘记自己的学习任务，在作业过程中进行其他活动。同时，一些信心不足的学生往往在作业过程中退缩，难以达到预期的学习效果。这样，自主作业向合作作业的转化也成为初中语文作业改革的一个亮点。例如，为了避免课外辅导的泛滥和学生自主学习能力的缺乏，实现更高效地做作业，许多学校开展了课外实践活动，其中许多是合作作业。教师不仅能在合作作业的良好氛围中有效地锻炼学生的自主学习能力，还能使学生在交流和讨论单元主题的过程中，学会更全面、更深入地看待和分析问题，为相关问题的顺利解决提供一系列有效保障。

三、作业评价中的优化策略

教师应深刻认识家庭作业评价的目的，充分发挥家庭作业评价的作用。一是多元评价。教师、家长、学生和学生自己都可以对作业进行纠正和评价。这不仅可以分担教师批改作业的压力，还可以弥补教师视角单一、片面的问题，从而促进学生更好地自我提高。二是过程评估。教师可以关注学生的写作态度、情感态度、思维方式、思维方式是否规范、整洁等。评价可以引导学生理解、欣赏美以及锻炼辩证思维，接受作业中的纠正和自我完善，从而为学生精神、人格的发展打下坚实的基础。三是差异与激励评价。教师应该关注学生自身的成长，而不是将学生与其他学生进行比较。每个学生都是独立的个体，要敏锐地发现学生的变化和进步，对学生进行激励性评价，使学生有继续成长、追求卓越的动力，建立良好的师生关系。

四、结语

总之，科学合理的作业设计对初中生语文学习具有重要意义。作为奋斗在初中语文教学第一线的教师，我们不仅要特别关注语文作业的科学性和合理性，还要在认真观察学生作业过程和结果的同时，进一步调整作业设计。这样，我们就可以在“双减”的背景下，通过有效的作业设计提高学生的语文综合能力，让他们感受到语文学科的魅力，更加积极乐观地面对语文学习中的困难，从而创造令人羡慕的语文成绩，为初中语文学习提供满意的答案。

参考文献

[1] 李华．初中语文作业设计与评价研究［D］．上海：华东师范大学，2007.
[2] 李海燕．初中语文作业设计与评价研究［D］．呼和浩特：内蒙古师范大学，2011.
[3] 高桂花．浅谈初中语文作业设计［J］．学周刊，2013（11）.
[4] 张炎传．试论新课改下的初中语文作业设计［J］．文教资料，2007（9）.

三、数学学科学术争鸣

提高初中数学课堂教学质量的有效策略的初探

郭秀世

如何让初中数学课堂更加活跃更加有效，一直是初中数学教师所思考的重要问题。尤其是新课程改革对教师各方面的要求不断提高，要求教师要以多元化的教学方式实施课堂教学，这对于初中教师来说无疑是一项很大的挑战。从当前来看，初中数学课堂教学依旧呈现出较多的问题，以至于初中数学课堂教学质量存在不太高的状况。想要解决这一问题，只有从源头上找出真正原因并对其进行分析才能更进一步找到解决问题的方式，最终达到促进初中生整体数学成绩的进步与提升的目的。

一、初中数学教学有效性的相关介绍

1. 初中数学教学有效性的释义

初中数学教学有效性是指，初中教师在教学过程中能够通过各种方式，以最短的时间，收获到最大的教学质量，实现学生在三维目标上的发展。这种有效性教学可以在一定程度激发学生的数学兴趣，培养学生自主学习，引导学生建立正确的学习态度①。另外，有效性教学可以增强教师及学生的责任意识，认识到时间的重要性，从而以高效的学习方式收获高效的教学质量。

2. 初中数学教学有效性的特点

初中数学教学有效性的特点包括教学目标的实现、主体的参与度、知识内容的构建、师生互动以及学生的发展等。在这个过程中，通过建立正确的教学目标，鼓励主体的整体参与，才能实现教学知识内容的构建，并结合师生之间的有效互动，进而实现学生数学上思维的发展。

二、当前初中数学教学的问题表现

1. 数学教学目标制定存在偏差

从当前来看，我国初中数学教师在数学课堂教学中存在教学目标偏差的问题，三维目标的制定中，只注重了学生的实践结果，而忽略了学生的情感价值观念的培养及学习方法的传授。这导致学生在数学学习中难以实现有效、长远的发展。

2. 不能很好地掌握教与学的结合

众所周知，数学与实际生活联系密切，在数学教学过程中，教师不仅仅要向学生传

---

① 叶术平．素质教育背景下提高初中数学教学质量的有效途径［J］．赤子（中旬），2013（9）．

授数学知识，更要教会学生解决问题的方法。要基于数学知识水平的基础不断拓展学生的思维，进而使学生能够将理论与实际相结合。然而，从当前来看，我国的初中数学教师在面对充分的教学资源时，还没有真正地掌握其利用方法，导致数学教学的作用难以得到有效发挥，甚至有些教师为了追求生活化教学，把教学内容硬生生地套在生活中，导致学生在课堂中根本无所适从。

3. 没有很好地培养学生的思维拓展能力

近些年，我国对教育的重视程度日益加深。新课程改革要求教师不断尝试新的教学模式来调动学生的积极性，实现学生的主体性进而促进学生思维的发展。然而，课堂气氛活跃了，学生的学习热情也提升了，但是最终却没有达到拓展学生思维和培养学生情感的目的。所谓的小组探究方法的实施，缺乏有效的指导和深层次的交流，使得课堂教学呈现出“纸上谈兵”的现象。课堂中更多的是热闹，而思维及精神的交流得不到体现。例如，“三元一次方程组”这节课，某教师让学生小组合作，类比二元一次方程组的解法，分组讨论探究出三元一次方程组的解法，学生看似讨论得很激烈，但是由于教师分组不到位，引导不到位等，整堂课呈现出来就是“热闹”，达不到预期的教学目标。

4. 层次教学观念模糊

在初中数学教学过程中不难发现，教师通常难以区分教学层次，往往采用一刀切的教学方式，实施整体性教学。对学生自身的发展来说，学生具备相应的数学思维以及发展潜力，而教师忽略了学生的数学能力，在讲授知识的同时，更多的是趋向于比较简单的题目。其实，这些题目学生可以自主来完成，教师的失误在一定程度上浪费了教学时间，学生的数学水平也未得到应有的提升。另外，教师作为课堂的引导者，应该学会正确引导学生去思考问题，培养学生独立学习的良好习惯。但是从当前来看，教师依旧是课堂的支配者，教师教什么，学生就学什么，看似所有的题目都已讲授，但是从本质上来看，学生学习能力依然较差，学生的学习起不到应有的作用。

5. 教学预设与课堂生成不统一

在教学中教师应对课堂进行预设，并生成相应的教学内容，两者之间要保持一致，相互统一，相互结合，才能实现学生数学知识的有效获得。但是，从当前来看，初中数学教师的教学预设不是很贴近课堂。许多课堂预设内容在课堂中呈现出的始终是传统的教学模式，忽视了学生主体的重要性，导致教学效果不明显。另外，有些数学教师在实际教学过程中所生成的教学内容太多，超出了教学预设目标，使得数学课堂教学混乱，学生难以把握重点，课堂教学收效甚微。例如，在我的一次试卷讲评公开课——复习试卷讲评（相交线与平行线）当中，我设计了以下环节，试题情况简析——学生成绩分析——典型错题精讲，由于时间把控不到位，以及讲解过程中的重复性等，本节课的内容只完成了一半。

如图，$AB /\!/ CD$，$\angle\alpha$ 等于（　　）

A. 60°　　B. 25°　　C. 65°　　D. 85°

多种添线方法（学生讨论3分钟左右）

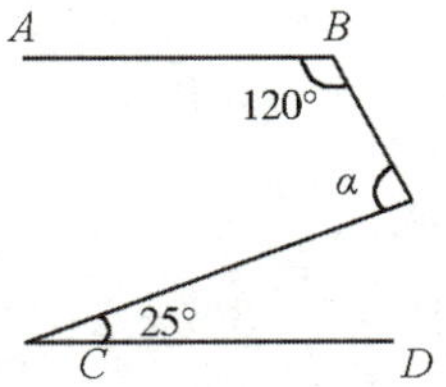

变式训练1：如图1，$a/\!/b$，M，N分别在a，b上，P为两平行线间一点，那么$\angle 1+\angle 2+\angle 3=$________

变式训练2：如图2，$OP/\!/QR/\!/ST$，若$\angle 2=120°$，$\angle 3=130°$，则$\angle 1=$________°

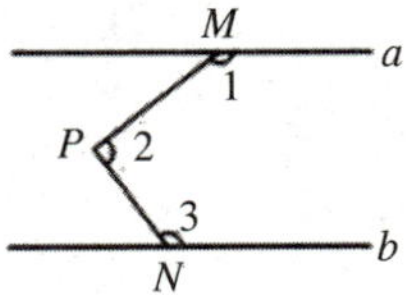

图1

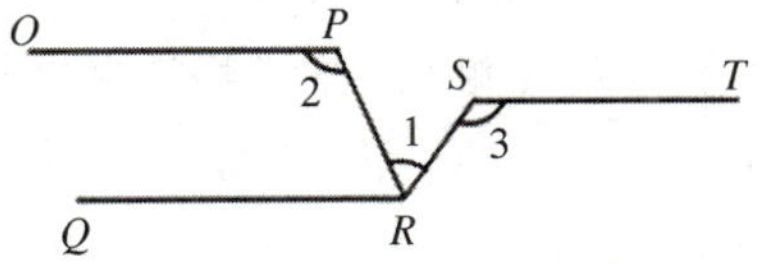

图2

这部分内容没有完成，导致整节课的失败。

三、提高初中数学课堂教学质量的有效途径

1. 备课要充分，实现备课的有效性

针对教学的备课，教师一定要做到课前认真分析教材，找出教材知识的重点和难点，结合学生的实际发展制定有效的教学设计。教师要以充分调动学生学习的积极性为中心，以实现学生进步为目标，设计好每个环节，鼓励学生积极参与，引导学生在快乐中收获知识。另外，对学生进行知识拓展和拔高必不可少，教师可通过引导学生基于本课堂的知识进行总结，引导学生进行深入的思考。针对拓展的练习设计应基于学生发展的基础，难易程度要适中。最后，教师要分层次布置作业，通过作业来检验不同水平学生的知识掌握程度，充分实现学生的进一步发展。例如，在初三第一轮复习课“不等式与不等式组”这节课上，在设计教学环节时，考点的设置上由简到难，层层递进。

考点一　不等式的性质

例1. 若$a>b$，则下列不等式变形错误的是（　　）

A. $a+1>b+1$　　B. $\frac{a}{2}>\frac{b}{2}$　　C. $3a-4>3b-4$　　D. $4-3a>4-3b$

考点二　一元一次不等式的解法及其解集在数轴上的表示。

例2. 解不等式$2x\leqslant 1-\frac{x-3}{2}$，并把解集在数轴上表示出来。

考点三　不等式组的解法

例3. 解下列不等式组，并把它们的解集分别在数轴上表示出来。

（1）$\begin{cases} x-3(x-2)\leqslant 4 \\ \dfrac{1+2x}{3}>x-1 \end{cases}$　　（2）$\begin{cases} \dfrac{1}{2}x>\dfrac{1}{3}x \\ \dfrac{x+4}{3}>\dfrac{3x-7}{2}-1 \end{cases}$

变式训练不等式（组）的特殊解

x 取哪些整数值时，不等式与 $5x+2>3(x-1)$ 都成立？

布置作业时也进行了必做题和选做题的设置

必做题：

（1）不等式组 $\begin{cases} x<3 \\ x>-2 \end{cases}$ 的解集是（　　）

A. $3<x<-2$　　B. $x>-2$　　C. $x<3$　　D. $-2<x<3$

（2）解下列不等式（组），并把解集在数轴上表示出来。

$\begin{cases} -x+1>3 \\ \dfrac{2x-1}{2}\leqslant \dfrac{x+2}{3}+1 \end{cases}$

选做题：

（3）已知关于 x，y 的方程组 $\begin{cases} 3x-y=3m+2 \\ x-3y=4+m \end{cases}$ 的解满足 $x+y>0$，求 m 的取值范围。

2. 设计引导学生兴趣的导入方式

在数学课堂上，一个良好的开端不仅可以有效地激发学生的学习兴趣，同时，也能为整节课的教学打下良好的基础。因此，教师一定要不断尝试，根据学生的身心发展特点，实施多元化的课堂导入方式。例如，生活导入法。教师在讲授代数分类的知识前，可以采用生活导入法，将不同种类的事物进行划分。比如，在教学“平面直角坐标系”第一课时有序数对时，我们不妨这样引入——小明父子俩周末去电影院看电影，买了两张票，座位号分别是 3 排 6 号和 6 排 3 号，怎样才能既快又准地找到座位？通过这一生活实例引起学生的积极思考，激发学生的学习兴趣，很自然地就将课堂导入到有序数对的新知。

又如，在讲平方差公式的时候，可以采用悬念法，通过新颖的设问激发学生的数学兴趣，如给学生分享一个“周老财与李老汉的故事”。从前，有一个狡猾的庄园主，把一块边长为若干米的正方形土地租给张老汉种植，第二年，他对张老汉说：“我把这块地的一边减少 5 米，相邻的另一边增加 5 米，继续租给你，租金不变，你也没有吃亏，你看如何？”张老汉一听，觉得好像没有吃亏，就答应道：“好吧。”回到家中，他把这事和邻居们一讲，大家都说：“张老汉，你吃亏了！”张老汉非常吃惊，教师适时引入：“你知道张老汉是否吃亏了吗？学习了本节课的知识，你将能轻松地解决。”

3. 科学提问，促进学生进步

课堂教学中离不开教师与学生的互动。在课堂提问中教师一定要注意三点：

（1）根据教材重点难点及学生自身的知识水平实施适当的提问。问题不能太简单也不能太难，正确把握课堂问题的难易度。通过问题让学生进行深入思考，拓展其思维发展。

（2）把握好问题的数量。在提问时教师应根据教材的重点难点以及教学目标有针对性地提问，问题量不能过多也不能过少，做到问题与问题之间密切联系、层层深入，以实现有效数学教学的目的。

（3）提问要全面，针对学生的个体差异进行问题设计。差生回答较简单的问题，而优生则回答较难的问题。难易结合，实现每个学生的进步与发展。例如，在人教版七下“不等式与不等式组”中的一元一次不等式的解法时，我们可以这样设计提问：

①复习引入。

问题：a. $3x+5=6$，这是什么？什么是一元一次方程？b. $3x+5>6$，这个式子与上式有什么相同点？不同点？可以把它叫作什么？设计意图：根据一元一次方程的特征、概念，引导学生尝试总结一元一次不等式的特征、概念等。为学生学习一元一次不等式做铺垫。应用类比的数学思想，使学生知道一元一次方程和一元一次不等式的联系与区别，培养学生利用旧知识获取新知识的能力。

②引导观察，形成概念。

问题：观察下面的不等式，它们有哪些共同特征？

$x-7>26$　　　　$3x<2x+1$　　　　$\frac{2}{3}x>50$　　　　$-4x>3$

设计意图：类比一元一次方程的概念，引导学生通过观察给出的不等式，归纳出它们的共同特征，让学生尝试给出一元一次不等式的概念，进而得到一元一次不等式的概念。培养学生观察、归纳的能力，从模糊地感知到具体的认知，体现类比思想。

4. 合理指导，实现有效性合作学习

在小组合作学习中，学生通过合作交流进而实现自身水平的提升，不仅有效掌握了数学知识，同时也拓展了思维。合作学习同样对初中生数学的学习有着重大的意义。但是，在合作学习中，教师要学会认真观察学生，耐心听学生所交流的内容，必要时应给予指导和帮助。另外，要培养学生独立探究问题的良好学习习惯，让学生能够自主学习，勇于突破自我。例如，在讲解“一次函数的图像与性质”时，在课堂小结环节，可以让学生通过小组讨论合作的方式完成，如表1。

表1

系数特征		图像特征			不经过的象限	图例
$k>0$	$b>0$	直线从左到右取向上方向	直线与 y 轴的交点 $M(o, b)$	在 x 轴上方	四	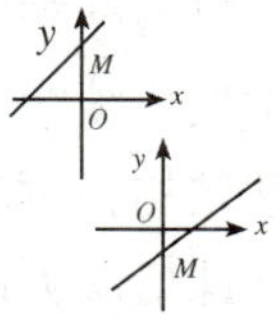
	$b<0$			在 x 轴下方	二	
$k<0$	$b>0$	直线从左到右取向下方向	直线与 y 轴的交点 $M(o, b)$	在 x 轴上方	三	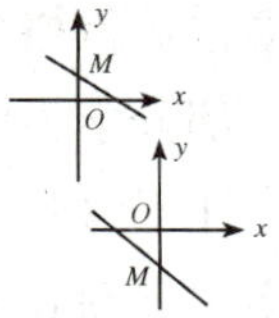
	$b<0$			在 x 轴下方	一	

不仅较好地完成了知识梳理，而且还培养了学生的概括归纳总结的能力和自学能力。

5. 科学规划，实现预设与生成的统一

教师在课堂中的教学行为直接关系到学生的学习效果。基于数学的教学，教师在课前应做好科学规划，努力实现预设与生成的统一性。明确教学目标，做到将课堂生成内容与教材内容紧密联系，突出课堂的中心和重点。另外，教师要充分发挥出数学的魅力，以全新的高度和动态实现教学的有效性。

总结：教师的专业素养水平直接决定了数学教学的有效性，因此，教师在教学过程中应不断学习，提升自我专业素养。认真对待每个教学环节，基于学生水平的发展基础之上，开拓学生思维实现学生的创新，进而保证初中数学教学的有效性。

参考文献

[1] 祁永前．浅谈如何优化课堂教学，提高初中数学教学质量 [J]．新课程学习（上），2013（11）．

[2] 陈跃明．素质教育背景下提高初中数学教学质量的有效途径 [J]．中文科技期刊数据库（引文版）教育科学，2017（9）．

[3] 王卿．浅谈提高初中数学教学质量的有效途径 [J]．科学大众，2008（7）．

[4] 宋步驰．提高初中数学教学质量途径与策略的探讨 [J]．新课程导学，2014（14）．

如何进行更有效的数学课后反思随笔

赵永鹏

“双减”政策的出台，使得数学教育教学思想、理念、实践将随着国家“双减”政策的实施发生新的变化，数学教学将进一步强化学科核心素养意识，重视学生对知识的融会贯通在学校数学教学中的基础与核心地位，我们不能再像以往那样靠培训班辅导提高学生成绩，不能再一味地搞题海战术，所以数学教师需要进一步转变教学理念，优化教学结构，不断实践，加强数学课后服务研究与实践，根据学段、学生实际情况，合理设计课后服务内容与形式，确保数学课后服务质量，与此同时帮助学生改正不良的学习习惯也显得格外重要。

部分学生没有好的学习习惯，或许是学习普通话时间短，导致学生对知识点的理解能力还不够强，教师对学生学习习惯的养成教育也不够好，导致学习成绩不太理想，并使学生逐渐丧失对数学学习的兴趣。

一、学生要善于总结反思

（一）养成良好的做笔记习惯

教学中的普遍现象就是学生只是一味在听教师讲的内容，而没有动手做笔记或者记录典型例题的习惯，导致学生课堂上跟着教师会做题，课下就不会做或者会说不会做。我们要让学生一边做笔记，一边思考，通过对课堂内容的记录，让学生能根据笔记进行反思与总结。

（二）培养反思能力

1. 养成规范解题的习惯

学生是否能规范解题也是考查学生知识点是否完备的途径之一，数学中某些问题是有固定的格式和逻辑关系的，比如证明两个三角形全等这一问题就是有固定的格式，因此，教师要起示范作用，在平时的教学中就要严格要求学生规范解题，反思解题的过程，这样可以有效迅速地提高学生的解题能力。

2. 反思解题的过程和方法

教学中碰到过好多学生出现这样的情况：没有灵活的思维过程，解题方法死板，过程单一，思路杂乱无章。之所以会出现这样的情况，根本原因就在于学生没有对解题过程进行反思与总结，也没有分析自己解题方法是否有偏差，没有一题多解或者多题一解的意识，只是为了做题而做题。

3. 互相交流讨论，反思知识的获取过程

教师可以组织和鼓励学生互相交流讨论，让每个学生简要说一说自己的思考方法和知识获取过程，从而可以使学生互相学习更适合自己的解题方法。此外，互相交流讨论的另一个好处就是可以让学生形成反思的概念，促进反思并让学生掌握学习技巧和创新能力。

4. 反思错误，取得进步

犯错不要紧，关键是要学会反思错误，避免再次犯错。很多学生考试和作业中经常犯同样的错误，原因就是学生不懂得反思与记录。因此，教师应该引导学生在寻找错误的原因中反思，以便学生更好地掌握所学知识和技能。

5. 学会自我反思，培养反思能力

教师应该指导学生在课外反思学习到的知识和内容，总结和提炼知识和内容之间的规律，并将之变成自己的解题风格和技巧。在平常的作业中，鼓励学生反思所遇到的问题以及解决相应问题的整个过程。学生通过解题后对习题特征进行反思，提高解题速度和正确率，这样既可以让学生认识到创新的重要性，又可以让教师和学生更好地进行互动交流，从而培养学生的主观能动性，提高学生的学习效果。我们在培养学生的反思思维时，不要忘了让学生强化自己思维的深刻性。使学生知道思考问题要全面、深入，要能通过题目给出的表面信息和潜在的一些内容，领悟到这个题目的本质特征，组织积累出属于自己的解题方法和知识架构。

二、教师要善于做一个反思者

（一）反思教学设计

教学设计涉及在该节课学生需要理解的概念、掌握的方法、熟悉的技巧、领会的数学思想等，是教师进一步教学的基础和前提，是学生提高自身综合能力的必备条件。教师反思教学目标，实际就是要通过反思教学过程，真正弄清楚学生到底有没有理解概念的内涵和外延、定理的前提和结论，以及会不会灵活运用定理解题、定理本身包含的思想方法、定理的适用范围如何、本节课所要掌握的基本方法是否已经掌握等。要知道这一切，首先，我们必须留意学生在课堂上的一举一动。如果上课时学生精力集中、反应积极、动作迅速、心情愉快等，则意味着学生态度热情、主动参与、学有所得、学有所乐。如果上课学生无精打采、置若罔闻、拖拉疲沓、焦头烂额等则意味着课堂气氛沉闷、学生积极性不高、学习很吃力，效果欠佳。其次，检查学生做课堂练习的情况。若多数同学能在规定的时间里正确完成规定的题目，则教学目标可以说基本达到；若多数同学迟迟动不了笔或只能做题，则说明学生对本节内容没有真正弄懂，知识技能没有过关。最后是批阅学生课后作业情况。如果学生做题思路清晰、推理有据、定理公式运用得当、计算准确、步骤有详有略，则说明学生已掌握了基本的数学知识和思维方法。相反，如果学生做题颠三倒四、乱套公式、乱用定理、计算错误不断等说明学生基础知识不过关、技能不过关。通过以上一系列的方法手段，找出问题所在，思考补救的措施。该补充的就一定要补充，该纠正的错误一定要纠正，该集体强调的一定要集体强调，该个别辅导的就要个别辅导。将当堂课内容补起来，以便进行未来的学习。

（二）反思教学方法

教学方法是为完成教学任务、达到教学目标所采取的措施手段及所借助的辅助工具。俗话说："教学有法，教无定法。"教学方法的选择，取决于学生的实际认知水平。通常根据教学内容的不同，我们可以采用讲授式、启发式、发现式、问题式等教学方法，也可以利用挂图、模型、实物、小黑板、多媒体课件等辅助教学。反思教学方法，首先，要根据学生在当堂课的表现，从他们学习中最吃力、最不易理解、最不易掌握的地方突破，从学生认为的最无聊、最无味的地方入手，从学生最容易忽略却很富有教学价值的地方拓展。其次，教师要寻求最利于学生接受、学生也最乐于接受、最利于调动学生学习积极性、最利于培养学生科学的创造性、最利于学生各方面协调发展的最佳教学形式。如果课题引入得太平淡，就激不起学生的学习兴趣，可以给学生讲解数学家的成长历程、新奇的数学问题、身边的数学问题等；如果是定理公式的推导证明仅仅限于教材、学生不好理解，则可以挖掘新意改变策略，以充实的内容，浅显易懂、循序渐进的形式满足学生的求知欲，同时激发学生的科学知识的创造性；如果是例题习题的处理缺乏深度，学生不好掌握，则可以层层深入、举一反三，在学生掌握基本方法、基本技能的前提下尽量培养学生的集中思维和发散思维。只要我们善于观察、善于思考，就一定能逐步提高自身的教学水平，教学质量也一定能够提高。

【课堂教学实例】王老师准备了一节公开课，课题是“二次根式概念课”，为了能达到公开课的效果，王老师先在另外一个班级试上了一节课，试上完成后。备课组的教师提出了一些想法，王老师打开教案本，在教学情境引入这一段打记号，并写下了自己的反思和改进方案。下面是其修改前后两种方案和学生表现实录。

原教学情境引入实录：

教师：同学们还记得“$\sqrt{\ }$”这个符号吗？

学生：是平方根符号。

教师进一步提问：$\sqrt{2}$，$\sqrt{\frac{2}{5}}$怎么读？这里的2和$\frac{2}{5}$叫什么？它们分别表示什么数？

学生：读作“根号2”和“根号五分之二”。

学生：这里的2和$\frac{2}{5}$都是被开方数。

学生：它们表示平方为2的正数和平方为$\frac{2}{5}$的正数。

教师：很好。现在老师用a来表示被开方数，就可以得到$\sqrt{a}$。那么a在这里可以是任意实数吗？

学生：不能，必须满足$a\geqslant 0$才有意义。

教师：当$a>0$时，$\sqrt{a}$表示a的一个平方根，可以看作由平方根号与a所组成的一个代数式。从今天开始，我们就要研究这种类型的代数式。我们先给它起个名字叫“二次根式”。

接下来是教师板书二次根式的概念：“代数式$\sqrt{a}$（$a\geqslant 0$）叫二次根式”。

课后反思：这样的引入考虑到了从具体到抽象，从已知到未知的循序渐进的教学原则，得到了大家的肯定。但在进入这一新知识点的学习时，这样的设计容易造成学生只知道了要学习二次根式，至于为什么学习以及跟以前学习过的代数式，即整式与分式有什么区别并不知晓，更无法激起学生联想思考的意识，也容易导致学生学习知识点的割裂，不容易形成对知识块的整体认知。考虑到无论是整式、分式，还是二次根式都是沿着从概念到性质再到运算法则的研究路径展开的，虽然只是出现了二次根式的教学，但是学习它不仅可以使学生对于初中代教式知识的认知趋于完整、系统，更是在研究路径上与七年级整式与分式有共通之处。这启发我们进一步思考，是否可以在“二次根式概念”的教学引入环节做些调整。

为帮助学生在进入新的知识点学习时就能对知识块形成初步的整体感知，应使单元教学设计更具系统性与关联性。

修改后的教学实录：

教师提问：到目前为止我们都认识了哪些代数式？你还记得它们的概念吗？

学生活动：小组合作交流。

教师板书（如图1）：

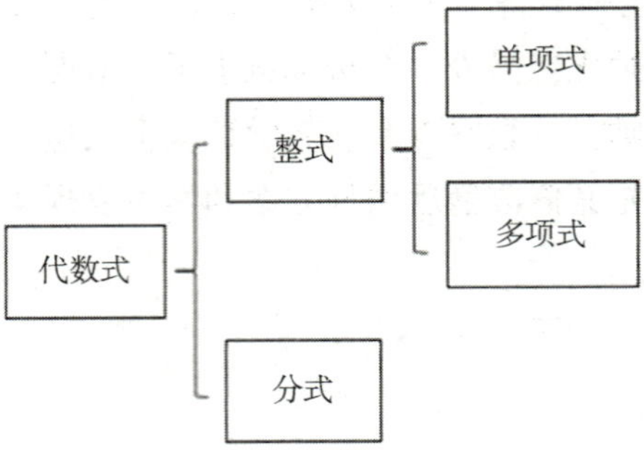

图 1

教师：观察下列代数式，根据已学代数式知识给它们分类。

①$3a-2b$；②$-3xy^5$；③$\frac{a+b}{a}$ $(a\neq0)$；④$\sqrt{x^2+y^2}$；

⑤-2；⑥$\frac{x-y}{3}$；⑦$\sqrt[3]{5b}$；⑧$\frac{5a+b}{a-b}$ $(a\neq b)$.

学生活动：小组讨论，形成分类结果。

组 1：①②⑤⑥可分为一类，均为整式。

组 2：①⑥分为一类，为多项式；②⑤分为一类，为单项式。

组 3：③⑧分为一类，均为分式。

组 4：剩下的④⑦归为无法确定的一类。

教师：原来代数式中还有这样一类式子，它的特点我们可以归纳为$\sqrt[n]{a}$的形式。同学们根据已学知识思考一下，对 n 和 a 会有什么要求吗？(引导回顾，得出 n 为偶数时，a 必须是非负数；n 为奇数时，a 为任意实数)

引出概念：这样的代数式叫根式，可以用$\sqrt[n]{a}$表示。

教师：其中最简单的根式是 $n=2$ 时的根式，即根指数为 2 的根式，我们叫“二次根式”。根据根式概念的形式，你能写出“二次根式”的概念吗？

学生尝试给出二次根式的概念。

教师整理板书（如图 2）：

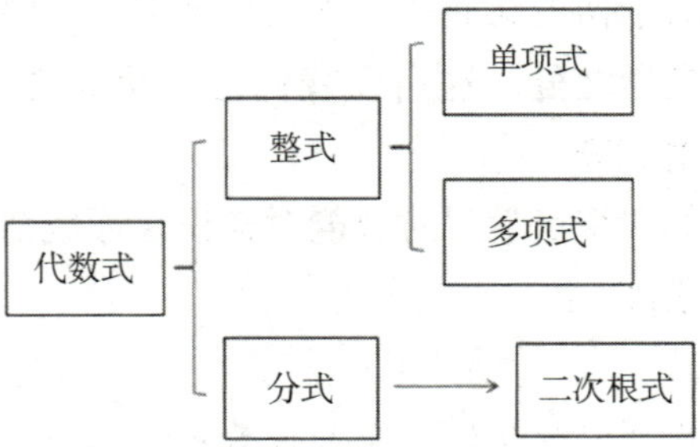

图 2

三、反思自身教育行为

自身教育行为反思是指教师对自己的教学进行自我观察、自我监控、自我调节、自我评价后提出一系列的问题，以促进自身反思能力的提高。这种方法适用于教学的全过程。例如，设计教学方案时，可自我提问“学生已有哪些生活经验和知识储备”“怎样依据有关理论和学生实际设计易于为学生理解的教学方案”“学生在接受新知识时会出现哪些情况”“出现这些情况后如何处理”等。备课时，尽管教师会预备好各种不同的教学方案，但在实际教学中，还是会遇到一些意想不到的问题，如学生不能按计划时间回答问题，师生之间、同学之间出现争议等。这时，教师要根据学生的反馈信息，反思“为什么会出现这样的问题，我如何调整教学计划，应采取怎样有效的策略与措施”，从而顺着学生的思路组织教学，确保教学过程沿着最佳的轨道运行。教学后，教师可以这样自我提问：“我的教学是有效的吗”“教学中是否出现了令自己惊喜的亮点环节，这个亮点环节产生的原因是什么”“哪些方面还可以进一步改进”“我从中学会了什么”等。

四、反思教学评估

教学评估是在教师完成教学目标、学生完成学习任务的情况下，对教学意义、思维培养、陶冶道德情操的升华，是教育教学的更高境界。“教育是一项事业，需要我们无私地奉献；教育是一门科学，需要我们刻苦地钻研；教育是一门艺术，需要我们不断地创新。”反思教学价值，就是挖掘课堂教学富含的认识教育价值、情感教育价值、行为教育价值。教师要知道每一种数学思想都包含着一种人生哲理，每一种解题方法都丰富着学生的价值观和世界观，每一点滴的数学知识都净化着学生的心灵。只要我们细心观察、认真分析、深入思考、努力拓展，不放过课堂教学中的蛛丝马迹，不放过教材中的一字一句，我们就一定能做到，我们也一定能做好。例如，分类讨论的思想教学生辩证地看问题；函数的思想教学生既要注重问题的现象更要认识到问题的本质；数形结合的方法教学生认识什么是数学美、怎样欣赏数学美、如何运用数学美；反证法让学生认识到解决问题不一定要正面出击，有时侧面迂回效果更好；数学家的成长历程可以给学生树立榜样，激励学生刻苦学习；我国悠久灿烂的数学发展史可以让学生产生强烈的民族自豪感，激起学生的爱国主义热情，从而奋发读书献身于祖国的现代化建设。现代教育不是要教出一群书呆子，不是要教出一群高分低能儿，而是要为学生的未来着想，为他们丰富多彩的人生作必要的知识准备和心理准备。知识是“死”的，未知是可以从书本上学到的，而能力和素质却是无形的、是无法教会的。一个人的素质决定了他的生存能力和发展前景。归根结底，教学的价值在于塑造人，在于教给学生做人的道理，培养学生科学的思维方式和自我发展的基本素质，让学生都成为对社会有用的人。

教书育人是教师的神圣职责，每一位教师都想上出好课，都想使自己的课堂变得更有效，我们要基于实践作研究，多思考、多总结、多提炼，从而探究出提高教学有效性的根本途径。一线教师的教学应该扎根于课堂教学的方方面面，哪里有问题，哪里就有研究的空间，并且放手让学生参与才是硬道理。《义务教育数学课程标准（2011 年版)》明确指出，教学活动是师生积极参与、交往互动、共同发展的过程。学生是学习的主体，教师是学习的组织者、引导者与合作者，有效的教学活动是学生学与教师教的统一，有效教学必须把教师的教落实到学生的学上去。教师的所有教学行为，最后都反映在学生的学习成果上。所以只有教师与学生互相配合，使教师的教与学生的学相统一，才能更好地提高教学质量。

如何提高初中生学习数学的兴趣

汗祖合热·亚森

一、概述

数学的特点主要体现在其内容的抽象性、应用的广泛性、推理的严谨性和结构的明确性上。根据数学的特点，在初中生学习阶段培养学生良好的逻辑性思维和探索兴趣是数学教学必不可少的一步。但是大量数据和调查显示，数学的抽象化和形式化容易使学生对数学的学习感到枯燥和乏味，甚至一些数学思维天生较差的学生会因为数学学习的难度产生厌学的想法，因此，要想进一步提高数学教学的质量和效率，必须培养学生学习数学的兴趣和激情，使学生产生主动学习的想法，激发学生学习动力，让学生变被动为主动，化苦学为乐学。

兴趣是最好的老师。因此，激发学生学习数学的热情，是推动学生产生内部学习动力的重要因素之一，它会提高学生的注意力和创造力，使学生更快地形成数学思维。一旦学生对数学学科展现出学习热情，就会在日常的学习中自觉形成积极性和创造性。因此在教学中，教师必须注重培养学生的学习兴趣，增强学生对数学的求知欲望。孔子云："知之者不如好之者，好之者不如乐之者。"只有"好之""乐之"，才能有高涨的学习热情和强烈的求知欲望，才能以学为乐，学以致用，可见兴趣在学习过程中的重要性。现就如何培养激发初中生学习数学的激情，增强学习动力，谈谈个人的一些看法。

二、相关概念界定

1. 兴趣的定义

兴趣是指对某些事物带有情绪色彩的意识倾向，如有的人对体育活动感兴趣，会利用空闲时间进行体育项目的锻炼、参加体育竞赛、观看体育频道等，并能在参与的过程中得到精神上的愉悦，并获得快乐。

2. 兴趣与学习

兴趣在学习过程中，有定向、动力、支持的作用，可以分为三个层次；第一是有趣，即对参与学习活动、了解各种技能感兴趣；第二是在有趣的基础上，对学习产生兴趣；第三是有对学习和目标、理想联系的兴趣。

三、培养学生兴趣的策略

1. 创造积极的教学情境，激发学生兴趣

首先，在教学活动中，我们要实现“教师主导，学生主体”，要通过各种方式发挥学生在课堂上的作用，提高学生的积极主动性，让学生与教师形成良好的互动模式，加强学生的参与感。通过提问的方式为学生提供参与课堂的机会，突出学生的主体地位，激发学生的学习兴趣；为学生的想法提供思维空间，实现学生数学问题解决能力的提高。在教学的过程中，融入“想象”“提问”“分享”等环节，最大限度地引导学生数学思维的成长，并在数学知识学习的过程中不断巩固加强学生的解题思维，通过师生互动的形式减轻学生对于学习的抵触心理，提高学生的学习兴趣，训练学生的学习能力，打造学生的创造思维。

其次，要保护学生的好奇心和求知欲，这就要求数学教师在教学过程中要充分考虑学生的学习习惯和学习特点，鼓励学生发散思维，积极思考，善于发现问题并敢于提出问题，保护学生的好奇心和求知欲，营造愉快的教学氛围，增强数学课程的意义和趣味性，创设轻松的教学环境，让学生敢于发言、敢于提问。

2. 采用多样化手段，丰富课堂形式

我们可以采用思维导图等方式，帮助学生梳理数学问题、数学公式。尤其是当今技术发达的时代，可以利用多媒体手段通过影像展示数学问题的解决，使学生能够自主学习，增强学生学习的创造性。另外，我们可以通过“矛盾法”，将新学的知识与以往的知识进行对比，引导学生找出相关联的地方，发现数学中各个方面的关联点，引导学生从不同的观点进行认真的思考。这种独特的思维方式需要学生在数学知识点之间不断跳跃，深入了解其内在。要实现上述的目标，教师需要在教学中进行积极有效的引导，让学生去思考一些看似相同实则不同的问题，活跃学生发现问题的思维。

3. 提高教师素养，带动课堂气氛

教师也要努力提高自身素质（包括思想素质和业务素质），提高教学质量和教学效率，以对学生产生潜移默化的作用。例如，在教学中，我会将自己对数学浓厚的兴趣展现给同学，积极备考，以饱满的情感和热情讲课，利用风趣的语言减少数学教学的乏味与枯燥，吸引学生的注意力，并进行对数学技能方法、知识点的归纳总结。我常以歌诀的形式呈现数学知识点，以增强学生的记忆，让学生学起来感觉轻松有趣。认真仔细地批改作业，发现新颖、简捷、独到的解题方法时及时予以学生鼓励，并让其略谈“我是怎样想到的”，然后在课上予以展示，从而引导学生独立思考。“亲其师，信其道。”学生对数学的学习兴趣往往来源于其对教师情感的转移。所以在教学过程中，我时刻将自己对数学的热爱传递给学生，把对学生的爱寓于数学教学之中。通过不断地鼓励和信任，调动学生的学习激情，以有条理的教学方式，降低数学的难度，从而让学生产生积极向上的情绪和学习的自信心，促使学生在轻松愉悦的氛围中增长知识，提升能力。

4. 创造融洽师生关系，激发学生学习热情

苏霍姆林斯基曾说过：“哪个学校有一位优秀的数学教师，数学就会成为学生最喜爱、最为感兴趣的学科。就会在许多学生身上发现杰出的数学才能。”因此，在数学课堂中，教师对学生学习数学兴趣的提高有着举足轻重的作用。处理好师生关系，有利于培养学生对数学的学习兴趣，并直接影响学生的学习成绩，影响学生对数学学科的认知。

因此，在数学的教学活动中，教师要学会发挥自己的人格魅力，注意以情动人，以此来调动学生的情绪，建立融洽、友好的师生关系，使学生保持饱满的精神和充足的兴趣，从而激发学生对数学的渴望和探究激情。那么，要想建立友好的师生关系，就需要教师在每一节课中用信任、关怀去鼓励自己的学生，了解学生在学习中的困难，以及学生是不是在认真听讲。尤其是初中阶段，学生处于活泼好动的阶段，思维活跃，对于学生的观察更是一项必不可少的环节，要及时了解学生的投入度，将更多的关心和爱给予需要帮助的同学，助力学生在数学科目上获得更加明显的进步，满足学生的成就感，从而激发学生对数学的学习兴趣。

四、总结

21 世纪需要更多高素质人才，需要我们提升创新力，适应时代的变换和发展。主张通过对学习兴趣的探究，让学生在教师的指导下积极地提出问题、解决问题、完成学习任务、培养自主学习的能力，使学生亲自参与到课堂中来，减少传统课堂对学生的束缚，提供自由学习、主动学习的机会，使学生获得成就感。教师教学活动中创造自由轻松的学习情境，让学生培养数学素养，减少数学学科的乏味，激发学生的学习兴趣，让学生在教师的引导下，在发现问题解决问题的过程中，更加热爱数学学科。

在教学活动中，教师只有通过不断坚持，研究科学可行的教学策略和方法，才能够引导学生的学习热情，不断点燃学生智慧的火花，充分调动学生的积极性，培养并强化学生的学习兴趣，让学生都能做到想问、会问、乐问、善问、敢问、勤问，使学生从没有怀疑，到意识到怀疑的重要性并提出疑问，最终解决疑问。这对学生数学创新思维的拓展和创新能力的提高都有很大的帮助。

浅谈如何提高中考数学复习教学的有效性

党美娟

中考复习要对过往三年知识点进行系统的梳理，针对不同的知识点所对应的考察题目以及题目类型都要有所统筹。在数学学习过程中学生需要通过反复训练来锻炼自己的数学思维，提升自己的答题能力。于“双减”政策之下，传统的教学方式已经不能适应中考数学复习要求。为了青少年身心健康以及长远发展考虑，教师应该对数学复习方式进行思考。教师要结合中考的命题特点，帮助学生以正确的方式开启数学复习之路，从提升教学质量、提升复习效率入手来落实“双减”政策。

一、把握复习方向，夯实基础

分析数学课程标准以及近几年的中考真题。

根据课程标准，可做初中数学知识点细目表，以数与代数中的有理数为例，见表1。

表1　初中数学知识点考试双向细目表

知识板块	知识划分	编号	知识点	知识与技能				过程与方法		
				了解	理解	掌握	灵活应用	经历	体验	探索
数与代数	有理数	1	有理数的概念		√			√		
		2	用数轴上的点表示有理数			√				
		3	相反数、倒数		√	√				
		4	绝对值		√	√				
		5	比较有理数的大小			√				
		6	乘方的意义		√					
		7	有理数的加、减、乘、除、乘方运算			√				
		8	有理数的混合运算		√	√				
		9	有理数的实际问题							
		10	科学计数法		√					

其次，做考点分析，以新疆近五年中考真题为例（只列举部分），见表2。

表2　2017—2021年新疆中考数学考点分析

序号	知识点	选择	填空	解答
1	比较有理数的大小、相反数、倒数、绝对值、有理数、无理数（其中之一）	2017、2018、2019、2020、2021		
2	科学计数法		2019	
3	有理数的实际应用	2018		
4	实数的运算			2017、2018、2019、2020、2021
5	分式、二次根式的概念（有意义、值为0）	2017（分式）	2018（二次根式）	
6	整式的运算	2017、2018、2019、2020、2021		2020

做完以上工作后，教师可结合自己的经验，为学生制订复习计划，使学生可分阶段来完成复习内容。

（一）一轮复习，抓好基础

重视课本，系统复习。初中数学基础包括基础知识和基本技能两方面。中考试题中，有些基础题是课本上的原题或原题的改造，后面的大题虽是“高于教材”，但原型一般还是我们接触过的题型，是教材中题目的引申、变形、组合。复习时应以课本为主，深钻教材，把书中的内容进行归纳整理，形成自己的知识结构。不搞题海战术，精讲精练。

一轮复习引导学生对初中三年所学的所有知识进行回忆，对以前所学重新领悟，对知识形成基本的框架意识，对知识要点有更深层次的认识，在解决问题的过程中，知道要应用什么知识来解决，感悟出正确的解题思路，要求学生能熟练地解决基础性的问题。

提前写好教案，以二次函数的复习教案为例：

1. 教学目标

	学习内容	学习水平		
		记忆	解释	探究
知识技能	二次函数的概念		√	
	二次函数图像的顶点、开口方向和对称轴		√	
	二次函数图像的性质			√
	二次函数图像的平移		√	
	用待定系数法求二次函数的解析式		√	
	解答简单的二次函数综合题			√
过程与方法	通过知识梳理、例题复习、练习活动，提高对二次函数知识的认知			
情感态度与价值观	在二次函数的学习过程中，感受数形结合思想在数学中的应用			

重点：二次函数的图像和性质，用待定系数法求二次函数解析式。

难点：二次函数知识的实际应用。

2. 知识梳理

（1）定义：一般的，形如__________的函数叫作二次函数。

（2）二次函数的图像与性质：

函数	$y=ax^2+bx+c$ （$a\neq0$）	
	$a>0$	$a<0$
图像		
开口方向		
最高（低）点		
对称轴		
顶点坐标		
增减性		

（3）二次函数图像的平移

平移二次函数 $y=a(x-m)^2+k$ 图像的方法可概括为：__________

（4）用待定系数法求二次函数解析式

①已知二次函数图像的顶点为原点，设最简式.

②已知二次函数图像上的三个点坐标，设一般式.

③已知二次函数的顶点坐标或对称轴，设顶点式.

3. 典型例题

略。

（二）二轮复习，专题保航

一轮复习是总复习的基础，是重点，侧重双基训练，二轮复习则是一轮复习的延伸和提高，侧重培养学生的数学能力，其复习应以专题为单位。第二轮复习的时间相对集中，在一轮复习的基础上，进行拔高，适当增加难度：抓重点内容，适当练习热点题型。“数与式”“方程与不等式”在一轮复习时学生已掌握了基本技能与方法，二轮复习时需要注意提高计算的准确率；“图形与几何”中的性质定理很多，学生易混淆，且综合运用这一块知识的能力还不强，需要在二轮复习中再次明晰各种图形的性质定理，能解决几何综合题型；“函数”中各类函数的图像与性质，解决函数问题的相关技能与方法还须在二轮复习中强化；在应用题的练习中，应引导学生了解怎样分析题目，使学生熟悉、适应各类常见应用题的解决方法。重视“方程思想”与“数形结合”的渗透，还要有方法的总结，如求某一线段的长，可用线段的和与差、全等三角形的性质、解直角三角形、相似三角形的性质等方法来解决。经过专题复习，对于学生的掌握程度教师要做到心中有数。

（三）三轮复习，模拟提高

第三轮复习的形式是模拟中考的综合演练，查漏补缺，这好比是一个建筑工程的验收阶段，通过考前练兵和研究近几年的中考题来训练答题技巧、考场心态、临场发挥的能力等。

二、选取适当方式，达成目标

（一）思维导图教学法，进行数学知识复习的总体梳理

数学知识点相对于其他科目来说，公式、法则、性质定理较多，知识点较多。若运用不恰当的复习方式则达不到巩固知识、查漏补缺的目的，更是为学生徒增负担。面对这一情况，教师要帮助学生构建思维导图，将知识梳理起来，使其系统化。当学生能够统筹相应理论知识以及数学公式时，就有可能对照公式结合思维导图来思考知识点的考查方向，进而梳理出考查题型。如此一来，学生能够清晰明了地进行复习，也极大程度地提升复习效率。

以思维导图教学法在实际教学中的应用为例。教师在带领学生复习“三角形与四边形”这一知识块时，首先，教师让学生根据“三角形与四边形”进行知识梳理。相交线与平行线、三角形、四边形、多边形都可以以其作为支点来进行细分。例如，三角形可以分成“三角形的相关概念及性质定理、特殊三角形的性质与判定、全等三角形的性质与判定、相似三角形的性质与判定、锐角三角函数”这几个细分知识点。以此类推，其他的知识点可类比三角形知识点一样进行梳理。其次，在进行知识梳理之后，教师要引导学生进行典型例题的回顾。教师事先要用思维导图将所有知识点梳理出来，并将典型例题以复习性导学案的方式发放给学生。教师带领学生结束这一环节之后，学生要根据教师的讲解以及对知识点的梳理归纳对典型题目进行研究。最后，教师要根据典型题目的解题思路再次以思维导图的形式帮助学生进行方法提炼。

（二）多媒体教学法，知识讲解、图形分析更直观

于“双减”政策之下，中考数学复习理应减轻学生课业负担，以提升学生学习效率为宗旨。教师利用多媒体进行教学，可以利用多媒体设备的标注功能向学生标注出重点知识，让学生一目了然地明白自己的数学复习方向。多媒体可以直观清晰地对定理进行讲解，对题型进行归纳与分析。因此，我们可以其独有的优势结合数学复习的重点要点，来进行经典题型、创新型题型、难点题型的透析。

以多媒体教学法在实际教学中的应用为例。教师在引导学生复习“锐角三角函数”这一章节时，可以通过多媒体课件来整合知识、呈现例题，对数学知识以及例题进行综合分析。首先，教师要根据本章重点知识制定复习课件。对于基础知识不牢固的学生可采用课下面讲的方式。在题目的练习与讲解过程中，教师要注重学生对问题辨析能力的培养。通过本章节复习，让学生将千变万化的实际问题转化为数学问题，利用多媒体可以很直观地建立出图形，并在图形上进行分析与讲解。教师可以利用多媒体有重点地加大对这一内容的整体复习比重，以详解加练习的方式，帮助学生树立数学思维。其次，教师要适时进行检测。通过检测发现学生的问题，帮其寻根溯源，指出问题的关键所在。

（三）翻转课堂教学法，调动学生在数学复习中的自主探究能力

对于学生遇到的数学问题，学生自己是最清楚不过的。错题库可帮其找到知识弱项，专项练习可以帮学生整合数学基础题型。结合错题来思考原因，找出问题所在，于数学这门科目而言，无疑是一种有效的复习方法。翻转课堂可以将课堂充分还给学生，让学生根据自己在数学知识以及解决数学问题中的不足来进行查漏补缺。以这一方式来调动学生在数学复习中的自主探究能力，可以为学生减少不必要、烦琐的复习环节，变相地提升复习的效率。我们利用翻转课堂教学法，结合错题库进行专项练习，从错题追根溯源来进行初中中考总复习可以将复习效率更大化。

以翻转课堂教学法在实际教学中的应用为例。教师在带领学生复习“圆”这一章节时，由于本篇知识点繁杂，理论性知识较多，考查知识也是灵活多变，为了让学生得到更好的锻炼，教师可采用翻转课堂的方法来展开复习。首先，以题目为出发点，引出要复习的知识点以及解题的方法和技巧，然后翻转课堂，将课堂交给学生，可以是半节课的时间，也可以是一整节课的时间，时间因题目而定，学生需要亲身尝试解决圆的相关题目这一过程，然后教师及时批阅。对于个别学生存在的问题可以采取课下单独讲解的方式，对于普遍存在的问题，要采取统一讲解的方式，同时，教师要让学生结合做错的题目进行问题总结。在这一环节，教师不可加其他与之无关的知识点的练习题目，避免给学生徒增负担。其次，教师要让学生说出整理归纳的结果，学生要根据问题进行归纳，讲出问题所在，讲出整理错题时所获得的知识与进步，把错题与其他同学进行分享。最后，对于学生所出现的典型问题，要以专题的形式帮助学生再次进行强化训练。

（四）微课教学法，结合做题方式对难点知识进行精讲

为贯彻“双减”政策的指导思想，我们在教学设计时，可通过一些具有趣味性的方式，来帮助学生缓解学习压力，达到复习的详略得当。微课教学可以整合先进的教学资源，依据学生情况来选择难度深度不同的学习材料，以去文化的讲解方式来调动学生对数学复习的积极性。从长远角度来看，可以制作一些微课，让学生在需要时进行观看。

以微课教学法在实际教学中的应用为例。“反比例函数”这一章是中考的考点，也是学生学习过程中的一个难点。微课可以更加清晰地向学生阐释理论与概念推理过程，它内容短小，讲解精炼，动态过程展示清晰，一目了然，很容易被学生接受，并且能使学生记忆深刻。微课中也可加入历届中考典型题型。

三、结束语

“双减”政策之下，作为教师应更多地思考如何在有限的时间内提高课效。我们在教育的过程中，不仅要帮助学生找到适合自己的学习方式，也要整合可用的教学资源，与时俱进地改善自身课堂，提升教学效率。“双减”政策之下，作为教育工作者，我们要以长远的眼光来看待学生数学学科与个人能力的综合发展。我们要用科学的复习方法，从数学课堂的提质增效入手，为学生的长足发展而奋斗。

参考文献

[1] 蒋惠丽，孙朝仁．靶向教学：基于数据分析的中考数学复习教学新路径［J］．中学数学月刊，2021（12）．

[2] 段都敏．健全知识体系，提高解题能力——中考数学复习教学策略［J］．数学大世界（中旬），2021（10）．

[3] 潘丽莎，李瑞东．研究中考命题 实施精准复习——由一道试题的分析反思中考数学复习教学［J］．中学数学月刊，2021（4）．

初中数学课堂教学中的几点感悟

曹爱国

初中数学是一门基础性学科，教师如果能在日常教学中不断积累一些能激发学生学习兴趣、培养学生自主学习习惯的教学案例就会对提升自身教学水平和课堂效率有很大帮助。在此，我结合自己听过的一堂初中数学课，通过我的课堂观察谈谈自己的几点感悟。

一、教学案例

我听了一位同事的一堂数学课，内容是选自人教版九年级第二十一章“二次根式的加减法之分母有理化”，这位教师对这堂课的设计是：由最简二次根式引出“分母有理化”这一新课，在介绍分母有理化这一知识时，教师在黑板上板书了一道范例：

例：对下列各式进行分母有理化

①$\frac{\sqrt{3}}{\sqrt{2}}$；②$\frac{1}{3\sqrt{a}}$；③$\frac{\sqrt{2}+1}{\sqrt{2}-1}$；④$\frac{\sqrt{2}}{2\sqrt{a}+1}$.

解：①$\frac{\sqrt{3}}{\sqrt{2}}=\frac{\sqrt{3}\times\sqrt{2}}{\sqrt{2}\times\sqrt{2}}=\frac{\sqrt{6}}{\sqrt{4}}=\frac{\sqrt{6}}{2}$

②$\frac{1}{3\sqrt{a}}=\frac{1\times\sqrt{a}}{3\sqrt{a}\times\sqrt{a}}=\frac{\sqrt{a}}{3a}$

③$\frac{\sqrt{2}+1}{\sqrt{2}-1}=\frac{(\sqrt{2}+1)(\sqrt{2}+1)}{(\sqrt{2}-1)(\sqrt{2}+1)}=3+2\sqrt{2}$

④$\frac{\sqrt{2}}{2\sqrt{a}+1}=\frac{\sqrt{2}(2\sqrt{a}-1)}{(2\sqrt{a}+1)(2\sqrt{a}-1)}=\frac{2\sqrt{2a}-\sqrt{2}}{4a-1}$

教师在向学生介绍解题方法时只是照搬教材中的解法，没有对其题型特点作以分析、归类。学生在听完这堂课后，丈二和尚摸不着头脑，不知所云，嘴里直嘀咕：“为什么分母形如$\sqrt{2}$，$3\sqrt{a}$时分母的有理化因式为$\sqrt{2}$，$\sqrt{a}$；而当分母形如$\sqrt{2}-1$，$2\sqrt{a}+1$时则分母的有理化因式为$\sqrt{2}+1$，$2\sqrt{a}-1$?”造成这种结果的原因就是教师没对有理化因式视其特点加以归类，没吃透教材，对学生在学习二次根式加减法的运算时造成很大困难。虽然这堂课上有讲有练，也有重点，整个教学环节都非常严谨，但这堂课的难点没有突破，可以说是堂失败的课。通过听这堂课，我对课堂教学中如何把教材教活有了更深刻的体会。对这堂课的内容我认为可以做如此处理：在引入新课前先回顾单项式、多项式的概念，形如2，a，$2a^2$的代数式，其特点是数或字母积的形式，这种代数式叫单项式；形如$2+a$，a^2-b，$ab+1$的代数式，是几个单项式和的形式，这种代数式叫多项式，进而由最简二次根式引出新课——分母有理化。通过对范例的分析、讲解，鼓励学生观察、归纳、分组讨论，对有理化因式进行归类。

式①、②中的分母分别为$\sqrt{2}$，$3\sqrt{a}$，是有理数（式）与无理数（式）积的形式，类似于单项式（但不同于单项式），其有理化因式为平方因式，即$\sqrt{2}$，$\sqrt{a}$等；式③、④中的分母分别为$\sqrt{2}-1$，$2\sqrt{a}+1$，是有理数（式）与无理数（式）和的形式，类似于多项式（但不同于多项式），其有理化因式为平方差因式，即$\sqrt{2}+1$，$2\sqrt{a}-1$。这样就把所有的分母有理化问题都归纳为两类，即有理化因式分为平方因式和平方差因式两类，这样就突破了分母有理化的难点，即如何确定有理化因式。这一知识点的突破，对整个有理化知识整个分母有理化问题起到了画龙点睛的效果，学生学起来就轻松多了，这也是为学生减轻课业负担的具体体现。

二、教学感悟

1. 教师紧跟时代步伐，提升专业素质与能力

在信息技术快速发展的背景下，传统的教学方法已经无法满足教学改革的需求。在此背景下，教师要将现代信息技术引入到课堂，提高课堂的效率。然而，现代信息技术的引入对初中数学教师提出了新的要求。初中数学教师不仅要掌握丰富的专业知识，还要掌握现代信息技术，以便于充分发挥现代信息技术的作用。当前有很多数学教师不能熟练运用现代信息技术，无法将现代信息技术与初中数学活动融为一体，因此其所取得的教学效果并不明显。为了能够改变这种情况，数学教师要掌握将现代信息技术与数学教学内容、课程资源相结合起来的方法，真正实现借助现代信息技术来提高课堂效率的目的。

近几年来，知识的更新速度越来越快，在信息技术的影响下，新的教学观念、新的教学方法、新的教学模式应运而生。要想与时代的发展步伐保持一致，初中数学教师就要具备获取信息、加工信息、处理信息的能力。当教师能够熟练运用现代信息技术之后，就可以更好地开展数学教学活动，让整节数学课都变得生动、有趣起来。

2. 创新教学方法，培养学生的发散性思维

培养学生的创新能力并不是一项简单的工作，这是一项漫长而又复杂的工作。这项工作要以良好的教育作为出发点，以此来推动学生的发展。众所周知，知识创新与基础教育有着非常密切的联系，同样地，技术创新与基础教育的联系也是非常密切的。因此，教师要以创新基础教育作为出发点，激发学生的创新意识，不断提高学生的创新能力。兴趣是学生学习的内在动力。如果学生缺乏了学习的动力，那么这样的学习是毫无效率可言的。鉴于此，教师要通过不同的方法来激发学生的兴趣，不断提高学生的数学能力。一是要了解数学这门学科的规律，借助规律来吸引学生的注意力。二是要将数学知识与实际生活有机结合起来，让学生认识到数学的实用性，将学生的学习兴趣激发出来。同时，在初中数学教学中，教师要适当运用生活实例，降低学生理解数学知识的难度，要让学生学会利用数学知识解决实际生活中的问题，增强学生的成就感。三是引导学生全面认识数学史。很多数学家凭借自身坚强的毅力来推理出数学公式，此时教师可以借助榜样的力量来激励每位学生，鼓励学生勇往直前。

3. 重视课堂提问，活跃课堂的教学氛围

初中数学教师要精心设计课堂提问，引发学生思考。但是需要注意的是，课堂提问的对象是全部学生，所以教师要保证问题难易适中。教师设计的问题过于简单或者过于复杂，都会影响到部分学生回答问题的积极性。由于每位学生的基础不同，因此在数学课堂上教师要设计层次分明的问题，为不同阶段的学生设计不同的问题。课堂提问通常分为引导性提问、锻炼性提问、鼓励性提问三种方式。其中引导性提问针对的是那些基础较好的学生；锻炼性提问针对的是中等学生；鼓励性提问针对的是基础较差的学生。通过采取不同的提问方法，每位学生都能参与到教学活动中，他们也愿意回答教师所提出的问题，这就会大大提高数学课堂的效率。比如，在“一次函数与方程、不等式”教学中，教师可以根据学生的接受能力来设计不同的问题。对于那些基础较好的学生，教师要设计这样的问题：如何将根据一次函数的图像来确定方程、不等式的解？对于那些中等生，教师设计的问题如下：一次函数与方程的关系是怎样的？一次函数与不等式的关系是怎样的？对于那些基础较差的学生，教师设计的问题如下：回顾一次函数、方程、不等式的概念。在本节课教学中，教师通过设计不同的问题，使每位学生都愿意参与到教学活动中。

4. 客观安排作业，凸显教学理念与方法

从某种程度上来讲，学生所做的作业既凸显了教师的教学经验，又反映了教师的教学观念。每天教师会从众多个数学题目中选择出几道具有代表性的题目，但是教师所选择的题目是否得当与教师的教学功底有着非常密切的关系。作业的目的在于引导学生巩固本节课所学的知识，让学生熟练、灵活运用数学知识。因此，在安排作业的时候，教师要紧扣本节课的教学目标、教学重点、教学难点来选择不同的题目，加深学生对知识的理解与记忆。

三、提升学科素养

数学是学生学好物理、化学等学科的基础，数学学科既有助于学生形成正确的价值观，又可以让学生养成良好的品质。为此，初中教师要重视数学教学，通过数学课堂教学不断提升学生的数学素养，促进课堂教学质量不断提升，打造高效课堂。

总之，数学教学“教无定法，贵在得法”，像这样的数学实例还很多，教师在备课时一定要吃透教材精髓，注重教学难点的突破，授课要做到由浅入深，由易入难，把一些数学知识用通俗易懂的语言加以表述和归纳，把数学教活，真正做到以学生为本，为学生减负作出实实在在的贡献。

参考文献

[1] 教育部．义务教育数学课程标准［M］．北京：北京师范大学出版社，2022.

[2] 人民教育出版社课程教材研究所中学数学课程教材研究开发中心．义务教育教科书 数学：九年级下册［M］．北京：人民教育出版社，2013.

[3] 许义．关于初中数学教学中学生创新能力培养的研究［D］．长沙：湖南师范大学，2010.

[4] 樊家莹．新课标初中数学教学点滴体会［C］//中华教育教学丛书编委会．中华教育理论与实践科研论文成果选编第 4 卷．北京：学苑出版社，2010：2.

[5] 杜智．初中数学教学联系生活的意义与实践及其反思［D］．呼和浩特：内蒙古师范大学，2014.

初中数学一题多解问题教学实践

阿尔孜古丽・麦麦提

一、引言

1. 一题多解问题在中学数学教学中的重要地位

一题多解是一种比较常用的教学方法。一题多解是利用已知的条件去分析不同角度下求证的若干个问题的关系，使用不同的解题方式来获取思维过程的结果。在教学过程中适当地使用一题多解，能够激起学生挖掘和创新的强烈欲望，加深学习者对所学知识的深入理解。既能促使学生沟通知识点间的联系，又能培养学生的思维能力，使学生从中学到“转化思想和数形结合思想”等基本的数学思想，同时也让学生通过横纵对比、小结，得出自己的体会，并且找出最适合自己的解题方法，从而提高学生的解题能力。这不仅引导学生多种方法、多视角思考问题、发现问题，使学生形成良好的思维品质，也能使学生感受到成功的喜悦和增强自信心，还能极大地激发学生学习数学的积极性和浓厚的兴趣，从而在很大程度上培养了学生思维的广阔性。

2. 存在的问题及解决对策

笔者通过调查发现，大部分学校和教师都比较重视在数学教学中利用一题多解的方法来培养学生的逻辑思维能力和数学知识的灵活运用能力，但是还有少部分学校和教师由于时间和教学进度的关系依然采用单一的教学方法，导致学生在数学学习中思维机械，不能自主建立起完善的数学知识结构，生搬硬套解题步骤，甚至在其他科目的学习和生活之中缺乏推理能力，丧失了大胆质疑和主动探索的态度。针对此情况应当加强和重视在教学中应用一题多解方法，尊重学生的个体差异性，鼓励和引导学生用不同的思路、不同的角度考虑问题，这样才能吸引学生，激起学生去挖掘和创新的欲望，也能够使学生对知识点的理解能力增强，解题能力提高，并培养学生的发散思维能力和创造性思维能力。

二、初中数学一题多解例题分析

1. 充分调动学生学习的积极性

教学中重视一题多解的训练，可以充分体现学生在学习中的主体地位，有益于调动学生的学习积极性，有助于学生累积解题经验、解题要领，有利于学生学会综合运用已有的知识不断提高解题能力。

在教学中应该尊重每一个学生的个体差异，允许学生从不同的角度去了解题目，并且选用不同的方式来表达自己的想法，利用不同的知识与方式解决题目。教师应指导学生了解题目解题方法的多样化，应因材施教、促进每一个学生得到充分发展。

例 1　求证：假如三角形一条边上的中线等于这条边的一半，那么这个三角形是直角三角形.

已知：如图 1，在 $\triangle ABC$ 中，$AD=BD=CD$，求证：$\triangle ABC$ 是直角三角形。

方法 1：如图 1，利用三角形的内角和等于 180°.

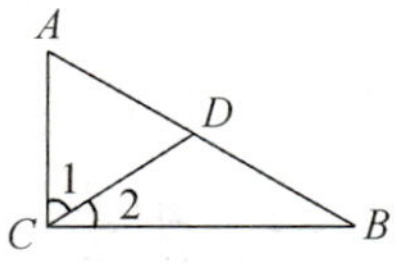

图 1

$\because AD=CD$，$CD=BD$ $\therefore \angle 1=\angle A$，$\angle 2=\angle B$

又$\because \angle A+\angle 1+\angle 2+\angle B=180°$

$\therefore$ 2（$\angle 1+\angle 2$）$=180°$

$\therefore$ $\angle 1+\angle 2=90°$ 即 $\angle ACB=90°$

$\therefore$ $\triangle ABC$ 是直角三角形.

点评：这是本题目的一般方法，根据三角形内角和定理及等腰三角形等边对等角的性质能够得出结论。另外，教师还可以鼓励和引导学生换一个角度去分析题目，得出解决题目的不同办法。

方法 2：如图 2，过点 D 作 $DE\perp BC$，E 为垂足.

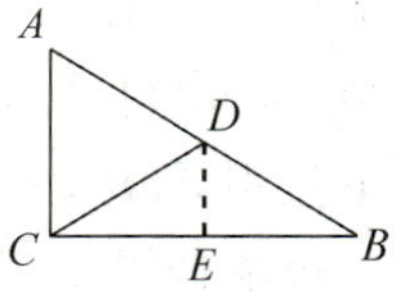

图 2

$\because BD=CD$　$\therefore$　$\triangle BCD$ 为等腰三角形

根据等腰三角形具备三线合一的性质得出：

DE 为 $\triangle BCD$ 边上的中线

$\therefore$ 点 E 为 BC 边的中点

$\because AD=BD$　$\therefore$ 点 D 为 AB 的中点

$\therefore DE$ 为 $\triangle ABC$ 的中位线

$\therefore DE\,/\!/\,AC$　$\therefore AC\perp BC$

$\therefore \triangle ABC$ 是直角三角形.

点评：方法 2 通过添加辅助线先过点 D 作 BC 的垂线，垂足点为 E，$DE\perp BC$，然后借助三角形的中位线的性质，得出 $AC\perp BC$，$\triangle ABC$ 是直角三角形。

方法 3：如图 3，延长 CD 到点 E，

使 $DE=CD$，连接 AE、BE

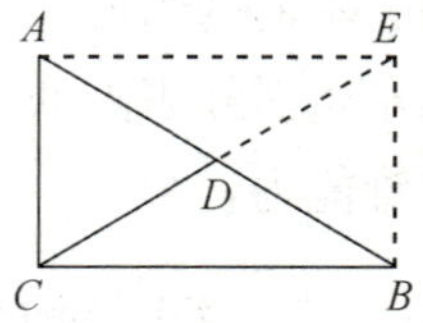

图 3

$\because AD=BD$，$CD=DE$

$\therefore$ 四边形 $ACBE$ 是平行四边形

$\because AB=CE$　$\therefore$　四边形 $ACBE$ 是矩形

$\therefore AC\perp BC$　$\therefore \triangle ABC$ 是直角三角形.

点评：通过构造矩形 $ACBE$，利用矩形的角是 90° 的性质，也可以证明此命题。

方法 4：如图 4，利用直径所对的圆周角是直角.

以 D 为圆心，DA 长为半径作 $\odot D$

$\because AD=BD=CD$

∴ 点 C、B 在圆上，AB 是直径

∴ $\angle ACB = 90°$ ∴ $\triangle ABC$ 是直角三角形.

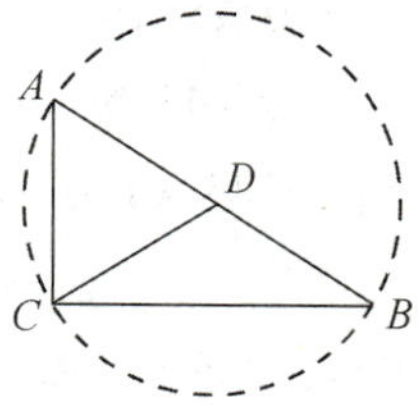

图 4

点评：方法 4 完全打破学生定性思维，开拓了学生的思维，使学生的思维活跃了起来。通过这样一个解题思维过程，让学生体会到面对一道题时，可以从新颖的角度去思考。

反思感悟：一题多解重在通过教师的引导，让学生自己思考，自觉动脑、动手，充分发挥学生自己的聪明才智，得到解题方法，而不是多种方法一股脑地由教师讲解，在实际教学过程中，教师只有注重学生思维能力的培养，才能使学生的知识总量和能力逐渐增加，培养学生活跃的数学思维，使学生掌握多元思维方式，从而才能提高学生的整体水平。

2. 提高学生逻辑思维能力

一题多解有利于把复杂的代数问题几何化、直观化、简单化。在教学中，教师可以倡导学生通过一题多解来优化解法，从而提高学生的逻辑思维能力。教师可以倡导学生通过一题多解来体会题目的开放度，促进学生想象能力。

例 2　某学校计划今年暑假组织部分教师到外地进行学习，预订宾馆住宿时，有住宿条件一样的甲、乙两家宾馆可供选择，其收费标准均为每人每天 130 元，并且各自推出不同的优惠方案。甲家是 35 人（含 35 人）以内的按标准收费，超过 35 人的，超出部分按九折收费；乙家是 45 人（含 45 人）以内的按标准收费，超过 45 人的，超出部分按八折收费。如果你是这次活动的负责人，你应选择哪家宾馆更实惠些？

分析：设总人数是 x 人，当 $x \leqslant 35$ 时，选择两家宾馆是一样的；$35 < x \leqslant 45$ 时，选择甲宾馆比较实惠；$x > 45$ 时，两家宾馆的收费可以表示成关于 x 的函数，比较两个函数值的大小即可。

方法 1：设总人数是 x 人，甲宾馆的收费为 $y_{甲}$ 元，乙宾馆的收费为 $y_{乙}$ 元。

当 $x \leqslant 35$ 时，两家宾馆的费用是一样的；

当 $35 < x \leqslant 45$ 时，选择甲宾馆比较实惠；

当 $x > 45$ 时，甲宾馆的收费 $y_{甲} = 35 \times 130 + 0.9 \times 130 \times (x - 35)$，即 $y_{甲} = 117x + 455$；乙宾馆的收费 $y_{乙} = 45 \times 130 + 0.8 \times 130 \times (x - 45) = 104x + 1170$

当 $y_{甲} = y_{乙}$ 时，$117x + 455 = 104x + 1170$，解得 $x = 55$；

当 $y_{甲} > y_{乙}$ 时，$117x + 455 > 104x + 1170$，解得 $x > 55$；

当 $y_{甲} < y_{乙}$ 时，$117x + 455 < 104x + 1170$，解得 $x < 55$。

综上可得，当 $x \leqslant 35$ 或 $x = 55$ 时，两家宾馆的费用是一样的；

当 $35 < x \leqslant 55$ 时，选择甲宾馆比较实惠；当 $x > 55$ 时，选择乙宾馆比较实惠 。

方法 2：设总人数是 x 人，甲宾馆的收费为 $y_{甲}$ 元，乙宾馆的收费为 $y_{乙}$ 元，

当 $0 \leqslant x \leqslant 35$ 时，$y_{甲} = 130x$，

当 $x > 35$ 时，甲宾馆的收费为

$y_{甲} = 35 \times 130 + 0.9 \times 130 \times (x - 35)$，即 $y_{甲} = 117x + 455$

当 $0\leq x\leq 45$ 时，$y_{乙}=130x$，

当 $x>45$ 时，乙宾馆的收费为

$y_{乙}=45\times 130+0.8\times 130\times(x-45)=104x+1170$

画出 $y_{甲}$ 与 $y_{乙}$ 关于 x 的函数图像（图 5），由图像得，当 $0\leq x\leq 35$ 或 $x=55$ 时，选择两家费用相同；当 $35<x<55$ 时，选择甲宾馆比较实惠；当 $x>55$ 时，选择乙宾馆比较实惠。

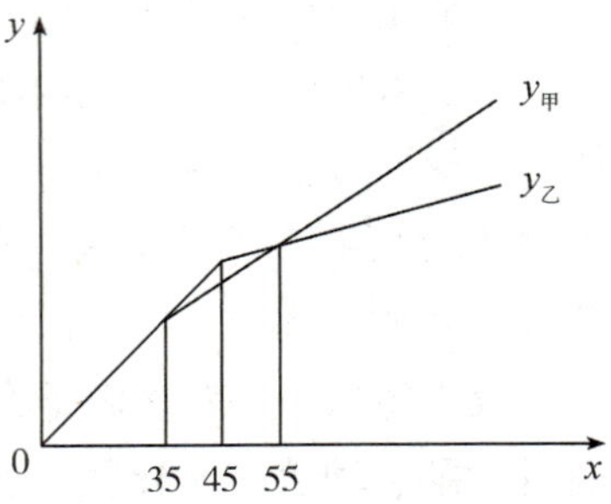

图 5

反思感悟：上述例 2 是初中数学中非常常见的方案选择问题，方法 1 选择了分类讨论法，这种解法特点是学生能比较容易接受，但是缺点是计算量较大；方法 2 选择了数形结合法，这种解法的缺点是如果学生对函数方法不够熟练的话，可能不太喜欢这种解法，但是只要学生对函数的理解达到一定的程度后，这种解法的优越性就会体现出来。

3. 培养学生发散思维能力

一题多解有利于培养学生的发散性思维和创造性思维，有利于串联知识的内涵和外延，使学生对知识融会贯通，也有利于培养聚合思维，提炼结论，从中择优。下面例题利用多种解法，探讨了如何让学生学会从多角度来思考问题、分析问题、解决问题，从而让学生做到融会贯通，举一反三。

例 3　如图 6 所示，在 $\triangle ABC$ 中，$\angle A=70°$，$\angle B=55°$，以 BC 为直径作⊙O，分别交 AB，AC 于 E，F.

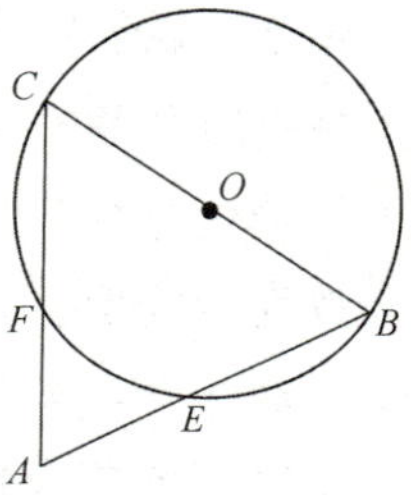

图 6

求证：$BE=CF$.

方法 1：如图 7，将弦相等转化为弦所对圆心角相等。

思路：连接 OF，OE，求 $\angle FOC$，$\angle BOE$ 的度数为 $70°$ 即可。

证明过程：在 $\triangle ABC$ 中，$\because\ \angle A=70$，$\angle B=55°$，

$\therefore\ \angle C=55°$，在 $\triangle OFC$ 中，

$\because CO=FO$，$\angle C=55°$，

$\therefore \angle FOC=70°$ 同理可得 $\angle EOB=70°$，

$\therefore \angle FOC=\angle EOB$，$\therefore BE=CF$.

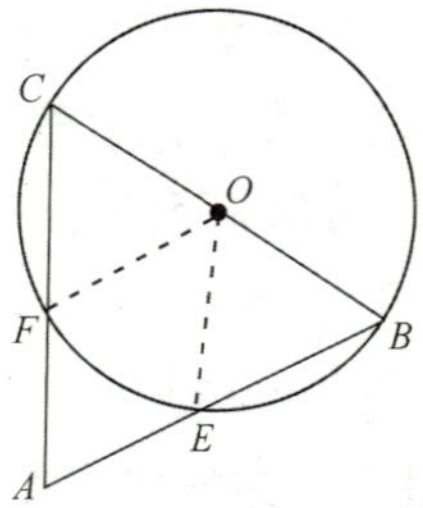

图 7

方法 2：如图 8，将弦相等转化为弦所对弧相等。

思路：连接 OF，OE，求 $\angle EOC$，$\angle BOF$ 的度数为 $110°$ 即可。

证明过程：在 $\triangle ABC$ 中，$\because\ \angle A=70°$，$\angle B=55°$，

$\therefore \angle C=55°$，

$\therefore \angle EOC=\angle BOF=110°$，

$\therefore \angle FOC=\angle BOE$，$\therefore BE=CF$.

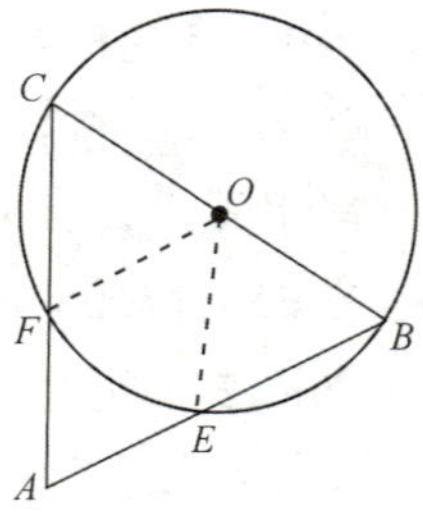

图 8

方法 3：如图 9，将弦相等转化为三角形全等。

思路：连接 OF，OE，利用 SAS 证明 $\triangle OFC\cong\triangle OEB$ 即可。

证明过程：在 $\triangle ABC$ 中，$\because \angle A=70°$，$\angle B=55°$，

$\therefore \angle C=55°$，$\therefore \angle C=\angle B$.

$\because OF=OE$，$OC=OB$，

$\therefore \triangle OFC \cong \triangle OEB$，$\therefore BE=CF$.

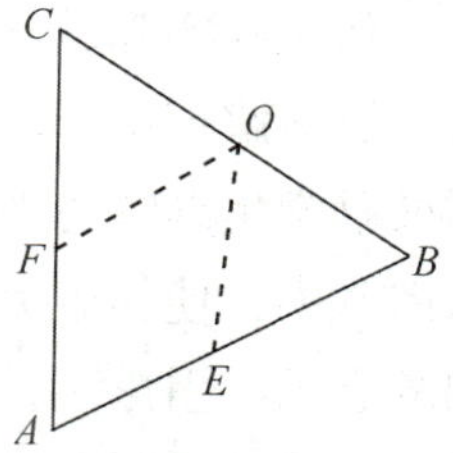

图 9

方法 4：如图 10，将弦相等转化为两线段之差。

思路：连接 EF，证明 $AB=AC$，$AF=AE$ 即可。

证明过程：在 $\triangle ABC$ 中，$\because \angle A=70°$，$\angle B=55°$，

$\therefore \angle C=55°$，$\therefore \angle C=\angle B$，$\therefore AB=AC$.

在圆内接四边形 $BCEF$ 中，

$\because \angle CFE+\angle B=180°$，$\angle BEF+\angle C=180°$，

$\therefore \angle CFE=\angle BEF$，$\therefore \angle AFE=\angle AEF$，

$\therefore AF=AE$，$\therefore AC-AF=AB-AE$，

$\therefore BE=CF$.

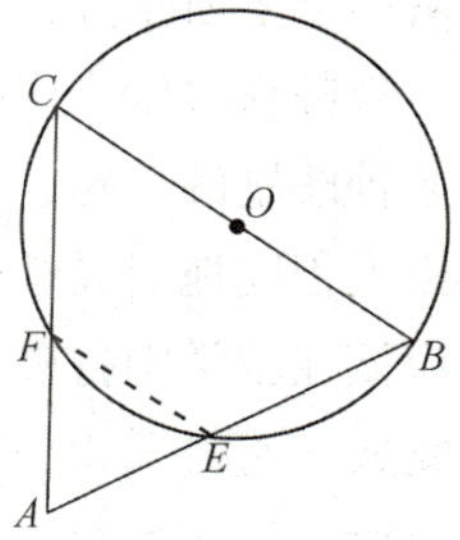

图 10

方法 5：如图 11，证明平行利用基本事实。

思路：连接 EF，证明 $FE/\!/BC$ 即可。

证明过程：在 $\triangle ABC$ 中，$\because \angle A=70°$，$\angle B=55°$，

$\therefore \angle C=55°$. 在圆内接四边形 $BCEF$ 中，

$\because \angle CFE+\angle B=180°$ $\therefore \angle CFE=125°$，

$\therefore \angle CFE+\angle C=180°$，$\therefore FE/\!/BC$，

$\therefore \dfrac{AE}{AF}=\dfrac{BE}{CF}=\dfrac{AC}{AB}$ $\because AB=AC$，$\therefore BE=CF$.

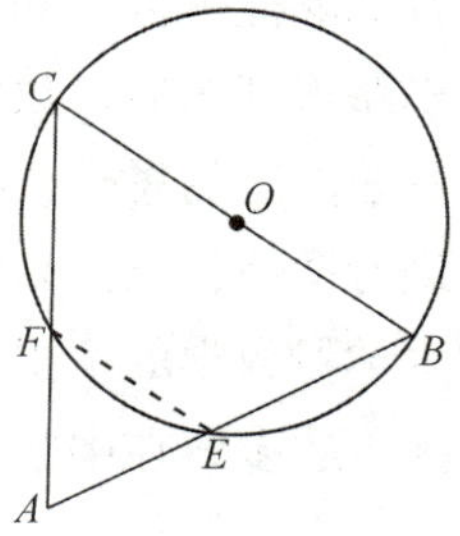

图 11

反思感悟：上述例 3，不仅用到了多种解题方法解题，还帮助学生复习了圆心角、弧、弦之间的联系，同样也帮助学生复习了初中阶段证明线段相等的方法。一个问题可能有多种解法，我们要学会从多角度考虑问题、分析问题、解决问题，做到举一反三。平常教学过程中重视一题多解的训练，可帮助提高学生从不同角度去思考问题的能力，也可开拓学生的解题思路，锻炼学生思维的敏捷性，还可以提高学生的思维能力以及灵活运用各种知识解决问题的能力，同时，也能加深学生对所学数学知识的理解，激发学生的学习兴趣，从而使其在学习数学的过程中达到事半功倍的效果。

三、总结

以上三种提升学生一题多解能力的方法，从不同侧面表现出了学生思想的开阔性，也体现了利用知识解决问题的灵活性，问题解决的本领来源于扎实的基础知识和勤奋思索。在教学中长时间地进行这类一题多解的解题训练，能够从很大程度上提高学生的发散思维能力，可以真正传授数学思想方法，让学生从真正意义上掌握数学的本质，做到触类旁通并且能把数学思想应用到实际生活中。

但是在实际教学过程中，由于时间和教学进度的关系，教师不可能对每一道题目进行一题多解训练。教师应该把课本上的例题和例题的解题过程都点到为止，接着再引导和鼓励学生继续思考其他的解题方法。这样就能真正地把“一题多解”的思想充分带入课堂中，使学生大开眼界。对于同一道题，从不同的角度去分析研究，可能会得到不同的启示，引出多种不同的解法。在教学中，通过引导学生进行“一题多解”的训练，通过广泛的联想和猜测，能使学生的思维触角伸向不同的方向、不同的层次，这样不仅能巩固学生所学知识，而且能较好地培养学生思维的广阔性。

教师在教学中主要起主导作用，在教师的鼓励和指导下，对同一道题学生可能会提出多种解题的思路，在教学中如果能让课堂成为学生合作交流、争辩、探究的场所，就能极大程度地提高学生对学习的兴趣并且成为提高学生综合能力的有效途径。因此，教师应该在教学中打破常规，经常尽可能多地进行一题多解的训练和指导，这样学生也会在完成作业时采用一题多解的方法，在这样的情况下，会有更多的孩子喜欢上数学，他们会对数学产生浓厚的兴趣，从而真正实现学生探究性学习这个目的。

实践证明，一题多解不仅能够激发学生浓厚的学习兴趣，调动学生的学习积极性，而且能够促进数学知识结构与学生的认识结构的和谐统一，拓宽学生的知识面，使学生的思路得到拓展，数学思维能力得到培养和锻炼。因此，教师在实际课堂中应该严格渗透一题多解的思想，在实际教学中应该教会学生用一种思想方法去做一类题目，经常性地进行锻炼，以提高学生的发散思维，培养学生创新能力和创造性的思维能力，并减轻学生学习数学的负担，提高学生学习数学的效率，从而增强学生学习数学的兴趣，真正发挥一题多解在中学数学教学中应有的作用。

参考文献

[1] 卢宁．浅谈初中数学教学中的一题多解［J］．数学学习与研究，2019（2）.

[2] 阚志超．“一题多解”与“多题一解”在高中数学教学中的价值研究与实践［J］．中国校外教育，2015（29）.

[3] 蔡伟．浅谈初中数学一题多解教学的开展［J］．中华辞赋，2018（11）.

[4] 王海军．一题多解和一题多变在初中数学教学中的应用［J］．考试周刊，2017（68）.

[5] 姜鹏．初中数学一题多解教学例谈［J］．上海中学教学，2010（9）.

[6] 张文钰．浅谈“一题多解”在中学数学中的应用［J］．学周刊，2013（23）.

[7] 王茁力．初中数学“一题多解”的教学价值［J］．中学数学教学参考，2018（Z3）.

[8] 仲兆香．“一题多解”与“一题多变”在初中数学教学中的应用——以《人教版九年级上册第二十四章圆中两道习题》为例［J］．读与写（教育教学刊），2018，15（4）.

[9] 尉迟国义．小题大做，思路尽显——初中数学一道几何题的多种解题方法［J］．

数学学习与研究，2019（1）.
[10] 卢洲．在初中数学“一题多解”和“多题一解”中培养学生数学思维［J］．华夏教师，2018（8）.
[11] 李雪松．浅谈初中数学发散思维的训练［J］．学周刊，2014（21）.
[12] 陈素贞．“一题多解”在初中教学中的作用［J］．福建中学数学．2013（12）.
[13] 王晓芬．浅谈初中数学例习题的教学［J］．初中数学教与学，2013（17）.
[14] 官友凤．一题多解在初中教学中的价值［J］．中学数学研究（华南师范大学版），2015（14）.
[15] 黎运娟．一题多解开启思维［J］．现代阅读（教育版），2013（4）.

如何培养小学中高段学生解决数学问题的能力

杨　帆

小学数学是通过教材教小朋友们关于数的认识、四则运算、图形和长度的计算公式、单位转换等一系列知识，为初中和日常生活的计算打下良好的数学基础的学科。从教育目标来看，我们在传授知识的同时，更应注重培养学生的观察、分析和应用等综合能力。让小学生在追究数学问题的过程中能够有条不紊地整理和思考信息，明确把握数量关系，培养解决问题的兴趣，提高解决问题的能力。新课程标准已经把“解决问题”纳入总体目标之一，换句话说，小学数学已经越来越重视学生解决问题的能力了，那么作为教师的我们应该怎样去培养小学生利用数学解决问题的能力呢？

一、培养小学数学解决问题能力的重要性

1. 数学教学的需要

解决问题的教学在数学教学中有着很重要的作用，它既是发展学生数学思维的过程，又是培养学生应用意识和创新能力的重要途径。在众多的例题讲解、课后练习中都能看出解决问题在数学中的重要作用。作为数学教师，我们要传授给学生全部的课本知识，那么当然，我们也必须结合学生的学情，教会他们解决数学问题的方法。要想把数学学好，归根结底就是要学会如何分析数学问题并把数学问题通过一定思路解决，所以我们要培养学生解决数学问题的能力，这也是数学教学的需要。

2. 学生学习的需要

数学是源于生活、服务于生活的。学生的学习习惯始于小学，如果学生遇到解决问题时，能把解决问题作为一种学习习惯，遇到任何问题都积极主动地去思考，学生在解答题目时就可以从中体会到攻克难题带来的快乐，逐渐地对数学学习产生兴趣。与此同

时，小学生还可以学会从数学的视角去观察生活，用数学思维去思考身边的各种现象。从而，有助于小学生自信心的建立，并能让小学生的思维缜密化、解决问题的方式多样化，为小学生今后的数学学习打下良好的基础。

二、小学数学中高段解决问题能力现状分析

1. 教学内容脱离学生实际生活

基于解决问题的教学方法就是培养学生将所学到的数学知识充分地应用到实际生活之中并及时解决所遇到的数学问题的能力。这要从学生的实际情况出发，教学的内容一定得是从学生的生活中得来的，引导学生进行独立的思考，引导学生对问题进行正确的分析。通常教师在进行解决问题的教学时，教学方法和内容都较为单一，一般都是利用展示的方式将问题展现出来并进行解决，甚至有些教学内容与学生的实际生活脱轨。

2. 学生的数学基础不扎实

一些学困生的基础知识、基本技能不扎实，灵活运用知识的能力较薄弱，概括能力也比较差，他们很少能按顺序完整地叙述解决问题的过程，对数学概念的理解往往也停留在表面上，不能与教师同步思维，对学过的知识掌握得不牢固，从而阻碍后面知识的掌握，出现知识的负迁移，对解题方法的掌握表现为机械地模仿。

3. 教师缺少教授解题思路的方法

在小学数学解决问题的教学中，教师缺少解题的教学策略，学生的解题思路范围窄；教师解决问题教学的过程过于传统化和程式化。传统的教学主要是以教师传授知识为主的，之后学生针对教师讲授的内容进行相应的强化训练，学生在这种教学模式之下，就会对于教学的内容缺乏兴趣，不能积极地进行思考，教学活动无法有效展开。

4. 家庭状况以及父母的教育方式

人们常说家庭是孩子的第一学校，父母是孩子的第一任老师。因此，家庭的教育环境对儿童成长和学习起着重要作用。例如，离异家庭的孩子由于经历了家庭破损的过程，他们对社会的认识有时会产生偏差，从而变得消极、自卑与苦恼，怀疑自己的能力。学生长期在这样的情绪下学习，就会抑制其积极性和主动性，其感知、记忆、思维等认知技能也会受到压制，从而容易形成不良的学习习惯。

三、如何培养小学中高段学生解决问题的能力

1. 养成良好的学习习惯

学习习惯不良多始于小学，教师和家长应该在这一阶段注意孩子良好学习习惯的养成，比如引导孩子自觉完成课外作业、上课认真听讲等。但是，有的教师和家长忽视了这一点或者在帮助孩子建立好的学习习惯时采取了错误的方式，如家长采取“陪读”紧盯孩子学习，导致孩子在学业上强烈依赖父母。要解决这样的问题，我们必须耐心细

致，采取由点及面、循序渐进的方式，先从某一个小的学习习惯着手，通过行为强化技术，建立新的替代行为。待新的习惯确立之后，再改变下一个习惯。与此同时，要注意协调和改善学校和家庭的环境，教师和家长应掌握正确的提升孩子学习积极性、有助于孩子行为养成的技巧，给孩子切实有效的帮助。

2. 创设良好的教学氛围

良好的学习氛围能够带给学生更强的学习动力，让学生在这种潜移默化的影响中，养成良好的学习习惯，提高学习数学的兴趣。《礼记》有云："亲其师，信其道。"良好的教学氛围应该是民主、自由和平等的，教师要做到的就是"亲民"，要给学生一种亲近感，这就要求教师要主动放低"身段"，走进学生的内心，倾听学生的心声，了解学生所需，帮助学生解决问题，教师要拉近与学生的距离，做学生的好朋友，多和学生沟通交流，这样就能在学生面前树立一个"好朋友""好伙伴"的形象，学生也就能在教师面前做到畅所欲言，有什么就说什么，把心里话都告诉教师，有什么不懂的问题，有什么感到质疑的地方，都敢于在教师面前开口，提出自己的疑问。从而全方位地调动学生学习的积极性和创造性，体现学生解决问题的主体作用，真正做到教学相长。

3. 掌握恰当的学习方法

学习方法不良，多见于学业提升的衔接阶段，往往和学业适应不良有关。刚进入小学、初中、高中以及大学，每一个学习阶段都有一些这一学习阶段必须掌握的新方法和技巧。学生没有掌握新的学习方法，缺乏应变能力，就可能导致学生解决问题、分析问题的能力下降。针对学习方法，我提出自己的一些见解。

（1）坚持理论联系实际。众所周知，教育教学的目的是培养人，想要提高小学数学解决问题类题目的教学质量，就一定要坚持从实际出发。在实际教学中创建真实的情境，利用我们生活中常见的问题构建情境。例如，两辆车从相距 1000 米的两地同时出发，甲车的速度为 80 千米每小时，乙车速度为 60 千米每小时，试问：多久后两车相遇？这样的问题与学生的生活实际联系紧密，能够激起学生的学习兴趣。

（2）抓关键字教学，明确思路。问题中的关键字、词、句都是理解题意的关键，因此对题目中的这些字、词、句都需要反复地推敲其意义，准确地把握其意图。例如，猎豹最快每小时跑 110 千米，比大象的 2 倍还多 30 千米，大象最快能达到每小时多少千米？分析这种"多"和"少"的问题，要引导学生先找关键字"比"，然后引导学生理解谁和谁比，这里是"猎豹时速"和"大象的二倍"比，题中的"多"或"少"字，指的都是"比"前面的量，即第一个量。也就是说，"猎豹时速 110 千米"是多的，那么，"大象的二倍"就是少的，分清了"多"和"少"，下面的问题自然就迎刃而解了。

（3）掌握常见的数量关系、计算公式。小学数学中的一些常见的数量关系和计算公式对于学生掌握数学概念十分重要。掌握了数量关系和计算公式，就会使学生对数量的认识从感性上升到理性，从而为学生畅游更深层的数学海洋奠定基础。掌握常见的数量关系、计算公式的前提是记住，记住了不一定能掌握，记住是基础，还需要深刻理解其意义，才能合理地运用。比如解决圆柱问题时，有很多公式，如圆周长、圆面积、侧面积、表面积、体积等，只有深刻地理解这些公式，计算时才能合理地选择，不然就会张冠李戴。

（4）数形结合，理解题意。数形结合思想是充分利用图形，把一定的数量关系形象地表示出来。在教学实践中，运用数形结合思想进行教学，把题中给出的数量关系转化成图形，由图形直接显示数量关系，变抽象为具体，能便于学生深刻理解题意，正确解决问题。如用方程解决和、差、倍问题时，可以根据题意画图表示数量关系，先画一倍的量，将其他的量和一倍的量比较，学生一目了然，达到用“形”来理解“数”、用“数”来表示“形”的目的。

（5）肯定解题策略的多样性。在教学解决问题时，教师应把解决问题的主动权交给学生，提供给学生更多的展示属于自己的思维方式和解题策略的机会，教师要引导学生学习一些解决问题的基本策略，体验解决问题策略的多样性，并形成自己解决问题的某些策略。为了能有效地提高学生数学问题的解决能力，教师要注意引导学生在数学问题解决的实践中不断探究，逐步积累解题经验，掌握更多更好的解题方法和思维策略。解决问题的全过程分为以下几个步骤：发现问题、收集相关信息、说明问题、分析问题、选择最佳方案、结束问题，让学生根据已知信息一步步尝试用多种方法进行解答。

作为小学数学教师，我们与其教会学生解决问题的具体步骤，不如教会他们解决问题的方法和技巧，引导他们自行解决问题，提高解决问题、自主学习的能力，帮助他们学习知识，学会知识，应用知识。

浅谈农村小学数学教学中如何培养学生语言表达能力

白青海

在数学教学中必须充分发挥学生的主观能动性，增强学生的参与、交流、合作意识。这一切的达成都离不开语言，语言的准确性体现着思维的缜密性，语言的连续性体现着思维的逻辑性，语言的多样性体现着思维的丰富性。数学学习活动基本上是数学思维活动，而数学语言是数学思维的工具，所以掌握数学语言是顺利、有成效地进行数学学习活动的重要基础之一。我们应当把培养学生的数学语言和数学知识的学习紧密地结合起来，将它看成是数学学习的重要组成部分。这样才能更好地锻炼学生思维的条理性、逻辑性和准确性。学生数学语言表达能力的培养显得尤为重要，在农村小学数学课堂教学中培养学生语言表达能力很有必要。

当前很多农村数学教师教学设计很巧妙，课上得也很精彩，但唯独缺乏的是学生流利回答的灵动，课堂难以活跃，师生互动不起来，很难达到教师预期的目标。学生由于地域差异，见识世面少，与别人交流少，表达能力匮乏。如何在实际教学中培养孩子的数学语言表达能力，这是一个很值得深思的问题，它对全面提高农村小学数学教学质量起着关键的作用。具体要如何在课堂中培养农村小学生的语言表达能力呢？我在教学活动中从以下几个方面做了尝试。

一、激发学生学习数学的兴趣，让学生“想”说

兴趣是最好的老师。要让学生把自己“溶入”到数学课堂活动中，并且自觉主动地表达自己的观点、发表自己的见解，就得引发学生强烈的学习兴趣和表达的欲望。实践证明，学生对所学的内容越感兴趣，参与的意识就越强烈，思维也就越活跃。在教学中，我们要注意采用多种形式，吸引学生注意，激发学生学习兴趣，让学生肯说、想说、愿说。

首先要让学生体会数学语言的美感，激发想说的兴趣。

数学语言表面上显得枯燥乏味，其实具有自己鲜明的特点，那就是准确、严密、简明，蕴藏着丰富的内涵，有一种内在的美感。充分理解、掌握它，就能领略其中的微妙之处，感受其中的美的意境，从而激起学习、探究的兴趣。比如，在教学除法时，关于余数的表述：余数必须比除数小，而学生往往会说“余数不能比除数大”，教师要引导学生比较，了解两种说法的不同，使学生深入体会数学语言表达的严密性的美，从而感受到数学语言表达的重要性，激发学生想说的欲望。

其次要让学生感受语言表达的愉悦，体验表达的快感。学生只有在不断得到鼓励时，他们的语言表达才能完全与流畅的思绪一致，他们的智慧和创造力才能得到充分释放的机会，他们才能感受到成功的愉悦，也才有畅所欲言的欲望和兴趣。所以，我们在课堂中，要尽量给学生创设各显其才的机会，坚持面向全体、紧抓少数的原则，有意识地根据问题的难易程度向不同水平学生提出问题，鼓励他们来回答。难度偏低的问题，让一些学困生回答，哪怕是说头丢尾，也以鼓励为主，再请其他同学补充，让学困生拿别人之长补自己之短，并加深记忆，又不打击说的积极性；优秀学生回答一些思考性较强的问题，不太难的问题则安排中等学生回答，这样，调动每个学生说话的积极性和主动性，使各类学生的思维水平和表达能力同时在原有的基础上得到发展和提高。

二、增强教师亲和力、营造民主和谐氛围，让学生“敢”说

结合教学反馈，我发现农村小学生数学语言表达能力较差的主要原因有这些：第一是来自教师，教师一方面比较威严，让学生敬而远之，师生不在一个平等的层面，学生不敢跟教师交流；课堂上教师的主导作用过分凸显，过于追求标准答案，对于学生的错误不能容忍，以至于多数学生因害怕说错而保持沉默；教学时不能面向全体，只让少数几个“优等生”回答，忽略了大多数学生，长此以往，大多数学生得不到锻炼，语言表达能力自然就差。第二是来自学生本身，一部分学生性格内向、害羞，不敢在大庭广

众之下发言。第三是来自其他因素。例如，当个别学生回答教师提问时出现偏差和错误时会受到相当一部分同学的冷嘲热讽，从而导致这一部分学生不敢开口。由此，我觉得要让学生自信地张口，就要建立民主平等的师生关系，营造和谐的学习氛围。启动学生的思维，激发学生想说就敢说的欲望，让学生敢想敢说。

据此，教师在课堂内外应放下了“师道尊严”的架子，蹲下身来以平等的态度对待学生；在课堂中教师不再是知识的化身和权威，而是一个共同参与学习的伙伴。从而让学生感到教师是可亲可近的，同时感到自己和同伴相处是安全的、融洽的、自主能动的。在这样的环境里，学生迫切地想与大家交流自己的学习体验，语言的交流成了学生放飞心灵的天空。学生良好的心理素质就能得到培养，同时树立起在课堂上大胆表达的自信。教师在课堂的导入、新知的探究、反馈讲评、巩固延伸、课堂小结等各个环节，教师都尽量采用亲切的语气、协商的口吻，使课堂氛围民主、和谐；教学中适时运用学生喜欢的动画人物语言来调节气氛让学生思想上变得轻松，激发学生由想说到敢说的信心。

三、教会学生语言表达的策略，让学生“能”说

教学时，教师应针对不同的学习内容教给学生数学语言表达的策略，如数与代数教学主要训练学生条理清晰地叙述算理、算法、概念、法则以及公式的来源；统计与概率教学主要训练学生描述收集和整理数据的方法，并能用准确的数学语言表述可能性事件；实践与综合应用主要训练学生说出自己对某一问题的分析过程，对自己的推理和思考进行合理的解释；空间和图形重视学生通过实际操作，口述推导过程。在教学中，我们要注意根据教材内容的特点，教给学生有条理地用数学语言来表达和思考的策略，把知识的获取与发展数学语言有机结合起来，以语言促思维，让学生能说会说。

经常引导学生用简明精炼的词语表述应用题的解题思路，按一定的逻辑、一定的规律来表述，可使学生日积月累地学会有条理地说。对于学生有条理分析应用题的过程，通过反复训练就会把这个分析过程用连贯而完整的话表达出来，以后教学应用题时，仍然坚持让学生口述分析过程，学生逐步就会流利地表达出应用题的解题思路，并在语言表达中提高了分析能力、思维能力，训练了数学思维。

四、引导学生进行规范语言训练，让学生“善”说

数学语言是一种特殊的语言，它要求用词精确、简练，具有逻辑性强的特征。其实对学生进行规范数学语言训练的过程，也正是对学生思维过程的训练，因此，在农村小学数学教学中加强对学生规范数学语言的训练是很有必要的。也只有通过规范语言表述的训练，学生才能做到善想善说。

教师在平时的教学过程中，除了要求学生会动脑思考、动手操作外，还要要求学生用语言来表达出自己的思维过程，这样的训练不但有利于及时纠正学生思维过程的缺陷，也有利于发现学生在整个表达过程中的语言是否规范，用词是否精练，这样的训练还会直接影响学生在今后的学习过程中对概念、性质、法则及公式的学习。只有重视对

学生规范数学语言的训练，使学生经历较长时间的训练，才能使学生在日常生活中用数学的思想来分析问题和解决问题，切实做到学以致用。所以，对学生数学语言进行精确、规范化的训练是必不可少的。

在规范学生数学语言的同时，教师本身更应注意语言的规范化，让学生在模仿中形成规范的数学语言。对于农村小学生来说，他们的语言表达能力还未完善，但他们的模仿性强，这就以课堂上的教师语言作为典范，使教师的语言成为规范学生语言的依据。所以，教师语言要具有准确性、示范性，教师说话时必须语法规范，用词恰当，言简意赅。教师对概念陈述时要准确规范，合乎逻辑，对解题思路的论述要有理有据，讲求顺序性。要达到这样的标准，在农村任教的小学数学教师更应该具有以下素质：第一，具备较高的文化知识素养。它包括对数学知识掌握的深度，俗话说“要想给学生一碗水，教师就要有一桶水”，没有广博的知识，就不可能有科学的教学语言，就不能够吸引学生的学习注意力。第二，教师本身的综合素质。一名教师只有文化知识还远远不够，教师是一个综合能力比较强的职业。教师本身的素质包括表达能力、教学态度、说好普通话的能力，教师还必须爱岗敬业、关爱学生。我们只有用爱心去对待学生，用爱去温暖学生，我们的学生才更有信心最大程度地提升自己的语言表达能力。

总之，在数学教学中培养学生数学语言表达能力是农村小学数学教学工作中一项长期的任务。在课堂教学的实践中，我们要让学生经历肯想愿说、敢想敢说、能说会说、善想善说的过程。让学生用准确、精练、清晰、连贯的数学语言表述操作过程、计算算理、解题思路以及获取知识的思维过程。经过一段时间的训练，学生就会既会想又会说，从而提高学生思维的逻辑性、灵活性、准确性，培养学生的思维能力和语言表达能力，也使得课堂教学扎实有效，大幅度提高农村小学数学教学的质量。

浅谈幼小衔接视角下小学数学学困生教改模式

张莎莎

一、引言

幼儿的能力发展水平各不相同，在开展幼小衔接教育工作的时候，教师需要针对学生的学习情况进行评估，并且采取相应的措施来提高小学生的学习能力。在幼小衔接阶段，小学生需要在教师的引导下提高自身的学习积极性。由于教学模式的不断更新，小学数学教材内容不断深化，小学生从幼儿园进入小学之后，面对复杂的数学知识，容易产生厌学情绪，并且在学习方面无法深入学习数学知识。因此，小学数学教师需要结合幼小衔接教育工作的基本原则来开展相应的教学，帮助小学数学学困生摆脱学习困境，提升小学数学学困生对学习数学的信心。

二、小学数学学困生成因

1. 学生个体差异

小学生之所以会出现数学学习困难的问题，是由于小学生本身存在个体差异。首先，我们这里维吾尔族学生的学习能力比较弱，且语言不通，无法及时地读懂数学题目，导致他们无法根据所学的知识来解答数学题。并且，由于数学知识过于抽象，小学生的理解能力还不足以理解抽象的数学理论知识。同时，小学生在学习过程当中，由于其思维能力不足，不能够快速地掌握数学理论知识。如果小学生在进入小学阶段之后，依旧采用幼儿园阶段的数学学习方法来进行学习，就会出现学习效率低、数学知识记不牢等问题。所以，教师需要针对维吾尔族学生的情况进行分析，并且采取相应的措施来解决语言不通的问题，从而提高学生学习的主动性。

2. 学习数学兴趣不足

数学知识具有一定的抽象性，部分维吾尔族学生在学习数学知识时并不能感受到学习数学的乐趣。同时，由于部分维吾尔族学生在幼小衔接关键期没有养成良好的自控能力，其在小学数学课堂中无法集中注意力，从而影响到其数学学习成绩。一旦学生在数学课堂当中无法集中注意力进行学习，就会形成恶性循环，从而导致学生的数学知识应用能力下降。在开展幼小衔接工作的时候，教师要积极地为小学生营造轻松和谐的学习氛围，让学生在学习中既能够学习到知识，也能够提高学习兴趣，从而为小学阶段的数学学习生活奠定基础。

3. 受现今教育的影响

在小学数学的教学过程当中，部分数学教师只关注教学目标的实现，忽视了学生的学习能力的提升与学生的感受。小学生从幼儿园进入小学阶段进行学习，其学习压力会逐渐增强，导致学困生缺乏学习的信心和耐心。小学生的思维是以直观形象思维为主，其抽象思维能力比较弱。所以，教师需要在教学过程当中，考虑到学生的思维发展水平，让学生掌握相应的学习方法，从而提高学生的学习能力。

三、改变现如今的教学模式的方法

1. 利用游戏激发学生主动参与学习

教师需要精心准备数学教学方案，帮助学生解决学习问题。针对维吾尔族学生语言不通，教师可以用维吾尔族语言准备数学教学方案，从而让维吾尔族学生能够在课堂当中听懂教师的讲解，并且能够理解抽象的数学知识。比如，在教授一年级“数一数”这一节课时，教师可以采取游戏合作的方法来让维吾尔族学生进行有趣的学习。教师可以将学生带进操场，让学生按照排队顺序分成不同的小组。分组完成之后，教师让学生开始进行“数鸭子”的游戏。小学生在有趣的课堂中，能够通过积极的参与，掌握“数一数”的数学知识，从而能够更好地提高自身的学习主动性。

2. 培养学生良好的学习习惯

在小学教学过程中，教师要对有进步的数学学困生进行表扬，使学困生能够感受到教师的关心和认可，从而提高学困生的数学学习热情。要培养良好的学习习惯，对不良的学习习惯要加以否定，并及时纠正。在此基础上，教师也要指导学生进行自我分析、自我评估。学困生在小组中进行互相评估，能不断加强自己的长处，使弱项得到教师和团队成员的协助，使自身的学习积极性得到提高，进而培养起良好的学习习惯。比如，在二年级教材中小学生会学习到关于人民币的统计及认识。由于这堂课具有较强的实践性，教师可以通过实践教学法，让小学生在学习中提高自身的实践能力，培养学生良好的学习习惯。首先，教师可以在课堂中引入人民币的概念，随后让学生进行交流沟通。通过小组合作，小学生能够正确认识人民币的概念。然后教师引导学生理解元、角、分之间的换算关系，鼓励学生进行实践，从而丰富小学生的学习体验。

以口算和笔算习惯的培养为例。加强口算和笔算训练，是培养学生计算能力的关键环节。口算是笔算的基础，口算能力直接影响到笔算的正确率和速度，口算能力强的学生，笔算的正确率高，而且计算速度快；口算能力弱的学生，往往笔算速度慢，而且错误率也高。我们在计算教学中要特别注重学生口算能力的培养，引导学生选择自己容易理解和掌握的口算方法，避免学生用笔算方法代替口算的做法。在笔算训练中，我们要注意培养学生认真审题的良好习惯，要培养学生仔细检查计算过程、认真验算计算结果的良好习惯，要训练学生使用逆算法、重算法以及笔算与口算相结合等不同验算方法，同时要注重加强练习之后的总结与反思，从而提高计算的正确率，培养学生一丝不苟、认真负责的严谨态度。

3. 完善激励评价系统

为了提高学困生对小学生活的适应能力，教师需要转变教育评价方式，让学困生能够适应小学学习生活方式。在小学阶段，针对小学生的教育评价方式主要从学习成绩以及学习表现这两个方面入手。几乎所有学生都有一种强烈的愿望，那就是希望自己成为班集体中重要的一员，他们希望自己被班集体所有人接纳认可，并在集体中表现出对别人的影响力。为了实现这一愿望，学生会有更大的兴趣去参加集体活动，争取在学习和各种活动中不断有出色的表现。例如，在一次练习当中，针对一道题学生得出了好几个答案，我找了几个代表分别说说其做题的过程。这几个孩子当中有班长、学习委员，但一位同学只是普通一员，并且成绩并不是特别拔尖，但这次就她的答案是对的，并且她对做题过程的陈述也特别清晰，对此我对她提出表扬。慢慢地我发现这个孩子的学习积极性明显提高了，上课回答问题的次数也明显多了，每次我都对她的回答给予肯定，并鼓励她不要胆怯，要积极发言。她的成绩在较短的时间内提高了很多。我能感受到孩子的心理变化，因为我也是从学生时代过来的，能感受到被老师和同学认可后那种积极奋进的劲头。我想要说的是，我们不应放弃任何一个孩子，我们要用行动让他们感受到自己并不是一个孤独的个体。因此，在数学教学活动当中，教师需要及时对学困生的学习情况以及表现进行评价。首先，教师要不断地改善和完善激励与评估制度，加强师生间的沟通，与学生谈心，不去责怪学生。其次，对有进步的学生进行奖励。教师对学生的评价要全面，不能仅从学生的成绩来衡量，而且要对学生的学习过程中的课堂表现、课后学习完成度进行评估。

4. 动手与动脑相结合

在课改前，数学教学方式是通过设置大量的习题集，使学生能够巩固和提高其学习水平。不停地往孩子脑子里灌知识，而不是教知识、引导他们去学知识、理解知识，就会让学生丧失学习的兴趣，无法进行主动的思考。因此，教师应在创新课堂教学方式、降低作业量的基础上，为学生提供实际操作的空间和机会，增强学生的抽象归纳能力。比如，教师在教授小学二年级上册“认识时间”时，可以让学生在教室里用硬纸板和纸条制作钟表，并且把时间标定为7：23。在掌握了一定的与时间相关的知识后，学生就可以使用材料来做表盘，在实操的时候，学生可以温习旧知识。如果学困生依旧无法理解相应的知识点，可以直接翻开书本找到对应的讲解来进行知识点巩固。在制作钟表的过程中，学生可以自主思考，同时也能提高自身的动手能力和学习能力。这样既可激发学生的学习兴趣，又可以启发学生思考问题。所以，我们在课堂教学中也可以采用直观教具、投影仪等生动形象的教学手段，使静态的数学知识动态化。在教学中我们常常用到课件，课件中我们可以设计让学生感兴趣的动态内容，这不仅能吸引学生的注意力，还能激发学生学习的积极性，而且学生对学到的知识也能印象深刻，不易遗忘。在小学的数学课程中，教师要做的就是不断地优化自己的教学方式，提升自己的综合素质。要想在课堂上更好地让学困生运用抽象的数学知识，教师就必须要有针对性地开展数学实践活动，以提高学困生的学习热情。

5. 开展有效的师生互动

在数学课堂上，教师要通过有效的师生互动来提高学生的学习兴趣。小学数学教材的难易程度直接关系到小学生的学习热情。因此，在设计交互式教学环节时，要合理选用教材内容。在提问的时候，教师可以提出一些简单的问题，让学生都能够回答正确，从而活跃课堂气氛。例如，在教授小学数学三年级上册“两位数加两位数”时，教师可以在上课之前向学生讲解互动的奖励方式，如主动回答两个问题，将获得一朵小红花。然后教师提问，“29 + 34 = ？”“41 + 64 = ？”“21 + 64 = ？”学生举手回答。教师根据学生回答问题的情况，统计回答正确的人数，并给予回答问题最多的学生一份“学习达人”的证书。同时，奖励回答问题不积极的学困生一朵小红花，鼓励学困生继续积极参与到课堂中来。在互动过程中，教师还要鼓励学生进行口算，使学生在课堂上更好地掌握两位数的计算方法。教师要主动地指导学生巩固知识，使学困生的学习能力得到提高。另外，教师在课堂上要使用激励的语言，使学困生能够主动地进行自主学习，并能正确地掌握所学的数学知识。

四、小结

总之，教师在教学活动中一定要灵活地使用教材，把握每个学生的个性差异，创设学生感兴趣的活动，让学生真正做学习的小主人。同时为了帮助学困生提高学习能力，我们还可以结合幼小衔接教育工作中的教学方法来开展教学。其次，我们需要高度重视学困生转化工作。在探索小学数学学困生转化策略的过程中，教师需要根据维吾尔族学生的学习特点来设计教学方案，找到更多的方法去帮助学困生解决学习问题。

参考文献

[1] 邵蕊红．小学数学学困生成因及转化策略［J］．读写算（教育教学研究），2014（30）．
[2] 张树臣．小学数学学困生的成因及转化策略［J］．中国校外教育（中旬刊），2015（8）．
[3] 伍根代．小学数学学困生的成因及转化策略［J］．甘肃教育，2019（15）．
[4] 温辉信．小学数学学困生成因及转化策略［J］．科普童话·原创，2022（4）．

幼小衔接中数学学习兴趣的培养

文　超

许多学生感到数学枯燥乏味，不具备数学学习的兴趣和信心。从教育心理学的角度来说，学习兴趣是一个人倾向于认识、研究获得某种知识的心理特征，是可以推动人们求知的一种内在力量。学生对某一学科有兴趣，就会持续地专心致志地钻研它，从而提高学习效果。学习兴趣能最大限度地调动学习的主动性和自觉性，发挥学生潜在智力的作用，保证学生取得优异的学习成绩。往往有这种情况，学生对哪门功课感兴趣，其哪门功课的成绩就好，最感兴趣的功课则成绩最好。小学生的主要任务是学习，要想学得好，首先得对学习有兴趣。兴趣是学习入门的向导。有了学习的兴趣，才会有学习的主动性和积极性。如果缺乏兴趣，就没有学习的主动性和积极性。同龄人，同样的智力，同样的老师，如果学习兴趣不同，学习成绩肯定就不一样。所以，培养小学生的学习兴趣是十分重要的。

一、创造适宜的学习环境

我们要为孩子提供一个舒适、愉悦、轻松的学习环境，让孩子通过实际的操作与体验来学习。一年级的孩子从刚刚踏进小学校门口的那一刻起，就对小学生活充满了无限的好奇与疑惑。记得刚参加工作的第一年，学校安排我与唐琳老师搭班一起带一年级的小朋友，唐琳老师是一位非常有教学经验的老教师，同时她也很受小朋友的喜爱。我与她搭班时，她在一年级孩子入学之前就把教室打扫得很干净，黑板报办得很漂亮，她还掏钱对教室进行了精心的布置。当时我好奇地问她，为什么要这么辛苦、费时又费力地把教室布置这么好？她说，家长放心地把孩子交给我们，我们就要让孩子在这里体会到家的温暖，让孩子们能在这里开心愉快地学习。她的回答让我立刻感觉到作为一名新教师我要学的东西还有太多。一年级的孩子刚入学时会认识一些新同学、进入新教室，他们对陌生的老师难免有一些害怕和担心，这些对孩子们来说都是极大的挑战，因此我们应该给孩子提供一个让他们能够感觉舒适、愉悦、轻松的学习环境。新课程改革，使小学数学课堂教学走上了“生活化、活动化、自主化、情感化”的道路，在幼小衔接的过程中也应该如此。只有从传统的以知识的传授为中心，过分强调了教师的作用的教育圈子中跳出来，才能体现新的以幼儿为主体，充分发挥幼儿的主观能动性的教育观，使幼儿从生活经验和客观事实出发，在学习现实问题的实践活动中接触数学、理解数学、学习数学，进而喜欢数学。

二、建立和谐的师生关系

“师生之间的关系决定着学校的面貌和教育的性质。”构建民主师生关系，重建课堂文化，是促进学生爱学、乐学的精神保障。构建民主师生关系，首先要求教师承认学生作为“人”的价值。每个学生都有其权利和尊严，更有其思想感情和需要，在数学课中，与一年级新同学见面时，不要以严厉的教师形象去压制孩子们的天性，可以用平和的语气来完成第一堂数学课，在课上的称呼要亲和，对回答问题胆怯的孩子要及时鼓励让其大胆发言，对课堂调皮捣蛋的孩子要用眼神进行提醒让其认真听课，孩子们通过与教师的课堂互动以及语言交流，很容易对教师产生好感，只有当孩子喜欢教师，他才会更加喜欢教师所教的学科。教师要尊重学生的人格，这种尊重既表现在对学生独特个性行为表现的接纳和需要的满足，又表现在创设良好的环境和条件，让学生自由充分地发现自己、意识到自己的存在、体验到自己作为人的尊严感和幸福感。

低年级的学生刚跨出幼儿园来到小学进行有规律的学习，其注意力容易分散，其感情的发展仍处在易受外界感染的阶段，这就要求小学教师必须从情感上着手，让学生接受自己，喜欢自己，然后再慢慢地教他们如何学习，如何听课，特别是数学课上，教师也应该模仿幼儿园教师，制作或者创设一些新颖独特的教学模式。例如，在一年级上册第一课时“认识 10 以内的数”的教学过程中，我从现场找到生活中的数学，让孩子们数班里现在有几位老师，教室有几扇门，等等，让学生从生活中找数学，让学生从幼儿园的学习模式慢慢过渡到小学的学习模式中来，从而顺利完成数学的教学任务。另外，数学学科本身不似其他学科生动有趣，易使学生产生枯燥无味的感觉，从而容易降低学生的兴趣和效率。为了提高学生学习的注意力，有效组织课堂教学，数学教师就要充分发挥肢体语言的作用，用亲切的语气与学生交流，切忌用生硬和枯燥的语言进行讲解。并且在课堂引入时就要有吸引力。比如，在教学“认识钟表”时，可以采用猜谜语的方式导入新课，“滴答滴答，滴答滴答，会走没有腿，会说没有嘴，告诉我们什么时候睡觉，什么时候起床。”用学生感兴趣的方式引入新课，既调动了学生的学习积极性，也提高了学生的学习兴趣。当有的学生出现思想不集中时，一定不能大声斥责，更不能体罚学生。记得在一次教学中，有个女孩子上课不认真听课，我对她进行了提问，孩子没有回答上来，当时我并没有严厉批评或训斥她，而是微笑着鼓励她说：“只要上课认真听课，老师相信你下次一定会回答上来。”第二天孩子上课特别认真，并在下课时悄悄对我说：“老师，我喜欢你，我也喜欢上你的数学课。”当我听到孩子这么开心地对我说话时，我的内心真的很感动。因此，当发现学生没有认真听课的时候，教师一定要耐心，先用眼神告诉她现在是上课时间，或者装作无意间走到他跟前，摸摸他的头，拍拍他的肩或者悄悄告诉他，要注意啦，现在不是说话的时候！这样，既给了学生面子，还让学生容易接受，慢慢地学生就会适应小学的教学模式，慢慢喜欢上教师。所以，小学教师要顺利进行教学活动的关键是和学生建立和谐的师生关系，让学生在宽松愉悦的环境氛围中开始小学生活。

和谐融洽的课堂气氛可以改善师生的心境，从而提高教学效率。教师应在课堂上应保持乐观、开朗的心情，以饱满的热情、亲切自然的语言把缺乏情感的教学内容赋予感情色彩；应加大感情投入，理解、信任学生将每节课的开场白“今天我讲……”改为“今天我们共同研究……”来缩小师生的距离，增进师生的感情。《礼记》有云：“亲其师，信其道。”教师以渊博的知识、饱满的热情、和蔼的态度、亲切的话语上课，学生在这样的环境中自然就能提高对数学学科的学习兴趣。在课堂教学过程中，教师切忌急于求成、求全责备。对学生学习上的失败和其他方面出现的问题应当给予宽容，坦然对待学生学习中的过错，不要因自己的语言或行为而使学生感到难堪，更不要用简单粗暴的方法训斥学生，引起学生的憎恨和对抗心理，学生屈于压力而听课，是不会收到良好的学习效果的。

三、加强师生互相交流

在课堂教学中开展师生互动、生生互动的合作交流，能够构建平等自由的对话平台，使学生处于积极、活泼、自由的状态，使学生能够有惊奇的体验和思维火花的碰撞，使不同层次的学生得到不同的发展。合作交流式的学习，可以营造合作研讨的氛围，激发学生去想、爱想、爱讲，对学生会产生很大的影响。学生的知识水平不同，认知能力各异，通过合作研讨，说说各自的心得或疑惑，可以让学生互相启发，发挥互补作用，使信息多向交流。合作交流学习可以小组活动为主体，让学生在独立思考的基础上，在同一小组内合作探索，互相帮助，共同解决问题，发挥每个学生的特长和群体合作的优势，使学生优势互补；培养学生的自主性、探索性和合作能力，使不同层次的学生都得到锻炼，同时人人参与，学有所得，体现了以“以学生为主体、面向全体的”原则，收到了互相学习、讨论、切磋、交流的效果。在这样的活动中优等生能得到充分的发展，中等生能得到锻炼，学习困难的学生能得到启迪和帮助，从而使学生的自主意识、探索意识、合作意识、竞争意识及创新意识得到不断增强。合作交流式的学习能有效地促进学生由单一的认识走向多层次的学会知识、学会做事、学会转化，让学生体验到成功的乐趣。总之，教师在课堂教学中务必做到：师生密切合作，心理相容；教学气氛融洽，信息交流通畅以创设情境、激发兴趣引导学生主动参与，变注入式为启发式；注意探索和创造，促使学生积极思维，使被动学习转为主动学习，尊重差异，发展个性，变部分学生成功为全体学生成功，让学生在成功、愉快中学习和发展。

四、提升学习体验，让学生爱学乐学

提升学习体验的教学，让学生越学越爱学、越乐学。孔子曰："知之者不如好之者，好之者不如乐之者。"教学过程应该成为学生一种愉悦的情绪生活和积极的情感体验，学生在课堂上是兴高采烈还是冷漠呆滞，是其乐融融还是愁眉苦脸；伴随着学科知识的获得，学生对学科学习的态度是越来越积极还是越来越消极；学生对学科学习的信心是越来越强还是越来越弱，这些都是我们所强调的学习体验，而学习体验是学习有效性的灵魂和内在保证。让学生越学越爱学、乐学的具体策略有很多，但这些策略一定有其共同的特点和秘诀，那就是富有情趣。情趣是快乐和幸福的源泉，学生兴趣盎然地参与到教学中来，享受到学习的快乐，体验到发现的幸福。这是有效教学的动力源泉。爱因斯坦说得好："教育提供的大学，应让学生作为一种宝贵的礼物来享受，而不是作为一种艰苦的任务要他们负担。"

浅谈小学生口算错误的原因及改正方法

高瑞霞

一、研究目的

口算错误普遍存在并影响着小学生数学学习，对于小学生口算中出现的错误，我们不应该将其原因简单概括为"学生粗心"。其真正的原因有教师课堂的原因，也有学生概念不清、注意力不集中等原因。本文主要对学生口算错误的原因进行分析，并提出了减少小学生口算错误发生的方法。

培养小学生的口算能力是小学数学教学的重要任务。"口算教学的要求主要是使学生能够根据法则和运算律正确地进行运算，并对于其中一些基本的口算，要达到一定的熟练程度。"分析小学生数学考试失分情况，口算错误占的比例较大，所以小学生数学成绩提高的关键是提高小学生口算的正确率。

二、研究方法

很多数学教师都会抱怨学生的口算不过关。也有教师抱怨："哎，太粗心了！"难道小学生的口算错误真的只是"粗心"惹的祸？本人认为，数学教师必须找出学生口算错误的真正原因，有针对性地预防，才能对症下药，找到相应的对策。

（一）教师方面

1. 数学课堂较沉闷，不能激发学生学习数学的兴趣

在组内听课时，我发现某些数学课，教师讲的内容比较多，学生似乎只是一个听者，因此，许多学生在上到一半课的时候就明显有注意力不集中的现象，这说明课堂不能激发学生对数学学习的兴趣，特别是口算课，课堂过于沉闷，学生并不积极。因而，在教学口算课时，教师要抓住算理，讲清口算方法，让学生多练习，发现错误及时让学生分析错在什么地方。如果教师对试卷的讲评只是一笔带过或者直接讲得数，并不详细地写明口算过程，没有分析错因等，那么学生自然就学不到真正的口算方法。

2. 对口算的意义与作用认识不到位

数学新课程标准明确提出，1～3 年级的孩子“能熟练地口算 20 以内的加减法和表内乘除法，会口算百以内的加减法”，对高年级的学生也有类似的要求。可见，口算教学在数学教学中有着举足轻重的作用。可是，部分教师却认为口算容易教，不用研讨，因此只注重强调应用题的列式、四则运算的顺序，力求让学生多学一点知识，多做几个练习，把重点放在练习、速度、算法上，忽视学生口算能力的培养。从而导致学生认为口算易学、好学，以为一听就会，不肯动脑，机械练习，进而导致学生在其口算时也表现出态度不端正、轻率审题、敷衍了事、验算检查不耐烦等。

3. 在口算教学中忽略了重点、难点算式的教学

在教学期间，有些教师忽视了一些数字的联系以及重点难点的算式，使学生在做混合运算时不能对其进行熟练、准确的运用。例如，在综合算式 $0.125+3/4-1/8$ 中，很多学生对重点算式（如 $0.125=1/8$）的互化并不清楚与熟练，致使口算出错。

（二）学生方面

1. 概念不清、算理不明

数学知识是建立在一系列数学概念的基础上的。例如，笔算加法的口算法则是由“数位对齐”“分别相乘”“合并相加”“满十向前进一”等一系列数学概念组成的。而整数四则混合运算则要注意先算乘除法，后算加减法，有括号的先算括号里面的，小数的四则混合运算在此基础上要注意小数点对齐。如果概念不清，学生就无法依照法则、定律、性质、公式等数学知识正确口算。在作业或试卷中，有的学生犯如下的错误，如“$125\times8\div125\times8$”这一类题，他们会不假思索地误认为是一道两个积相除的题，然后得到“1”的结果，又如“$1.6+24-3.6$”的算式中，有的学生写成“$=40-3.6$”，犯了“小数点没对齐”的错误，究其原因，主要是学生对数学的概念模糊不清，对运算顺序和算理不明。

2. 心态不良，思考问题不全面

有的学生认为口算题太简单，不需要动脑思考，忽视了对口算题的分析及口算后的检查；也有的学生认为口算题枯燥乏味，每当看到口算步骤多或者口算数字大时，就会产生厌烦的情绪，产生排斥心理，因此其口算就不容易准确。

3. 受思维定式的影响

思维定式是指人的思维在先前活动中形成的，影响现在解决问题的心理准备状态。相关心理实验表明，人的已有知识经验在很大程度上影响着人的思维，在问题和周围环境不变的情况下，这种定式就能使人利用已有的知识经验迅速解决问题，这是思维定式的正面效应。但在问题及周围环境发生变化的情况下，这种定式就会妨碍人们采用新的方法，这是思维定式的负面效应。小学生在口算的过程中很容易受思维定式的负面作用的影响，导致口算错误。例如，由于受固定思维模式的影响，在口算“$10\div2.5\times4$”中，很多学生会误以为可以简便运算，直接得出“1”的结果。

4. 受小学生注意力不够集中的影响

由于受小学生本身的年龄、个性、兴趣、理解能力、知识水平等因素的影响，小学生的注意力时间很短，并且注意力也容易分散，要求他们在同一个时间把注意分配到两个或两个以上对象上来时，他们往往会出现丢三落四的现象，从而导致口算错误。比如，做试卷或者做作业时抄错数，抄少了一部分数据或者漏做一些口算题都是学生“注意力不集中”惹的祸。

三、结论与建议

（一）加强口算训练，培养学生的估算能力

口算是小学生应该具备的基本技能。应该让学生经历与他人交流各自算法的过程，并且应引导学生能综合应用口算、估算、笔算等多项口算技能，自主选择合适的算法。而在四则混合运算中，最常用的是口算和笔算，而笔算是以口算为基础的，笔算技能的形成直接受到口算准确和熟练程度的影响。因此，要提高学生的口算能力，首先要加强口算的教学和训练，切实打牢口算基础。要提高小学生的口算能力，使小学生形成一定的口算能力关键是持之以恒，坚持训练。

（二）提高学生口算的兴趣，增强学生口算正确的愿望

“兴趣是最好的老师。”激发学生的口算兴趣，使学生乐于口算，全身心投入口算中并获得成功体验是提高学生口算正确率的必要条件。口算教学一定要吸引学生，如可以将童话、游戏、比赛等融入课堂教学中；要注意题目的灵活性，注意练习形式的多样性，从而激发学生口算的兴趣，提高学生口算的积极性和专注力；加强教育和引导，通过与学生一起分析口算出错的原因和统计每次测试口算出错所造成的丢失分数，让学生明白“粗心”与“马虎”所带来的后果，增强学生提高口算准确率的愿望和自信心。

（三）错题积累整理

教师应在平时批改作业中，将学生口算中的错误分类记载下来，从中发现共性错误并找出典型错例，便于教学中“对症下药”，特别是找出算理不清、法则模糊、方法不对的典型错例，组织学生剖析根源，找出“病因”，然后再有针对性地设计一定数量的练习，有目的地进行“话疗”。教师可准备一本记录本，每次批作业后，把学生出现的各种典型错误记录下来，并从教师、学生两个方面分析原因，不仅要分析错误原因和种类，还要分析各种错误现象所占的比例，提出解决办法。如果每次记录都能抓住要点，就既可以解决问题，也可以为以后的教学提供经验。学生也应准备一本错题本，进行错题整理，把自己作业本、练习册、试卷里的错题及时记录在错题本里，用简单的话写出错误的原因，并及时订正、归类整理。

（四）实施思想教育，引发学生对提高口算正确率的愿望

学生在发现自己口算错误后，往往以“粗心”为由原谅自己。为了有正确的学习态度，教师在每次测验后，可以要求学生做两件事：一是统计由于口算错误而失的分数。二是指出错误所在并分析错误原因。通过分析，学生可发现几乎都不是口算方法错误，而是由于不认真审题、字迹潦草、不检验等不良习惯所造成。这样使一些口算正确率低的学生思想上有所震动，产生想提高口算正确率的愿望。

总之，做事情贵在坚持。口算教学是一个长期复杂的教学过程，教师应该因材施教，因人而育，灵活变通，并且要从小学生的心理特征出发，让学生弄清算理，掌握法则，并通过有效的练习，让学生养成良好的口算习惯，从而提高学生的口算能力。学生应该端正学习态度，培养良好的学习习惯、口算习惯，只有教师和学生的共同努力，才有可能实现学生口算能力的真正提高。

小学低年级数学游戏教学方法的研究

马源泽

小学阶段的学生具有活泼好动的特点，难以沉下心来进行数学学习，若是教师无法引起学生对数学的兴趣，则很难使学生主动参与到数学学习中。教师可以根据学生的实际情况设计各种新颖有趣的数学游戏，营造出良好的数学学习氛围，使学生能够主动参与到数学学习中。游戏教学可以使教师对学生的知识、体力等方面进行综合评估，还能加强学生的合作意识和独立探究能力。

一、游戏教学法的重要性与难点

1. 发展学生的学习兴趣

在小学数学的教学过程中，数学教师应充分考虑学生的兴趣，根据学生年龄特点和心理特点合理调整教学内容，提高学生的学习兴趣，进而保证数学课堂的教学质量。因此，数学教师应当转变传统的教学观念，积极运用和创造新的教学模式，以学生作为数学课堂的主体，将游戏教学创新性地融入数学教学中，让学生在数学教学中感受到学习的乐趣。与游戏教学的有效结合，能使数学教学更加生动形象，不再以抽象化的教学方式为主，从而有效培养学生对数学学习的兴趣，引导学生自主学习数学知识。

2. 强化学生自主意识

在游戏化数学教学的过程中，大多以小组合作的教学模式为主。在游戏教学中，应强化学生的自主意识，发挥出学生的主体性，使学生自主探究教学内容，通过小组合作等形式有效解决遇到的数学问题，数学教师则作为一个引导者的角色。小组合作的教学形式，不仅可以作为学生解决问题的有效途径，还能使学生之间进行有效的沟通交流，提高学生自主学习的能力，培养学生的团队合作意识。

3. 促进学生全面发展

游戏教学来源于学生的日常生活，其过程中才能更容易引起学生的兴趣，避免学生对陌生事物产生枯燥厌烦的情绪，才能使学生对教学内容的理解更加深入，才能贯彻以人为本的游戏教学理念，锻炼学生自主学习的能力，改善传统的数学教学模式，营造出活跃的教学氛围。数学教师应当把握好游戏与教学的度，促进游戏与教学的有效融合，帮助学生对数学知识进行理解和探究，开展对学生综合能力和素质的培养。

4. 游戏教学法的难点

游戏教学设计应避免过于形式化，进而导致教学内容过于死板和枯燥，对游戏教学内涵的理解应是游戏教学的重点。另外，游戏教学形式的多样化，能够有效提高数学教学的趣味性，同时引起学生的数学学习兴趣。若是数学教师设计单一化的游戏教学模式，则无法有效改变传统的教学模式。数学教师还应当权衡游戏的难度，游戏教学的难度范围应符合绝大多数学生的知识水平，若是游戏教学的难度过大，对学生的学习自信心会造成一定的影响，甚至会使学生对数学产生消极的学习心态；若游戏教学难度过低，则不能起到数学教学的效果。数学教师还应对游戏教学进行干预和调控，确保在游戏规则范围内开展数学教学活动，同时，教师还应合理设计游戏教学的步骤和时间，确保数学教学的质量和效率。

二、小学数学课堂教学中存在的问题

1. 机械的课堂教学模式

目前，大部分数学教师受应试教育观念的影响，其数学课堂教学仍为机械的教学模式，认为学生通过记忆便能取得良好的成绩，并不注重学生思维能力的培养，导致学生对数学课堂教学的兴趣低下，课堂参与度不高。这种教学模式限制了学生对理论知识的记忆和理解，在一定程度上也不利于学生思维能力的培养，致使部分数学教师的课堂教学质量低下。

2. 认知水平和身心发展不成熟

处于小学低年级阶段的大部分学生的心智还不够成熟，其认知水平也较为低下，难以理解和掌握抽象化的数学理论知识。此外，数学知识还具有较强的逻辑性，这进一步加深了学生学习数学的难度。小学数学教师在教学过程中，仍以填鸭式的数学教学模式为主，使学生处于被动接受知识的过程中，并不注重学生实际的学习状况，不了解学生在数学学习过程中所存在的短板，营造出沉闷枯燥的课堂教学环境，在一定程度上使学生对数学学科产生厌烦的情绪，导致学生的学习兴趣低下。

3. 教学理念和方式较为陈旧

数学理论知识大多较为抽象，要求学生具备一定的思维能力和理解能力。但小学低年级学生的认知水平较低，并未构建较为完善的知识体系，难以满足数学知识的学习要求。这会使学生在数学学习过程中遇到诸多困难，导致学生逐渐丧失对数学学习的兴趣和信心。在教学的过程中，部分小学数学教师的教学理念和教学方式仍较为陈旧，无法满足现代化的教学需求，并没有根据学生的实际情况进行相应的创新，使学生无法有效理解和掌握数学理论知识，更使部分学生对数学学习产生消极情绪，致使数学教学无法有效开展。

三、游戏教学在小学低年级数学教学中的应用研究

1. 科学创建游戏教学内容

结合小学数学教材的现状，小学数学教师应当锻炼学生各方面的能力，促进学生全面综合发展，应当注重数学教学内容的深度和广度，同时也应当注重数学基础知识的讲解，遵循由浅入深、循序渐进的教学原则。针对不同板块的数学知识，应设计不同的游戏教学形式，以进一步提高教学效率，使学生加深对教学内容的理解。对于难度较大的数学内容，游戏教学设计时应遵循循序渐进原则，以确保游戏教学能有效锻炼学生的思维能力。例如，在加减法内容的教学过程中，教师可以设计学生较为常见的游戏教学案例，缩短学生与数学之间的距离，有效打开学生的思维模式，使学生对游戏教学产生浓厚的兴趣。

2. 运用游戏教学促进教学质量提升

小学数学教师应将游戏教学融入数学教学，这在一定程度上能使学生有效融入数学教学中。在课堂教学的过程中，小学数学教师可以引导学生以游戏的形式学习数学知识，从而有效引起学生对数学学习的兴趣，使学生能自主融入数学教学中，有效加深学生对理论知识的理解，极大地提高数学教学质量。例如，小学数学教师设计踢毽子的游戏教学，将学生划分为多个小组，统计每个组在一分钟内踢毽子的个数，并用不同颜色的彩色笔进行标记，教师可通过设计游戏问题，如各小组一共踢了多少个毽子，哪个组踢毽子数最多，哪个组比哪个组多或少几个，哪些组踢毽子数一样多，以引导学生应用已学的数学知识进行回答，解决学生在游戏教学中所遇到的实际问题，有效锻炼学生解决数学问题的能力，帮助学生提升数学问题分析的能力。游戏教学模式能够为学生营造出活跃的数学学习氛围，有效提高数学教学的质量，同时也能锻炼学生的分析能力和思考能力。

3. 应用游戏教学激发学生的兴趣

小学阶段的学生天性较为活泼，且对外界陌生事物具有强烈的探索欲。游戏教学能有效促进学生认知水平和发展，同时也符合学生对数学学习的需求。创设游戏教学模

式，能营造出更愉快活跃的氛围，有效地吸引学生的兴趣，使学生作为数学教学的主体，充分发挥出学生的自主性。作为小学数学教师，在日常工作教学中我们应与学生进行有效沟通，实时了解学生的真实状况，从而掌握每个学生的短板和优势，最大化地发挥出游戏教学的优势，同时提高学生对教学活动的参与度。例如，在数学教学过程中，教师可开展与计量单位有关的游戏教学，以升或毫升为计量单位的容器作为教学工具，开展有关的游戏教学活动，如教师可组织学生以“水的测量”为主题的游戏教学，使学生观察不同容器的盛水量有何区别，让学生在游戏过程中理解并掌握数学知识。数学教师必须转换教学思路，充分发挥出游戏教学的积极作用。

四、总结

游戏教学能够极大地激发学生对数学的兴趣，小学数学教师应根据学生的实际情况制定有趣的、具有启发性的游戏教学内容，积极引导学生参与到数学教学中。在一定程度上，实践是学生获取知识、形成技能的关键，而游戏对学生来说是一种很好的实践方式。小学低年级学生在学习数学的过程中，不仅要求学生掌握相关的理论知识，还需要不断进行实践，以达到灵活运用数学知识的目的。

参考文献

[1] 党考宁. 小学低年级数学游戏教学方法的案例研究 [J]. 中学生作文指导，2021 (22).

[2] 代秀萍. 创设和谐氛围激发学习热情——小学低年级数学教学中游戏教学法的应用研究 [J]. 神州，2021 (14).

[3] 鞠燕. 小学低年级数学课堂游戏式教学探究 [J]. 数学大世界 (上旬)，2021 (5).

[4] 吕倩倩. 探究游戏对小学低年级段学生数学学习兴趣的激发 [J]. 国际教育论坛，2020，2 (2).

浅谈小学数学作业批改中巧用评语

韩喜萍

数学是一门逻辑性比较强的学科，在小学数学课堂教学中，布置作业必不可少，为了更好地保证数学作业的有效性，学生在完成作业后，教师还需要进行有效的批改，才能更好地引导学生学习和掌握数学知识。因此，教师应该改变传统单一的作业批改模式，结合学生实际情况，将一些丰富有趣的内容融入作业批改中，进一步保证数学教学质量。

一、小学数学作业批改现状

新课程改革对教师和学生均提出了比较高的要求，在这种情况下，教师应该更加注重学生的主体地位，在作业批改中，以学生需求为主，保证作业批改的有效性。但是当前小学数学作业批改中存在不少问题，具体体现在以下几个方面。第一，批改形式比较单一。很多小学数学教师在批改作业时，习惯性采取单一的“√”“×”批改方式，学生难以从作业本上看到教师的想法和态度，尤其是对一些基础比较弱的学生来说，作业本上的“×”太多，很容易打击学生的学习自信心，影响学生学习效率。第二，批改评语过于单一。小学阶段的学生本身处于活泼好动阶段，外界环境对其影响较大。在这种情况下，教师批改作业时，更应该结合小学生当前的行为发展特征，将一些精妙的评语运用于作业批改中，采取单一的评语如“优”“良”“及格”“差”等，不利于培养学生的学习热情和积极性，也不利于学生综合素质的提升。

二、小学数学作业批改中评语的妙用

1. 充分运用发展性评语，帮助学生规范作业格式

学生在做作业时，往往会出现作业格式不规范的情况，严重影响作业的有效性。因此教师在妙用评语时，还需要充分运用发展性评语，帮助学生规范作业格式。所谓发展性评语就是指针对一些非知识性的内容，运用指导性评价的方式，更好地帮助学生发展综合素质。例如，发展性评语的运用可以在学生写作业时忘记单位或者格式错误的时候。对于大部分学生都懂，只是因为作业习惯不良而出现的一些问题，教师的评语就需要尽可能温和一些，教师可以利用温和的语言帮助学生指出问题所在，从而引导学生养成良好的学习习惯，提高作业水平。例如，在“除法”相关内容教学中，教师先可以给学生布置一些比较基础的除法练习，要求学生将除法竖式计算过程写出来，部分学生在写竖式的过程中，很容易出现将个位数写在十位数上的情况，针对这一情况，教师可以先给一段鼓励性的评语，类似“你很聪明，得出了正确的答案”，再委婉地指出问题，类似“但是写作业的时候，是不是心急了一些呢？快看你把答案写在十位上了，是不是有什么问题呢？”通过这种方式，帮助学生养成良好的作业习惯。

2. 充分运用启发性评语，引导学生进行纠错反思

相对于小学其他科目而言，数学学科存在一定的难度，在这种情况下，学生在做作业的过程中的错题也是不可避免的。出现错题后，教师应该将相关错题作为启发性评价的工具，通过“举一反三”的方式，帮助学生充分意识到其存在的问题，从而更好地进行纠错反思，减少错题的出现概率。

3. 充分运用激励性评价，帮助学生增强学习自信心

在任何学科的学习过程中，学习自信心都是帮助学生学习的重要因素，因此，教师在进行作业批改过程中，还需要充分利用激励性评价语言，帮助学生认识到自身的优势，从而使其在学习数学的过程中，建立强大的自信心，从而使其学习效率也得到提升。

如当学生一次作业出现很多错题时，教师可以先鼓励学生“一次的错误并不代表什么，更不能代表你的水平”，然后引导学生分析犯错的原因，“或许，你是因为其他事情分心而出现这些错误”，最后再进行鼓励“没有关系，加油，老师相信你”。通过这种方式，帮助学生建立起学习自信心。

总之，在小学数学课堂教学中，教师可以将发展性评价、启发性评价、激励性评价充分运用在作业批改中，更好地帮助学生掌握数学知识、提高数学技能。很多教师认为，用评语批改作业是语文教师的事情，和数学教师无关，在数学作业的批改中，一般都是用对错来作评语，但这种批改方式比较单一，存在一定的局限性。我们的教师需要把先进的教学理念融入日常教学行为中，优化数学作业批改，最大限度地提升教学的有效性，把教学与教育相结合起来。实践证明，数学作业批改中使用评语，从学生解题思路、能力、习惯、情感、品质多方面综合评价学生作业，有利于开展素质教育；有利于帮助学生发散性思维和创新意识；更有利于沟通师生之间的思想感情，对调动学生的学习积极性、促使学生养成良好的学习习惯也有着重要的作用。

指导一年级学生构建20以内进位加法数学模型的实践研究

何　菲

一、教材分析

（一）学情分析

一年级学生由于低龄的特点，其思维以具体形象的思维为主。学生在学习、掌握数学算理的过程中要通过大量的操作活动，理解、感悟所学的新知识，并使其不断内化到已有的认知结构中。在学习“20以内进位加法”时，学生已经熟练掌握10以内数的分与合；能够熟练计算关于和是10的加法算式；认识11～20的数；能够在20数板上摆出20以内的数；能够熟练计算十加几的算式；能够借助数射线来计算10以内的加减法。

（二）教法分析

人教版一年级上册第八单元“20 以内的进位加法”整个单元的学习，对认识 10 以内的数及加减法予以扩展，教师应在学生掌握 10 以内的数及加减法的基础上，促使学生把原有的知识体系进行变换，构建新的认知领域，形成新的认知系统。教学时教师要创设学生日常生活中熟悉的情景，利用常用的计数学具，让学生体会数的存在，感悟数的大小，建立数感，感受数学与我们的日常生活是息息相关的，体会数学学习的价值。

二、“20 以内的进位加法”教学中的建模策略

“20 以内进位加法”是人教版一年级上册教材中的重点和难点。一年级学生对抽象的知识或计算过程难以理解，因此指导学生建立“凑十法”的数学模型非常重要，通过教师的指导，使学生在建立模型、理解算理的基础上，迁移巩固模型，最后学会模型的应用。人教版教材中，在“20 以内进位加法”这节课中选用了学生常用的学具双色片及 20 数板，在 20 数板上，学生可以迅速找到 2 个“十”的模型，直观看出 11 ~ 20 的数，在摆双色片的过程中，就可以系统地处理进位加法，厘清做进位加法的步骤，描述计算方法。以下是建模策略的四个步骤。

（一）复习铺垫，形成“凑十”思想

1. 课堂实录

看图填数

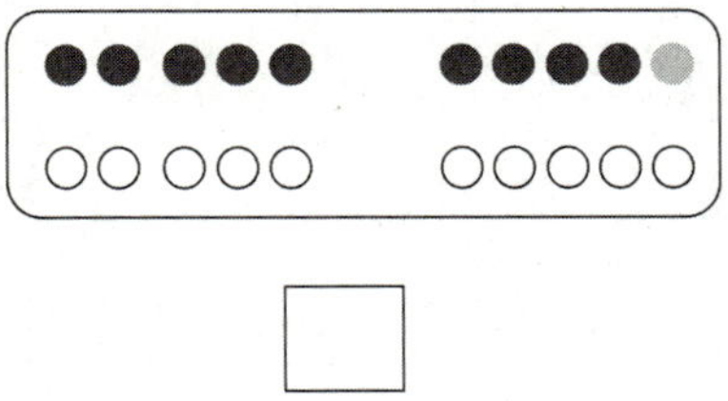

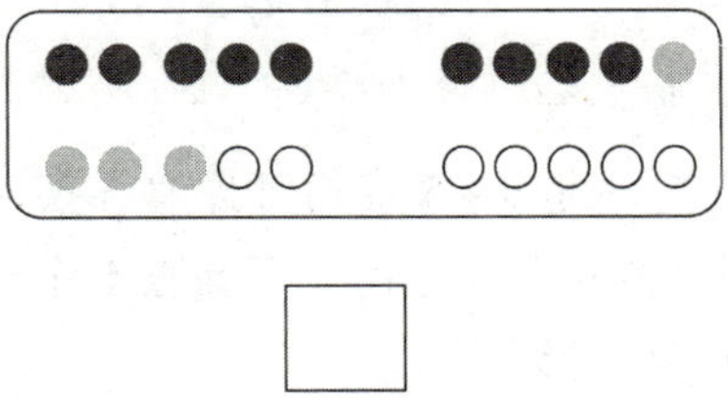

这里一共有几个小圆片？这些数板表示的数是几？你是怎么看的？

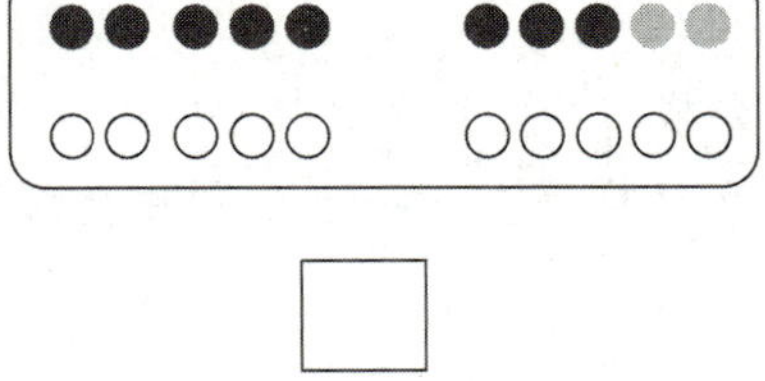

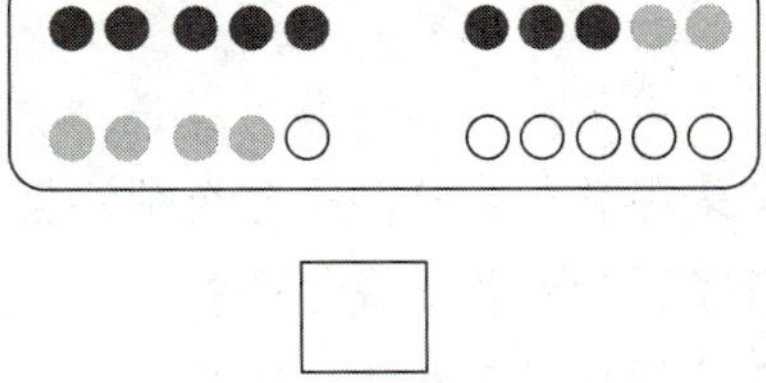

用手圈一圈，一个 10 在哪里？

师小结：看来只要找到了“10”，我们就可以一眼看出这个数是几了。

看卡片口算：

9 + 1 =	3 + (　　) = 10	10 + 5 =	10 + 8 =
8 + 2 =	6 + (　　) = 10	10 + 7 =	10 + 4 =

师提问：你有什么发现？

小结：这是我们以前学的“10”的分与合，这是我们以前学的十加几等于十几。今天我们就用学过的知识来帮助我们学习“进位加法”吧。（板书：进位加法）

2. 教学点评

在学习 20 以内进位加法之前，学生必须牢固掌握“10”的组成，这是学习“凑十法”的基础，学生要非常快地反应出来哪两个数可以凑成十，因此，老师在日常教学中可以通过找好朋友、编儿歌等多种方式，让学生熟练掌握 1 +9 =10，2 +8 =10，3 +7 =10，4 +6 =10，5 +5 =10 等。

教师在“20 以内的进位加法”新授课的引入中，先复习在 20 数板上放双色片读数，例如，1 个“十”和 4 个“一”组成的数是 14，让学生体会在 20 数板上找到 1 个“十”的模型，学生感受这样摆双色片可以很快读数，很快看出图片表示的数是多少。

（二）借助操作，体验“凑十”模型

1. 课堂实录

探一探：9 +5 =□

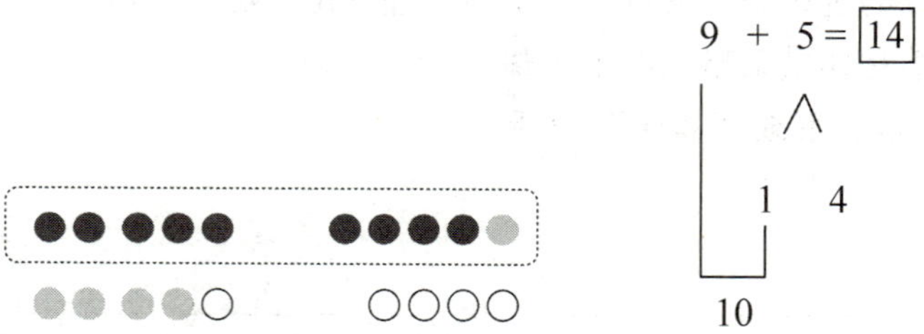

（1）摆一摆

师：想一想 9 +5 我们可以怎样摆双色片？

（上面摆 9 个蓝色的，下面摆 5 个红色的）

（2）移一移

师：想一想，可以怎样移动双色片，使自己更快、更清楚地看出这里一共有几片小圆片？学生动手操作。

（3）说一说

请学生在黑板上移一移、并说一说：你是怎么移的？为什么这样移？

师：老师移动了这一个红色的小圆片？为什么这样移？这一个小圆片是哪里来的？把几进行了分拆？你看懂了吗？

把 5 分拆成了 1 和 4（板书）。

师：拿出来的这一片小圆片要去干嘛？（要去和 9 凑成 10）用手圈一圈，10 在哪里？

谁能说一说，这一步的算式是？

先算：9 +1 =10，再算 10 +4 =14.

师：看，小朋友们，我们用以前学过的知识来解决了进位加法的难题。

引导学生用完整的语言描述凑十的过程：

看到9，想到1，把5分成1和4，先算9+1=10，再算10+4=14，所以9+5=14.

小结：做这样的加法题，最重要的是做什么？要想办法去凑十。

2. 教学点评

一年级学生的思维以形象思维为主导，结合其爱说好动的特点，借助数学实践活动可以既让学生体验知识形成的过程，又不会让学生感觉到枯燥乏味。在算法的探究过程中，我们注重动手操作和观察比较，鼓励学生边动手操作边动脑思考，培养学生合作探究的能力。借助双色片和20数板、数射线等学具，通过摆一摆、移一移、圈一圈、说一说等多种方法让学生经历算法的探究过程，用直观的操作简化抽象的算理，使学生初步建立起“凑十法”的数学模型。在学生操作的过程中，会有不同的摆法，教师可以根据学生不同摆法，引导学生用完整的语言描述凑十的过程。

（三）提炼方法，内化“凑十”模型

1. 课堂实录

做一做：4+7=□

（1）请你学习刚刚的方法，自己来摆一摆，移一移，算一算。

学生操作。

（2）请学生交流操作情况（拆7），说一说自己为什么要这样移。

（3）还有和他不一样的方法吗？

教师提问：刚才向上拿6个，能不能用更简便的方法，拿得更少些，也能用凑十法算出结果？

（4）指导学生拆4，学生操作。根据操作说一说计算过程。

（5）比较：哪种方法更简单、更方便？为什么？

小结：在20数板上，小圆片移动得越少，计算就越简便。

我们一起来看一下，这种更简便的方法，应该怎样计算？

看到7，想到3，把4拆成3和1，先算7+3=10，再算10+1=11。

这个就叫作“看大数，拆小数”。(出示板书)

齐读“看大数，拆小数”。

2. 教学点评

“凑十法”是利用转化的方法，把20以内的进位加法转化成20以内数的认识和10以内数的组成和分解。教师在学生初步建立“凑十”意识的基础上，放手让学生通过对20数板不同的摆法自主探索，从而得到不同的算法，两个加数都可以把它凑成“十”来计算，体验、倡导算法多样化后，再通过比较不同操作方法，得出“凑十法”提倡“看大数，拆小数”，总结出用“凑十法”来做20以内的进位加法。教给学生解决问题的方法及策略，渗透数学思想。在交流算法时，可以给学生固定句式如“把……分成……和……，先算……，再算……，所以……”，来完整表达计算过程，使学生对进位加法的过程更加清晰。

（四）变换情境，运用“凑十”模型

1. 课堂实录

（1）填一填

填□

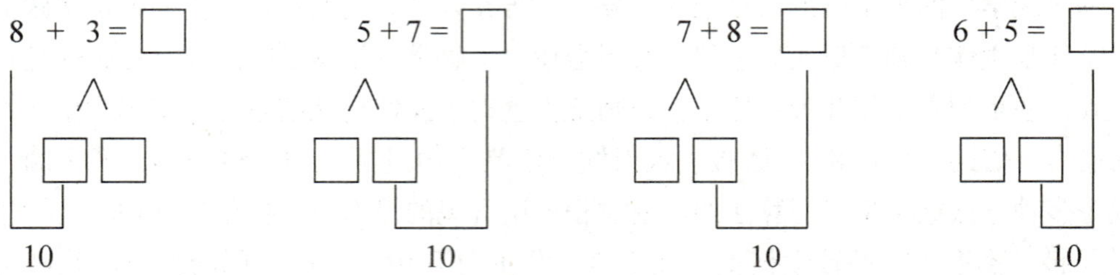

（2）讲一讲

4 + 9 = □　　　8 + 7 = □

同桌相互说一说计算过程。

（3）口算小竞赛

看卡片，口算 20 以内的进位加法。

2. 教学点评

在学生理解算理、清楚“凑十”过程的基础上，不再借助直观的学具，而是直接看算式，进行分拆，说算法，在脑中进行“凑十”过程，把直观形象的知识进行内化，让学生的思维逐步由形象向抽象过渡，更深入地理解算理、掌握算法。

（五）课后练习，检验“凑十”模型

在 20 以内进位加法构建模型的教学完成后，教师针对建模策略效果进行了研究成效调查，目的是通过真实的数据，反映出学生掌握 20 以内进位加法及理解算理等情况。

三、学生学习问题分析与解决方法

（一）“凑十”过程不明显

在“20 以内的进位加法”这节新授课中，在有了复习铺垫之后，教师出示 9 + 5 = 这个算式，让学生利用 20 数板和双色片自主探索不同的摆法，从而得到不同的算法。有了导入部分的铺垫，学生自然会往“凑十”去思考，转化成十加几等于十几的算式来计算。然而，在实际课堂上，许多学生都不知道如何去摆双色片，或者只是简单动手操作摆放了双色片，并没有在头脑中有序思考“凑十”的过程，不清楚把哪个加数进行了分拆，也不清楚把哪个加数凑成 10。摆放结果出现了以下几种情况：

摆法 1：

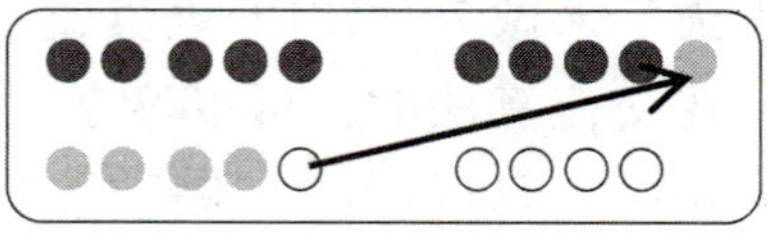

摆法 2：

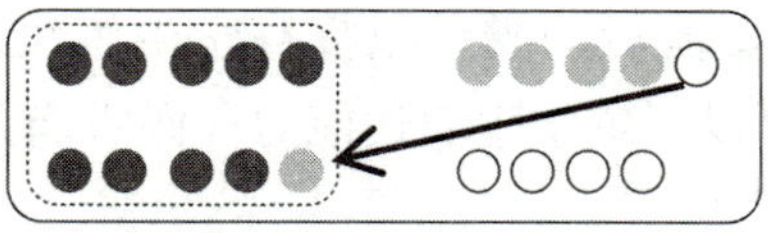

摆法 3：

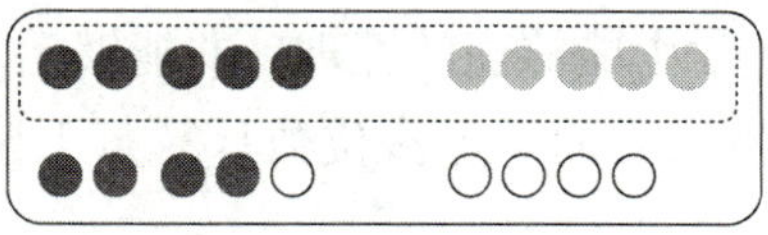

摆法 4：

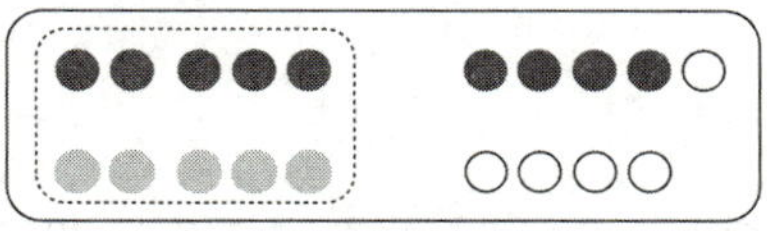

在这个教学环节中，由于“凑十”过程不明显，所以学生对“凑十”的过程不理解。当学生动手操作结束后，教师针对每一种摆法，对学生进行适当引导，让他们找到 1 个“十”和几个“一”，如果学生一时间难以找到 1 个“十”的模型，那么教师可以让学生通过“移一移”的动态过程来感受“凑十”和拆分的过程。例如，摆法 1 和摆法 2，把一个红色的双色片进行移动，和 9 凑成 10，学生更容易理解“凑十”过程，也可以发现把 5 分拆 1 和 4。又如，摆法 3 和摆法 4，是把两个数分别摆放，不用移动直接就能找到 1 个“十”的模型，但是这两种摆法，学生不容易理解对哪个加数进行了拆分。因此，更提倡通过移动双色片的方法来建立“凑十”模型。

（二）“凑十”运用不灵活

在做 20 以内进位加法的分步计算题时，学生能熟练掌握“凑十”法的运用，但是在口算 20 以内进位加法时，学生还是会出现口算很慢、思考很久没有算出答案的情况，原因就在于很多学生没有灵活运用“凑十”法来做口算题，做口算时，如果学生能够在头脑中进行凑十过程，那么就能更快、更准确地完成口算。

四、运用“凑十”模型的意义

（一）运用模型，提升计算效能

20 以内的进位加法是一年级上册数学教学的重点和难点，也是第二学期学习百以内加减法计算的基础，更是多位数加减法计算的基础。因此，在一年级第一学期探索 20 以内的进位加法的教学方法尤为重要，一方面可以为提高学生计算能力打好基础；另一方面为后续学习计算打好扎实基础。在教学时，让学生通过操作学具，自主参与到数学活动中，把动手操作与理解思考结合起来，这对学生形成“凑十”思想，建立运算模型至关重要。通过借助学具进行教学，不但能激发学生的学习兴趣，更能大大提高学生对于算式的理解程度。

（二）运用模型，提升思维品质

在“20 以内的进位加法”这节新授课中，教师要尽可能地给孩子创造思维发散的机会，让学生先自己摆一摆，再请个别学生上台演示，如果学生摆双色片时没有往“凑十”法思考，可以让全班学生展开交流讨论，思考怎样移“双色片”可以得到“凑十”模型，让更多的学生分享自己的方法，小组讨论，与他人交流算法，从探讨中获得自己理解的“凑十”方法。这样的课堂交流活动既可以提高学生解决问题的能力，发散学生的思维，提升学生思维品质，又可以锻炼学生表达能力、倾听能力，形成良好的课堂学习氛围。

指导学生构建“凑十”模型，是为了让学生能够理解算理，并能够运用“凑十法”熟练掌握20以内进位加法计算，也是为学生以后的学习多位数计算打下坚实基础，更是为提高学生的计算能力做好铺垫。

参考文献

[1] 顾恒．巧用20数板构建进位加法运算模型［J］．小学数学教育，2015（23）．
[2] 夏京芳，王琳琳．“20以内数的进位加法”教学探究［J］．山东教育，2017（5）．
[3] 杜蕾．《20以内进位加法》教学中渗透模型思想的研究［J］．数学大世界（下旬），2020（2）．
[4] 吴才礼［1］．一年级20以内的进位加法和退位减法探讨策略［J］．山海经：教育前沿，2019（2）．

注重幼小衔接，敲开数学之门

盛　莉

一、引言

幼小衔接是指幼儿从幼儿园过渡到小学一年级初这一时期的整体衔接。幼儿园时期的教育主要是以游戏和能力发展为主的教育，而小学教育主要是以正规课业和静态知识的学习为主的教育①。两者的不同教育方式需要儿童身心的调整来适应，这种适应的调整就是幼小衔接的主要任务②。我们要认清幼儿园与小学在作息制度、学习环境、学校纪律和行为规范等方面存在的明显差异，并且在教育教学的内容、要求、形式和方法方面抓好衔接和过渡。由此可见，做好幼小衔接意义重大，是学生走好学习第一步的关键所在。

数学作为基础性学科，几乎每一门学科都会涉及数学，对学生日后的学习可谓至关重要③。如果我们能在幼小衔接阶段重视培养学生的学习习惯，注重培养数学思维，这

① 赵福东．小学数学教学中培养学生自主学习能力的方法［J］．学周刊，2014（26）：94－95．
② 赵宇．幼小衔接工作内涵与策略［J］．大连教育学院学报．2015，31（4）：5－7．
③ 徐明奎．激发数学学习兴趣培养数学学习习惯［C］//中国智慧工程研究会智能学习与创新研究工作委员会．教育理论研究（第三辑），2018：259．

将有助于提高小学生学习数学的效率①。

我国小学数学教材在低年级（第一学段）安排了四部分的课程内容：数与代数、图形与几何、统计与概率、综合与实践。

二、如何做好数学学习的幼小衔接

1. 注重数字书写规范

好的书写习惯对学生学习起重要作用，学生书写的好坏在一定程度上反映了学生的学习的态度，影响着学生是否能取得好成绩。

首先，教师在一年级初期，不仅要教会学生正确地书写阿拉伯数字，还要强调具体式子书写的规范性。数字书写得认真、细致、工整，计算过程中巧妙的书写等，都有利于提高学生的计算正确率。例如，0～9 的书写要求占田字格的左半格，10 以上的两位数就要求写在田字格左右两边，这不但能帮助学生辨别一位数与两位数，也为学生后期计数单位、数位的学习打下基础。其次，我们要从学生平时的作业书写开始，要求学生做到书写端正，在做作业时尽量做到不乱涂乱改。此外，要特别注意几个容易混淆数字的书写，如 1 与 7，3 与 8，6 与 9 等，不能写得模模糊糊、似是而非。

2. 注重数学专用语的理解与表达

数学专用名词的学习在小学初级阶段也有着非常重要的作用，它是学生学好数学的前提。

在上第一单元准备课之前，教师要带领学生认识并学会正确书写“大、小、多、少、同样多”等数学专用语，这样在上第二课时“比多少”时，就能让学生看图读文字，加深印象，便于记忆。

在第二单元位置的教学中，“上、下、前、后、左、右”是学生学习“图形与几何”知识的起始课。这部分内容是学生在生活中辨认方向的基础，也是学生学习“图形与几何”知识的起始阶段。所以上课前“上、下、前、后、左、右”这六个字是需要学生认识并学会书写的。从而一方面为学生系统地进行数学学习做准备；另一方面则是通过对空间方位的体验和对概念的使用，为发展学生的空间观念积累数学活动经验。

在第三单元和第五单元 1～5，6～10 的认识和加减法前，要提前认识和书写“加法、减法、大于、小于、等于、第几、几个”。在单元教学中对于数的基数、序数含义、写法，数的顺序、数的大小的比较、数的组成等各个方面进行学习时，教师要引导学生联系其身边具体有趣的事物，通过观察、操作、解决问题等丰富的活动，感受数的意义，初步建立数感，让学生感受到生活与数学的密切联系，并能在学习中找到学习的乐趣。

认识图形是学生学习“图形与几何”的开始，让学生认识立体图形，是缘于学生的生活经验，生活中常见的物体多数是立体的，学生学习立体图形有生活经验作保障。

---

① 王声平．幼小衔接研究评析［J］．湖南民族职业学院学报，2012（1）：61－67，90.

在教材设计中，考虑到学生年龄特点，将立体图形与平面图形分开教学，这样使教学降低难度，便于学生掌握。因此，第四单元认识图形（一）的教学要提前认识并正确书写“长方体、正方体、圆柱、球”，利用学生熟悉的、日常生活中的物品，让学生把形状相同的物体放在一起，既可以借助学生已有的生活经验引导学生进行学习，也渗透了分类的思想，使学生在分类的过程中初步感受几何形体的特征，感受数学与生活的联系。

一年级学生的思维以具体形象思维为主，在“11～20 各数的认识”这一单元，学生将认识更大的自然数。它不仅是大数的计算基础，而且在日常生活中有广泛的应用，同时它也为一年级下册学习 100 以内数的认识奠定基础。因此它具有承上启下的作用。因此，在学习这一单元之前要提前认识和学习 1～20 的汉字书写、十位、个位、读数、写数，引导学生联系自己身边具体有趣的事物，通过观察、操作、解决问题等丰富的活动，感受数的意义，体会用数来表示和交流的作用，初步建立数感，从而发展数感。

学生在日常生活中经常接触钟表，时间的知识在我们的日常生活中处处都离不开，学生每天起床、吃饭、上课、下课都要按照一定的时间来进行，这样在生活中潜移默化地就感知了时间这一抽象概念的存在，所以本单元认识整时虽是建立时间观念的初次尝试，但学生对本节课所要掌握的知识并不陌生，日常生活中学生已潜移默化地感知了时间这一抽象概念的存在，因此第七单元认识钟表要提前认识和学习“钟表、时针、分针、秒针”，通过教学使学习成为学生生活经验的总结和升华，同时对学生进行珍惜时间的教育，培养学生合理安排时间的良好习惯，并为以后继续教学时、分、秒的有关知识奠定基础。

第八单元 20 以内的进位加法是 20 以内退位减法和多位数计算的基础，这一部分学习将对今后计算的正确和迅速程度产生直接的影响。因此，20 以内的进位加法也是进一步学习数学必须练好的基本功之一。在教学之前学生要提前熟悉“一共、剩下、和、差、原来”等数学专用词，教学中教师要充分利用教材资源，为学生创设用所学数学知识解决问题的活动。这样，学生在用数学知识解决问题的活动中，逐步养成初步的应用意识，逐步培养解决简单问题的能力。另外，教学中教师要充分利用学生已有的生活经验，随时引导学生把所学的数学知识应用到生活中去，带领学生解决身边的数学问题。使学生了解数学在现实生活中的作用，体会学习数学的重要性。这既有利于学生在用数学中领会加、减法的含义，又可以为学生以后发现和解决稍复杂的问题打下基础。

3. 注重课前准备

“良好的开端是成功的一半”，课前准备是课堂教学的第一个环节，也是重要的环节之一，课前准备充分与否，将直接影响学习效果。尤其对于刚入一年级的学生来说，课堂注意力最集中的时段在一节课的中间 25 分钟左右，因而要提高课堂学习效率，就应当做好课前准备。比如，在第一个月训练学生听见预备铃就把数学书与文具盒摆放好。在上课之前，教师可以利用准备时间带领学生念念数字儿歌或做做手指操，让学生静下心来进入上课的状态。

4. 注重培养学生的听课习惯

一年级学生好动、注意力不易集中，尤其是刚入学时，40 分钟的课对于他们来说一时很不习惯，学生的注意力持久性较差。于是教师在课堂中要根据学生的情感变化及时采取相应的措施。讲课充满激情，语言要儿童化，指导学生认真倾听老师的讲课、提问。比如，教师讲话时，让学生眼睛随时随地跟着教师，并认真思考，作出积极的反应。再通过学生感兴趣的故事和童话的情景，激发学生的兴趣①。教师要认真倾听学生的发言。一年级小朋友刚入学时最大的弱点就是当别人发表意见时，不懂得如何认真倾听。有的学生一心想表现自己，有的学生随心所欲地看书，课堂的学习效率大打折扣，而且会滋长某些不良习惯。当出现这种情况时，教师要进行及时的提醒与交流评价。学生能逐新养成认真倾听教师和同学发言的好习惯了，课堂学习的效果也就会更好了。

5. 注重培养学生仔细观察的意识

一年级学生对自己感兴趣的事物能集中注意，认真观察，而对一些在他们看来乏味的知识则不免会心不在焉。针对学生的这些特点，在课堂上我们应细心地指导他们参与学习，通过创设有效的学习情境来吸引学生的注意，培养学生良好的观察能力②。借助多媒体，用色彩丰富的画面引导学生仔细观察，可以采用比赛的方法，在对比中进一步激发学生参与观察、有序观察、细致观察的良好习惯。例如，在教学一年级“数一数”时，教材提供了一幅情境图，引导学生观察图中都有些什么，让学生边指边说，并利用课件的演示，在学生看清图意的前提下，再提出数一数的问题，让学生在图中圈一圈、连一连，感悟图中的物体的数量，可以用汉字和阿拉伯数字表示，也可以用圆片来表示。

6. 注重数学表达能力的重要性

布鲁纳指出：“一旦儿童能使语言内化为认识工具，就比以前更能运用有效而灵活的方式，将经验和规律表达出来，并加以系统转换。”在培养学生倾听意识的同时，要激发学生“说”的积极性。培养学生运用准确的数学语言表述思维过程和结果，让学生既可以使知识得到内化，又能得到思维的发展。

三、结语

对于学生来说，小学的数学课堂不仅是素质教育的前沿阵地和重要渠道，而且是让学生发现、提出、解决问题的主要路径。它对于学生智力的发展，发散性思维的挖掘，创新思维的培养等都起着很大的作用③。对于各个学生对于数学的认知能力不同这一问题，我们应当因材施教，让学生的数学潜能发挥其自由性，让学生感受到数学学习的快乐，而不仅仅是枯燥地学习数学。

---

① 洪群．让幼儿成为数学学习的主人［J］．家庭百事通，2021（12）：50.

② 曹建荣．激发兴趣，让孩子爱上数学学习［C］//国家教师科研专项基金科研成果 2018（二），2018：577－578.

③ 孙晓．如何创造适合每个学生的小学数学教育［C］//四川省科教创客研究会．2021 年科教创新学术研讨会论文集（第三期），2021：396－397.

浅谈中学数学分层教学的优势与策略

马 超

一、引言

1. 课题的目的及意义

通过研究分层教学的优势与策略可为学生提供最合适的学习方案，落实因材施教的教育理念，让学生在学习中获得快乐和成就感，增强学生学习信心，构建和谐的师生关系，提高综合教学质量。普及九年义务教育以来，当前南疆初中数学教学中普遍存在教学基础不平衡、学生对知识的理解差异较大等问题。特别是在农村地区，家长普遍对教育重视度不够，学生课外时间都在玩耍，很少把精力放在学习上，学生知识的获得主要依赖于课堂。因此实施分层教学、研究分层教学在南疆的实施策略有着重要的现实意义。

在当前的初中数学教学中，分层教学是主要推广的教学模式之一，分层教学与传统的教学模式有较大的差异，它更加关注学生现有的知识能力水平，根据学生的实际情况划分不同的层级从而给予学生不同的教学模式，设计不同的教学目标，促使每个学生都能在个人基础上得到不断的提高，以此来提高教学针对性，提高学生学习有效性。

2. 课题研究现状

目前国内对这一理论进行研究还处于起步阶段。很多学者都是从不同学科、同一层次来探讨如何有效地将学生分为三个层级。美国著名心理学家马斯洛提出了“需求层次”概念，即人一出生就开始有物质方面和精神两部分需要。随着社会发展人们逐渐学会满足自己的尊重与自我实现等心理层面上的要求，从而形成相应理论体系并逐步完善。国内学者针对教师教学提出了很多创新措施，如将学生分为三个层级，根据每个学生的情况来划分课程类型，以及确定课堂实践活动中的具体方式、方法等，这些研究对分层理论进一步完善与发展作出了贡献。

1982 年教育部发出《关于当前中小学教育几个问题的通知》，指出由于部分高中年级学生知识程度差距悬殊，可根据实际情况，按学生的学习状况进行编班，这时有关分层次教学的理论才受到关注。义务教育的推行更是加大了各地区各校生源差异，分层教学得到推广，上海作为课改先行者，进行了“分层递进教学”教改实验，随后，多个省市学校借鉴分层教学理论和经验，积极开展适合其校情的分层教学实验，大大扩充了其研究的理论和实践。

3. 研究方法

（1）文献资料法

通过对大量相关书籍、期刊、论文及杂志进行阅读，收集了关于中学教学分层教育理论研究和实践应用方面的研究成果，在借鉴他人先进经验后，结合自己所学专业以及其他学科成果，对于其具体实施过程有一定了解，并提出相应策略。

（2）访谈调查法

本文中的案例分析以实习学校为例展开调研，主要针对学生对教师课堂授课情况，以及学生回家后的作业完成情况等。

4. 本文框架

本文第一部分介绍了分层教学的概述，主要是介绍分层教学的理论知识和分层教学的特点，还有对分层教学优势的分析。第二部分主要是分层教学在中学数学教学中应用的一些策略，以及分层教学在中学数学中的一些教学原则。第三部分主要介绍了作者在实习学校的调研结果的一些分析解读和个案分析。第四部分就是对本文的系统总结。

二、分层教学的概述

1. 分层教学的含义

学生之间存在着不同层次的差异，每个学生都有自己的个性特征。对于同一个问题，学生可能会有不同的回答。因此，教师要根据不同学生因材施教。针对不同的学生，给予不同程度的辅导与帮助。分层教学不仅是教学策略和方式，也是一种教育理念，它的核心内容面向所有学生，要求教师客观分析和面对学生间的个体差异，而且还要依据学生的不同层次来设定不同的学习目标，运用有针对性的教学方法，挑选出符合实际情况的课后练习，定制不同的评价标准，分层推进教学，真正做到“以人为本”，使得每个层次上的学生都有所进步。

本文所研究的分层教学，是分类分层教学的简称，是指在课堂教学中根据学生的实际情况，从智力因素、学习态度、学习水平以及学习情感等几方面来分析研究学生的个体差异。根据不同的层次的学生，制定相应的学习目标、教学内容、教学进度以及教学手段，确立适应于他们的评估方法，从而尽可能让每一个学生在最适合自己的学习环境中获得最佳的发展。

分层教学，它主要包括以下几个方面：一是根据不同学生对同一个问题上可能出现不同层次水平之间的差异。二是按照一定规则进行分类指导、鼓励学生积极参与到教师布置的教学环境中。三是从整体出发，设计出有针对性和个性化的教学目标，并通过这种方式来达到教育教学要求与目的。

2. 分层教学的理论基础

分层教学从理论上讲有着广泛的基础：

（1）分层教学符合教育学理论。每个学生的知识水平具有差异性，所以教师通过不同学生的实际，制定不同的教育教学方式，发掘每位同学对学习积极性、主动性和创造性，把课堂还给学生，让学生成为学习的主体，从而提高教学质量。

（2）分层教学符合心理学理论。苏联著名心理学家克鲁捷茨基的儿童研究实验表明，由于学生先天的心理素质及环境教育条件不同，因而学生在学习活动会表现出差异性，而在数学活动中，这种差异尤为明显。数学的学科特点即知识呈链条状，若不掌握前面的知识，就难以接受后面的知识。因为这样的特点，使得学生表现出的差异性极强，所以承认差异，依据学生之间不同的智力水平、认知能力去制定不同的教学目标，采取不同的教学方法，利用各种教学手段，多种角度、多种感官地激发学生的学习兴趣，使每个学生都能学有所思，真正提高学习效率，保证教学质量的全面提高。

3. 分层教学的优势与分析

（1）分层教学有利于教师素质的提高。教材的统一要求和教学的多重目标的矛盾，要求教师对自己从事职业的重要性有深刻而清醒的认识，即有较高的思想素质，同时，教师还要不断钻研教材教法，深入领会大纲精神和教材编排意图，不断丰富自己的专业知识，形成开放的知识体系，以提高分层教学的能力，从而促进教师业务素质的提高。

（2）分层教学有利于面向全体学生。素质教育的一个重要特点是面向全体学生，而分层教学较好地解决了统一施教与学生程度参差不齐的矛盾，有针对性地使优秀生“吃饱”、落后生“消化”、中等生“解渴”。在教学中实施“低起点，多层次”的教学，每一位学生都能够自信地参与教学活动，感受获得知识带来的快乐，因而中等生向优等生靠拢，落后生向中等生迈进得十分自然，随着教学活动层次化由低到高的发展，学生学习和探究能力也得到了相应的提高，使各层次的学生都能在自己的发展区一展身手。分层教学适应学生多极化的差异，并使处于不同水平或者类别的学生能得到充分发展。

（3）分层教学有利于优化学生的思维品质。数学教学的实质是数学思维过程的培养教学。教师在备课、授课、批阅作业的每个环节都要了解整个班级每个学生的掌握程度，了解学生的认知能力基础并了解他们的发展需要，从而恰当地处理好各层问题与各层学生之间的关系。分层教学由于创设了合作交流环境，各层次的学生在交流的过程中，思维会更加活跃，思维极易碰撞出灵感的火花。当涉及难度较大的问题时，中等生及落后学生没有包袱可以进行尝试，他们依据自己的程度解题，随时可能登上新的台阶，享受成功的喜悦，而优秀生可以直接挑战高难题，为他们展示自己的才华创造条件，这时教师注意适当地点拨思路，便可以使优秀生和中等生受启发、明晰解题思路，而落后生也能有所获益，有效地训练了学生的思维灵活性和创造性。

在整个教学过程中，学生都积极参与，在主动学习中培养和增强自信与求知的欲望。分层教学将学生分成若干层次，学习有合作也有竞争，学习成绩的升降、各层次的转变会对学生心理造成一定冲击，需要教师以此为契机，帮助学生分析成败原因，做好心理辅导工作，使之有一个健康的心理状态，树立起正确的人生观和世界观，为适应社会的需要奠定坚实的基础。

4. 分层教学的影响因素

（1）智力因素。一个人的智力体现的是这个人的聪明程度，对于个体发展来说，智力是前提条件，智力在一定程度上决定着学生到最后学到了什么。在数学的学习中，大多需要运用逻辑思维的能力较强，智力较强的学生对于抽象知识的理解会比较轻松，而智力较低的学生就会显得相对吃力。

（2）学习兴趣因素。人们在进行一种社会活动时，都是具有一定的动机才引起的，学习也是一样，是由学生的学习是由学习动机支配的，推动着学生主动学习。在学习过程中将智力影响因素排除后，学生在学习动机水平上仍存在着差异。也就是说，学习动机的水平差异导致了学生成绩的差异性。学习兴趣是一种求知欲望，是学生对学习产生了一种好奇心理，是使学生产生学习动机的直接诱因，是影响分层的重要因素。

（3）学习态度因素。学生的学习态度指的是学生对学习对象的一种心理倾向，指示着学生学习的方向。在学习的过程中，学习态度起着决定的作用。一般来说，学习态度包括三种成分，即认知、情感和行为倾向。认知成分指的就是学生对学习对象的评价，认知成分也是学习态度的基础。情感成分指的是学生对学习对象的情感体验，它是学习态度的核心。所谓行为倾向成分，是一种对学习的行为准备状态，它是对学习作出的一种反应。比如说，学生对数学学习非常积极，有积极的态度，认知成分体现在优异的数学成绩能够带来荣誉感，情感成分则是满足感与兴奋感，行为成本就是学生喜爱学习数学的行为。所以学习态度势必会影响学习成绩，继而影响对学生的分层。

（4）学习习惯因素。人的行为分为有条件的和无条件的，有条件的是不稳定行为、不经常的行为；无条件的是自动的、带有感情色彩的行为，就是我们常说的习惯。良好的行为习惯是从内心出发的，是行为的最高境界，不好的行为习惯会导致人们的心理发生问题，学习习惯的好坏决定着学生学习的结果和成绩。例如，一些学生的智力、能力等各方面都非常优秀，但是成绩却很平常，这就是学习习惯不好导致的。因此，学习习惯的好坏是对学生分层时必须考虑的因素之一。

三、中学数学分层教学的策略

1. 中学数学分层教学的基本原则

中学数学中运用分层教学的教学方式对全体学生“分而治之”，根据学生之间不同的个体差异，进行因材施教，中学数学具有高度的抽象性、严谨的逻辑性、应用的广泛性。所以在中学数学的分层教学中应该注意以下几点教学原则。

（1）以人为本的教育基本原则。随着时代的发展，以重视人、教育人、理解人、爱护人、提升和发展人作为起点，注重个人的价值，帮助其实现自我价值，为社会造就合格人才，要遵循以人为本的教育原则，体现以人为本的时代精神。

（2）承认学生个体差异性的基本原则。对于学生的个体差异性，教师一定要正视，教师在设置教学预案的时候，对不同层次学生要设置不同的问题，让每个层次的学生都能够得到满足，但不要设置太多太碎的问题，要给足学生思考问题的时间，激发每个层次学生的学习积极性。

（3）坚持教学系统性的基本原则。教师在教学活动中应该按照教学大纲和教科书进行。教育教学要循序渐进，经常对学生所掌握的知识进行阶段性总结和复习，及时发现学生在当前阶段存在的问题。教学系统性与突出重点内容以及重点教学活动是相辅相成的。学生对于知识的消化不能急于求成，但对于出现跃进的现象，也要理性看待，毕竟教学系统性不是一成不变的。

（4）体现学生主体性的基本原则。随着时代的发展，教育教学的重心逐渐由教师转为学生，在教学活动中，学生是学习的主体，教师只是学生学习的引导者，学生是个体身心发展的主体，具有自主性、能动性和独特性。

2. 中学数学分层教学的教学策略

尊重学生在课堂学习过程中的主体性地位，讨论和把握他们在学习中学数学过程中的能力倾向、学习速度、学习方式以及成绩等方面的差异，然后再对其进行合理分层。

（1）课前预习分层教学策略。课前预习的阶段教师应该根据不同层次的学生布置相应的预习内容。中学数学相较于其他科目难度相对会大一些，学生在自学的状态下不易理解，我们的教学要给学生充足的思考余地，教师要发挥自身的引导作用，教授学生运用科学合理的学习方法，从而使得他们更好地获取多种数学知识。使学生在进行探索学习的过程中形成良好的学习习惯。与此同时，数学教师还要注意的自己的教学预案内容，不能过多过深，这样会增加学生在数学学习过程中的负担。教师在课前应该规划好上课时间，使不同层次学生能够在相同时间内，获得自己能力范围内的知识，提前出好相对应的学案，不在多，而在效。

以一元二次方程为例，教师可以设计三种层次的题目：以下哪些方式是一元二次方程？

层次一：$x^2+1=0$，$2(x^2+1)=3y$

层次二：$(x^2+6)^2=(x^2-6)^2$，$ax^2+bx+c=0$（a，b，c 为实数）

层次三：已知方程$ax^2+bx+c=0$，当 a 为 0 时这是何方程，当 b 为 0 时，又为什么方程呢，c 为 0 时呢？

这三层题目相对应着三个层次的学生，使得基础生掌握一元二次方程基本判别方法；中等生能够灵活运用所学知识去辨析易错题；优等生则可以用过提高型题型来掌握分类讨论的思想方法。

（2）课堂教学内容分层次教学策略。在上课过程中，教师根据所做的学案对学生进行分层指导，但学生提出不同的问题时，教师要及时有效地开展课堂讨论，提高学生学习数学的积极性，针对学生的问题，教师可以运用多种形式的层次分配安排，之后在课堂中设置问题情景，通过引导，让学生自己去发现解决，生成本节课的重难点，把课堂还给学生。在课堂中，让不同层次的学生获得其能够吸收的知识。

（3）作业、练习分层教学策略。在分层教学中，中学数学因为具有高度的抽象性而让学生难以理解，所以应分层次地进行课堂练习，布置作业都是很重要的，但也应该注意难度的设置，逐次推进。在题目的安排上，排在前面的练习题主要是加强学生的基础，让学生掌握最基本的数学知识，在后面的练习可以是选作题目，让学生根据自己掌握的情况和自己的学习能力选做，在这个过程中要让每个学生都能有所得。在布置作业的方面也要分层进行，有弹性的布置作业，调动学生的积极性，让学生觉得学习数学不再是一种负担。这样的做法可以有效减少学生之间相互抄袭作业的现象，从而强化学习的新知。

从作业的布置上也可以设置三个不同层次类型的题：

第一题：求解 $(x+1)^2=25$。

第二题：方程 $(n+1)x^{n+1}+(n-2)x-1=0$，当此方程为一元二次方程时，求 n 的值并求方程的解；当此方程为一元一次方程时求 n 的值并求方程的解。

第三题：若$a^2+b=15-ab$，$b^2+a=27-ab$，求 $a+b$ 的值。

三种作业题型对应不同层次的学生，让基础生基础得以巩固，中等生更加熟练运用知识，优等生知识得以拓展，思维更加开阔。

（4）教学评价的分层策略。在一节课结束后，有效地进行教学评价对于培养学生的学习积极性和好的学习习惯有着非常重要的作用。对于不同层次的学生有着不同的教学目标，如果数学评价的标准与数学教学目标不同步、不一致，单纯地将学生数学考试的结果作为其评价的标准，那么这样的评价就不能客观、全面、准确地评价数学教学效果的好坏，这样的评价方式也不利于学生的素质教育，更不利于数学教学目标的实现。所以，应该采用多种的教学评价方式，并提出不同的评价要求，最好能够让学生也参与其中。

四、案例分析

本章通过实习的学校对一个班进行了为期一周的观察，并记录每个学生的学习情况和作业完成情况。通过观察发现，所有同学都能很好地掌握数学知识。但是对于那些不能理解或者不清楚解题思路、答案时却只能用传统方式解答。通过分层教学的实施，使学生能够更好地掌握知识，提高学习效率。

1. 个案介绍

在校教课期间，对学校各班级进行听课、调研。学校整体将各年级学生按照考试成绩、男女比例、班级均分等分为两种班级进行授课，分为 A 班、B 班。通过随机各抽调每种一个班级进行对照比较发现：B 班学生在课前预习阶段能够主动去看书预习的不足 10 人，而教师布置的课前预案能够独立自主完成人数也是寥寥无几，再看教师布置的预案、题型、体量等方面都是全班统一，没有差别，所有学生做同一种课前预案；在课堂上，教师在上面按照自己的教案来讲解，而下面的学生左顾右盼，小动作很多，认真听讲的学生为数不多，课堂气氛沉闷，学生学习的积极性低，有的教师对于这种现象选择置之不理。课堂提问、小组合作环节较少，使得学生对教学活动的参与度不高。有的教师对于所有学生都是统一“一把抓”的态度。对于作业方面，总体显得繁多、低效；学生抄袭严重，抱着一种为了完成任务的态度而完成作业。教学评价方面，教师采用

“一刀切”的方式，只以考试成绩为标准来评价学生。

A 班学生的教学环境和学习氛围都是要优于 B 班学生。在课前预习方面，教师会根据不同层次的学生发相应的预案，这样学生的完成度高，也减少了相互抄袭的现象。在课堂上，课堂学习氛围浓厚，教师将学生分组进行小组讨论，提高了学生学习的积极性，设置适当的问题，提问相应层次的学生，学生都能对答如流，极大地增强了学生的自信心。作业的布置上，教师运用分层布置，让各层次学生都能够掌握知识、运用知识、拓展知识。教师对学生的评价也是客观而全面的，采用多种的教学评价方式。

通过对两个班的对比调研发现，学生个体具有差异性，所以在实施教学活动时，应该因材施教，而不是一味地追求教学进度，而对学生真正的知识获取程度不管不顾，在课前预习、课堂教学、作业布置以及教学评价等方面，都应该因人而异，对不同层次的学生，设置不同的教学目标，使其能够真正理解每节课的知识，尤其在数学方面，教师不能只是让学生多做题，而应让学生做好题，只有教学评价的方式多种多样，让学生养成良好的学习习惯，增强学习的自信心，提高学习动力，才能让学生的学习积极性逐步提高，才能培养出社会所需要的个性人才。

2. 具体过程

教师在教学过程中可以根据不同的知识点，灵活地设计一些具体问题。这样不仅能够培养学生学习数学基础能力和创新意识，还能够让学生在课堂上积极发言，相互交流，也有利于提高课堂效率以及加深师生之间的沟通与理解。例如，当一个班级有多个人同时进行数学计算时，教师就需要为这些学生安排难度相同或不同问题。而当学生完成练习后，就可以根据自己的实际情况来安排相应难度相同或不同的课型进行练习。这样既能让他们在课堂上积极发言，相互交流，也使教师对教学产生更深层次的了解。同时还能够培养一些数学思维能力强和创新意识好、并且善于思考问题并解决问题、具有一定逻辑性与创造力以及良好思想品德素质高且优秀品质的学生。在教学中，教师应该根据学生的实际情况来设计一些具体操作。比如，当一个班级有多个数学成绩相对一致的层且各层级间具有明显差异时，可以让每个同学分别制定自己所喜欢和不同层次的学习目标。在教学中还需要注意教师与家长之间、学生内部各小组成员间的配合情况，只有通过这些相互协调才能达到最好效果。

3. 探究教学的效果

通过探究教学，学生能够在教师的指导下进行学习，并对自己所学知识拥有更深刻的理解。比如，教师可以运用多媒体技术来帮助学生了解数学概念，也要为学生提供一些解决问题的方法和策略。鼓励学生就那些不懂的题目，采用小组讨论、合作交流等方式共同解决。这样就能让学生感受到成功的喜悦与成就感、增强其学习信心，使之积极投入课堂中去，从而达到教学效果。在教学过程中，教师要充分利用各种学习资源，帮助学生进行数学分析，培养他们的能力。比如，可以让学生自己设计一个主题小组。通过这个方式来了解更多关于分层问题的知识。这样不仅能够提高教育质量，也能使学生感受到成功所带来的喜悦，还可以锻炼和提升其思维逻辑与数学素养。在教学过程中，教师要充分运用多种方法去帮助学生进行解题。不同层次水平、不同性别的学生之间存在着差异性，应根据学生的学习能力、兴趣爱好等方面来进行差异化教学，这样能帮助教师了解每个学生对同一个问题存在的不同层次，从而做到因材施教。

教师在实施教学时要注意对学生的评价，不能一味地看结果而忽视了过程。比如，有些学生认为教师布置的任务就是自己全部的学习内容。有的学生觉得做作业很麻烦，等等，这些问题都可以让学生通过讨论和交流等活动解决。数学分层复习是一种针对性很强、难度较高且具有创新意义教学方法。这要求学生在课堂上对所学知识要有所收获，而不是教师在讲课的过程中只让学生自己去接受，这样就可以达到更好的教学效果。例如，在学习三角形的内角时，教师可以让学生自己先手动制作一些表格，然后再把这些表格都交给学生看。教师就要求小组成员一起拼出一个三角形来进行练习。通过以上几种方法，我们可以看出，数学分层复习有利于学生对所学知识掌握得更牢固，也能让教师在课堂上更好地处理教学过程，让学生的学习效率更高。

五、结论与建议

1. 中学数学分层教学中的优势与基本特征

数学分层教学的目的是提高学生的学习能力，帮助掌握知识技能，培养学生的良好素养。它有以下几点好处：

（1）教师可以根据不同层次、水平、班级之间差异来制定相应的授课内容和目标。

（2）通过学生基础好、基本不懂或者比较困难一点等情况，设计出符合学生心理特点和生活实际的教学方法。但是分层教学也存在一些不足之处，如由于课堂中教师讲解太多而无法进行有效的指导。

（3）在进行数学课堂教学的过程中，教师可以根据不同层次学生对知识点掌握程度和理解能力来设计相应的授课内容。比如，在学习“分数加减法”时教师可以根据学生的基础来设计难度不同的教学内容。

（4）数学课堂中，教师对知识点讲解和巩固过程比较注重，所以分层教学能使学生更容易理解。

2. 启示

在课堂教学中，教师要充分利用学生的个体差异性，根据不同水平的同学采取相应措施。例如，对于成绩优秀和基础好、比较有创造力、学习能力较强而思维敏捷等较内向孩子来说他们更喜欢分层。在数学教学过程中会采用分层教学的方法，可以使孩子性格开朗。相反，如果教师只是简单地让学生进行小组讨论，那么就会导致课堂气氛沉闷，毫无生气可言。因此，教师要充分利用学生的个体差异性，在课堂上根据不同层次、不同年龄段采取针对性教学。在数学教学中，教师要根据学生的性格差异和学习能力因材施教。例如，对那些成绩稍好但基础较差，或者比较有创造力，或思维敏捷等，或内向孩子实施分层教学，从而让其得到更好的发展，使每个学生都受益良多，从而实现共同进步和提升。

新课程背景下
提高初中数学课堂教学有效性的策略

蒲文娟

数学与日常生活的联系非常紧密，数学学习是学生成长过程中必不可少的一环，教师必须格外重视，这对于学生一生的发展都有重要的指导价值。教师自身首先要积极主动地投身教育实践，充分发挥主观能动性，克服不足，端正态度，寻找适合学生的教学方案，巧妙运用各种课堂教学的方法，不断丰富和革新，以此来拓宽学生思路，提高课堂教学效率，让学生在充满趣味的氛围中学会数学原理，对数学感兴趣，提高数学逻辑思维能力。

一、初中数学课堂教学的现状

初中数学的课堂教学效率不高，存在的问题大致可以分为如下几个方面：一方面，从教师自身角度看，许多数学教师习惯于按照教学大纲的要求，从课本内容出发，直接给学生讲授字母的含义、公式的推导过程，而忽视了问题的导入，常常过于注重教学进度而忽视了原理的解答，不习惯于向学生发问，只注重学生是否能按照教师提供的解题思路和过程模仿解题步骤，直至得出正确答案。这样的教学方式从长远看是不利于培养学生独立思考的品质的。另外，部分教师仍秉持唯成绩论的观点，只是关注考试成绩是否提高，学生在数学成绩下滑时，教师一味指责，让学生心理承受巨大的压力，越想考好就越考不好，这样也不利于学生的健康成长。教师需要根据学生的实际情况，有针对性地帮助学生找寻出错的原因，如是哪里没有理解，哪种做题方式没有掌握。

另一方面，从学生角度看，许多学生习惯于教师直接给出思路和答案，并不愿意去探索其他解题方法，只是知其然，而不知其所以然，这对于以后高年级题目中考察综合性知识点是非常不利的，学生很可能会被问题难住。数学作为基础性学科，逻辑性很强，与物理、化学等其他学科有着密切的联系。学生应当竭尽所能学好并掌握数学原理，融会贯通，使数学成为自身认识世界的工具。

二、提高初中数学课堂教学效率的策略

1. 加强逻辑思维训练

任何逻辑思维的成熟都需要不断地训练与巩固，教师在教学过程中，必须采用启发式教学，让学生通过教师的引导，一步一步探索出结论，如果思路恰好正确，学生会获得满满的成就感，这不仅能让学生实现对自身逻辑思维能力的肯定，也会使学生的认识

更加深刻，记忆得也会更加牢固；如果思路错误，这就需要教师的纠偏手段，引导其向正确的道路上思考。教学从来都不是教师的单项输出，而是“教”与“学”的双向互动。任何信息的获取都是对已知信息的整合，再经过逻辑的加工，思路清晰，逻辑自洽，这时成就感油然而生。教师需要创造机会让学生体验到探索的乐趣和成就感，需要启发其逻辑思维，而不是一味包办代替，盲目输出，这样是不利于学生综合素质教育的。

比如，在学习一次函数时，教师对于课程的导入可以是来自日常生活中的例子，以此来启发学生的思维。例如，锅中放入冷水并开始加热，随着加热时间的增加，水的温度会逐渐升高，时间和温度这两个变量之间的对应关系可以用怎样的函数表示呢？以此来启发学生的逻辑思维，训练其思考能力，而不是把一次函数公式和字母含义直接告诉给学生，让学生套公式解题。

2. 结合实际设置教学内容

数学教师需要根据教学情况的实际、教学目标的要求，在课堂上根据学生的具体情况及认知水平巧妙地设计教学内容，重视课前引入的作用，积极关注与学生的互动，循序渐进地提出问题，引发学生的思考，激发学生对于未知问题的探索精神和兴趣，为其引领正确的探究方向，而非直接告诉正确答案是什么。因为比起正确答案更有意义的应该是对学生思维能力、表达能力的锻炼，以及教师对学生思维广度和深度的训练。当代社会并不缺少听话的学生，难得的是有自己想法并善于独立思考、善于向其他人表达自己的想法的学生，这也是素质教育一直在倡导的教学导向。

比如，在学习实际问题与一元一次方程时，教师在按照课本内容提出一种操作方法后，可以鼓励学生对此方法提出质疑，思考是否还有其他的解题方法，探索应用方程解题的意义，增强学生与教师的互动，在不断交流中强化对于相关问题的认识。在这个过程中，教师需要根据学生的回答，适时适度地调整教学重点，对于难以理解的问题着重引导并解答，以此来有效地提升课堂效率。

3. 将多媒体技术引入课堂

随着互联网的不断发展，多媒体技术的应用愈发广泛。许多学校都购进先进的教学设备供教师使用，偏远地区由国家出资为学校提供各种教学设备，这足以见得多媒体技术对于教学是有很大帮助的。大部分的年轻教师善于摄取新鲜知识，也愿意不断尝试并学习应用多媒体技术进行课堂教学，这是非常好的转变。

一方面，教师可以就问题的导入采用视频、图片等多媒体形式，以更加形象化的方式将知识展示给学生。另一方面，学生也可以运用搜索引擎，将自己难以理解的问题发到互联网上提问，当然还是需要把握好尺度，学习的是思路而非答案，多媒体是辅助学生学习的工具，而非学生逃避学习的借口。

比如，在学到有理数的加减法时，教师可以利用多媒体下载答题闯关的游戏，学生分成小组，按照座位的顺序，依次起立接龙口算结果，看看哪组同学能闯过最多的关卡。教师在教学过程中要善于使用正面的鼓励性评价，对于孩子们的回答要以科学的态度和饱满的热情进行点评，鼓励其再接再厉，提高学生对数学的学习热情。

三、结束语

综上所述，初中数学作为基础性学科之一，对于其他学科具有工具性作用，在新课程改革的背景下，教师必须不断探索提高课堂教学有效性的策略，将多媒体技术引入课堂，结合学生实际设置教学内容，加强逻辑思维训练，积极与学生沟通交流，为学生答疑解惑，不要急于告诉学生正确答案，而是要积极引导学生的思路，鼓励其独立思考，使其明白其中的原理，这样在以后遇到相似问题时便可以举一反三。

教师在教学过程中还要注意因材施教，不能对所有学生套用教学模板，要有针对性地教学，只有这样才能提高课堂教学的有效性。

参考文献

[1] 黄照坤．新课程背景下提高初中数学课堂教学有效性的策略分析［J］．报刊荟萃，2017（6）．

[2] 李晔．浅谈新课程背景下提高初中数学课堂教学有效性的策略［J］．新教育时代电子杂志：学生版，2016（18）．

[3] 任光红，宋方义．新课程背景下提高初中数学课堂教学有效性的策略分析［J］．中国校外教育，2019（16）．

[4] 赵善良．新课程背景下提高初中数学课堂教学有效性的策略［J］．时代教育，2017（24）．

四、历史学科学术争鸣

试论公开课的内涵与特点

姚　勇

公开课是我们中小学教师非常熟悉的以“上课”为载体的一种特殊教学形式，实施公开课的主体目前主要是学校、教师专业主管单位、各级教育研究机构、各类教师培训基地（工作室）等，目前中小学教师熟悉的公开课主要分为四种类型：示范课、研讨课、考评课和竞赛课。总的来看，公开课的存在有其合理性，并积极发挥着其应有的作用，公开课为教师专业发展提供机会，为开展教育研究、推进教学改革提供平台。

但是目前在对于公开课的评价和认识上有一些现象值得我们关注：一个是有人对公开课的作用提出质疑，认为公开课存在“作秀”“造假”“华而不实”“形式大于内容”等现象；有一些中小学教师存在怕上、不敢上公开课的心态，感觉压力大，自信心不足，有的上课教师变成“要我上”的情况。另外，不少教师及专家对公开课的评价与认识基本上还是从“一堂课怎么上”“一堂好课的标准是什么”等角度去分析，重点关注师生关系、教学有效性、教学方法、学生能力培养等方面的探讨。

之所以出现对公开课的评价与认识的异化，其原因是多方面的，一个是上课者的不自信或投机取巧的心态，授课教师要么简单地拷贝他人教学设计，弄虚作假，做一些“小动作”；第二个原因是公开课研讨的专业性缺失，对公开课的评价、认识不够深刻，出现浅尝辄止、隔靴搔痒的现象；第三个原因是对公开课的内涵与特点认识不精准，忽略了“公开课”特有的情境与内涵。

本文尝试对公开课的内涵与特点提出一些不成熟的看法，希冀厘清对公开课的看法和评价，以充分发挥公开课的作用。

华东师范大学终身教授钟启泉先生对教育有一段有名的论述，他认为“教育改革的核心在于课程改革，课程改革的核心在于课堂改革，课堂改革的核心在于教师的专业发展”。① 可见课堂在整个教育逻辑链中是重要的环节，它承担了教育的重要功能。对于教师而言，其工作主要是开展课堂教学为主，课堂教学又基本以家常课为主，公开课是教师工作中往往是具有重要地位的教学方式。笔者认为公开课是教师基于特定时间与空间，围绕特定主题与内容，面对特定对象在特定场景中开展的一种特殊教学形式。公开课属于基础教育中一种全方位的教研模式，具有“课堂教学和教

① 钟启泉．教育改革的核心在于教师专业发展［J］．基础教育论坛，2017（20）：3－5.

学研讨的文化内涵”①，它立足于学生为主体、教师为主导的课堂文化，立足于课改方向、将理论与实践有机整合的教研文化，立足于教师个性并加以创新的专业发展的评价文化。

公开课的内涵表明它与家常课有很大的差异。家常课其实也就是大家说的常态课。顾名思义是在正常状态下没有人为的、附加条件的教学活动，是教师最真实的课，虽然也有集体备课，也包含了常规的教学目标、教学过程等方面，但仍体现了最自然的教学生态。家常课如同一日三餐，多数让学生“吃饱”，当然也有的课能让学生能“吃好”。

相比于家常课，公开课往往是精心准备的课，经常被比喻为“大餐”，课上一般有主题、有内容，课堂涉及的范围广泛、内容深刻，能充分反映教师的课程观、教学观和学生观是否转变，教育目标是否落实，是否紧扣课改精神等要素。由于授课者精心准备，公开课所花费的时间和精力要比常态课多一些。公开课往往基于家常课的教学经验的积累，但又超越家常课，两者之间具有一定的关系，假如把公开课当作教师攀登的山峰，那家常课则是成就公开课的台阶。

优质课（好课）是教师非常熟悉的名词，笔者认为它通常是从教学效果出发，按照教学有效性的标准进行评价的结果，往往是对得到观课者认可的单一学科或某一类型课堂教学的泛称。公开课与优质课（好课）两者有区别，但有一定的关联，公开课是上课形式，优质课（好课）是评课的结果，优质课（好课）在家常课与公开课的评价结果中体现，尤其在公开课的评赛课中属于最常见。

如何发挥公开课应有的作用、避免公开课容易出现的问题，并能对公开课作出科学、准确的评价，这就需要从事基础教育的教师、教育专家、学校及教育主管部门了解公开课的特点。笔者结合自己的经验与认识认为公开课具有以下特点。

一、主题性

公开课往往是围绕一个特定的主题来组织教学，这里的主题性并不是指公开课本身的主题，而是指公开课研讨的主题，“与一般意义的课堂教学之不同，它的特殊性也决定了与日常教学相比除了要满足学生学习的需要之外，还要满足观课者的需求，即教学研究的目的”②。一般包括主题内容、主题目标、主题形式、主题方法、主题评价、主题行为等，主题往往具有时代性、学科性，与课改紧密相连，如这几年教育界在课堂教学中推进的单元教学设计、问题化教学、同课异构、学科核心素养培育、信息技术整合、高效课堂、生命教育、体验式教学等。从学科角度出发，公开课的主题性可以更加细化，如历史学科中围绕图像证史（包括漫画证史）、诗歌证史、史学方法渗透（示范模仿迁移、动机与效果等）、历史学科核心素养（围绕唯物

① 袁小梅．公开课的文化诉求［J］．四川职业技术学院学报，2014（6）：109－110.

② 牛瑞雪，王文丽．论公开课的有效性及其实现［J］．课程・教材・教法，2012，32（5）：27－32.

史观、时空观念、史料实证、历史解释、家国情怀开展）等主题公开课，如语文学科围绕“生本课堂”、情境教学、整体阅读教学、综合性学习、探究合作性学习等主题公开课。

公开课的主题性是公开课的灵魂。公开课不应该是无主题、无方向的，公开课的主题往往是课堂教学与研究的热点、难点、焦点。有主题的公开课对参与者更有吸引力，更有利于课改理念的落实，更有利于大家实现有效教学形成共识。

二、开放性

公开课应该是公开的课堂，这里所讲的课堂教学“开放性”包括开放教室，公开学生、听课对象、教学过程、教学设计、评价过程，供教师、家长、专家、管理者走进教室，直观地了解教学情况，这是一种透明度比较强的教学方式。公开课的开放性对执教教师是一个挑战，因为课堂具有很多不确定因素，教师的专业能力完全“暴露”在观摩人员面前，往往教师承受很大的心理压力，这也是不少教师不愿上公开课、害怕上公开课的主要原因。

我们应该认识到课堂的开放性作用非常明显，通过了解课堂才能对教师及教学有真实直观的感受和习得，通过现场观摩去了解教师的教学思想、教学智慧、短板与不足，才能客观评价教师专业能力；通过现场公开的研讨，各抒己见，交流观课心得，才能进一步认识课改的方向。现在学校都非常注重家校互动，不少学校开设“校园开放日”，通过向家长“开放”课堂，让家长走进自己孩子的教室听课，了解孩子的学习状况，了解教师的教学情况，这些对增强家长对学校办学的认可、孩子的归属感等方面都有积极意义。通过公开课教学，“开门”让同行、家长、专家听课，变压力为动力，对授课教师来说是一种综合性的促进。当然，这里所说的公开性应该是在真实性的基础之上，而不是艺术性与演绎性的教学。

三、实践性

于漪老师有一句名言：“教育家是上课上出来的。”华东师范大学李政涛在2019年10月中国教育学会主办的第六届“未来教育家成长论坛”报告中指出：“上课是一种实践，是教育实践最基本、最日常的方式。上课是一种理论转化为实践的方式方法。”课堂教学就是实践的过程，是理论与实践的交汇地，是理论与实践的转化场。优秀的教师肯定是反思型的实践者，课堂教学的经验成败往往成为优秀教师反思、批判、改进、提高的最宝贵的资源。

公开课与“反思性实践”① 理念是相符的，教师通过公开课的教研形式，“反思自己、开放自己，借助人际交流壮大自己。通过扎实地积累这些行动，就可以产生出

① 钟启泉．教师研修的模式与体制［J］．全球教育展望，2001，（7）：4－11.

‘实践性知识’”。①

公开课的实践性特点成为教师教育教学改革的“试验田”，课堂教学改革往往通过公开课进行展示、实践、探索。公开课的实践性特点也使其成为教师成长的舞台。优秀教师大多都经过多次公开课的磨炼和洗礼，在一次次展示和竞赛中，教学观念得以更新、教学手段得以拓展、教学结构得以优化，教学思想由幼稚走向成熟，教学体验由贫乏走向丰富，教师在备课、磨课、上课实践过程中快速提升教学水平，语言表达、逻辑推理、理论水平开始提高，心理素质也随之增强。教师经过公开课的时间从失败中总结经验，从成功中树立信心，专业能力不断提高。

四、示范性

公开课是评价教师专业水平的重要途径。公开课中的“示范课”和“观摩课”，顾名思义，意在提供给人们一种可资效仿的范例。公开课的形式与内涵决定了其评价方向，即基于课的本身关注教师的专业能力及课程落实情况，可以说公开课对教师与课程教学具有示范引领作用，这也正是公开课作为教师研修活动的出发点与落脚点。

公开课展现的是教师“全人”，展示了教师所追求的教育观念、教育思想、创新思维、对专业的追求进取精神、对学生的关注等方面都起到示范引领作用，“课堂教学成为一个完整的认识与发展过程，公开课成为名副其实的示范课”②。学会借力才会助力，教师对公开课的学习应该用发现的眼光从中寻找价值，从别人的课堂中汲取精华，毕竟公开课是授课者最投入、最用心的教学设计与教学思考的实践，无论是对方的长处、优点、亮点，还是瑕疵、不足，都有利于教师让自己少走弯路，取长补短，摆脱教师“苦干蛮干”的困境。公开课为教师树立了典型，确定了目标，明确了方向，找到了差距，发挥了以点带面的辐射作用。

五、研究性

教育具有复杂性、不确定性和不可预见性等特点，这就需要我们不断进行研究、思考和实践。

课堂是教育教学的主阵地，深化课改的突破点，公开课作为一种特殊教学方式具有研究性特点，“我们应该从教学研究的角度来看待公开课的内容和形式”③。公开课就是教育教学改革的典例，可供专家、教师、管理者进行研究、分析。在对公开课进行研究的过程中教师既是研究者也是学习者，既是问题的思考者，也是解决问题的实践者。每一轮教育教学的变革，以课促研，以研促教（学）的做法往往成为促进课改的重要推手。这几年随着《中国学生发展核心素养》正式发布以后，如何落实学科核心素养成

---

① 钟启泉．对话教育：国际视野与本土行动［M］．上海：华东师范大学出版社，2006：280.
② 裴娣娜．在追问中把握公开课的现代意义［N］．中国教育报，2005-10-25（8）.
③ 李海林．论公开课的教研价值及操作要领［J］．教学月刊（中学版），2006（6）：8-11.

为课程改革、教育科研的重要内容，全国各地教育界非常重视，纷纷通过研讨课、课例研究来总结反思、提炼经验，通过公开课的研讨挖掘课堂表象背后的教育教学理念，探索培育学科核心素养的教学思路与方法，能让新课程、新教材的实施更有抓手、更有方向，让广大教师群体有所借鉴，起到示范、引导的作用。

公开课作为教师研修最重要的方式，发挥了“教学临床研究”作用，成为教育教学研究的起点，结合自己教育体验撰写论文，或者开展课题研究，形成了实践—理论—实践—提高的研究模式，充分发挥了公开课的研究价值，让教师专业得到了进一步飞跃与升华。

苏霍姆林斯基说：“课堂应该是一个人感到追求成为思想家的第一个发源地的动力，课堂上最重要的教育目的，就在于去点燃孩子们渴望知识的火花。”①，教师抓住好课堂就把握住教育的本质。公开课作为特殊的课堂教学方式，一线教师、教育专家、学校及教育主管部门应该充分把握公开课的内涵与特点，发挥公开课的作用，使公开课成为教师家常课的风向标和示范场，成为教师尤其青年教师专业成长成熟成才的催化剂与助推器，成为学生焕发生命活力的场所，成为推进课改、开展教研的平台。

当然，教师上的每一节课“教师的劳动闪现出创造的光辉和人性的魅力”，也只有在每一节课上实现育人的价值，教师必须认真对待每一节课。

论南疆地区高中历史课堂中渗透家国情怀的重要性

杨晓华

随着时代的发展和国家通用语言文字的大力推行，南疆地区从学前教育开始就实行汉语教育，到了高中，学生的汉语水平和认知能力有了大幅度的提高，这对我们教师来说是非常欣慰的，与前几年学生相比，现在的学生在平时基本可以无障碍交流，课堂进度也快了一些，这就给教师更多的时间对知识进行拓展和升华。我认为只有学生把基础知识听懂了，认识达到一种高度了，教师才能激发学生的情感，才能与学生在心灵上产生共鸣，从而使学生发自内心地去体会国与家的关系，才能真正明白党和国家对当地老百姓实施的惠民政策的内涵和意义，使其心怀感恩之心，将来付诸感恩之行。

大多历史课都能落实家国情怀的核心素养，有的课凸显得浓烈一些，有的课隐含在知识点里面，所以历史教师要备课充分，重视提炼教材中家国情怀教育的素材。

---

① 苏霍姆林斯基．怎样培养真正的人［M］．蔡汀，译．北京：教育科学出版社，1992：148.

一、要充分挖掘教材中的家国情怀素材，善于突破创新

历史教材就好比是食材，历史老师就好比是厨师。同样的食材对于不同的厨师来说，做出的菜的味道也是大相径庭。同样的教材，不同的历史老师，对教材的理解，对教学立意的把握，对教案的设计，对学生的要求及目标的培养也不尽相同。好的厨子会研究食材的特质、品性、价值、营养，精心地烹调出别具一格，独具匠心的一道菜品。好的历史教师，会认真研究教材并对其进行整合，充分去挖掘教材中体现的学科价值，在不刻意、不死板的状态下自然而然地渗透了家国情怀的核心素养。我在设计《中外历史纲要》下册书的第 21 课，《五四运动与中国共产党的诞生》一课时，针对汉语水平欠佳的班级，要怎样设计导入，我想了好几种方案：一种是以每年五四青年节为切入口，让学生明白今天我们过节是为了纪念当年这场浩大的爱国运动，这样导入只是教师在讲，学生没有参与，感觉非常的平淡；一种是以共青团团歌为开篇，但是学生入团的人数比较少，会唱团歌的人不多，不能达到预期的效果。还有就是用教材里的导言及旁边的图片内容，直接引入本课，又觉得不够深刻，不足以带动学生的情绪。当我下班在家无意翻到以前的相册时，在青岛五四广场的火炬旁边留影的照片让我一下子来了灵感，何不用这个来引入呢？又想只是图片显得太单调了，最好配上一段词。于是又在网上找有关的资料。在互联网上流传的一段宣誓词引起我的共鸣："我是中国青年，我是祖国忠诚的儿女，五四火种在心，先辈夙愿在胸，复兴大任在肩，今天，我们庄严承诺：奋斗有我，让人民更加幸福！奋斗有我，让国家更加美好！"正是我需要的呀！在上这一课的时候，我的课件把五四火炬的图片在 PPT 上一呈现出来，学生的眼球都被吸引了，但有的学生不知道这是什么，当我解释完图片，配合着旁边的文字说："五四运动距今已经百年了，但是这种精神如同火炬一样熊熊燃烧着，从来没有熄灭，作为当代的青年学生，我们也将用自己的实际行动来担当起时代赋予我们的使命，同学们，跟着老师一起来宣誓……"一下子学生的情绪就被带动起来，他们热血沸腾，声音洪亮有力，有的学生还说："如果回到那个时代，我定要和他们一样，走上街头，为了祖国而战斗"！可以看出来，同学们的心是热的，感情是真挚的。用了这样的开场白，整节课下来，同学们听得非常认真，自然而然地觉得作为当代的青年，就应该具有当代青年的责任和担当，应该传承和发扬五四精神，家国情怀的核心素养也得以很好地落实。

二、教师的教学境界决定了学生的学习境界

仁者见仁，智者见智，基于学情的考虑，我采用了多样的教学方法。这对我来说也是一种突破和创新，教了很多年书，不能一成不变地用一种方法，我将继续寻求和挖掘教学的真谛。我有时候就在想：历史课就仅仅是教历史知识吗？学生掌握了知识点，会做题，分数考高一点，目的就达到了吗？这不是我的目的，我想，我的教学应该是让我的学生能够领悟些什么，能够塑造他们的品格，让他们也有历史人的情怀，有一名中国

人应该有的气场。教师有多么高的教学境界，学生就有多么高的学习境界。在南疆地区，我们上课，教会学生知识，又不仅仅是在教学生的知识，我们责任重大，我们要尽可能地想尽各种办法让学生先接受我们，接受我们所教的这一学科，我们必须用心，精心去设计我们的课程，用比较新颖的教学方法，充分利用信息化资源。历史课如果干讲没有多大的说服力，所以很多学生形成对历史课的偏见，认为它是枯燥无趣的。我们的历史教师上课的方法也存在弊端，有的教师上课比较教条化，一本正经地书上怎么写他就怎么讲，毫无新意，书上有的也不去突破教材，书上没有的也不讲，害怕讲多学生接受不了。我们的学生因为基础不好，不爱学习，对学习没有兴趣。我们教师如果再不提高认识，去精心设计课堂教学，帮助学生树立学习的兴趣，那么学生会越来越没信心，越来越不想上历史课，也就更谈不上核心素养的落实了。大多学生是先喜欢一个老师，才喜欢这一学科。所以，我们要努力成为学生喜欢的教师。

三、契合现实生活，渗透家国情怀

生活在南疆地区的学生，没几个出过远门，有的最远也就是到县城来上学。本地的人文景观也少，总的来说学生的见识是比较少的。现在社会网络是发达了，但是学生关心的、感兴趣的都与教师不同。所以除了书本上的知识，我们还要重视身边的事，重视现实生活和时事政治。比如，有一次下课时一个维吾尔族学生问我："老师，我叫麦尔丹·买买提，买买提就是我爸爸的名字，也是我的姓氏。将来我的孩子姓氏就是我的名字麦尔丹。你们汉族的姓氏永远都不变是怎么回事?"我想了一下，就告诉他："我们不是学过西周的分封制和宗法制吗，当时分封了很多的诸侯国，齐、鲁、楚、卫等，有的人就以国名为姓了。"学生对这些姓氏非常感兴趣，知道了之后就对汉族的同学开始"发问"了，互相讨论着，追问着各种姓氏的来源。我再进一步地告诉他，引申到家与国上来，一个家族是这一同姓人共同的祖先，有着紧密的血缘关系，所以就一直传下去都姓一个姓氏，一个国就是由无数这样的家族而构成的。有一首歌是这样唱的：家是最小国，国是千万家。只有强的国，才有富的家。从而上升到国家这一高度，同学们都在那里不自觉地哼唱起来，下课时段既巩固了所学知识，又活跃了气氛，教师刻意去强调家国情怀的落实，就培养了学生对中国统一多民族的多元文化的认同感。

纸上得来终觉浅，绝知此事要躬行。学生们最能亲身感受得到的事就是家乡的巨变。苏联教育家加里宁说："爱国主义教育，是从深入认识自己的家乡开始的。"古人云："知之愈深，爱之愈切"。学生只有知道了家乡的变化，才能热爱家乡，热爱祖国。这些年学生是能真切地感受到国家对少数民族地区的巨大的惠民政策和对口援疆省份在人力、物力、财力上给予的大力扶持和帮助的。有时课堂上我让他们自己说说变化和感受。他们七嘴八舌地说得可多了：家里面从低矮老旧破烂不堪的土房子变成一排排舒适整洁美观的安居房，家具也是现代化的，居住各方面条件都得以改变。县城南新区狭窄旧式的老街变成宽阔笔直的马路，破烂不堪的旧学校变成整洁美丽的新教学园区，等等。这些事实使学生从心底里自发产生爱国情感，情不自禁地产生对美丽家乡和伟大祖国的热爱。

习近平主席指出：“在中华民族几千年绵延发展的历史长河中，爱国主义始终是激昂的主旋律，始终是激励我国各族人民自强不息的强大力量。”高中历史课堂是培养学生家国情怀意识的主要阵地，也是让学生适应新时代人才需求和经济发展的强大源泉。所以，我们要做有心的历史教师，事事可育人，时时可育人。还是那句话，我们不仅仅是在教历史课，我们是在“立德树人”。

小图片　大历史

——从历史图片看家庭联产承包责任制

何彩虹

《义务教育历史课程标准（2022 版）》指出，“历史教学要注意教学方法、教学手段的多样化和现代化，应积极运用教学挂图幻灯、投影、录音、录像、影片、模型等，进行形象直观的教学”。部编版历史教材设计了很多插图，补充了很多知识点有关的图片素材，随着信息化和网络化时代的到来，广大一线教师在课堂教学中采用的教学方式越来越灵活多样，可以把抽象的内容直观化，使历史课堂丰富多彩。学生获得了大量的感性材料，以及自己的一些理性认识，培养了阅读、分析、获取和记忆知识的能力。

图片虽小可是意义重大，它是岁月的痕迹，它将岁月中的瞬间定格，它更是往事和历史的见证。往小了说，图片可使岁月留痕，使时间定格，往大了说，图片可以见证历史，见证沧桑，见证一个国家的兴衰之路。2017 年部编版中国历史八年级下册第 8 课经济体制改革中“家庭联产承包责任制”这一课里就珍藏了一幅幅美丽的画卷，诉说着一段中国农村改革的历史，且在教学活动中发挥着重要的价值和作用。

一、以图说史，增强学生学习兴趣

“兴趣是最好的老师。”“兴趣是学生主动、愉悦探究知识的巨大动力，是激发学生灵感的源泉。”中学生正处在兴趣转化时期，兴趣倾向有两重性，即在对具体、生动、形象的直观事物和形象感兴趣的同时，开始对抽象的逻辑思维和社会现象发生兴趣和联系。图片作为一种形象、直观的教学资源，能有效地增强学生的学习兴趣，进而引发其对历史的深刻思考。例如，在讲为什么要实行家庭联产承包责任制这一内容时，我精选了以下三幅图片，通过三幅图片的信息可以让学生直观地了解到，在改革之前农村实行的是人民公社化体制，从图 1、图 2 可以看出人民公社的生产方式是集体生产，“轰轰烈烈下地”“松松垮垮劳动”，由此可以看出在人民公社这一体制下，集体生产的效率低下。图3“吃大锅饭”这就意味着人民公社采用的分配方式带有平均主义的特征。那么在这样的体制有什么弊端呢？通过一看一问，缩短了历史与现实、材料和学生之间的距离，学生的注意力、兴趣被教师调动起来，在求知欲的作用下，进入了很好的学习状态，达到事半功倍的效果。

“轰轰烈烈下地”

图1

“松松垮垮劳动”

图2

“吃大锅饭”

图3

二、以图说史，快速获取信息

历史知识是过去发生的事情，相对于现在的生活存在着很大的时空差异、思维差异，学生对图片的信息接受要比对文字的信息接受来得直接，接受时间也比文字的接受时间快。因此，在课堂教学中，选取恰当的图片还可以让学生在最短的时间里接触更多的历史信息，记忆效果也更加好。依托文字材料、图片来创设情景的形式，既增加学生的感性认识，让学生自己去看、去感悟历史，也拉近历史与现实的距离。能把复杂的历史现象或事件，以学生容易接受的形式展示在学生面前，尤其对容量比较大的一节课，如果选取的文字史料过多，学生阅读时花费的时间就较多，最终也会影响授课效果。

三、以图说史，增强历史情感

图片是凝固的历史，是对过去的高度浓缩和反映，但又原汁原味地保留了历史的本来面目，对学生进行情感教育，利用历史学科丰富的情感因素，推动学生去感知、去想象、去思维，这比阐述抽象的道理更容易让学生去接受。例如，在讲家庭联产承包责任制的实施时，我出示以下一组图片，并介绍了小岗村18位社员在队长严俊昌的带领下，签下了押上身家性命的生死文书，含着眼泪按下了鲜红的手印，这份契约书至今还珍藏在中国国家博物馆中。我们从契约书可以看出主要内容，“分田到户”“上交公粮”。这实际上就是中国最早的家庭联产承包责任制，由此揭开了中国农村改革的序幕，契约书中还写道：“我们干部作（坐）牢杀头也干（甘）心，大家社员也保证把我们的小孩养活到十八岁。”这也说明他们当时是冒着极大的政治风险的，改革也不是一帆风顺的，同时这也反映了中国农民敢于突破、敢于创新的精神。小小的一张图片就使学生认识到改革是促进我国社会主义事业繁荣昌盛的强国之路，并逐步确立为祖国的社会主义现代化建设作贡献的人生理想。

四、以图说史，增强探究意识

历史资料是历史结论的依据和实证。解读探究历史真相，作出评价和解释，从而使学生增强探究意识、问题意识以及逻辑推理、总结和理论分析的能力。例如，在分析家庭联产承包责任制的影响时，先展示“安徽凤阳县农业生产三年三大步”图表（表 1），后展示“小岗村改革前的旧貌”和“小岗村改革后的新貌”，让学生直观地感受到小岗村在改革之前和之后的巨大变化（图 4，图 5），这时再补充“乡镇企业蓬勃发展的图片”（图 6），引导学生思考家庭联产承包责任制在全国农村推广的根本原因是什么？从以上的资料对比可知，家庭联产承包责任制适应了中国农村社会生产力的发展，这是其在全国推广的根本原因。从而帮助学生理解家庭联产承包责任制是中国农村经济体制改革的正确选择。

表 1　安徽凤阳县农业生产三年三大步

年份	1980 年	1981 年	1982 年
粮食产量	5.02 亿千克	6.70 亿千克	7.15 亿千克

图 4　小岗村改革前的旧貌

图 5　小岗村改革后的新貌

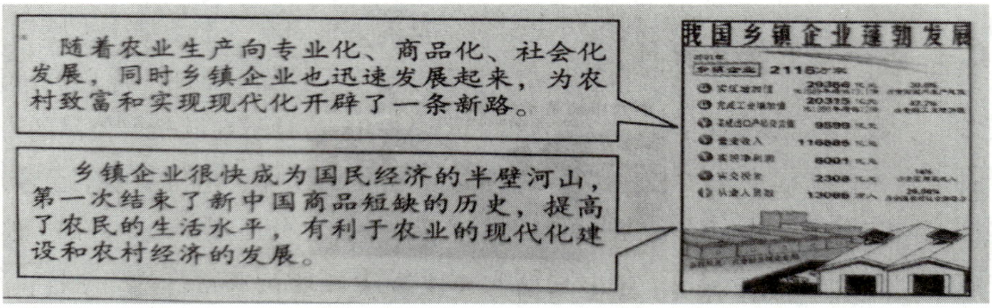

图 6

总之，历史图片作为历史知识的有机组成部分，既是文字信息的重要补充，又有文字形式无可比拟的优越性，尤其是高度灵活和高度浓缩的特点，使得历史图片在历史教学中有着重要的作用和价值。这就需要我们教师充分了解自己班级的实际情况，收集一些有针对性的历史图片，使学生形成鲜明的感性形象，为历史概念的形成、历史知识的掌握和分析、解决问题能力的培养提供感性基础，既深化课堂，又提高课堂教学效率。

浅谈细节在初中历史教学中的作用

吴方香

初中阶段是学生树立正确人生价值观的重要时期，这一阶段学生总是对新奇的事物抱有极大的好奇心。初中历史课程作为学生在学习过程中第一次学习到的课程，在学习初期他们会对这门课程产生很大的兴趣。但是随着学习的推进，这种对于新课程的好奇心会逐渐变淡，教师要善于开发和使用历史课本中没有体现的历史细节，激发学生的学习兴趣，促进学生积极地参与到历史教学课程中来，从而培养学生的历史核心素养。

一、历史细节的重要性

黄一欧先生曾说过，历史课离不开具有典型代表的例子，因为好的例子总含有历史细节。可见历史细节在历史学科的学习中起着关键作用。历史是由无数个历史细节组成的，而历史细节又是历史发展的产物，因为历史教材都是通过大方面去展现历史的情况，教师如果单一地从这些方面开展教学，学生也就只能接触和了解到宏观的历史，这会对学生的发展造成不利的后果。历史课本中的内容是真实历史的骨架，而历史的细节则是历史本身的血和肉，它们可以让历史课程变得更加生动和真实。通过历史细节的讲解，让学生透过细节更深入地了解历史，让学生积极主动地探索历史中的故事及事件的历史意义等，逐步提升学生是历史核心素养，这是历史学科教学的真正目的。

二、历史细节在教学中的作用

1. 渲染课堂氛围

以往历史教师在授课过程中，总是存在指导学生记、背、画关键词的情况，这是一种不适应当前形势学习的方法，时间一长会让学生感到反感，反而失去了历史这门课程的真正作用。历史是真实生活的写照，需要通过历史课程引导学生去接触历史的真相，而教学质量如何，就在于教师如何掌握和把控教学的处理，在于教师在教导学生学习掌握相关知识的同时，培养学生的思想道德品质①。

① 焦健．初中历史教学中拓展历史细节的原则和方法研究［J］．中华活页文选（教师版），2021（10）．

例如，在学习五四运动这堂课程时，教师可以通过影片片段《我的 1919》，这部电影的主要内容是关于第一次世界大战结束后，中国作为战胜国出席了巴黎和会，列强要将中国的山东省非法交给日本，北洋政府同意了，并发电给在巴黎的外交代表团发电，要求他们在合约上签字。这个消息一经传出，五四运动就这样爆发了。相对于传统的语言传授课堂，通过影片作为开场更容易激发学生的学习兴趣，同时影片也可以凸显本堂课的主题，起到渲染气氛的作用。五四运动代表着中华民族意识的全面觉醒，是由学生组织的一次著名的反帝、反封建活动。在教材内有一个细节值得我们关注，"北大的一位同学爱国心极强，在现场撕断衣襟，写下'还我青岛'四个大字"，这一历史细节，让我们能深深感受到当时面对列强的不公平对待，学生群体表现出的爱国主义情怀。当代学生因为从小生活在和平年代，历史教师通过讲解这个历史细节可以有效地将学生情感带入到本堂课程中。然后教师结合课程为学生简单地讲述我国的近代充满血和泪的发展史，虽然中国的历史非常悠久，但是近代却曾饱受屈辱，这段历史是不能忘却的历史。学生作为我们国家未来的接班人更应该明白美好生活的来之不易。在结束这一堂课程后，教师可以播放《我的祖国》这首歌曲，通过不同角度、不同方式，激发学生的爱国主义情怀。

2. 增强历史教学的直观性

信息技术的快速发展，使得多媒体教学在教学中应用越加广泛，历史教师在开展历史课程时可以通过历史纪录片，为学生展示最接近实际情况的历史细节，从而增强历史教学的直观性。例如，在讲解"香港、澳门回归"这堂课程时，教师可以先通过多媒体播放歌曲《七子之歌》，通过歌曲凸显本堂课程的教学主题，随后引导学生观看影片《新中国 70 年 · 影像辞典》，这段纪录片记录了真实的影像，通过影片学生可以更直观地接触真实的历史细节，这些内容是课本中没有体现的内容，学生可以通过纪录片看到拥有"铁娘子"称号的撒切尔夫人在刚谈判时态度强硬，再到邓小平同志在谈判中的坚定态度，以及最后撒切尔夫人离场时差点跌倒的情形，整个过程学生可以真实地感受到国家强大的重要性，也更好地体会了共产党人为中国的革命事业作出的巨大努力。同时教师可以向学生展示一张图片，图片内容为彭定康安慰哭泣女儿的照片，从这个历史细节感受身为一名中国人的自豪感。

综上所述，初中历史是学生接触历史课程的开端，历史细节对学生学习历史非常有帮助，借助历史细节可以让学生对历史故事的来龙去脉有更清晰的认识及理解。同时历史的学习能帮助学生正确看待历史，正确理解历史，在历史的学习中，增强学生的民族自豪感。所以，教师在历史教学中应不断创新教学方式，让学生透过历史细节更好地学习历史，从而不断提升历史教学的质量。

参考文献

[1] 范继民. 初中历史教学中史料细节的运用研究 [J]. 安徽教育科研，2021 (27).
[2] 罗曦希. 历史细节拓展在初中历史教学中的应用研究 [J]. 名师在线，2021 (8).

浅谈初中历史教学中如何培养学生的问题意识

阿依吐·玉苏普

一、研究背景

21 世纪的教育更注重培养具有独立意识和创新意识的高素质人才，这也是全球基础教育的重要目标。历史学科是一门人文学科，在历史课标中明确提到了，“逐步形成崇尚科学精神的意识，确立求真、求实和创新的科学态度”，因此，在历史的教学中，我们如何培养学生的问题意识是教学的重点。我通过理论与实践相结合的方式，运用问题意识培养策略的实施，来培养学生的学习能力和创新能力。问题意识是一种思维品质，心理学家已经证明它是可以培养的。学生问题意识的培养不是一蹴而就的，教师应以培养学生的综合能力为目标，给学生充分发挥个人思想、个人实践自由的空间和时间，“授人以鱼，不如授人以渔”。通过这种转变，唤醒了学生的问题意识，使学生的创新能力得到有效的施展。在初中历史课程中，教师培养学生的问题意识要以树立新的教育观为基本。

二、问题意识的实践

对于教师而言，即将历史教学更多地融入提问的环节，增加学生在课堂上的话语权和主体地位，使历史课堂成为一种充满探索的学习过程，不断发现问题、提出问题、解决问题。在初中历史教学活动中，问题意识的具体表现为学生好奇心增强、问题增多，调动了学生的历史思维。历史学科虽然讲的是过去的事情，但是历史反映了很多客观规律以及未来发展的映像，对于学生而言，提出问题使学生更多地关注当今社会的变更与发展，提高以古鉴今的能力，也将历史与现在的距离拉近，使已经发生的事情更加真实地反应在现实生活中。

对于教师而言，在历史学科中问题情境的设置是核心，如何将学生引入到问题情境中并激发学生思考问题的兴趣，是我们在历史教学中培养学生问题意识的关键。我们可以开展发现式学习、探究式学习、研究型学习等多种教学方式，借助历史中丰富的学科知识和教学方式调动学生的情绪，将学生从接受知识的角色逐步转变为挖掘知识的角色，目的就是让学生有思考、探索的空间，让学生敢于提问，从而引领学生在学习中形成解决问题的能力。

三、培养学生问题意识的策略

1. 创造积极的教学情境，激发学生提问兴趣

首先，在教学活动中，我们要做到“教师主导，学生主体”，要通过各种方式发挥学生在课堂上的作用，提高学生的积极主动性，让学生与教师形成良好的互动模式，加强学生的参与感。通过提问的方式为学生提供参与课堂的机会，突出学生的主体地位，激发学生的潜力。为学生的想法提供思维空间，最终实现学生创新能力的提高。在教学的过程中，我会融合“想象”“提问”“分享”等环节，最大限度地引导学生创造思维的成长，并通过在历史知识学习的过程不断巩固加强学生的创造性思维，通过师生互动的形式减轻学生对于学习的抵触心理，提高学生的学习兴趣，这种教学方法更适合于处在中学阶段的学生，有利于训练学生的学习能力，打造学生的创造思维。其次，要保护学生的好奇心和求知欲，这就要求历史教学课堂在教学过程中要充分考虑学生的学习习惯和学习特点，在教学过程中鼓励学生发散思维，积极考虑，善于发现问题并敢于提出问题，保护和保留学生的好奇心和求知欲。将历史知识和方法融入学生喜欢的活动和事物中，创设愉快的教学氛围，增加历史课程的意义和趣味性，营造轻松的教学环境，让学生敢于发言，敢于提问。

2. 采用多样化手段，丰富问题形式

首先，我们可以采用史料法，将文字、音频、人物等多种史料与教材知识相结合，并引入到日常教学课堂中，帮助学生了解历史事件发生的过程。尤其在当今技术发达的时代，可以利用多媒体手段通过影像展示历史，通过视觉冲击来激发学生提出问题，使学生更加自主学习，增强学生学习创造性。另外，我们可以通过“矛盾法”，将新学的知识与以往的知识进行对比，引导学生找出不同的地方，发现历史事件中的不同点和显著区别，引导学生从不同的观点进行认真的思考。这种独特的思维方式需要学生在两件历史事件中不断跳跃，深入了解其内在，以及其外在和具体细节的不同性。要实现上述的目标，教师需要在教学中进行积极有效的引导，让学生去思考一些看似相同实则不同的问题，活跃学生发现问题的思维，并加以说明。

四、教学实践

通过对历史教科书课程标准的理解。根据学习内容设计教学环节，设置问题用于课堂教学。通过师生交流、学生与学生之间的交流，丰富学生的学习体验，拓宽学生的知识视野，全面提高学生的历史素养素质，满足新课程标准对中学历史教学的要求。一个好的教学设计包括以下内容：第一，分析教材，制定教学内容；第二，分析学习者的特点，选择教学内容；第三，遵循教学原则，选择教学方法；第四，开展教学实践，逐步完成教学目标；第五，开展教学评估，不断提高学生的测试和自我自测能力，这是一个持续改进的过程。

1. 学习者分析、学习内容分析

教学目标是教学的出发点和归宿，是教学的灵魂，它规定了教学的方向，支配教育教学的全过程。教学目标的确定就是要进行学情分析和教材内容分析。要充分考虑学生的一般特征和初始能力来确定教学目标，同时也要具有一定的挑战性，让学生能通过学习或他人帮助达到目标。教学目标应针对某一内容，从而使其清晰明确。因此，在进行分析时要对学生和教材进行充分的分析，确定明确又具有挑战性的教学目标。

以下就是为更好地进行教学设计的模板（表1）。

表1　中学历史教学分析

<table>
<tr><td colspan="4"></td><td>备注</td></tr>
<tr><td>课程名称</td><td colspan="3"></td><td></td></tr>
<tr><td>授课对象</td><td colspan="3"></td><td></td></tr>
<tr><td rowspan="4">教学目标分析</td><td>知识与技能</td><td colspan="2"></td><td></td></tr>
<tr><td>过程与方法</td><td colspan="2"></td><td></td></tr>
<tr><td>情感态度和价值观</td><td colspan="2"></td><td></td></tr>
<tr><td>历史素养</td><td colspan="2"></td><td></td></tr>
<tr><td rowspan="5">学习内容分析</td><td rowspan="4">历史知识</td><td>古代历史</td><td></td><td></td></tr>
<tr><td>近现代历史</td><td></td><td></td></tr>
<tr><td>中国历史</td><td></td><td></td></tr>
<tr><td>世界历史</td><td></td><td></td></tr>
<tr><td>历史探索</td><td></td><td></td><td></td></tr>
<tr><td rowspan="2">学习者分析</td><td>一般特征</td><td colspan="2"></td><td></td></tr>
<tr><td>初始能力</td><td colspan="2"></td><td></td></tr>
</table>

2. 课堂设计

在课堂设计中，我通过新课导入设计——问题提出设计——问题探究设计——课堂提问设计——课堂知识分享设计，着重培养学生的问题意识，见图1。

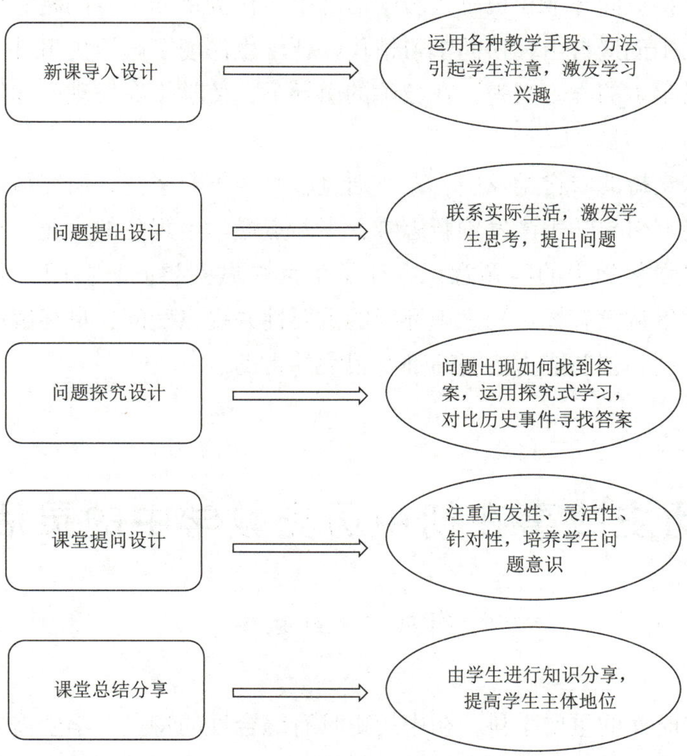

图1

其中“问题提出设计、问题探究设计、课堂提问设计”三个环节主要以学生为主导，通过学生的回答以及提问了解教学的完成程度。

3. 教学实践结果总结

通过课上观察、学生访谈和数据分析，见表2。

表2　中学历史课教学方式差异对比

对比维度	传统教学方式	提问式教学方式
学习态度	认为学习历史学科枯燥，历史事件等细节记忆难点多，不能联系实际	历史课很有趣味性，氛围很好，学习兴趣浓厚，积极参与到课堂活动中
解决能力	遇到问题不知从何下手，不愿努力去解决	在发现问题后，能从各个角度去思考，并且能辩证看待问题
认知意识	更专注于应试考试成绩	对历史课态度发生改变，逐渐意识到学习历史这门课的重要性

五、研究总结

21 世纪需要更多高素质人才，需要我们提升创新力，适应时代的变换和发展。问题教学法主张通过对问题的探究，让学生在教师的指导下积极地提出问题、解决问题，完成学习任务，培养自主学习的能力，使学生亲自参与到课堂中来，减少了传统课堂对学生的束缚，提供了自由学习、主动学习的机会，使学生获得成就感。我本次进行的历史教学活动主要将提问环节积极融入教学活动中，作为培养学生问题意识的主要教学方式，在教学活动中创造自由轻松的学习情境，让学生深度了解历史事件，减少历史学科的乏味性，激发学生的学习兴趣，在教师的引导下，使学生在发现问题解决问题的过程中，更加热爱历史学科。

在缺乏技术支持的农村学校中，只有通过教师的不断坚持，研究科学可行的教学策略和方法，才能够引导学生激发创新思维，不断点燃学生智慧的火花，充分调动学生的积极性，培养并强化学生的问题意识，让学生都能做到想问、会问、乐问、善问、敢问、勤问，使学生从没有怀疑到意识怀疑的重要性并提出疑问，最终解决疑问。这对学生创新思维的拓展和创新能力的提高都有很大的帮助。

浅谈历史故事在初中历史教学中的灵活运用

布热比·拜克热

历史是初中时期的重要学科，初中历史具有综合性的特点，学生需要系统化地掌握知识脉络，厘清历史顺序，精准地把握各种历史事件，才能学好历史知识。实际上，在许多的初中历史课堂中，都存在不同程度的问题，如教学工作理论性过强，导致教学质量不高，学生能力形成受到了一定的阻碍。教师可以尝试应用历史故事进行知识渗透，实现课堂教学的有效深化。本文对此进行分析研究，并且提出了几点浅见。

一、通过历史角色扮演，引导学生感悟历史

在初中历史课堂教学中，要注重营造历史故事的氛围感，教师在讲解历史故事时语言要精练有感染力，情感饱满，善于将历史故事的情节设置得跌宕起伏，在故事开头就要抛出学生感兴趣的情节内容，吸引学生的注意力，之后的情节要张弛有度，还要留下悬念，让学生带着疑问参与到课程讲解之中，激励学生自主探索。教师还可以利用课程中人物相关的资料讲解，来让学生对课本人物产生兴趣，比如在讲解汉武帝之前，就可以先给学生讲一下金屋藏娇、苏武牧羊这些历史典故，让学生对当时事件发生的历史背景有所了解并能够牢记，也更生动地了解了课本中人物和其所处朝代的特征，还能对相关历史事件发生的必然性和偶然性有所认知。初中历史教学不能仅仅停留在单一的故事叙述中，时间久了，即使故事再精彩，学生听多了也会对其失去兴趣，因此教师就要对自身的教学方式进行调整，在课上加入历史时间还原环节，让学生通过扮演历史角色参与到课堂当中，身临其境地去了解历史背景。这种教学方式可以通过课堂活动来激发学生的学习兴趣，设身处地地去感悟历史。

举个例子。教师在教学的过程中遇到了“赤壁之战”这个历史典故的时候，可以在课堂上设立一个相关的教学情境，然后派出几位学生来扮演“周瑜”“曹操”“诸葛亮”的角色，学生可以根据书本中的内容以及教师所创设的剧本进行表演。学生通过表演以及观看就会在内心里产生相关的疑问并带着这些问题进行小组讨论，以此来交换彼此的意见。通过此类教学方法能够让学生更为直观地学习相关知识，进而更好地感悟该历史事件。

二、开拓学生的历史思维

初中阶段是学生第一次接近历史，了解历史。或许他们曾听过长辈谈论历史，但那些可能都是表面，学生只会觉得那些历史故事真的很有趣，但他们从不知道这其中真正的韵味——那些先烈们抛头颅洒热血，为的就是让后来者能过上更好的生活，让我们的国家可以更加强大。因此，教师应该尝试去从不同的角度帮助学生了解历史，读懂历史。与此同时，教师也可以借助如《走向共和》《辛亥革命》等影片作为桥梁引导学生解读历史，有条件的话，也可以带领学生参观历史博物馆与纪念馆，让学生身临其境，更加透彻地感受历史氛围。从而，学生可以从多角度看待历史事件，并从中得到很深的启迪与感悟。在进行历史故事分享时，使得每一位学生都参与进来，在进行学习过程中，使学生可以跟上教师教学的步伐，以及教师教学的节奏。

三、引导学生参与历史教学

初中历史教师在教学过程中，除了需要掌握课本上的内容外，还需要不断地提升自己的文化素养，历史教师可以在进行教学过程中不断扩宽知识点，从而带动学生，让学生从被动变为主动，积极主动地参与到整个历史学习中。因此，在今后的教学过程中，历史教师需要能够给学生更多的机会去让学生去展现自己。教师可以定期地开展历史故事的分享课堂，在上课十分钟之前，让每个学生来分享一个历史故事，分享完之后，学生可以对该故事进行讨论，如得到了哪些启发以及怎样看待这个历史故事。通过学生之间的讨论，使得课堂变得活跃起来。这时，教师在进行课本内容的讲解时，也会变得更为容易些。而且在进行历史故事分享时，使得每个学生都参与进来，在进行学习过程中，使学生可以跟上教师教学的步伐，以及教师教学的节奏。其实，初中历史的学习对于一小部分学生来讲可能有些困难，主要就是历史学科所应记的知识点较为琐碎，并且时间点太多，难以记住。因此，教师可以成立相应的历史活动小组，这不仅能够加强学生对于历史的学习以及提高他们的浓厚兴趣，也可以为历史在教学过程中提供更多的历史故事，所以历史教师定期地开展历史故事分享课堂，让学生不断地增长见识。同时，历史教学可以通过学生分享的历史故事，让学生增长见识，促进学生之间的交流。

四、应用历史小故事有效化解重难点

受到时代差异性的影响，各个时期的历史背景以及人物思想的各有不同，对于学生来说比较抽象。由于学生缺乏具体的感受，难以准确地理解教学内容，无法保障历史课堂教学质量与效果。初中学生对历史的学习主要以感性认识为主，如果教师讲的理论、概念太多，学生就难以理解甚至于懒于理解，长此以往，学生就会失去学习历史的兴趣。如果通过故事的方式来化解重难点，课堂教学的有效性会大大提高。

“洋务运动”是第二单元“近代化的起步”的第一课。如果仅就洋务运动指出“中学为体，西学为用”没有触动封建制度、在封建制度上引进西方先进技术等这些抽象的理论，不仅教师自己无法讲清楚洋务运动的破产原因，学生即使认真听了也是无法理解的。上课时教师可以讲述邓世昌的故事，从邓世昌的身世说起，讲当时中国社会现状，讲述邓世昌的成长与经历，他怀着救国理想留学英国，本着报国之志归国从军，最后壮志未酬壮烈殉国的悲剧性命运。让学生透过一个活生生的个体来认识那段历史，体会洋务运动兴起的背景，理解洋务运动的内容，从而分析洋务运动破产的原因，进而形成相关的历史认知。这种用故事的教学方式比起理论的讲述，要更有说服力。

在初中历史教学中融合应用历史故事，起到了事半功倍的良好教学效果，在促进教学效率与教学水平不断提升的同时，帮助学生实现了探究历史知识的目标，提升了学生历史学习能力，助力其历史学习效率不断提升。教师应恰如其分地应用历史故事，借助丰富有趣历史故事开展其乐无穷历史教学活动，让学生枯燥的历史知识记忆过程变成充满乐趣的历史学习乐园。

参考文献

[1] 江红萍. 历史故事在初中历史教学中的运用分析 [J]. 求知导刊，2021（15）.
[2] 崔晓娟，浅谈历史故事在初中历史教学中的融合应用 [J]. 中国校外教育，2019（10）.

激发学生的历史学习兴趣，提高学生的学习质量

叶力夏提·吾马尔别克

学生有兴趣，学习就是乐趣。著名科学家杨振宁说："成功的秘诀在于兴趣。"当一个人对某种事物发生兴趣时，他就会入迷地去追求、去探索。学生一旦对学习产生兴趣，必将成为他学习的内在动力。学生对学习有无兴趣，既是反映学生学习效率的重要标志，也是衡量教师教学成败的重要因素。因此，如何增强课堂教学的趣味性，激发学生学习的兴趣，使学生的学习变被动为主动，从而提高教学质量，就成为众多教师不懈追求、不断探索的重要课题。笔者结合新编初中历史第一册的教学实践，浅谈几点在课堂教学中激发学生兴趣、增强课堂教学效果的体会。

一、注重导入，激发兴趣

俗话说："好的开头，是成功的一半"。每节课能否都有个好的开头，直接关系到当堂课的成败。如果教师一上课就照本宣科，平铺直叙，就会使学生产生厌倦情绪，甚至使课堂教学成为催眠曲，因此必须讲究"开头"艺术。要尽可能一开始就引人入胜，把学生吸引住。要达到这样的效果，教师必须依据教材内容和学生实际，精心设计好每一节课的开讲导语，用别出心裁、平中有奇的导语来激发学生的学习兴趣，使学生积极主动地投入学习。例如，我在认真分析教材第 1 课《中华人民共和国成立》时，通过认真分析教材内容和结合当前形势的特点后认为：这一课首先告诉学生中国人民站起来了。所以讲这一课时，我这样开头："同学们，你们一定听过或读过许多历史英雄事迹，看谁能讲出林则徐、关天培、邓世昌、杨靖宇、赵一曼、刘胡兰分别是什么时期的人物？他们是怎样的人？"这一问题的提出，顿时激发了学生的兴趣。不少学生七嘴八舌地开始议论。我先后叫了几个学生来回答，但他们的答案都不够准确。这时，我先指出以上人物分别属于那个时期。在学生聚精会神地听时，我板书第 1 课课题《中华人民共和国成立》导入新课："历史上的人物形形色色，有的光耀千秋，像英雄刘胡兰，受到了世世代代人民的崇敬；有的遗臭万年，像奸臣秦桧，长跪地上向人民请罪。"这

时我指导学生看课文《林则徐》《赵登禹》的插图，进而激励学生："我们学习了历史，就应懂得怎样做人。我们应当做像林则徐那样的人，有远大的理想，高尚的气节，将来才能为建设祖国多作贡献。"这样的开头，激发了学生的兴趣，达到了预期的效果。

二、讲好插图，引发兴趣

新编历史教科书的一个重要特点是插图多、直观性强、形象生动。讲好课文中的有关插图，对引发学生兴趣，增进学生的求知欲，增强学生记忆，提高教学质量有重要作用。但在教学中，由于插图很多，限于课时，教师不可能每图都讲，只能根据教材要求和讲课需要有选择性地讲解。有些与课文内容密切相关的插图如果没有向学生讲解，就会使学生似懂非懂或一知半解。经过教师讲解，既引发了学生的兴趣，又使学生进一步掌握了知识。例如，第 1 课《中华人民共和国成立》中的《开国大典图》。因为"开国大典"是这一课的重点，结束了 100 多年以来中国人民饱受外来侵略者和奴役的局面，实现了中国人民梦寐以求的民族解放和国家独立。讲好《开国大典图》，既可以使学生了解中华人民共和国成立，又可让学生懂得新中国成立的历史意义和社会主义社会发展的必然趋势，从而提高学生对中华人民共和国成立带来的历史作用，即"新民主主义革命结束，中华民族开启了新的历史纪元，进入中国现代史"的认识，也为以后理解新中国在中国特色社会主义道路上的探索打下了基础，所以教师在多媒体播放了 1949 年的阅兵仪式和 2021 年的阅兵仪式，学生全被吸引住了，达到了引发学生兴趣的效果。

三、巧设疑问，以疑激趣

学习新知识的过程实际上就是设疑、解疑的过程。教师在教学中要有意识地设置一些疑问，把问题摆在学生的面前，使学生先感到"山重水复疑无路"，后激励他们去寻求"柳暗花明又一村"。当学生找到"又一村"后，就会产生一种快感。这种快感又能激发学生进一步学习的兴趣。例如，我在讲授第 2 课《抗美援朝》第一块内容"朝鲜战争爆发"时，为了让学生能够更进一步地认识到抗美援朝必要性，我做了这样的设计，我先提问："同学们都知道朝鲜的地理位置吗？"当学生指出"朝鲜"的正确位置后，我又提出第二个问题："1950 年 10 月 19 日，美国把战火烧到鸭绿江边，严重威胁中国的安全，中国应不应该派兵入朝作战，为什么？"有同学回答"派兵入朝作战，保家卫国"后，我简要地向学生介绍了中国人民志愿军入朝作战的过程。这样一环扣一环地设疑解难，把学生引向似如柳暗花明又一村中的"又一村"的境地，这样既激发了学生兴趣，又让学生掌握了知识。

四、创设情境，以情求趣

苏联教育家苏霍姆林斯基在《给教师的建议》中说："让学生体验到一种自己在亲身参与掌握知识的情感，乃是唤起少年特有的对知识的兴趣的重要条件。"在教学中，依据教学内容和学生的特点，坚持情感教育，即在教学中创设能激发学生情感、有吸引力的环境，把学生引入到课文内容所描述的情境中，使学生在感情上受震动，从而达到激发学生学习兴趣的目的，又使学生在潜移默化中受到教育，这是很重要的。例如，在讲第 18 课《两汉经营西域和对外关系》一课时，我告诉学生汉武帝派张骞出使西域的目的是联络大月氏，东西夹击匈奴。在讲到张骞带着 100 多人刚走出汉朝边境，就被匈奴兵抓住时，学生为张骞的安危担忧；当听到匈奴人想让张骞投降，把他拘留了十几年，而张骞始终保持汉节忠于祖国时，学生被张骞临危不惧、忠心报国的爱国精神所感动；继而听到张骞终于找到机会逃出时，学生又为之欢欣鼓舞；当再次得知张骞历尽千难万险，从大月氏返回汉朝的途中又被匈奴人捉住并扣留一年时，学生又一次为张骞的命运担忧；当知道张骞好不容易在经受 13 年的磨难之后，终于和另一个人回到了长安时，学生的高兴之情溢于言表。对这个故事具体情节的生动描述，不但使学生产生了极大兴趣，犹如身临其境，为张骞的命运时忧时喜，同时又加深了学生对张骞这个历史人物的了解，使学生深深地被张骞的爱国主义精神所感动。这时我又强调张骞是中国历史上著名的探险家和外交家。在他二出西域后，汉朝和西域的经济文化得以频繁交流，并为后来西汉政府设置西域都护府，使新疆地区正式归于中央政权的统治之下和开辟“丝绸之路”打下了坚定的基础。这样以情感人的教学，使学生对张骞在历史上作出的重大贡献有了更进一步的了解，也就能更好地回答课文中提出的“张骞在我国历史上作出了什么贡献”的思考题。

捷克著名教育家夸美纽斯说：“求知与求学的欲望应该采用一切可能的方式去在孩子们身上激发起来。”激发学生学习历史兴趣的方法和途径还很多，如巧讲典故，以奇引趣；精读诗词，以诗牵趣；编写歌谣，以歌导趣；设置图表，以图增趣；等等，只要经过教师精心设计，巧妙安排，就一定能在教学中充分激发学生学习历史的兴趣，使学生的学习化繁为简，变被动为主动，从而在充满兴趣的教学中，既接受了爱国主义教育，又增长了知识，提高了教学质量，真正达到学史明志、知史做人的目的。

五、从“以教为主”到“以学为主”

新教材要求师生在互动的教学中共同体验，一同成长。这就要求教师要经常进行自我反省。教学反思被认为是“教师专业发展和自我成长的核心因素”。教师要经常对自己在课前的思考、上课中的体验、上课后的认识进行认真的反思，不断总结教学中的经验，使自己的教学能力稳步提高。注重学生的“学”，既要了解学生的知识现状，又要了解学生的情感倾向、个人的兴趣爱好、生活经验积累等。“只见教材不见学生”的课堂设计只会与学生的实际相差甚远，一堂课下来使师生双方筋疲力尽，收效甚微。所以教师要在“教师的行为”和“学生的行为”上下功夫，充分调动学生自主学习的积极性，引导学生在“热闹”中“有序”学习，使学生的主体地位真正得以落实。

综上所述，新世纪、新时代、新教材、新课标为当前的历史教育开辟了一个全新的舞台，历史教师只有与时俱进、不断创新，通过贯穿整个职业生涯的学习、研究与反思，才能不断提高自身教育教学实践的水平。

任务教学法在初中历史教育教学中的融入

王小强

作为一门综合性较强的文科课程，历史学科主要是让学生在历史课的学习中得到一些人生启发，促进学生的学习和成长，并且让学生在学习中提高自身道德修养。要想实现这一教学任务，教师需要转变自身的教学理念，改变自身教学方式来吸引学生积极主动地参与到历史课堂的学习中来，使学生真正成为课堂的主体。基于此项教学目的的达成，教师可以采用任务教学法引导学生参与到学习中来，进而培养学生能独立思考、独立探索和勇于开拓进取的学习精神，并在课堂中不断产生学习兴趣和成就感，激发出学生更大的学习欲望，形成历史课堂教与学的良性循环，继而使学生在历史学习的过程中培养出良好的思维方式，更加有效地促进学生历史学科核心素养的形成与发展。

一、任务教学法的基本含义

所谓任务学习法，就是以“任务”作为教师教育和学生学习的沟通桥梁，学生通过对任务的解读和分析来完成以任务为主线的学习活动，这是一种多元化的互动式教学方式。这一教学方式能够深化学科教学的主旨和意义，在激发学生学习兴趣和积极性的同时，也能让不同水平层次的学生积极主动地参与到学习中来，并在学习的过程中发挥出自身的主观能动性，在任务完成后的教师评价和总结的环节中，学生会产生对学科内容带有自主性的全面化认知，从而提升学生学习的思考性、探究性和独立性。

在任务教学法中，最为关键的要素则是“任务”，它使课堂学习具备了明确的目的性和方向性，使学生在任务的驱动下探索学科知识内容，同时在任务的解决中不断获得成就感，激发出学生更高的求知欲，进而有利于后续学习活动的顺利开展。

二、任务教学法在初中历史教育教学中的融入

1. 做好课前“三研”工作：研教材、研学生、研教法

教师开展历史教学活动之前，首先要做的是对文本教材内容的充分认知和全面解读，并学习任务教学法相关的理论知识和应用技巧，进而使任务教学法真正走进历史课堂并发挥教育价值。

教师要把握好新课改下初中历史学科的教学目标和教学重难点，并在课前做好文本教材内容的研究工作，以保证课堂实施的意义性；其次是要对本班级内学生的历史基础、认知方式和结构、学习习惯、兴趣爱好等加以了解，同时教师需要注意的是要充分尊重学生学习主体性和个体差异性。如此才能更好地开展针对性的历史教学活动，设计

出符合学生能力范围内的学习任务。

2. 确定课时目标，设计学习任务

在任务教学法这一教学方式上，最为关键的则是教师为学生设置符合学生实际的学习任务，课堂的学习活动都是通过完成任务来实现的，因此学习任务科学性和合理性的具备与否会直接关系到历史课堂的教学效率和学生的学习效果。因此，学习任务的设计在具备较强的操作性和可行性的同时，要与课时教学目标挂钩，更要符合学生的学习需求和发展需要。基于此，教师可以在任务设计之前，了解学生的“最近发展区”和学生的学习动机，借以提升任务设计的科学性。教师对于教学任务的设计要着眼于学科教育和学生发展的大观念，并根据所要教授的内容设置明确的教学任务，进而使学习任务的制定能够同时具备整体性和独立性，使初中历史的课堂相互之间存在一定的联系性，进而为学生构建出一个交错互通而又相互独立的历史知识结构体系，使学生对历史知识的认知更加全面、更加系统、更加立体。

3. 丰富教学方式，创设问题情境

学习活动的开展需要建立在一定的情境之上，情境的创设能为学生提供一个良好的学习媒介。在教学环境和问题情境的创设下，能够使书本上平面化、文字化的“死”知识变得生动化、直观化和形象化，并让知识具备了一定的趣味性，进而使学生更好地融入课堂的学习之中，有利于学生思维的发展和主观能动性的发挥。在教育现代化的教学环境中，创设情境的方式是十分丰富的，既有传统的语言、诗歌、故事来实现对历史课堂的情境创设，还有现代化的图片、视频、微课等来创设历史课堂的问题情境。教学方式的多样化，使教师的教学有了更多的选择，教师可以结合具体的教学内容、课堂的氛围、学生的课堂反馈等选择最适宜的教学方式来实现问题情境的创设，进而使历史课堂充满着智慧性和灵活性的特点，以便于学生更好地参与到学习任务的探索与完成中。

例如，教师在讲授《盛唐气象》这一课时内容时，教师可以根据课时知识内容和教学任务在网上搜寻出相关的文件资料、图片信息和影视纪录片，为学生展现当时我国的盛况，并让学生对这一时期为何会产生这样的气象作分析，在多媒体教学工具的辅助下，学生可以观察到盛唐时期的服饰特点、商业发展情况、交往方式、国家政策等方面的内容，从而极大地提升历史课堂的趣味性，使学生积极地参与到问题的分析和任务的探索中。

4. 设置“任务链”，强化学生思维

用“任务”启发学生思考，用“链”将问题引向更深的层次，“任务链”就是以任务为学习主线的深化学习的一种任务设置形式。教师需要注意的是任务的设计与链接要具备逻辑性、发散性和层次性，要在其中覆盖教学内容、突出教学重点、明晰学习层次，进而深化初中历史课堂的教学价值与意义。

例如，教师在讲授《九一八事变到西安事变》这一课时内容时，可以设置“任务链”，让学生产生对“西安事变”更为深刻的认知。教师可以让学生思考并完成以下教学任务：①“九一八事变”“华北事变”和“西安事变”之间存在联系吗？如果存在联系，请说明是什么联系；②国共两党作为十年内战的对手，为什么不主张杀掉蒋介石，反而采用和平的方式来解决西安事变呢？在学生没有思考这些问题之前可能会产生“共产党会杀掉杀害了无数革命烈士的蒋介石”的这种想法，将其视为共产党不共戴天的仇人，抓住后应该杀而快之。但通过教师设置的任务链，则会使学生能够站在不同的立场和高度来分析中国当时的局势，对西安事变的内容产生更深层次的认知，同时在思考的过程中也使学生的思维得到了训练与发展。

三、结语

总的来说，未来初中历史的课堂教育应该更加科技化、现代化、科学化、人文化，应该立足于“以人为本”的教育理念，落实素质观念教育的教学要求。任务教学法作为一种新型的教育理念，颠覆了传统教学观念和方法，充分尊重学生作为学习主体的身份和地位，使学生养成自主学习、自主探究、自主分析、自主解决学习问题的能力和意识，帮助学生形成正确的史学观。对于初中历史学科的教学来说，不能将授课停留在知识讲授的层面，更应该让学生在历史课堂的学习中掌握学习方法、培养良好的学习习惯、拓展思维、塑造正确的人生观、价值观和世界观，借以促使学生综合发展和全面发展。

参考文献

[1] 赖秋风．浅谈任务型教学模式在初中历史教学中的应用［J］．考试周刊，2019（42）．

[2] 武星宇．任务驱动教学法在初中历史教学中的应用研究［D］．哈尔滨：哈尔滨师范大学，2018．

[3] 刘宇．新课改下“任务驱动”教学法在初中信息技术教学中的应用［J］．文理导航（下旬），2016（5）．

巧用多媒体技术，点亮历史课堂

杨　娟

当今社会科技发展迅速，信息传播快捷，短短几年时间，我们的教学辅助设备也已从最早的台式电视机演变为今天的电教化辅助教学多媒体。历史学科是初中学段中一门重要科目，在我们的课堂教学实践中，普及电教多媒体手段，推动初中历史课程教育教学改革，发挥学生主动性，促进课堂教学整体优化是一种趋势，将多媒体技术正确引入初中历史课堂，是提高历史课堂教学效果的一种有效途径。

现就自身在历史教学中使用“班班通”多媒体设备的体会，从以下几方面与大家共享。

一、助力吸引学生的注意力，激发学生探究历史的兴趣

例如，教学部编版教材七年级上册《秦统一中国》，秦王嬴政先后攻灭韩、赵、魏、楚、燕、齐六国这段历史时，我先用一种颜色代表秦国，其他六种颜色代表韩、赵、魏、楚、燕、齐六国。穿插配合声音来渲染当时战场上的气氛，秦国逐渐去掉不同颜色的六国而成为一色，代表秦统一六国后的辽阔疆域，然后播放相关视频，将学生引入特定的历史环境中，让历史再现，打破课堂的局限性。不同感官相结合，促进了学生的观察、想象、分析，丰富了学生的感性认识，加强了学生对历史事件发展的认知和理解度，比起以前教师干讲起到事半功倍的教学效果。

再如，教学部编版教材八年级下册《钢铁长城》这一课时，我利用多媒体播放新中国成立初期阅兵式和2019年盛大的中华人民共和国成立70周年国庆阅兵进行对比。拉近历史和现实的距离，展现出自新中国成立以来，我国国防和军队建设现代化发展的迅速。不需要教师过多讲解，视频就能引发学生共鸣。通过观看阅兵，一种振奋，一种激昂，一种骄傲，一种为作为中国人而感到自豪的心情在学生心底油然而生。

二、增强历史教学的直观性，突出教材的重难点

利用多媒体教学，可以使内容具体化、形象化，为教师解决重点和难点提供途径。例如，从事历史教学的人都知道三次科技革命，给人类社会的发展带来了巨大变化。那么在40分钟的课堂教学中，如何让学生正确认识这三次科技革命的成果，并能正确无误地区分每一次科技革命所带来的不同文明成果呢？在这里我觉得借助多媒体技术及电子白板效果比较好。比如，先播放简短的教学片段，让学生对三次科技革命有个整体认知，接着出示下表纵横相间的知识结构体系，帮助学生进一步理清知识点。（见表1）

表1　三次科技革命比较表

	第一次工业革命	第二次工业革命	第三次科技革命
时间	18世纪60年代	19世纪70年代	20世纪四五十年代
理论	牛顿力学	电磁学	爱因斯坦相对论
标志	瓦特改进蒸汽机	电力的广泛应用	原子能、电子计算机、航天工程、生物工程等
时代	蒸汽时代	电气时代	信息化时代

这样一来，这部分知识点通过相关视频和表格比较就显得非常直观，线索清晰，一目了然，有效缩短了授课时间，还提高了课堂效果。并能化繁为简，加深学生对重难点知识的把握。

三、增加历史课堂教学容量，拓宽学生的知识面

在传统教学模式中，由于条件限制，课堂上教师只能借助书本上的资料，而多媒体能简洁、直观、系统地展现更多的资料，弥补课本不足，增加课堂教学密度，增加课堂知识容量。例如，部编版教材七年级下册《宋元时期的科技与中外交通》这段历史内容庞杂、不易讲清，而充分利用与《宋元时期的科技与中外交通》教学相关的视频、动画、音乐、地图则可营造逼真的历史氛围，直观地再现我国古代四大发明，即造纸术、印刷术、指南针、火药的发明研制及使用过程，拓宽学生的知识面。通过宋元时期交通路线图的展示，组织带领学生重走陆上交通线和海上交通线，让学生亲身体验到宋代时与中国有贸易关系的国家和地区有五六十个，元代时达到一百四十多个。陆路和海路交通的畅通，使中外经济、文化和科技的交流进一步发展起来。认识到中国的四大发明对欧亚国家的社会、经济发展起了重要作用。

四、营造课堂氛围，培养学生正确的情感态度和价值观

充分利用多媒体素材能营造历史氛围，深挖教材中所蕴含的德育目标及学生的内心情感世界，对学生进行爱国主义教育。在讲解部编版教材八年级上册《第二次鸦片战争》时，我自制课件，先从圆明园的位置布局、园林建筑特点、园内所藏历史文物、奇珍异宝各个方面给学生介绍圆明园当年的辉煌景观，在学生对这宏伟壮观、独一无二的园林艺术赞叹的同时，教师提问："同学们想不想到这么好的地方去看一看呢?"学生们齐声回答："想。"此时，教师话锋一转，说："可惜这样的地方已成为历史，今天的我们永远也看不到了。"在学生正疑惑时，我接着播放英法联军闯入圆明园进行疯狂抢夺、肆意破坏的情景。学生目睹园内金碧辉煌的建筑瞬间化作灰烬，一件件奇珍异宝被摔碎、烧毁时，我看到同学们如临其境，瞠目结舌。望着大屏幕上侵略者狰狞的面孔，听着侵略者狂笑的声音，一种愤怒之情油然而生。此时我因势利导，引出"落后就要挨打"的结论。学生内心深处受到强烈触动，将满腔的惋惜与愤怒化作不忘国耻、牢记历史、好好学习、振我中华的决心。可见，有目的、有意识、多方面、多角度地采用多媒体技术，有助于提高课堂效果，丰富学生情感，提升学生素养。

总之，我认为将"班班通"，即多媒体设备和网络信息技术综合运用到历史课堂教学中，对于我们历史教师改变传统教学模式，建立新型师生关系，使学生能够积极主动地参与到历史课堂活动上来具有极其重要的推动作用。当然，我们在使用多媒体辅助历史课堂教学时，也要注意扬其长、避其短，合理把握使用时机，避免出现教师不作为等问题，当用则用，不当用则不用，把握好教师是众多媒体的主导者，发挥好媒介作用。科学合理地使用多媒体辅助课堂教学，提升学生核心素养，点亮历史课堂，让历史课焕发新的生命。

五、体育学科学术争鸣

浅谈小学体育器材不足的原因及其解决措施

——以莎车县城东街道办事处前进小学为例

卢俊良

一、体育器材不足的主要原因分析

1. 学生人数不断增加

基于种种原因，学校初始年级学生人数一直在增加，而六年级毕业学生的数量较少，甚至只有一年级新生的一半，导致在校学生人数不断增多，而学校体育器材的数量是相对固定的，没有因为学生人数的增加而增加，从而造成学生人数与体育器材数量的比例严重失衡，导致体育器材严重不足。

2. 体育器材的使用、保管不当

体育器材的使用不当有几个原因：一是教师未正确、熟练掌握体育器材的使用方法，对体育器材做不到有效、合理使用。二是对于器材的监管力度不够，导致一些体育器材的使用寿命大大缩短。例如，有些学校没有专门的体育器材室管理人员，兼职管理员没有充足的时间去管理其余器材，更有甚者体育器材随意堆放。例如，将软排、篮球等长期暴露在阳光下直射，长此以往，就加快了体育器材的损坏速度，使体育器材不断减少。三是学生对器材的使用也有不当之处。比如，学生用脚踢排球、踢篮球，对体育器材缺乏爱护，虽然主观上并非有意损坏体育器材，但客观上造成了器材设备的损坏，使原本就较为紧张的体育器材更加紧缺。

3. 体育器材的维护不及时

一部分体育器材在体育课教学过程中发生了损坏，被放在体育器材室里，教师不会维修，也没有及时上报学校对损坏的体育器材进行维修，日积月累，这些器材就彻底报废，失去了使用功能，造成了体育器材的浪费，这也是体育教学器材严重不足的原因之一。

4. 体育经费不足

学校对于体育工作重视不够，对体育器材、设施的经费以及人力、政策等支撑保障投入不够，也是导致体育器材缺乏的一个重要原因。

5. 体育场地不足

由于学校没有正规的操场，本来的一块泥土操场还被种上了树，故而学生体育活动的场地只有四块篮球场，这就大大限制了学生的活动空间，再加上学校班级较多，一到上体育课的时间一个篮球场甚至有四个班级在上体育课，体育场地缺乏也成了制约体育课堂教学的一个重要因素。

二、体育器材不足的应对

1. 合理分配体育器材

根据全组教学计划与进度，结合体育组教师具体授课内容，合理调节场地，分配有限的体育器材。例如，当开展篮球单元教学时，可以将有限的篮球根据教学进度集中分配给相应教学课，使体育器材尽可能满足学生上课需求。

2. 体育器材的多样化利用

体育器材的用途并不是单一的，教师要学会去灵活运用、多样化利用、综合运用、交叉运用。例如，教师在讲解篮球传球教学时如果篮球不足，可以将足球、排球用上，争取让每一个学生都可以手里有器材。

3. 及时对损坏的体育器材进行维修，延长体育器材的使用寿命

延长体育器材使用寿命也是解决体育器材不足的一个重要方法。学校或者体育教师、体育器材管理员要及时对损坏的体育器材进行维修，如果教师解决不了的可以上报学校来进行解决。体育器材在经历过较长时间的使用后，必将出现一定程度的损伤，尤其是进行完课外活动、体育比赛与教学等活动以后。这就要求学校要将体育器材维修与保养作为一件不可忽视的工作，需要定时对体育器材展开维修与保养工作，让其继续发挥作用，而不是扔之、弃之。这样就可以有效地增加体育器材的使用寿命。

4. 提倡全体师生爱护体育器材

学校的体育器材毕竟是有限的，学校不可能无限制地去购置新的体育器材。这就要求教师加强对学生的教育。在正常教学中，一部分体育器材的损坏并不是其使用寿命达到了，而是由于故意损坏而导致的。“反正不是自己的东西，坏了就坏了，坏了学校也会增添新的体育器材。”这样的现象还是客观存在的，因此，要提倡广大师生爱护体育器材，让体育器材可以更好地运用到学生的体育教学之中。

5. 自制简易体育器材

当体育器材不足，学校又不能及时补充时，教师可以发挥学生的聪明才智制作一些简易的体育器材。例如，上投掷课时，如果学校没有足够的沙包，可以提倡学生利用一些废旧布料来缝制一些沙包，教师与学生一起动手，不但可以拉进教师与学生间的距离，而且还可以培养学生的动手能力。又如，在绳梯教学中，如果没有绳梯，难道就不进行教学了吗？答案肯定是不行的。那这个问题该怎样解决呢？我们可以用一般的绳子来代替专门的绳梯，或者用粉笔画出绳梯的样子，虽然没有足够的器材，利用一些简易的器材同样可以起到绳梯的作用，这也是解决体育器材不足的一个方法。

6. 改造体育器材

体育器材一般都具有多种功能，我们日常教学中可能仅仅用到了其中的一种，如栏架不仅仅可以用来跨栏，对于一些损坏的跨栏架进行简单的维修与改造可以使其用来充作学生的足球射门器材。为了在教学中提升学生的运动兴趣，让学生体会到成功的喜悦，在足球射门课上，我们可以扩大球门；排球课上我们可以降低排球网的高度等。简单改造、降低标准使学生可以更好地参与到体育活动中来。

我们也可以尝试对生活中的一些废弃物进行改造，将其变成可以帮助我们进行体育教学的“体育器材”，如废弃的报纸用胶带缠好可以当沙包使用，旧鞋盒可以用来当学生体育活动中的障碍物，在坚固的桌子上面套上布可以将其当“小山羊”使用。

改造体育器材一定要注意其安全性与实用性，结合学生实际进行体育器材的改造，并且一定要在可以保证学生安全的情况下进行教学。如果改造体育器材可以得以实施与运用，这将是解决体育器材不足的一个有效举措。

初中体育教学提升学生主动参与策略分析

杨　茹

新时代的教学改革，要求教师提高学生的主动性，帮助学生养成积极的学习意识，培养学生良好的学习习惯，重视学生的身心健康、全面发展。对于中学体育教学来说，可以采用多种不同的教学方式，但需要注意的是，教学方法的使用既要适应学生的需要，又要满足学生的发展，最重要的是能够充分发挥学生的主体性，让其积极地参加到体育课堂中来。

一、初中体育教学提高中学生主动参与意识的重要作用

在实际教学中，学生的参与积极性是影响初中体育教学效果的重要因素之一，主动参加体育活动的学生，往往能更多地了解和掌握运动的知识，学生的参与热情较低则会对体育学习不上心，导致其体育课堂教学当中出现懈怠、注意力不集中，从而对初中体育教学的质量和效果造成严重影响。提高学生的主动性，可以保证学生对运动知识的掌握，让学生能够正确地通过体育锻炼进行精神的放松，强健体魄。总之提高学生的运动参与积极性，能够确保初中学生的身心健康发展。在实际的教学当中，教师要改变传统的教学方式，逐步在学生学习体育知识、开展体育活动时给予学生更多的主动权，以增强学生的自主性。在此过程中，充分释放学生的天性，使学生在学习体育知识参与体育运动的过程中感到轻松愉快。在满足学生学习和休闲需求的同时，充分挖掘初中学生的运动潜力，为中学生的身心健康发展打下坚实的基础，让学生树立起正确的体育观念。目前社会越来越重视体育锻炼，倡导终身体育，在初中体育教学当中，教师也需要结合初中学生的发展需求，引导学生更加积极地锻炼身体，参加体育活动，树立乐观积极的生活态度①。

---

① 周艳艳，张志强．初中体育教学如何提升学生主动参与性［J］．冰雪体育创新研究，2020（23）：13－14.

二、初中学生缺乏体育教学主动参与性的原因

1. 传统体育教育方式陈旧、僵化

在初中体育教学当中，部分教师常常忽视了学生的心理状况，只注重对体育教学结果的追求。导致其在教学中，所使用的方式非常严格，没有给学生任何缓冲的时间，导致学生承受了极大的压力，对体育教师也形成了刻板的印象，不敢询问教师的课程安排和考试强度。一些教师还保留着传统的教学观念，采取了一些强制的方法要求学生锻炼，时间一长，学生就会产生恐惧，缺乏课堂的参与意识，缺乏学习的动力。对于体育教师所讲的体育知识，大部分学生都不会听①。再加上由于教师缺乏创造性以及科学的教学观念，在教学当中没有采用游戏教学、互动教学，没有进行体育教学内容的扩展，教学方式单一，也极大地挫伤了学生的积极性。因此，必须强化体育教学模式的创新发展，才能有效地调动学生的积极性。在体育教学中，学生与教师的互动是非常重要的，教师在课堂上采取常规的教学方式，让学生模仿自己的动作，会使体育教学缺少趣味，学生只能进行简单的模仿，很难真正地了解掌握体育知识，初中体育教学方式的陈旧和僵化也会影响到学生的学习兴趣，导致体育教学效果不理想②。

2. 缺少师生互动

现阶段下初中体育教学，大部分是由教师进行单方面的体育知识输出，师生之间缺乏有效的交流，教师不了解学生的心理变化，对内心敏感的中学生进行了直接的批评，导致学生的不满。再加上教师没有给学生自主参与的机会，要求学生要按照自己的要求去做，尽管体育锻炼中学生动作很标准，可是学生却不知道自己为什么要这样做，也不知道自己到底哪里有问题，时间一长，学习的兴趣就会大大降低。另外，教师在教学中没有充分了解学生，而是强制学生参与，学生因为不喜欢、不擅长常常会被批评，但其实学生也有其他的运动长处，因此教学一定要因材施教。

三、提高学生积极参与体育教学的体育教学策略

1. 开展趣味教学，丰富初中体育教学内容和形式

目前很多中学体育教师还存在一个问题，即教学手段单调乏味，常常是完成基础训练之后，就会让学生去展开自由活动，自己也去休息了，没有参与到学生的活动当中，学生缺乏自觉性，总是不能坚持体育锻炼，久而久之，就会出现学生体育学习兴趣和体育活动参与度降低、体育锻炼的成效不高的现象。基于此，教师应当积极展开教学创新，科学地组织体育教学，开展趣味体育教学，让学生能够充分感受到体育课堂的魅力，学习到更多的运动知识。在体育教学当中，教师可以把游戏与体育教学结合起来，使之既能适应中学生的身心发展特点，又能激发学生的主动性，使学生自觉地参加教

---

① 张风芹，王东安．初中体育教学中如何有效提高学生的主动参与性［J］．科幻画报，2020（10）：250.

② 王景杰．试论初中体育教学提升学生主动参与性的策略［J］．教学管理与教育研究，2019（14）：100－101.

学，逐步形成良好的体育学习和锻炼习惯，促进中学生的身体健康发展。例如，在开展体育活动之前，教师可以结合当前的热点，选取网络当中的热门蛇形跑作为放松运动，增强体育课的趣味性，让学生主动参与，进而提升初中体育课的教学效果。但需要注意，教学方法的使用既要满足学生的需要，又要适应学生的发展，最重要的是能够充分发挥学生的主体性，让其积极地参与到体育课堂中来。

2. 结合时代发展，树立创新教育理念

在新的课程理念下，中学体育教师更需要关注学生的主动性，实现以人为本的体育教学，在正确教育理念的引导下，构建良好的中学体育教学环境，让学生积极参与课堂教学，积极进行中学体育知识的自主探究和学习，变被动为主动，真正成为体育学习的主人。例如，体操教学过程中，教师可以先给学生演示一次，并给学生讲解最基本的知识点，而后再设计一个小游戏，让教师做动作，学生来纠正教师的错误动作。突破传统思维的限制，实现教师与学生角色的转变。让学生有一种新鲜的感觉，从而很好地激发学生的学习热情。为了发现教师的失误，学生会认真地分析和观察教师的技术动作，使学生的学习态度，从消极的学习转向积极的学习，促进学生的积极参与的同时也培养了学生独立思考的能力。

3. 体育锻炼的强度与时间的合理调整

随着学习竞争的日益加剧，学生的精力都放在知识的学习当中，许多学生的体能状况不断恶化，但体育教师却忽视了个体差异，忽视了学生的具体情况，因此常常会导致意外事件。比如，一些天生没有体育天赋的学生，身体情况较差，所以跑起来会上气不接下气，无法接受高强度训练。体育教师要为这些学生制订一个循序渐进的训练计划。另外，体育教学中的体育活动安排的密度过大，学生的学习压力过大，会导致学生产生一定的抗拒心理①。因此教师需要合理地安排教学活动，给学生留出一定放松时间。在遇到期末考试、期中考试时适度减少锻炼，考试结束后，利用趣味的体育活动来缓解压力。合理的运动有助于学生调节身体机能，平衡学习压力。同时教师要根据每个学生的体质情况，从体育专业的角度给他们一些建议。随着现代物质条件的提高，学生肥胖人数的比例逐年上升，身体体质也在不断降低，加之长时间使用电脑、手机等因素，使得许多学生对体育活动缺乏自觉。在教学中，教师要始终坚持科学引导，使学生能在教师的引导下，逐步强化训练，并根据科学、合理的计划实施锻炼方案，提高学生体质。

4. 加强教师与学生之间的交流

当前由于一些教师采用了命令式的教学方式，与学生之间的交流不多，导致了一些学生对教师的恐惧，缺少与教师的交流。交流是开展有效教学的基础。在新课改的指导下，为有效提升初中学生的体育参与积极性，教师必须要加强与学生的交流，在掌握学生的基本情况的基础上，展开针对性的教育。建立与学生沟通的机制，让学生能够有效

---

① 马学虎．初中体育教学如何提升学生的主动参与性［J］．青少年日记（教育教学研究），2018（11）：245.

地进行信息的反馈，不能过于严厉地批评学生，打击学生的积极性，而是要根据学生的不足，提供有效的改进培训意见，对学生进行鼓励，让学生充满兴趣，要发掘学生的长处，真正成为学生的导师。加强与学生的交往和交流。可以在一定程度上减轻学生的学习压力，让学生在运动中得到乐趣。

5. 构建多元化的评价体系

在传统的体育教学中，对于学生体育学习成果的考核是相对单一的，往往是通过一次期末考核测试决定学生的成绩，考核的内容也是十分片面的。个别体能力和身体素质相对较差的学生，很容易因为期末测试成绩不理想，积极性大大消减。在此后的体育课程学习和体育锻炼当中出现懈怠情绪，不愿积极参与课堂当中的体育活动，无法树立正确体育观念①。因此，教师可以从评价考核方式入手，突破传统的限制，改变过去的一成不变的考核模式，注重综合考核评价，根据学生的学习能力、身体素质、个性等诸多方面的因素，进行科学的考察评价，给予学生更多积极引导，重视学生的态度和学习方法。不能只看成绩，而应运用多元化的体育考核评价，激发初中学生的学习热情，提高中学生的体育教学参与度。

6. 实行因材施教，尊重学生的个性

目前初中体育课堂教学采用的是班级授课模式，班级授课能够有效提升整体教学效果，但却无法有效地展开因材施教，也不能适应学生的个性发展需求。因此，初中体育教师需要更好地了解学生，掌握每个学生的特点、兴趣、特长，再根据学生的情况，展开针对性的体育教学。例如，很多的学生有对于体育项目的喜好，有的学生对于打羽毛球有天赋，有的学生喜欢篮球具有篮球运动细胞。教师开展体育活动教学时，可以根据学生的体育项目喜好以及天赋情况来指导，对于喜欢篮球的学生教师在他训练时可以适当地提高要求，作出更积极的引导。对于学生不喜欢和不擅长的项目，不做过于严格的要求，重点培养学生喜欢且具有天赋的项目。进而有效地提升初中学生的体育学习兴趣，给学生更多的自主选择空间，让学生能够更加主动地进行体育训练，实现有效的体育锻炼，充分发掘初中学生的体育天赋。

7. 进行小组协作学习的应用

通过开展团队合作学习，可以使学生更好地参加体育教学，提高学习效果，让学生的思想活跃起来，让学生更加全面地思考问题，培养学生的协作精神，让学生主动地参加到课堂中来。在中学体育课程教学当中，采用小组协作学习的方式，首先需要教师学生进行一些体育运动基础知识的讲解，让学生能够开始更多的思考，实现知识的扩展。例如，教师在讲解接力赛时，可以将学生分成不同的小组，在完成基础知识的讲解以及动作的示范过后，让学生进行协作学习，让学生展开讨论。这样才能更好地完成接力赛教学。并通过反复的实践，使学员能够真正地掌握技术动作，相互帮助，养成团结协作的精神，最后再由教师进行科学的评价，使学生真正掌握体育技术动作，并且能主动参

① 龚炜．初中体育教学中的学生主动参与性提高策略［J］．中学课程辅导（教师通讯），2016（17）：24.

与到课堂中，体会到集体协作的积极作用。

四、结语

综上所述，初中体育教学对于学生的身心健康发展来说具有不可忽视的作用，因此教师必须高度重视体育教学，针对学生参与积极性不高这一问题，在教学中采取适当的改革措施，突出重点，提高学生的学习积极性。针对学生的体育学习需要，适时改变教学观念，加强与学生的交流互动，建立良好的师生关系；应用科学的教学手段，培养学生的自主性，使学生能够真正爱上运动、自觉运动。

浅谈如何通过改进和优化体育课堂激发小学生的体育运动兴趣

阿迪力·吐孙

长期以来，体育运动未能成为小学生热衷的课程项目和生活兴趣，而体育课也本应是小学生作为低龄段儿童喜欢的一门学科，通过调研，我发现有大多数小学生在接触了一段体育课后，就显示出对体育的“厌学”现象，而且这种现象越是在高年级就越明显。到底是什么原因使小学生不喜欢体育课呢？本人从一名小学体育教师的角度浅谈作为教师应通过哪些方法优化和改进体育课堂来激发学生对体育运动的兴趣。

一、影响小学生对体育课兴趣的原因分析

1. 现实的体育课不是孩子们“心中的体育课”

大多数小学生将体育课自然地理解成一种欢乐的“玩”或者“运动游戏”，这是他们心中的“想象”。而现实中的体育课却是专业性较强的教育，会有一些比较“规范”的内容，如排队列、规定动作要领等。体育运动的技术学习与学生心目中的“体育课”有差别，所以大多数学生与体育课的“初次见面”便没了好感，一开始就会对体育感到生疏，从而播下“厌学”的种子。此后，随着学生年龄的增长，学生对体育还会不断产生各种“想象”，这些“想象”来自五彩缤纷的竞技体育和大众体育，而当他们却总要面对体育的教学内相对单一、时间短，难以尽兴等体育教学的“现实”时，这种“想象”和“现实”的落差会始终存在，这样就会影响学生上体育课的兴趣。

2. 教“深”而“学”浅，体育课堂上收获不多

由于教学条件所限，我们国家中小学授课班级人数基本在45人左右，人数比较多，这对体育教学来说要想上好、教会、教懂、教悦，是很难做到的。在学生上体育课时，由于人多，器材少，场地小，练的机会又少，学生没有更多的时间和空间去充分尝试和

体验，所以学生普遍没有学会，没有深刻的体验，学生没有兴趣，既学不会也学不悦，使学生对体育运动的兴趣大打折扣。

3. 教学方法落后，课程规划节奏有失

在相当多的学校体育课上，体育教师表现在教学方法上的单一性、简单性、形式化、成人化，大多是教学内容多、学生人数多、教学时间少、场地器材不足、指导思想陈旧所造成的。有些因素我们很难改变，有些因素是值得研究。例如，有些教师在教法选用上有忽视甚至是无视学生的问题，把体育课当作重要课程外的“副课”，心理上和行动上作为教师自身都没能很好地对体育课予以重视，课前无备课，课上随心讲，学生浪费了时间且没有收获，纪律自然越来越差，也学得越来越随性，教师教学方法的偏颇和生硬，使学生体会不到他们应该体会到的乐趣，这样的非良性循环只能造成学生对体育课越来越失望，将其当作一种休闲课。

4. 教学缺乏选择性、探究性和自主性

体育课和大众体育的最明显区别是，体育课是教学过程。它在“为什么教”“教什么”“谁来教”“怎么教”“在哪教”等方面都是有目的、有计划的。因此，学生就会感到和课外体育很不一样，即感到缺乏可选择性、探究性和自主性。但是上述的计划性并不意味着学生已经完全失去自主选择性，那么学生就会更加感到体育教学的强制性，从而逐渐产生厌倦感。

二、浅谈激发学生对体育运动兴趣的几点可行做法

1. 给予学生热爱体育运动的信心

自信是培养学生兴趣的动力和源泉，学生学习信心不足，自卑心重，怀疑自己学习潜力，就不可能产生学习兴趣。在体育课堂上，教师完全可以给学生很大的自信心，让学生对学好体育课抱有期望。教师应信任学生，并对学生施以关注和爱的情感，使他们得到重视，即使各方面条件比较差、信心不足的学生也能得到各方面的发展。我个人在体育教学中主要采取了三个方法：一是在教学中要善于发现和利用学生的闪光点，对学习信心不足的学生，我发现他们有一点进步，就及时表扬和鼓励，以增强其荣誉感和自信心，使之成为奋发进取的成功者，使学生有愉悦的心理体验，能对学习产生积极的兴趣，进而促进其学习；二是让学生多一些表现和发挥的机会，针对课堂提问或示范，易答题可让学生先回答，简单动作可让学生先来示范，给学生更多的机会体验运动乐趣，培养学生的学习信心；三是心灵上接近学生，沟通思想，师生心理相容能增强学生的自信心，学生喜欢教师，进而喜欢教师所授的课程。

2. 利用教材本身引发学生的兴趣

发掘教材的趣味性。根据小学体育教学特点，从学生的生理心理特点的角度来看，具有浓厚的趣味性的教材内容，对学生有很大的吸引力。由于小学生兴趣广泛，丰富多彩的体育运动项目能吸引学生参加身体锻炼，小学体育教材中各项运动，如田径、体操、武术、游戏等都是儿童喜爱的运动。所以教师要充分地选好教材，要根据学生生

理、心理特点、地区季节特点等来选择一些娱乐性、趣味性强、竞争性激烈、受学生欢迎的教材来引发学生学习兴趣。

发挥教材的实效性。一本好的体育教材，能够满足学生的直接体育需要。体育活动中项目很多，涉及的场地、器材、设备等方面的问题也很多。体育教学要根据学校的具体条件、气候特点、学生实际，选择一些对锻炼身体行之有效的内容。经过短期的教学实践，学生容易看到自己的锻炼效果，使学生享受到成功的喜悦。这有利于培养学生对体育的兴趣。

3. 课堂教学要有艺术性

体育课堂上，教师要想圆满地完成教学任务，使学生掌握一个动作或完成某个练习，仅凭讲大道理或生硬地强迫命令，往往是无济于事的。教师必须掌握教学的艺术性：一是教师要注重仪表和教态，教师穿着整洁的运动服、面容和蔼、举止端庄大方，在学生心目中建立良好形象，增强教师对学生的感染力。二是教师的示范与语言，学生喜欢看教师做动作，教师在讲课时的语言要精练、生动形象、幽默有趣，激发学生对所学动作的兴趣。三是教师要注意合理的角色站位，把握好帮助的时机和保护的手法，既不影响学生完成动作，又给学生以安全感。以平整而又宽敞的场地，整洁而又规范的器材、设备，给学生以良好的刺激，使学生产生良性反应，感到美的享受，愿意在优美的环境中从事各种身体练习。四是灵活地运用各种练习方法，特别是学生对所学的动作初步掌握以后，为了督促、检查教学效果，充分地调动学生练习的积极性，给学生练习的时间和空间。五是教师的感情要始终融洽在学生的情绪之中，如果教师可以与学生一起活动，学生的学习兴趣更能有效提升。

4. 重视学生的个性发展

一个教学班，几十名学生，不仅性别、年龄、身体状况、性格不同，而且他们对体育课的态度和体育项目的爱好也不同。教师不仅要统一安排教材内容，而且要考虑因材施教、区别对待的原则。在促进学生全面发展的基础上，还要注意学生的个性发展。

5. 以兴趣激发兴趣

教师要充分发挥学生的主体作用和教师的主导作用，教师在加强个别指导的同时，要有计划地培养体育骨干。我们在大街小巷里不是也经常看到成群的孩子，自发地、有组织地进行各种游戏吗？让学生自己管理自己既培养了他们的组织能力，又激发了他们对体育课的兴趣，也确实发挥了学生主体、教师主导的作用。

三、总结

激发学生对体育课的兴趣，重视提高学生自主锻炼的能力，既是当前素质教育的需要，也是提高教学质量的重要环节的需要，更是让学生在热爱体育运动中享受生活的快乐、拥有良好健康的身心的需要。教师应在钻研教材的基础上，认真研究教法、学法。通过各种方法激发学生对体育课的浓厚兴趣，使他们自愿地去活动，愉快地去活动。培养学生上体育课的兴趣，调动学生学习积极性，通过改进和优化体育课堂不断地激发学生对体育运动的兴趣。

如何在有限条件下上好一节体育课

张亚卫

随着社会经济的蓬勃发展，以及人民生活水平的日益提高，大众对于体育生活品质的追求突飞猛进，学校体育教学活动一直处于推广体育运动、培养体育精神、铸造体育品格的主要阵地。当在运动场上问及那些挥洒汗水、展现运动魅力的爱好者时，他们经常会讲：现在的运动技能大多是在小学、中学或者大学的时候学的，对于运动的热爱大多是受到上学时体育教师的影响。由此可见，上好体育课对于体育运动意识的启蒙和推广是至关重要的。

从广义角度来说，因为地区差异、经济差异、文化差异，每个地方的体育课程也存在一定的差异。从狭义角度对于同一个区域的办学条件、场地器械设施、师资配比、对体育课程的重视程度等方面来说，每个学校的体育课程也存在一定差异。对有的学校来讲，学生数量众多，体育场地有限，仅仅有 200 米的田径场和两个篮球场，师资力量紧张，如何在这样的环境下，安全有效地上好一节体育课，对于体育教师来说是一个重大的考验，也是一项重大的挑战。对于每一个孩子来讲，他们的小学阶段有且只有一个，所以体育教师任重而道远，应就如何在有限的场地、有限的师资配比下上好一节大班体育课作出深刻思考。

一、了解小学生生理、心理特点

1. 生理特点

小学生正处于身体生长发育的关键阶段，恰当的运动干预对于小学生的身体生长发育能起到事半功倍的奇效。小学生年龄大多处于 6 ~ 12 周岁阶段，身体正在从量变发展到质变的阶段，身高、体重增加，各个器官也在逐渐分化，各项生身体机能变化明显。

（1）小学生骨骼发育尚未完成，有机质含量较多，且有机质含量与年龄成反比。骨骼易变性弯曲，但是韧性较好，自我修复能力强，不宜从事大重量训练。

（2）心脏发育 7 岁以后增长相对缓慢，青春期又迅速增长，心跳速度较快，小学生肺、肾、皮肤等毛细血管丰富且血流量大，新陈代谢旺盛，营养需求量大。这就意味着小学阶段，身体呈现出易疲劳但恢复速度快的特点。

2. 心理特点

（1）注意力易分散，不集中，做事情不长久，表现出好动、爱闹的特点。好奇心重，在上课的过程中容易被与上课不相关的突发情况吸引。

（2）以兴趣为导向。当小学生对某一项运动感兴趣时，他们会持之以恒、坚持不懈地去努力，时刻都在想着技术动作，遇到不懂不会的也会积极向教师、同学请教。

（3）小学生的记忆形式以无意识、模仿为主。他们在学习的过程中以模仿为主，当教师讲解技术动作时，他们主要以模仿来学习技术动作。因此，对于小学生的教学必须以直观的教学为主。

（4）活泼好动，精力充沛，持续性不强。活泼好动是小学生的天性，小学生对各项运动充满了好奇，若引导得当则很容易激发他们的学习兴趣。

二、了解小学生学习、接受模式

了解小学生学习生活特点，针对他们的特点去教学往往会产生事半功倍的效果。

1. 小学生模仿能力较强

小学生对于技术动作的模仿能力较强，通过直观的讲解，多层次、多方位、多角度、多形式地进行示范，可以很好地促进小学生对于技术动作的理解和学习，也能够很好地促进小学生对技术动作的掌握。在教学的过程应该避免生涩的专业技术名词，要让专业名词活起来，具有感情、生动、易懂。

2. 以兴趣为导向，投其所好

抓住小学生喜欢的东西，融入课堂中去，想让小学生喜欢你的课堂，有趣、好玩是他们不可抵挡的绝招。

3. 好动，注意力分散

小学生天性好动，注意力不易集中，这对于教学来说是一项很大的挑战，如何去教、怎么教、教什么格外关键，将直接决定课堂教学的效果、价值和意义。

三、具备良好的专业能力

仅仅了解小学生的生理、心理、学习特点还远远不够，小学体育教师还需要具备以下几个特点。

1. 作为体育教学要具备扎实、丰富的理论知识、专业技能

（1）熟练掌握和运用运动解剖学和运动生理学的知识，掌握一定的运动处方技能。运动解剖学可以让我们更加清晰地了解小学生的身体肌肉构造及原理；运动生理学可以有效地指导我们针对小学生的运动特点、运动机能，合理安排上课运动强度，达到一定的运动效果；运动处方有助于我们因材施教、对症下药，针对个别个体进行更加有效的训练。

（2）具备扎实的专业技能。作为体育教师，技术动作专业优美是立身之本，教师自身要具备扎实的技术动作基础，课堂形式要丰富多彩，内容避免单一乏味，如果做不到内容丰富、形式多彩，就无法调动小学生的学习兴趣。小学生注意力相对成年人较分散，很容易分神，没有丰富的多样的形式吸引他们，再专业的技术动作都起不到应有的教学效果。

2. 了解小学体育课的内涵

（1）课堂文化：有趣、好玩。作为新时代下的体育教师，仅仅拥有扎实的运动功底、丰富的理论知识已经远远不够，我们的课堂还要有趣、好玩。只有这样我们教授的体育知识和技能才能有效地传递到学生的脑子里。体育教师在平时的生活中仅仅沉浸在自己的生活中是远远不够的，我们还要了解小学生的世界，知道他们喜欢什么样子的动画片，喜欢哪些动画人物，最近在玩什么游戏，喜欢的游戏人物有哪些。记得我在正式成为一名小学教师之前，是在羽毛球培训班里教授青少年羽毛球运动的。我当时把小朋友们很喜欢的小猪佩奇、光头强、熊大熊二等动画人物结合羽毛球技术动作变成一个小段子，很受小朋友们的喜欢，学生学习效果明显、学习效率大大提高，取得了很好的效果。

（2）掌握小学生的身心特征。针对小学生生理、心理特点，以及顽皮好动的性格，良好的课堂常规显得尤为重要，每当上课的过程中对于他们这些特点需要我们多一点的理解和包容，但遇到调皮的小学生时我们要多转变方式方法，一定要耐心、细心、用心、真心地去对待他们，当你和他们“打成一片”的时候你们将会成为很好的朋友，他们也会听从你的指挥。

四、合理开展教学

1. 提高身体素质

（1）发展灵敏素质。灵敏素质是一种复杂的身体素质，是人体在活动中的综合表现，指人体在复杂多变的条件下，对刺激作出的快速、灵活、准确的反应，身体各项技能及肢体灵活完成动作的能力。

①原地开合跳。原地开合跳可以有效地增加学生的弹跳力，还可以促进学生身高增长，同时手脚并用可以很好地发展学生的身体协调能力。

②原地前后交叉步。原地前后交叉步是促进学生身体协调素质能力发展的有效手段，可以使学生在发展协调能力的同时也很好地发展弹跳力。因为有趣的、略加修饰的动作，原地前后交叉步受到学生们的空前喜爱。

③原地立卧撑。立卧撑是一项非常消耗体能的运动项目，同时也是一项很好的锻炼全身的运动项目，能够均衡协调发展学生的上下肢力量。

④原地抛接球练习。乒乓球、网球、羽毛球等小球类的原地抛接可以很好地促进和刺激学生反应能力的发展。

（2）发展柔韧性。柔韧性是指人体各个关节的活动幅度、关节周围组织的弹性和伸展能力的表现，是人体运动时加大动作幅度的能力。良好的柔韧素质可以有效减少运动伤害，是学生远离运动伤害的一剂良药。

①原地双人两脚相对，两腿伸直互相牵拉，可以有效地发展腰部、髋关节柔韧性，我经常会在课堂放松阶段采用此种方法。

②原地劈叉。在课堂放松阶段，学生各项机能得到充分锻炼的情况下，劈叉是简单、直接有效的拉伸发展柔韧素质的方式。

③双腿跪地，坐于双脚根处，向后躺于地上，可以有效拉升股四头肌和腹直肌，我在课堂上让学生做此项动作，发现这对很多学生来说是一项挑战。

（3）耐力素质。耐力是指人体长时间进行肌肉活动的能力，也称抗疲劳能力。耐力素质体现了肌肉耐力、心肺耐力和全身耐力的综合状况，它与肌肉组织的功能、心肺系统的功能以及身体其他基础系统功能的提高密切相关。

通过原地高抬腿、小碎步、开合跳、立卧撑、蹲起跳、原地前后交叉步等结合组与组之间的时间间隔调整运动强度，对于学生来说能够很好地调节心肺功能和耐力素质。

（4）速度素质。速度素质指人体快速运动的能力。它包括反应速度、动作速度、起动速度、加速度、最高速度等。

对学生数量较多班级进行速度素质训练对教师来说是一项很大的挑战，我在上课的过程中会将速度素质与耐力、灵敏、耐力等素质结合起来一起训练。例如，将每一排或者每一列学生编号，通过叫编号，使学生快速绕本列或者排一圈再回至原位，同时没有被叫到号的同学做原地特定动作练习，从而充分增加学生体育课上的运动效率。

2. 游戏性练习

单纯的原地练习是枯燥乏味的，教师在上课的过程需要不断变换原地动作的方式和类型，要给学生讲解技术要领、锻炼的效果。要不断通过语言、比赛等形式来丰富做技术动作的方式。

过多的原地练习会令小学生厌烦，大型互动游戏此时就会变成很好的润滑剂。游戏是所有小学生的天性，没有哪个小学生能抵御住游戏的诱惑。人数众多的大型游戏，纪律和安全是核心，如何让小学生在安全、有序的前提下进行游戏是游戏设计的关键。

我在课堂上通常会将学生分成几组进行游戏，如当三个班级同时上课时我会以班级为单位进行分组。班长和体育委员作为我的助手，我游走巡视，发现问题及时纠正，大场面就尽在掌握之中。

可以让学生玩“贪吃蛇”“贴烧饼”“123 木头人”等游戏，也可以发挥学生的主观能动性，让他们去探索和发现好玩的游戏。

当今体育经济突飞猛进，学校体育发展至关重要，小学体育教师如何在有限的场地、有限的师资配比下上好大班体育课是小学体育教师不得不重视的问题。

课外体育与体育课堂教学的探究

武冬雷

自 2007 年 4 月 29 日教育部、国家体育总局、共青团中央联合发起的全国亿万学生阳光体育运动全面启动，到 2021 年 7 月 24 日全面实施“双减”，及至目前，莎车县第四中学仍没有形成有效的体育运动机制。

一、主要体现

1. 学校过于注重文化成绩而忽视体育教学。

2. 体育教师年纪普遍较大。现有的教学思路方法等跟不上新时代体育教育的步伐，且缺乏探究创新意识。

3. 体育教师力量薄弱，各年级严重短缺专业素质过硬的体育教师。

4. 班容量严重超标，体育课堂无法进行有效的讲解示范以及组织练习。

二、对策

鉴于上述，莎车县第四中学迫切需要探究出一套适合莎车县第四中学体育教育教学模式。2021 年 3 月经过体育组讨论，主要以课堂教学为主体，与课外体育运动相辅相成，探索出了适合莎车县第四中学的体育教育。

1. 试点教学，探索经验

2021 年 3 月 15 日起以七年级为试点开始探索体育课程和课外体育的结合。该年级目前有 17 个班级两位体育教师。其中，艾尔肯・伊斯麦克老师带 10 个班级课程，武冬雷老师带 7 个班课程。

（1）主要目的

以春季运动会为契机，以六月份全县中小学足球赛、十一月份全县中小学足球、篮球赛为抓手。通过对参赛学生进行奖励，带动学校体育文化发展，提高学生对相关项目的学习兴趣。同时，适当调整教学内容，设置一些有竞技性、对抗性、游戏性的课程。利用“阳光体育活动”“双减”的课后服务时间，在班主任的带领下，由各班体育委员带头，组织学生进行体育课上所教授的对抗性、竞技性、游戏性的体育活动。由此提高莎车县第四中学体育文化氛围，让学生热爱体育运动，在运动中增强体魄、磨炼意志、收获快乐。使体育课程教学内容与阳光体育活动发挥相互促进、相辅相成的作用。

（2）主要措施

为课后体育活动顺利开展合理安排场地；按照体育全一册内容对八年级各班的教学进度进行调整（八年级体育与健康全一册第十章游泳不具备教学条件调整为羽毛球）。

具体课表如表 1。

表 1　课表

	第一章 体育与 健康理 论知识	第二章 田径	第三章 足球	第四章 篮球	第五章 排球	第六章 乒乓球	第七章 体操	第八章 健美操	第九章 武术	第十章 羽毛球	第十一章 民族民间 体育
第一周	1 班 2 班	3 班 4 班	5 班 6 班	7 班 8 班	9 班 10 班	11 班 12 班	13 班	14 班	15 班	16 班	17 班
第二周	3 班 4 班	5 班 6 班	7 班 8 班	9 班 10 班	11 班 12 班	13 班	14 班	15 班	16 班	17 班	1 班 2 班
第三周	5 班 6 班	7 班 8 班	9 班 10 班	11 班 12 班	13 班	14 班	15 班	16 班	17 班	1 班 2 班	3 班 4 班
第四周	7 班 8 班	9 班 10 班	11 班 12 班	13 班	14 班	15 班	16 班	17 班	1 班 2 班	3 班 4 班	5 班 6 班
第五周	9 班 10 班	11 班 12 班	13 班	14 班	15 班	16 班	17 班	1 班 2 班	3 班 4 班	5 班 6 班	7 班 8 班
第六周	11 班 12 班	13 班	14 班	15 班	16 班	17 班	1 班 2 班	3 班 4 班	5 班 6 班	7 班 8 班	9 班 10 班
第七周	13 班	14 班	15 班	16 班	17 班	1 班 2 班	3 班 4 班	5 班 6 班	7 班 8 班	9 班 10 班	11 班 12 班
第八周	14 班	15 班	16 班	17 班	1 班 2 班	3 班 4 班	5 班 6 班	7 班 8 班	9 班 10 班	11 班 12 班	13 班
第九周	15 班	16 班	17 班	1 班 2 班	3 班 4 班	5 班 6 班	7 班 8 班	9 班 10 班	11 班 12 班	13 班	14 班
第十周	16 班	17 班	1 班 2 班	3 班 4 班	5 班 6 班	7 班 8 班	9 班 10 班	11 班 12 班	13 班	14 班	15 班
第十一周	17 班	1 班 2 班	3 班 4 班	5 班 6 班	7 班 8 班	9 班 10 班	11 班 12 班	13 班	14 班	15 班	16 班
十二周	1 班 2 班	3 班 4 班	5 班 6 班	7 班 8 班	9 班 10 班	11 班 12 班	13 班	14 班	15 班	16 班	17 班
第十三周	3 班 4 班	5 班 6 班	7 班 8 班	9 班 10 班	11 班 12 班	13 班	14 班	15 班	16 班	17 班	1 班 2 班
第十四周	5 班 6 班	7 班 8 班	9 班 10 班	11 班 12 班	13 班	14 班	15 班	16 班	17 班	1 班 2 班	3 班 4 班
第十五周	7 班 8 班	9 班 10 班	11 班 12 班	13 班	14 班	15 班	16 班	17 班	1 班 2 班	3 班 4 班	5 班 6 班

（3）各科目上课场地及课后体育活动场地安排如表2。

表2　场地安排

课程	第一章体育与健康理论知识	第二章田径	第三章足球	第四章篮球	第五章排球	第六章乒乓球	第七章体操	第八章健美操	第九章武术	第十章羽毛球	第十一章民族民间体育
场地	班级	田径场	足球场	篮球场	排球场	乒乓球场	实验楼后	教学楼前	行政楼后	羽毛球场	教学楼后

2. 一年来现状分析

（1）课程教学在“阳光体育活动”和“课后服务”中的应用

每章课程每个班最多上两周，最少上一周，每周三节课。以体育与健康理论知识为例，班干部在“阳光体育活动”和“课后服务”中可以用以下组织形式：知识问答（如运动前需要怎么热身?）、真实事例（如小刚在跑步中忽然间小腿抽筋其他同学应该怎么做?）、通过考试等形式提高学生对体育与健康活动的兴趣，增强学校体育文化氛围。为此，按照不同课程形式备好每一节体育课，通过浓厚的体育文化氛围提高提升学生对体育课的积极性，进而促进学生参与的主动性。以足球为例，一周三节课，第一节运球、第二节传球、第三节射门。每节课上完之后，在“阳光体育活动”和“课后服务”中班干部组织运球比赛、传球游戏、射门比赛，按照不同技术动作设置不同的比赛。学以致用，以玩促学。（这个是重点，“知之者不如好之者，好之者不如乐之者”）

（2）各类体育赛事对课堂教学的促进

班主任通过学生在班级中的表现发现学生各自的运动天赋，鼓励学生参加学校举办的运动会，将其中表现优秀的推荐给学校各项目校队（目前由于县级比赛较少，只成立了足球队和篮球队）。在校队中表现优异就可以参加县级举办的各类比赛。校队学生在比赛中获得成绩校广播站会对其进行采访报道，进而营造浓厚的体育文化氛围。

以足球为例，2021年11月份莎车县教育局举办“莎车县2021年第五届民族团结一家亲”杯“中小学生三大球比赛”“七人制足球赛”。第四中学选拔出来的校队获得小组第一，被校广播室报道后，学生更加热爱足球运动。各年级体育教师都反映足球课中七年级学生比以前更加积极、刻苦，训练更加认真。

（3）课程教学引领课余体育活动活动内容

在每一课学习到新的体育技能后，学生在课间会迫不及待地展示新学到的技术动作，并在应用中思考实践，而后转化为自己更好的理解。自我纠正的过程，就是主动学习的过程，其主要动力就源于兴趣。

以篮球为例，课间休息时间在篮球场上玩耍的学生82%都是本周学习篮球的班级。以三步上篮、小跳步上篮为例，三步上篮是学生刚接触的上篮技术，小跳步上篮是学生已经学过的上篮技术。那么学生在打球中会有意无意地尝试小跳步上篮。由此可以看出体育课程所教授的运动技术的重要性。

三、成果

1. 问卷情况

2021 年 3 月 15 日在莎车县第四中学七年级（现八年级）学生中抽取 50 名学生进行座谈采访。

设置问题：

你平时喜欢什么体育运动项目？（表 3）

你喜欢上体育课吗？（表 4）

你喜欢（不喜欢）体育课的原因是什么？（表 5，表 6）

调查结果如下：

表 3　你平时喜欢什么体育运动项目

足球	篮球	排球	乒乓球	体操	健美操	羽毛球	其他	无
20 人	10 人	2 人	8 人	0 人	0 人	3 人	1 人	6 人
40%	20%	4%	16%	0%	0%	6%	2%	12%

表 4　你喜欢体育课吗

喜欢	不喜欢
30	20
60%	40%

表 5　喜欢体育课的原因

可以玩	喜欢运动	喜欢某一项项目	其他
20	5	4	1
66.7%	16.6%	13.3%	0.34%

表 6　不喜欢体育课的原因

累	不喜欢传统体育课	天气气候原因	其他
12	3	3	2
60%	15%	15%	10%

由以上四张表可以得出以下结论：

莎车县第四中学学生喜欢的体育项目单一；莎车县第四中学学生还有很大一部分学生不喜欢体育课。目前，莎车县第四中学体育课开设科目对学生没有吸引力。

2021 年 12 月 15 日经过实施以上教学方案随机抽取同届 50 名学生进行座谈采访。（表 7 ~ 表 10）

表7　你平时喜欢什么体育运动项目

足球	篮球	排球	乒乓球	体操	健美操	羽毛球	其他	无
10人	6人	4人	10人	5人	5人	5人	4人	1人
20%	12%	8%	20%	10%	10%	10%	8%	2%

表8　你喜欢体育课吗

喜欢	不喜欢
43	7
86%	14%

表9　喜欢体育课的原因

可以玩	喜欢运动	喜欢某一项项目	其他
10	6	25	2
23.2%	13.9%	58.1%	4.7%

表10　不喜欢体育课的原因

累	不喜欢传统体育课	天气气候原因	其他
4	0	2	1
57.1%	0%	28.6%	14.3%

由表7～10可以得出以下结论：

莎车县第四中学学生开始有了主动参与体育运动的兴趣爱好；学生对体育课的认知有了很大的改观，大部分学生开始喜欢上体育课。由此，可以看出，此次对八年级体育课程调整以来莎车县第四中学八年级学生对体育课乃至对体育运动的认知发生了巨大变化，由原来的可有可无、不受重视的学科变成了学生发自内心的、自觉练习的学科。体育运动无处不在，体育知识无处不在。在此过程中提高了莎车县第四中学体育文化氛围，让学生热爱上了体育运动，在运动中增强体魄、磨炼意志、收获快乐。达到体育课程教学内容与阳光体育活动相互促进、相辅相成的作用。

2. 总体成效

（1）以点带面，带动全校体育教学

2022学年在全校范围内推广该年级的成功经验，在校领导的重视与支持下，协调处理了目前尚存在的问题。每周教研组至少组织一次会议，不断查找问题，讨论解决方案，归纳总结。探索出适合莎车县第四中学现阶段体育教师严重短缺的形势下提高莎车县第四中学学生的身体素质、提高学生的体育素养、增强学生体育兴趣、提升莎车县第四中学体育文化氛围的方法。同时分年级制订各阶段的教学计划，保证学生在校三年能够进行丰富的体育学习。

(2) 时机成熟，实现教师跨年级带自己特长的课程

在莎车县第四中学教师配备充足后可以以此为基础，各教师在“阳光体育活动”“课后服务”时间开设各体育项目的专项指导，提高学生的体育专业素养，进而更高效地组织学生社团活动。在莎车县第四中学基础设施更加完善后，具备其他科目教学条件后相应调整扩充课程项目。

总之，在体育课中要锻炼学生身体、增强体质；传授体育的基本知识、技术和技能；对学生进行思想和道德品质的教育。这三个方面是有机联系的一个整体，必须协调一致，全面贯彻。莎车四中体育教师要有“不为困难找理由，只为困难找方法”的决心，因地制宜，不断探索适合本校的体育教学模式。

体育游戏在初中体育教学中的应用

杨利民

在初中阶段的课程学习中，体育课属于一门基础学科，通过对此门学科的学习，可以在一定程度上增强学生的体质①。就当前的教育来说，多数学生在学习中更加重视对语数外等文化科目的学习，而未对体育课引起重视，导致多数学生因缺乏锻炼而身体素质降低。新课改的推行强调素质教育，体育课逐渐受到重视，为了激发学生对体育课的兴趣，体育教师可以将体育游戏与教学相融合，以提高学生的体育课堂参与度，进而提升体育教学质量。

一、体育游戏在初中体育教学中存在的问题

1. 体育游戏与教学目标不相适应，影响了教学目标实现

就当前来说，多数学校在体育课的教学中设置了教学目标，但是在实际的教学过程中，并不能将设置的教学目标与体育游戏相融合，导致体育游戏并不能真正发挥其作用。依据初中生的性格特点，体育教学选择的体育游戏必须具有趣味性，只有这样，才能调动学生的积极性，使学生主动参与到课堂中来。但是部分教师在教学过程中只重视有意的趣味性，而忽略了对教学过程的把控，导致游戏在规定时间内未能完成，进而对最终的教学效果造成影响。

2. 体育游戏种类单一，导致学生兴趣降低

将体育游戏融入教学当中，这一教学模式出现的时间较短，因此从其发展上来讲，体育游戏的种类还不丰富。通过对当前体育教师的教学调查发现，其选择的体育游戏并

---

① 赵文杰. 体育游戏在小学体育教学中的运用研究 [J]. 青少年体育，2022 (3)：106－107，78.

不适合初中生①。初中阶段的学生无论是生理还是心理与小学生相比，都更加成熟，而体育教师选择的游戏大都比较幼稚，更加符合小学生的发展特点。在现阶段的体育教学中，使用率最高的一项游戏是“两人三足”的游戏，体育教师在选择这一类型的游戏时，并未对学生的学习现状进行全面、细致的分析，因此选择的游戏不能满足学生的需求，也就使得学生对体育课堂丧失兴趣。

3. 体育游戏开展不够广泛，有待于宣传推广

当前我国正大力推进素质教育建设，因此各个学校对于体育教学的重视程度越来越高，对于体育教学的要求也会越来越高。因此，为了提升教学效果，大部分体育教师都在寻求更好的教学方式，体育游戏就是其中的一种。但是在部分教育比较落后的地区，这种教学模式并没有得到普及，究其原因在于这些地区经济比较落后，体育教育未受到重视。因此，在经济发达的地区，其教育观念往往更加先进，能够顺应时代发展的需要，对课程作出改革，并紧跟教育的发展，对教学模式进行更新②。

二、体育游戏在初中体育课堂中的作用

游戏能够让人的身心得到放松，体育游戏也具有同样的作用，因此，将体育课与体育游戏相融合，可以缓解学生的学习压力，对学生的心理起到一定的放松作用，有助于学生的心理健康发展，同时也能保障学生的身体健康。在学生的学习过程中，由于某些学习任务存在较大的难度，容易导致学生在心理上产生较大的压力，若这些压力未及时得到释放，则这些压力将会转移到体育学科上，进而使学生对体育课产生厌烦的心理。因此，在体育课中加入体育游戏，通过游戏释放学生的压力，可以有效改善上述情况。体育游戏就其本身的性质来讲，具有一定的趣味性，可以让课堂环境变得更加的活泼，而且体育课与其他学科相比，没有硬性的要求，学生也不用考虑成绩是否达标，不用承担过多的学习压力，能够最大限度的让学生得到放松，缓解学生的压力。在体育学科的教学过程中，为了保障体育游戏的效果，通常把学生分为多个小组，从而让每一个学生都能参与进来，互帮互助，在共同合作中完成游戏。这种教学方式可以更好地锻炼学生团队合作意识，并加深学生对集体的认识③。由此可见，在初中体育课堂中融入体育游戏是十分重要的。

三、体育游戏在初中体育教学中的实施策略

1. 制定详尽的游戏方案，引导学生正确进行游戏互动

在开始体育课之前，体育教师应该根据学生的实际情况制定教学方案，明确教学需要达到的目标，然后根据教学方案设计游戏活动的方案。在对游戏活动进行设计时，要保证游戏的科学性，同时要制定游戏的具体规则，使得体育游戏的应用可以为体育学科

---

① 陶积辉．“快乐体育”在小学体育教学中的应用［J］．学周刊，2022，10（10）：152－154.

② 张杰．简论体育游戏在学校体育教学中的应用［J］．青少年体育，2022（2）：117－118.

③ 魏清军．体育游戏在初中体育教学中的应用策略分析［J］．冰雪体育创新研究，2022（1）：118－120.

教学效果的提升提供辅助作用，进而确保教学目标顺利实现。同时，在游戏活动中，需要提醒学生严格按照游戏规则进行游戏，只有每个学生都遵守规则，才能保证课堂的秩序不受影响①。部分人认为体育游戏对于学生没有任何作用，这种想法是错误的，学生在进行游戏活动时，可以充分发挥大脑的作用，开动脑筋进行思考，提升能力。而且在体育学科的教学中，学生也可以学到其他知识。在体育学科的教学中，教师在设计教学方案时，须考虑到游戏的各个环节，通过不同的环节来提升学生的团队合作意识，并且在游戏的过程中通过制定的规则让学生认识到遵守规则的重要性，并且通过游戏提升学生的综合素质。例如，教师在教学过程中设置了接力跑的游戏，将班级学生平均分为五组，进行接力跑的比赛，为了提高比赛的挑战性，可以在赛道上设置一些小障碍，要求学生在比赛过程中必须穿越设置的障碍物，若是学生未按规则进行穿越，则本次成绩不算数，需要回到起点重新开始。除此之外，为了让学生更好地感受班级的凝聚力，深化其对集体主义的认识，还需要安排部分学生扮演啦啦队的角色，为参与比赛的学生加油。由于是接力跑比赛，因而需要用到接力棒，若是没有接力棒，则在两位学生进行交接时，以相互击掌表示接棒成功。通过对游戏中各个环节的设置，让体育游戏摆脱刻板的印象，从而增添趣味性和娱乐性。即使在游戏活动中部分学生参与游戏失败，但是在整个活动中其内心也是很快乐的，并且在游戏中体会到了团队合作的重要性，也对集体有了更深的认识。其实在体育学科的教学过程中，虽然很多游戏表面上看起来很简单，但教师在教学中应注意其细节部分，往往细节更能打动人，若是能多多关注细节，体育课的教学效果将会有质的提升。此外，体育游戏在体育课堂中的应用，可以发现学生的品质，对于品质存在缺陷的学生，可以通过游戏活动中规则的应用有效进行改善，从而提高学生的综合素质。

对于体育教师而言，在课堂中应用体育游戏并不仅仅是为了提高学生的参与度，而是为了更好地教育学生②。体育学科自身的特殊性，可以让课堂变得更加欢乐，同时，这种欢乐的氛围可以让学生认识到合作的重要性，并且通过各个游戏环节的设置提高学生的沟通能力。对于初中阶段的学生而言，由于其心智还不成熟，因而容易受到各种因素的影响，从而不利于其良好人生观、价值观的形成。但是适宜的体育游戏可以帮助初中阶段的学生进行自我调节，为其人生观、价值观的形成奠定基础。通常情况下，体育课就是带领学生做运动，或是让学生跑步，这种教学方式太过单一，容易让学生对体育课产生厌烦的情绪，而且并不能提升教学效果。因此，为了改变这种局面，体育教师应不断地进行探索，最终选择将体育游戏融入教学中，以提高学生参与课堂的积极性，并且通过游戏活动提升学生的各项能力，如应变能力，同时还能增强学生的体质，促进其生长发育。总的来说，要提升教学效果，教师需要制定详细的教学方案，并且在游戏中引导学生积极互动。

2. 做好安全教育工作，促进学生心理健康

当前很多家长之所以反对学生上体育课，在于担心学生受伤。因此，对于体育学科

---

① 谷丰．体育游戏在初中体育教学中的应用研究［J］．试题与研究，2021（35）：183－184.

② 李庆．游戏教学法在初中体育教学中的应用［J］．读写算，2021（34）：95－96.

来说，最重要也是最首要的任务就是保证学生的安全，尤其是将体育游戏融入体育课堂以后，更加要对学生的安全引起重视。因此，在设计教学方案时，需要充分考虑在游戏活动中可能存在的问题和风险，做好应对风险的准备工作，对游戏的各个环节进行全面、细致的分析，尽量减少学生在游戏中可能遇到的危险。在开始游戏前，要详细告知学生游戏的规则、要求以及注意事项，并且要做好防护工作，在讲解完以后，由教师选取学生代表对游戏过程进行演示，让学生对整个游戏过程有一个大致的了解。不能未经演示就让学生自行开始游戏，否则，很容易导致学生在游戏中发生安全事故，毕竟多数游戏都带有一定的竞争性质，因此稍不注意学生就容易在游戏中受伤。待以上步骤完成后，可选择一组学生开始游戏，并对游戏过程进行观察，及时发现游戏中存在的安全隐患，及时将其解决，最大限度地保证学生的安全。

除此之外，由于游戏的类型不同，其运动强度也就具有差异性，因此教师在授课之前，需要对学生的实际情况进行分析，根据学生的具体情况去选择合适的体育游戏。若是在教学过程中发现运动强度不合理，则需要在最短的时间内作出调整，让游戏活动的强度能够与学生的实际情况相符合[①]。在正式课程开始之前，为了防止学生在游戏活动中受伤，教师应带领学生进行准备活动，如扩胸运动、伸展运动等，唤醒学生的机体，使其能够处于一种活跃的状态，防止在后续的活动中因突然运动而导致抽筋等现象的出现（若情况严重，还可能导致学生发生骨折，因此，必须带领学生热身）除此之外，为了保证教学效果，以及保证学生的安全，应尽量减少自由活动，若自由活动过多，学生容易互相打闹，进而导致安全事故的发生。因此，在整个教学过程中，教师应带领学生全身心地投入游戏当中，并且在游戏活动中要充分发挥学生的自主性，提高学生的参与度，使学生在游戏活动中释放心理压力，增强体质。

3. 教师要积极参与体育游戏

将体育游戏融入体育教学当中，可以拉近学生与教师之间的关系。在以往的教学观念中，教师害怕自身的权威性被破坏，因此在教学过程中很少参与到学生的活动中，进而导致教学效果不佳，学生也逐渐对体育课丧失积极性。新课改的出现，要求教师对自身的角色作出改变，教师要与学生处在平等的位置[②]。因此，为了提升教学效果，拉近与学生的距离，教师要积极参与体育游戏，加强与学生的互动。比如，在完成本堂课的教学任务后，可带领学生一起玩“警察抓小偷”的游戏。首先教师要根据学生的人数划定活动范围，若是在游戏过程中有学生超出了游戏的区域，则表示被淘汰。教师扮演警察的角色，学生扮演小偷的角色，在开始游戏后，“警察”一旦抓到“小偷”，则角色互换，直到抓完所有的“小偷”，代表游戏结束。通过这个游戏，师生之间的互动有所增强，同时也加强了学生之间的合作。在初中的体育教学中，需要注重强调班级的集体意识，通过融入体育游戏让学生认识到合作的重要性，进而在游戏活动中加强班级的凝聚力。

---

① 吴寒．浅谈游戏教学法在初中体育田径教学中的应用［J］．田径，2021（12）：23－24.

② 姜永全．游戏教学法在初中体育田径教学中的应用［J］．当代家庭教育，2021（33）：129－130.

四、结语

为了提升体育教学的效果，在体育教学中融入体育游戏是未来教学的发展趋势，加之新课改的推进，更加重视素质教育，因此为了顺应时代的发展，教师需要将体育游戏与体育教学相结合，提高教学的效率。在体育教学中加入体育游戏，可以增加课堂的趣味性，从而提高学生的参与度，有利于实现教学目标。但也需要注意，在进行游戏时，需要注意学生的安全，做好各项准备工作，防止在教学过程中发生安全事故。此外，为了加强师生之间的感情，教师也需要积极参与到游戏活动中来。总之，为了提高体育教学的效果，体育教师应不断创新，对教学模式作出改变，为教学质量的提高添砖加瓦。

新课标下如何上好一堂体育课
——以莎车七中为例

靳　海

对于新课标我们大家都不陌生，莎车县各学校每个学期都在反复地对其进行学习研究，但我们真正达到体育与健康学科的新课标要求了吗？我们一些教师对新课标只是停留在浮于表面的理解，对其在课堂中的具体运用和实施没有深入地去探究，特别是在发展学生的主体性、主动性、体现学生自主创新的精神上，我们莎车的体育教师在这些方面专注度是远远不够的。比如，一些教师上课时依然还在用一些老的方法、老的观念去教授学生，教学过程中“唯我论、填鸭式”的思想经常会出现，完全忽略了学生自主探究和个性发展，教学过程中“一言堂”的刻板模式时有发生。

这就要求体育教师在新的教学理念指导下，有意识地对学科意义及相关理解进行传达，改变教学组织形式及教学方法，改变学生的学习态度，提高学生学习兴趣，提高学生的学科探究能力。为此，在初中体育教学方面，本人尝试了以下做法。

一、把握良好的师生关系，创造较好的学练环境

我记得在一场三对三篮球比赛教学中，首先我对学生说：“本课学习重点是对篮下带球撞人与阻挡这一规则的理解与掌握。”随后进行分组比赛，最后根据各组对规则的实际运用进行具体分析。在第二组的比赛中，出现了进攻队员从底线突破造成身体接触的犯规。应该判罚带球撞人，但我错判成阻挡犯规。当时学生提出不同意见，这个问题我拿捏不准，就给学生说这个问题下一堂课详细解释。然后，比赛继续。下课后，我把规则重新看了一遍，经过认真地研究后，发现无撞人半圆区域圆弧线未与底线连接。在

底线突破时防守队员提前占据防守位置，从新规则来看，应判罚带球撞人，是我弄错了。第二堂课上课时我先把这件事向学生做了解释，并对我提出不同意见的学生进行了表扬，承认了自己对新规则的不熟悉。篮球比赛仍然在热烈地进行着，却有更多的学生来跟我探究篮球运动的规则了。不难看出，师生关系冷漠、紧张、对立，学生就不会喜欢上教师教的体育课。如果师生感情融洽，相互尊重，相互包容，学生从内心会感到自己的老师和蔼、可亲、可信，学生喜欢教师，也就喜欢上教师教的体育课了。因此，在备课时，就要求我们一定要精心策划，全面设计好场地、器材，尽量使场地、器材的布局新颖、美观。此外，体育教师还要转变角色，摒弃“以教师为中心”的观念，树立教师的教是为学生的学服务的思想，努力成为学生学习的促进者，以教促学、互教互学，相互尊重，与学生一起加强对体育与健康课程的理解。

二、注入全面发展教育理念，培养学生学习兴趣

“兴趣是最好的老师。”学生存在“厌恶”体育课的状态，究其根源便是体育课缺乏学生所需要的学习动力。学校不能片面追求考试成绩，体育课不再是花样繁多、生动活泼的锻炼场所。师资力量缺乏，教师对先进教学方法及教学理念、学生身心发展情况掌握较少；学校管理体制及评估体系不够健全，体育教学没有考评等都是不利于体育教学健康发展的因素。正因如此，在体育教学活动中，教师要将理论结合实际，使学生明确上体育课的重要性，明白只有德智体全面发展才能成为合格的人才；只有获得强健的身体，才能精力充沛地投入学习和生活中；只有打好身体基础，才能够适应社会的激烈竞争，更好地为国家服务。从而使学生目标明确，认真上好体育课，形成对体育学习的兴趣。在教学过程中，学生的个性差异表现得尤为明显，针对学生的个性差异，教师应该对学生采取多方面的说服教育，利用课上、课下时间进行，必要时协同各任课教师或家长来全方位地进行，让学生对身体健康有一个全新的理解，使其充分认识到身体健康的重要性。

三、强化体育文化知识渗透，提高学生核心素养和兴趣

初中阶段的学生，体育文化素养还未较好养成。一些学生认为体育是简单的身体活动，是纯粹的竞技运动，对体育课看得很轻，认为是可上可不上的课。针对这种认识，我们上体育课时不是单一地教一些基础动作和运动技巧，更应给学生讲体育文化知识，使学生明白体育对经济和科技发展的推动作用，与我们每一个人、每一个家庭、与我们的生活质量的关系等。通过体育文化知识的讲解和宣传使学生明白，体育不仅是一门专业学科，而且还是发展潜力很大的科学，从而提高学生对体育的认识，增强学生对上好体育课的兴趣。耐心讲解体质与文化学习的关系，使学生明白增强体质对促进文化学习的重要性，提高学生上好体育课的自觉性。使学生明白具备健康的体质是学好文化知识的物质基础，特别是在功课日益繁重的情况下，没有健康的体质是不能适应和完成繁重的学习任务的，而良好的身体素质会对提高文化学习质量起到极其重要的促进作用，充

沛的精力是提高学习效率的关键。

四、增添更多的游戏教学法，长期维护学生对体育课的兴趣

每一个游戏都遵循很简单的规则，都能让学生有很大的自由活动空间。其实，体育教师在上每一堂课时都可以根据教学内容设计相对应的游戏。游戏教学法的第一个特点就是参加者全体都在运动，这就保证了练习密度与强度。二是动作难易程度学生自己能控制。三是在练习中还可以达到启发锻炼的目的。把教学内容和游戏相结合，使学生更容易理解。不会游戏的同学，参加了一次练习，也就学会了这个游戏，学习效率同时也提高了，这比单纯组织学生学示范动作好很多。其基本过程是练习—学习—练习。四是不同场地、不同气候条件下均可游戏，受外界限制较小。五是游戏内容丰富，形式多样，可活跃气氛，提高练习效果。六是可简化教学内容，使学生长期保持对体育课学习的兴趣。游戏法教学既是游戏又是教学内容，学生很乐于进行这种形式的学习。体育课重视用游戏法，可以激发学生运动热情，但当学生很活泼时，又必须使其集中注意力，并稍抑制其情绪，避免其在体育活动中身体受到伤害，这时可用能够帮助集中注意力的游戏。素质练习枯燥乏味，可用游戏法进行调节，如结束部分用音乐伴奏来放松肢体，或听信号大声笑来放松情绪。可以组织拔河比赛、球类比赛，促进学校学习气氛的转化，从而扭转后进生，使他们发现自己的优点和长处，维护他们的学习兴趣；可引入如跳绳等小群体竞赛，以调节学生关系和增强班级凝聚力。

五、合作学习促进体育教学

在体育课中，可使学生相互配合和协作来提高学生学习主动性，提高学生学习质量。体育教师必须运用体育教学的特点，培养学生的合作学习和适应社会的能力，在体育教学中引导学生进行合作学习，根据学生自身的特点，如认识水平、交往技能、语言水平、性格特征和体育基础等方面来因材施教。也可通过分组学习、友伴学习、协作学习等多种形式，让学生充分认识合作的意义和作用，从而使学生自觉地采取相互配合的互补性学习行为。通过学生之间围绕学习目标展开的各种共同活动，促进学生个体更加活跃开朗，积极主动。

六、标准的动作示范，激发学生内在运动潜力

在体育教学活动中标准的示范动作是体育教学中最易被学生接受的方法，示范在直观教学中占主导地位。随着时代的发展，学生的模仿能力变强，一个好的示范动作可以使学生了解所有动作的形象、结构、要领和方法。教师正确而标准的示范还能提高学生的学习兴趣，激发学生学习体育的自觉性和积极性。在示范时教师要注意示范位置的选择等要素。

七、结束语

以上各种教学方法，都可以有效地促进学生主体性的发展，培养学生的责任感和合作精神，激发学生的成功意识和创新意识，提高学生对挫折的心理承受能力，建立师生之间相互尊重、相互配合、相互理解的良好教学环境，引导学生去发现问题、探究问题、解决问题，把时间和空间留给学生，让学生真正成为学习的主人，使合作学习在体育教学中发挥其应有的作用。此外，教师还要注意体育课内容的交叉安排，教学方法的多样化，切实提高学生的学习兴趣，调动学生的课堂积极性。

2022 年最新的体育与健康课程标准已公布，它对我们新时代的体育教师提出了更高的要求，我们必须和着新课标的步伐不断探索新的教学方法，进一步提高体育教学质量，教会学生一些必要的运动技能，互相学习，取长补短，上好每一堂课。

分析探讨初中体育教学的多样化

程　剑

从传统教育理念来看，初中体育教学的整体教学方法比较单一，在教学模式上，教师的教学方法一般采取的都是教师示范—学生跟着练习—教师纠正错误的传统模式。其中，教师作为在体育教学中的引导者和指导者，学生都会跟着教师进行被动的练习，这种教学方法不仅降低了学生思维的主观能动性，而且对于调动学生的学习积极性也有阻碍，不利于体育教学自主模式的开展。因此，为了保证学生的学习效率和学习成果，初中体育教学方法必须采用多样化的教学方法，以此来丰富初中体育这门学科。

一、自由学习在初中体育教学方法中的应用

在初中体育教学中，一般都是在户外进行体育运动和锻炼，让学生自由学习这种教学方法的应用，能够让学生在课前进行短暂的热身，教师可引导学生根据其平时的体育运动喜好来进行自由练习，或者进行教学分组，通过各个小组的对抗练习来开展各项体育运动，这种教学方法能够有效地让学生的体育特长得到发挥，并且能够把体育训练自主地让学生进行选择，充分发挥学生的主观能动性，调动学生进行体育运动的积极性，使学生在一个愉快的氛围中开展体育运动，最终达到锻炼学生身体，培养学生体育爱好，使学生通过自己的运动方式来达到强身健体的目的，无论是对学生的身心健康还是身体健康都有一定的促进。初中体育教学在自由学习教学过程中一般可通过几个步骤进行引导教学。首先，教师可针对要开展的体育运动作出讲解，讲解中的内容涉及注意事

项和活动技巧，这样不仅能够方便学生在自由学习中对要进行的体育运动有一定的基础了解，还能够让学生根据教师的引导做好各项准备运动，以防止在进行自由体育活动中学生因运动前的热身不足，出现运动拉伤、脱臼等现象。其次，教师可根据体育活动中学生出现的问题进行跟踪指导，详细地记录在运动中学生出现的错误和问题，及时进行讲解，这对于学生日后的自由锻炼有着非常重要的作用。最后，教师还可以根据自由学习后学生的整体活动情况进行总结和评价，对于表现好的学生要提出表扬，对于表现不好的学生要及时地给予鼓励和再指导，让学生提高改进积极性和学习信心。

二、游戏教学在初中体育教学中的应用

初中体育教学中可应用游戏教学法进行教学渗透，这种教学方法在意义和作用上受到体育教育工作者的普遍关注。体育与健康课堂教学中经常采用竞赛的形式。例如，在短跑接力教学中采用分组竞赛的形式从而教育学生有集体荣誉感，或在拔河比赛中培养学生团结协作的精神。以小见大，在大赛中各运动员都会为了自己祖国的荣誉而战。各种体育游戏教学，如“通过敌人封锁线”“保卫钓鱼岛”等游戏可加强对学生的爱国主义教育；田径运动可培养学生勇敢顽强、坚忍不拔的意志品质；集体性的体育项目如队列练习中的齐步走和球类中的竞赛，可培养学生的组织纪律性和团结友爱的集体主义精神，以及机智灵敏的应变能力；体操、武术等项目，则有利于培养学生勇敢、沉着、机智、果断和自控能力。在体育教学过程中，这些教学内容会时不时地对参与者的思想品德提出严峻的考验。例如，长跑时出现“极点”，是坚持下去还是半途而废；在比赛中对方进行侵人犯规时，是毫不计较，还是“以牙还牙”；集体配合不够默契，比赛失利时，是相互鼓励，还是相互抱怨；裁判误判时是宽容大度，还是“斤斤计较”；比赛节节胜利时，是谨慎从事，还是骄横自大；等等。在整个体育与健康教学的过程中，教学内容的本身就在不断地实现对青少年学生的思想品德及个性的培养。

好的体育教学方法会使学生的身心得到长足的发展和进步。在初中生这个年龄段，学生的年龄特征能够大幅度地提高教学的有效性。例如，当学生对体育项目教学感到枯燥乏味时，教师可适当地在教学过程中加入折返跑、接力跑等趣味性的体育运动，这样不但能够提高学生的体育学习兴趣，还能够提高学生的综合素质和体育运动能力。另外，对于初中低年级的学生而言，“拉网捕鱼”“警察抓小偷”“抢球占座”等都是他们非常乐于进行的体育游戏。教师可将这些游戏同教学内容相结合，让学生在玩中学、在学中玩，最终实现体育兴趣和体育素质双提升的理想教学效果。在备课时间，教师还应扩展思路加大游戏教学法的适用范围，探索、创新更多、更好的游戏方式，以更新颖的形式开展体育教学。

三、多媒体教学在初中体育教学方法中的应用

随着现代互联网技术的广泛应用，体育教学也产生了一种全新的思路，这就是多媒体教学法。这一方法可将体育知识以图片、音频、视频等更加生动形式传达给学生，既

能使体育知识更加具体、形象，富有感染力和冲击力，还能大幅度提高学生对于体育学习的兴趣，加深学生对教学内容的记忆效果，提高学生的学习欲望和学习热情。在初中体育教学中，教师可将艰涩难懂的体育理论或活动步骤、运动技巧等知识通过多媒体技术演绎出来，这既能弥补教学语言表达的缺陷，还能提高学生的画面想象力，使课堂教学通过较短时间的观摩就能收到更加直观的教学效果。例如，教师在讲解比赛规则或身体结构时，就可以播放比赛视频或身体结构动态图片，然后再配以讲解，这样将会收到事半功倍的效果。

四、案例教学法在初中体育教学方法中的应用

案例教学法在体育教学方法中总体来说有较强的实践性。在体育与健康教学中，知识的学习和道德品质教育等主要是在运动实践过程中进行并完成的。体育与健康教学如果没有一定的规范限制就难以进行。案例教学法的运用，能够让教师在教学过程中更加贴近学生，充分的案例展示能够教会学生正确的、标准的运动方法和技巧，并能够提供准确的体育理论，使课堂教学能够收到良好的教学效果。在教学方法和实践观摩中，案例教学法虽然经过了很长时间的实践，也仍在不断地探索和规范。在体育教学中，可采取集中方式来进行案例教学。在教学前，可首先通过对自身的分析进行案例教学内容的设计，同时在设计中选取有价值的最佳的案例，通过合理的、科学的课堂教学时间进行教学。用准确、生动、具体、形象、生动的方式将案例展示给学生，这对增加体育教学的有效性和生动性具有非常大的作用，也能够起到较好的示范效果。

五、结束语

综上所述，自由学习、游戏教学、多媒体教学、案例教学法在初中体育教学方法中的应用丰富了教学方法，使得教学更加多样化。初中体育无论从教学方法上还是教学内容上都应采取多样化的形式，在对各种方法进行充分的运用后，更应采取合理的教学内容与之相结合，采取综合性的教学方法。此外，在体育教学行业中也应增加师生之间的教学互动，与同行业的教师之间采取相互分享的方式进行交流和学术探讨，不断增加体育教学经验，只有这样我们才能不断提高我国整体的体育教学质量和教学水平，才能为我国的教育事业作出更大的贡献。

参考文献

[1] 叶志锋．体育游戏在现代体育教学中运用的探析 [J]．科教文汇（上旬刊），2009 (7)．

[2] 徐日泉．试析 21 世纪体育教师的时代特征 [J]．体育世界（学术版），2009 (2)．

[3] 刘正茂．提高初中体育教学质量需注意的几个问题 [J]．科技信息，2011 (13)．

莎车县中小学体育教学现状及发展对策

宋向阳

近年来，莎车县中小学体育教育教学在举国上下逐步重视青少年体育工作及青少年体质健康的大形势、大背景下，有了根本性的发展与进步，其主要特征：一是按照中央“应收尽收、应教尽教”的全面教育政策，中小学生进入学校享受国民义务和非义务阶段的教育，这是莎车县中小学体育教育取得正常开展的基础和保障。二是顺应上述，体育师资大幅增加。从官方统计数据来看，体育教师编制人数基本对应莎车县需要的体育师资力量。三是初中、高中阶段，国家规定的每周两节体育课能基本得到保证。四是学校体育硬件建设能基本满足体育教育教学的需求。五是随着国家课程的实施，体育教学体系逐步走向规范，教学质量得到进一步重视。六是传统体育项目、特色体育项目建设逐步开展、逐步布局，大部分学校基本有一项或以上的传统体育项目，体育项目建设、体育训练与体育教学同步开展，相得益彰，构成学校体育的主要部分。六是新型冠状病毒感染疫情缓解以来，各校逐步恢复运动会，积极营造校园运动文化的氛围。七是在县级层面，莎车县文体局、教育局坚持组织三大球、摔跤、拳击等各类社会体育、群众性体育的竞赛与体育活动，与学校并步推进青少年体育工作，创设全民健身的氛围。八是坚持体育生考学制度，为自治区培养体育后备人才、体育师资和社会体育指导者。

然而，由于政治、经济、社会、文化、教育等各层面、各领域的发展尚未达到一个均衡、协调的状态，在青少年学生体育教育教学微观层面，仍然存在由于上述总体情况而存在的诸多问题与发展瓶颈，这些问题或困难、瓶颈需要得到积极、有序、科学的应对和处理，使其在发展的过程中逐步得到解决。本文对此做些初步的梳理、分析，探寻一些实践中可行的方法、手段，以为相关部门、机构，体育同人开展体育教育教学工作提供参考借鉴。

一、当前中小学体育教育教学存在的主要问题

1. 体育师资结构性缺编

根据有关信息，目前，莎车县中小学体育师资基本达到编制要求，但存在结构性缺编，体育教学力量不足。主要情况是：一部分体育教师跨（转）学科转为语文、数学等其他学科教师，承担跨学科教学。同时，一部分其他学科转化为体育教师。上述现象，在小学阶段、初中学段不同程度存在。

2. 体育课未开齐开足

上述，小学阶段，语文学科、数学学科超课时教学，体育师资被抽调到其他学科教

学。体育课未按国家课程要求开齐开足，小学生缺乏体育锻炼、体育活动、运动经历，运动技能薄弱，对后面学段的教学造成影响，更不利于学生的全面发展、健康成长。

3. 师范类体育生较少，专业力量仍不够

据走访，有一部分体育师资不具有体育专业背景。在有体育系统性学习经历的教师中，有一部分是来自社会体育专业，没有专项运动基础与学习经历，缺乏专项教学能力。

4. 有体育学科组，无体育教研组

学校有体育学科组，无体育教研组，此类现象比较普遍。学科组与教研组有着本质上的区别，教研组是个学习型、研究型、发展型、建设型的组织，有工作计划、规划，有培养体系，有教学教研体系。莎车县中小学体育学科组需要逐步向体育教研组转变，使之转型成一个具有建设、学习、团队精神、凝聚力的组织。学校缺乏骨干教师和领军教师，缺乏师承带教，未形成本校体育教学模式、特色，缺乏教学传统。

5. 缺乏学科骨干、领军人物指导、带教

由于没有学科教研组或实质上的教研组，体育学科未形成发展规划，尤其是青年人才培养、公开教研制度、校本研修制度等学科内涵式发展体系，学科骨干人才、领军人物，无法形成学科自身、内生的发展与培养制度。大部分学科组长本身不是学科骨干，同时，县一级目前未建立明晰的骨干教师培养体系。

6. 缺乏指导、带教

由于学科组内没有学科骨干及学科领军人物，未形成一个教师专业发展的氛围、环境和条件，学科梯队、学科团队就无法形成，学科组就难以形成指导、带教的局面和情形，学科教学力量、专业力量缺乏强力的连续性、内生式的支撑。

7. 缺乏统一、规范的县、校级学科教研制度

缺乏规范、系统的教研制度、教研活动是当前中小学体育教学存在的主要问题。当然，有一些学校有教研形式，但无教研实质或缺乏有质量的教研，如缺乏清晰的、紧扣或反映课程教学改革、教学实践的主题，缺乏围绕课堂教学环节、细节，尤其是当前立德树人、学科育人的教研，缺乏单元性、系统性、专题性的教研。缺乏教研是个大问题，是整个莎车县中小学体育教学质量难以提高的主要障碍，也是当前面临的最大挑战和需要解决的主要问题。

8. 重训练、轻教学

莎车县高中学段普遍有运动队训练，长年的，如田径训练，也有传统体育项目，如足球、篮球、排球等。学科组会有专门的教师承担体育训练课，体育训练很正常、很系统。但是，训练的教师不承担体育教学，不能同时承担训练与教学，这就造成师资力量分散。在目前莎车县体育师资仍存在缺口的情况下，过于重视训练不是智举，体育教学是青少年的主阵地，在确保体育教学不受影响的情况下，开展业余训练符合学校体育工作的实质，教师更需要能兼顾教学训练，同时，教学与训练内容应能一脉相承、相互促进、相互影响，训练是教学的延伸，在内容上应协调发展。

9. 体育器械严重缺乏，体育教学缺乏保障

据走访，莎车县中小学普遍缺乏体育运动器械，尤其是三大球器械。此外，三小球、体操类器械、体能器械严重缺乏。很多学校，连一个建制班教学所需的体育器械都不能满足，严重影响了课堂教学，学生有体质、无技能的现场普遍存在，这与学校体育器械严重缺乏有直接关系，需要引起教育行政部门的高度重视。

10. 课时形式、组班形式不匹配学生身心发展特征

目前，莎车县初中高年级、高中学段，仍普遍采用男女合班教学，这与同一时期的男女学生身心发展特征不相适应。男女合班开展体育教学，不符合科学和体育运动常理，教师在组织教学上比较被动。其一，体育教学，主要是身体活动，存在肢体接触过程；其二，男女生在运动项目的教学上有别；其三，男女生的体育教学在组织形式、身体强度上有着本质性的区别。

11. 校级学科教学资源库（夹）未建立

各中小学体育学科组普遍未建立教学资源库，包括与教材对应的教案、教学资料（刊物）、视频资料、论文资料，缺乏教学参考材料。

12. 体育教师有运动技能但缺乏相应的教学经验

莎车县许多体育教师有良好的运动技能，主要集中在篮、足、排三大球方面。但是，与之相反的是，体育教师们普遍缺乏三大球教学的经验与能力，客观上的原因之一是三大球器械严重缺乏，未掌握课堂教学能力是主要原因。主观方面的原因就更重要，本文将在下一环节重点展开分析。

二、课堂教学主要问题

1. 缺乏单元教学与教学单元

体育教学有进度，但未体现单元教学的特征，上下课堂、前后课堂教学的内容没有连接性，课堂教学内容是割裂的，课堂教学内容缺乏连续性。教学的知识点是分散的、单一的，知识点未能融会贯通、容易断篇，学生知其一不知其二，无法掌握知识之间的内在联系性、逻辑性、系统性。

2. 停留在知识教学阶段

课堂教学停留在知识传授的阶段，“我说你听”“我教你学”，这是莎车县中小学教学中普遍存在的现象。对知识的背景、深度、广度和延伸度缺乏讲解或引导，因而，学生的思维未得到拓展。片面讲解知识，教法单一，学生对知识的吸收也不会很好，学生不能够深度理解知识的含义，只能死记硬背。知识教学方式，僵化了知识，也僵化了学习过程。体育课堂大都停留在动作教学阶段，动作规格讲得多，动作要领讲解较少，动作的原理及其剖析、生理、力学等学科本体性知识解释少。由于停留在动作规格教学阶段，运动技能的教学成分较少，如三大球、三小球、武术、体操等运动大类项目几乎没有技能教学过程，课堂广泛缺乏教学过程，更缺乏教育过程。

3. 缺乏清晰的教学环节

体育课堂教学环节不清晰，对热身活动、主要学习阶段、体能阶段、放松阶段没有明确的环节分割。一些课有教学环节，但教师不清楚，教学过程未清晰呈现各环节的分布、时长、内容、方法、手段，各教学环节之间的内在联系性、逻辑性更不明确。

4. 缺乏主要教学过程与环节，体育课成“体育活动课”

体育教学既缺乏学习主题，也没有明确主要教学内容，不清楚“教什么、学什么”，教学未能按照课程标准进行；一些学校的体育学科有教学进度，无教学内容。没有教授“体育技能、运动技能”的过程，体育课已蜕化成“体育活动课”，教师是体育课堂活动的组织者，而不是知识与技能的引导者、帮助者，更不是对学习主题与学生进行共同探究、交流、体验的参与者、合作者。

5. 缺乏适宜运动负荷，体育学科教学特征不明显

由于缺乏明确的主题，教学没有方向和具体的内容，教学（组织）方法就单一、简单，教师讲解、示范，学生跟随练习。在有限的教学过程中，体育课堂普遍不重视教学密度和强度，小组练习、轮换式练习普遍，练习等待时间长，练习时间少，讲解时间长，无谓的等待时间长，无价值的教学时间长。

6. 缺乏思维参与，思练结合不明显

体育课堂教学缺乏思维参与。体育教学主要是身体练习，但高学段体育教学，如初中八、九年级、高中学段，要积极引导学生思维参与，要研究、分析、探讨、交流动作的原理、技战术的运用，培养学生沟通、交流、合作等社会能力，教师在课堂中要发挥和充当“桥梁”“架构者”“联系者”的角色功能，这也是体育学科、课程“立德树人”“育人”“教书 + 育人”的功能和价值体现。

三、发展与对策

1. 小学应恢复正常的体育教学，开足开齐体育课，奠定终身体育的第一步

小学阶段是基础教育的起始阶段，也是适合培养运动意识的基础阶段、启蒙阶段。小学生活泼、好动、接受快，模仿力强，身体柔韧性好，应好好利用这个阶段开展体育教学和运动兴趣、技能的培养。小学体育师资不但不能缺位，而且还要加强。体育运动是实现中华民族伟大复兴之梦的重要途径，是青少年学生全面发展和健康成长的重要保证。少年强则国强，这个强首先是青少年学生身心的“强”。谁不重视青少年学生的身心健康，谁就要承担历史的责任。体育、运动必须从娃娃抓起，应将其视为青少年学生生活的一部分，这种运动习惯、健身习惯必须从小养成，直至终身。东部沿海城市，小学体育课已增加到每周 6 节，坚持每天运动不少于一小时。在青少年的身心与健康发展上不能欠账、不能走过场，小学体育不能压缩，而是要更加扎实。

2. 尽快填补必要的、基本的教学器械

“巧妇难为无米之炊”“英雄无用武之地”，说的就是器具、装备。体育器械、场地、设备是体育教学的重要组成部分，若缺乏体育器械、设备，则体育教学难以实施，教学任务难以完成，教学目标难以达成，更难以谈及教学发展与创新。小、初、高中三个学段都应为体育教学配备配齐正常、基本且必需的体育运动器械、设备，如三大球等。除此之外，有条件的学校还应适当、有机地购置一些新兴器械，如篮球架、假人、障碍、标志杆、绳梯等，学校学科组也要学会自制器材，改装器材，灵活使用器械。基本器械、设备配备之后，应加以运用，不能闲置。器械教学之中，应多开展球类教学，尤其是三大球，一方面球类教学能够吸引更多学生参与；二是球类教学是集体活动，可以培养学生的团队、合作意识、拼搏等体育精神；三是球类教学易激发学生运动兴趣，教学氛围好。

3. 建立规范的校级、县级学科教研制度

教研服务于教学，教研是教学质量得以保证的重要手段之一。要高度、充分地重视教研工作，制订规范化的教研活动计划，使每个学科、每名教师都有教研的意识。通过规范化、制度性、主题性、专题性、系列性的教研活动，帮助教师了解教育教学大形势、大背景，提高教育教学思想理念；学习和参研课改精神、课程标准；细研教材教法、交流课堂教学技艺，提升课堂教学能力。

4. 学科组向教研组转化，建立学习型、研究型的学科团队

将作为行政性质的学科组架构转化为教研组，教研组长要成为学科建设、教研组建设、课程实施、教学推动的领头羊。教研组教师要成为专业性、学习型、研究型的教师，并将学习、反思、探究作为工作的一部分，将专业发展与提高作为教师继续教育、职业发展的必须内容，教师个人专业发展是教研团队建设的重要组成部分。要建立地区、县级、校级多层面的骨干教师培养制度、青年教师培养制度体系，使每个学科有若干领军人才。

5. 加强校本研修，教师既能一专，也要多能

体育教师应一专多能，以“专”为主，兼顾2～3项能够胜任基本教学的其他运动项目，使学生在体育学习上拥有更多的选择机会。教师要加强职后进修，加强专业研修，使教学面、教学范围逐步扩大，使学科教师拥有的学科资源、学科力量变强大。

6. 由“知识教学”向“技能、比赛、经历”综合教学转变

课堂教学中，摒弃以“知识为中心”的教学方法，应面向全体学生，以学生“全面发展、健康成长”为中心。课堂教学内容包含体育知识与文化、运动技能及其运用、体能、展示、比赛、欣赏、规则等多方面的发展要素，形成模块化、结构化、情境化、多元化的教学方式，使学生的体育综合素养呈螺旋式上升。

7. 重视学科“育人”，贯彻新课程、新教材理念与精神

体育学科要勇于承担教育“立德树人”重任，积极贯彻实施学科及课程核心素养，发挥体育学科独特的“育人”价值。为此，体育课堂，要确保有德育的过程，通过合作、规则、竞争、拼搏、传统文化与哲理等内容的教育、引导与体验，帮助学生树立或选择科学、正确、合理、健康、积极的人生哲学观和价值取向。体育课程教学要高度重视学科“育人”职责与功能，使其得到常态化和价值最大化的运用。

8. 确保教学密度、强度，要认真研究教与学方法

教学的密度与强度是体育教学质量的重要指标和依据，有了适宜的运动负荷，才能有效发展学生体能、体质，促进学生身心健康。体育课堂教学手段和组织方式应有效、合理，应尽可能提高教学的密度与强度，应使全体学生全过程参与练习，确保必需的、基本的课堂教学质量。

四、结束语

展望未来，对莎车县中小学体育教育教学充满信心和希望。随着办学环境、办学条件得到逐步改善，莎车县中小学体育教育也会逐步得到重视，体育教学的各项保障将会得到加强，体育教师应时刻不忘党赋予的加强青少年体育教育的使命与职责，要更加热爱充满魅力的体育运动，上好每一节体育课，力争上好有质量的体育课，用充满激情的教学指导来坚守一名体育教师“不忘初心”本色，满足当前中小学生对体育学习的需要，这也是中华民族复兴大业对当代青少年必备能力和意志的要求和期盼，为此，莎车县中小学体育教育同人要倍加努力。

六、学前教育学段学术争鸣

幼儿良好行为习惯的培养

苏比努尔·吾布力

一、引言

我们把一些平时无须刻意安排和努力，就能够随意表现出来的一些行为以及动作叫作“习惯”。我们在成长的过程中会形成各种各样的习惯，既有交往和工作方面的习惯，也有学习以及生活方面的习惯，等等。而这种和人的成长经历密切相关的习惯并不一定都是好的，有些人就会形成一些坏习惯。而一个人内心的性格乃至道德水平都可以从他的言谈举止以及习惯中表现出来。我们都知道习惯需要逐渐地养成而非与生俱来的，它是在学习、实践和环境中逐步形成的，一旦形成又是不大容易改变的。有一句话概括得非常好——江山易改，本性难移。说明习惯一旦养成将其改变其实是非常困难的。而孙云晓就多次指出幼儿养成好习惯的重要性。良好的行为习惯能够助推孩子的成才，而不好的习惯则会阻碍孩子的发展。为了使孩子们养成良好的习惯和秉性，我们需要从小抓起。关注幼儿行为的培养不仅是一种优良的教育传统，同时也是开展幼儿教育的需求。然而，因为受传统教育的影响与情感教育中存在的大量问题，目前幼儿的情感教育与行为习惯的培养情况不是非常的乐观。培养孩子们形成良好的行为习惯是幼教工作中的重中之重。

二、幼儿不良行为习惯相关概述

（一）幼儿不良行为习惯的界定

所谓不良行为习惯，是指孩子偶尔的不良行为通过不断重复而形成的行为习惯。孩子偶尔的不良行为如不及时纠正，在自觉或不自觉的心理暗示下，就会形成不良行为习惯，诸如拖延、依赖、懒惰、不专心、言而无信、挑衅、冷漠乃至暴力倾向等都属于不良行为习惯。

（二）幼儿不良行为习惯的具体表现

1. 不良的饮食习惯

现在不少孩子的身体素质较差，这不仅仅和空气污染、水质污染有关，同时也和孩子不好好吃饭没有一个良好的饮食习惯有关，饭量小、没胃口、吃的时候还要玩着玩具、吃饭慢慢腾腾、吃完饭后桌子上全是掉落的饭菜、边吃边玩、不肯自己吃饭……以上都属于孩子不良的饮食习惯。

2. 生活自理能力差

对于目前绝大多数孩子来说，他们对成人有着很强的依赖性，因而在生活自理方面的能力非常差，从而使得他们不能很好地适应新的环境。到中班了不少小朋友每天起床穿衣服还要靠父母，还有孩子总是穿反鞋子和裤子，如果被家长们发现毫无疑问他们会将其归罪为教师工作的失职。

3. 喜欢说谎

幼儿说谎不仅仅是因为其认知能力低下一些事情不懂导致的，同时也和家长的教育方式有着直接的关系。孩子由于年纪太小，对于真实与想象不能很好地区分，有的时候他们真的在用自己的语言和表达形式来给家长和教师说明一些事情，但是却被教师以为在撒谎。4 岁以前，对于幼儿来说，他们衡量自己行为对与错的标准是父母是否高兴。由于小孩子的认知能力存在局限，同时他们辨别是非对错的评判标准也没有健全起来，因此有些孩子出现撒谎的行为是很常见的，但是家长发现这种情况后一定要予以纠正和制止，否则孩子将来这些行为会逐渐固定成为行为习惯，对其将来的成长和发展非常不利。

4. 好发脾气

有的孩子刚刚出生就手脚乱舞且总是哭个不停，但是经过研究发现，其实很多脾气性格并非与生俱来，而是随着孩子年龄的增长而逐渐形成的。养成坏脾气的因素很多，但现在看来很多都是由于在很小的时候被家人给予太多的溺爱和满足，而导致孩子的想法和需求越来越大，最后一旦有一些要求无法实现就会开始无法接受，自然也就会靠发脾气来发泄内心的不满，在一些极端情况下，有的孩子甚至会对家长动手打骂。

5. 乱扔或偷拿东西

首先，研究发现孩子在长到 2 岁左右时，总愿意将一些东西捡起来送给父母，这种行为是对自己能力的一种表现，渴望因此获得大人的奖励。通常，小朋友都不会自己主动地去整理自己的物品或玩具，这种情况下需要父母适时地教育和培养孩子，使其养成良好的自理能力，一定不要不假思索地就帮孩子打扫卫生或者整理物品，否则时间一长将会导致孩子养成依赖家长的坏习惯，不利于孩子自理能力的培养。

另外，小朋友在幼年时期难免会犯错，而幼儿所犯的错误行为都带有一些共同的特性，即偶然性、盲目性、好奇性以及试探性。作为幼儿经常犯的错误之一——偷东西，在孩子的眼里他们并不知道这是偷，不知道这是不道德、不文明的，在他们的理解里这只是一种正常的行为，而没有一种负疚感。例如，有时孩子玩饿了，找不到东西吃，或者看见别的小朋友有“一种玩具”，自己没有，就会拿抽屉里的钱去买食品或玩具。

三、幼儿不良行为习惯产生的原因

（一）家长的纵容

因为当今不少家庭只有一个孩子，所以对于孩子有一定的溺爱是常见现象，这导致孩子极易养成一些坏习惯。如果孩子第一次做错了事，父母首先要对孩子明确自己的态度，并进行制止，否则假如恶习形成的话，想以后再改就会非常困难。父母有些时候会对孩子仍然出现的不良行为持默许态度，这明显不对。要知道有一种纵容叫默许，它属于心理暗示的范畴。孩子们会以为这样做没什么大不了的，接下来肯定会做得更出格，使得恶习终成，害其一生。

（二）模仿家人

习惯其实就是不断地模仿并重复一系列动作才逐渐形成的。经过专家调查研究发现，有很多孩子的坏习惯其实都与其家长有关。比如，有的大人在说话的时候口无遮拦总是带一些粗口，就容易被孩子学了去。还有做事拖拉不干脆的习惯也和家长的处事行为和方式有着密切的关系，因此大人在平时特别是孩子在身边的时候要注意自己的处事方式和言行，多向孩子熏陶一些良好的习惯和处事方式，因为婴幼儿阶段孩子的模仿能力是非常强的，孩子会被大人的言行所吸引，从而进行模仿，这就容易使得一些不良习惯得以养成。

（三）重复成自然

所谓的习惯从本质上来讲就是一种行为和动作经过多次重复的现象，而这种现象是经过自然验证的，符合自然规律的。重复有着非常大的力量，它能让人把一种行为变成习惯，如果这是一种好的行为习惯，那么就会受益终生；假如是坏习惯，那就会因此而影响到以后的发展。所以我们为了孩子的未来，必须对孩子的言行特别注意，杜绝一切坏习惯的养成。特别是对于刚刚出现的坏行为必须坚决制止。如果一个小朋友做出了错误的言行，获得了自己所需要的东西或者是一种感觉，而没有受到大人的纠正，就会形成一种心理暗示。根据心理学的分析，逐渐地它就会再次发生同样的事情，一而再，再而三，慢慢地它就被固化成为一种习惯。

（四）教师的不经意间影响

我们都知道孩子就像是一张白纸一样有着非常强的模仿力和可塑性，你把他放在什么样的染缸中他就会被染成什么颜色，因此我们必须给孩子一个良好的周围环境。老师在自己的工作中要严格要求自己不能做出一些错误的举动，否则孩子们会不加区分地进行模仿。此外平时教师如果看见幼儿不好的行为要指出并且监督幼儿改正，如果教师不管，幼儿就会认为自己的行为是好的，从而会进一步巩固幼儿不良行为习惯。

四、引导幼儿养成良好行为习惯的策略

（一）从学校层面加以引导

1. 细心和耐心的引导

由于孩子年龄太小，他们在理解能力方面存在欠缺，教师在引导教育幼儿时就需要更加认真和细心。由于幼儿还没有对其有清晰的认识和理解，这个时候就需要教师通过更加具体的行为来进行指导，和教师见面之后要说“老师好”，和自己的家人道别时要说“再见”。并且要根据孩子们的表现来进行鼓励和表扬，这样在孩子的脑海里这些好的行为就被逐渐固化下来，使得意识形成。比如，教给幼儿，当学习材料不够用时，应

该安静等待别人用完了再用，或者与别人商量进行合作，或者尝试用其他材料替代，一定不能争抢；用完了材料应自己收捡，并送还原处。这样，当遇到问题时他们就能自己去解决，从而避免冲突行为和无休无止的“告状”。只有循序渐进，不断强化反复训练，让孩子放手做自己力所能及的事，这样孩子们才会真正得到锻炼，从而促进他们良好生活行为习惯的养成。

2. 教育中留意培养

幼儿在幼儿园度过的时间较长，而且最重要的是这段时间是孩子最清醒活跃的时间，因此这段时间对于培养孩子行为习惯来说，非常重要和宝贵，需要教师认真利用其中的每一分钟，将教育行为融合到与孩子相处的点点滴滴中。比如，将孩子作为一个能干的人加以培养，将他的自理能力提高起来，自己衣物的穿脱和整理及自己饮食乃至对同伴及时的帮助等。如果孩子能力稍弱的话，教师进行示范的时候要耐心、细致地说教，在反复的训练中使得孩子的习惯得以形成。另外，也可以采用一些口头奖励以及小的物质奖励等方式。总之，只有通过不断地累积以及强化，才可以使得幼儿持之以恒能够做到。

3. 创设良好的行为环境

社会环境对于孩子的行为养成有着非常大的作用。只有先具备了良好的环境才能培养起孩子好的行为习惯，二者是密不可分的。其一，教师必须为人师表。因为孩子和教师之间接触非常密切，教师的为人处事都会对孩子产生影响，只有教师建立起一个良好的行为环境，才能培养孩子建立起自己的好习惯。其二，为了提高教育的效果，要建设起良好的培养环境，以使得习惯教育融入学习生活当中。例如，在洗手池边张贴节水宣传画，使孩子们知道讲卫生的同时，还要珍惜水资源；在食堂的墙壁上张贴一些节约粮食以及不挑食的贴画等，营造一个良好的好习惯教育氛围。

（二）从家庭层面加以引导

1. 引导幼儿学习良好的行为规范

对于许多幼儿来说，缺乏锻炼是他们生活处理能力差以及造成不良生活习惯的根本原因。从幼儿的生活自理能力的培养方面来看，他们的实际能力以及年龄特点是关键。例如，完成作业后会整理文具；父母一定不要帮孩子背书包。对于教师和家长来说，绝不可以因为诸多理由，而不创造给孩子“我能行”实现的机会。某些时候，孩子的行为不正确，都是情况下移，只是由于他们不知该如何去做，所以他们必须模仿他人，或者依据自己的想法去做。例如，孩子们进行排队时，你可以对他们说，“请孩子们按小组，轻轻地走到老师的前面进行排队，男孩子站一队，女孩子站一队”。说话时注意吐字清晰，并辅以恰当的手势。给予儿童教育的权力，让儿童自己学习自己的教育和管理。

2. 父母以身作则

人们常说：“有什么样的父母，就有什么样的孩子。”虽然这句话说得有些绝对，然而父母的行为和习惯能够影响到其子女那是被大家公认的。因为大人和孩子处在一个环境当中，长时间生活在一起，一些做事方式甚至思维习惯和表达方式都会相互感染和影响。因此父母要想让孩子养成良好的行为习惯，自己就需要以身作则，正如那句话所讲“父母是孩子的第一任老师”，父母只要在生活中严格要求自己，并提高自己的素质和修养，孩子在日常生活中就会受到熏陶并逐渐向父母的标准和行为方式靠拢，将来自然就会形成一个良好的行为习惯。

3. 明确要求、严格执行

对孩子行为习惯的要求，作为孩子的父母一定要明确指出并进行规定，使得孩子内心中有清晰的认识，只有这样他们才能在以后的生活中自我约束。如果一开始在界定规矩时就没有很清楚，加上孩子的理解能力弱，在遇上问题以后他们就会更加糊涂，最后也就难以实现良好的执行。为此家长在对孩子提要求的时候一定要坚决和明确，并且一旦作出规定必须进行落实并长期坚持，只有这样才能在孩子心中树立家长的威严，以后孩子也会听从家长的管教。

五、结论

总之，“没有规矩，不成方圆”。对于孩子来说，良好的行为习惯是其未来成才和发展的基础，如果每一个孩子都养成了良好的行为习惯，那么祖国的未来必定会充满希望。假如一些坏习惯养成了，以后想要进行更改，就会变得相当困难。如今我国每个家庭多数只有一个孩子，这种客观情况使得孩子多少都会被家人过分疼爱。为了祖国的未来和孩子的明天，我们必须针对培养孩子良好习惯的问题进行探讨和研究。因此，笔者的观点是，只有家庭、幼儿园以及社会在幼儿良好习惯养成方面加大力度，新一代的高素质的人才才能得到培养塑造。

参考文献

[1] 李季湄，肖湘宁．幼儿园教育［M］．北京：北京师范大学出版社，2017.
[2] 庞丽娟．教师与儿童发展［M］．北京：北京师范大学出版社，2017.
[3] 赵寄石．赵寄石学前教育论稿［M］．南京：南京大学出版社，2018.
[4] 杨丽珠，吴文菊．幼儿社会性发展与教育［M］．沈阳：辽宁师范大学出版社，2018.
[5] 潘日文，侯桂兰．幼儿教育心理学［M］．北京：中央民族大学出版社，2018.
[6] 张云．公关心理学［M］．上海：复旦大学出版社，2018.
[7] 王强．论如何培养幼儿良好的行为习惯［J］．现代交际，2013（9）.
[8] 宋涟娉．浅议如何培养幼儿良好行为习惯［J］．科技信息（学术研究），2016（10）.
[9] 袁芳．如何培养幼儿良好的行为习惯［J］．教育革新，2011（6）.
[10] 郭瑞霞．浅谈如何培养幼儿良好的行为习惯［J］．教育前沿（理论版），2007（2）.

让京剧艺术之花在幼儿心田绽放

——谈少数民族幼儿京剧教学的方法与路径

张　英

对少数民族幼儿进行创造能力的培养与提升，一方面可以促进幼儿的创新思维发展和延续；另一方面能够有效带动幼儿的学习与成长效能。在这一背景下，针对少数民族幼儿开展京剧教学显得尤为重要，且在京剧教学中，能够帮助少数民族幼儿实现对传统文化的了解与探索，以及对个人素养的提升和发展。

一、京剧游戏的缘起

在幼儿京剧教学中，幼儿不是简单意义上的模仿，而是依靠自身的想象对京剧角色的言语、行为以及京剧情节进行创造和编写，从而开展游戏。京剧游戏与创造力存在着天然联系。一方面，京剧游戏作为幼儿自发的、主动的行为，是由个体内部需要和动机所驱动的，而非外在动机和力量所驱动的强迫活动，这一特点与幼儿的创造力表现类似；另一方面，京剧游戏中充满了想象，具有大量的虚构行为，在此游戏中幼儿常常会采用以物代物的方式来开展创造想象，较少受现实环境的限制，在这样的游戏过程中，幼儿创造力就天然地产生并蕴含其中。研究者对游戏与创造力之间的关系已经有了很多的研究，认为两者之间存在因果关系。相关研究表明，游戏中的假装行为是幼儿创造力发展的重要因素，是影响其发展的核心成分。京剧游戏运用于少数民族幼儿创造力的培养具有以下三方面的优势：如常见的有哑剧、手偶表演、京剧表演等一系列活动形式。幼儿开展游戏时头脑开放、精神自由，通常伴随着大量的奇妙想象和创造行为。在教师的引导下，每个幼儿都积极参与和大胆想象。教师重视每一个幼儿的观点和思想，为幼儿提供大量机会，鼓励幼儿即兴创作，尝试自己的新角色，在各种形式的活动中培养幼儿的创造力。京剧游戏因其所选择的主题来源包含了很多不同的信息情节，蕴藏着多方面的知识，其内容可以涉及历史、自然、科学、社会等相关领域，是知识与信息的巨大集合。京剧游戏是以京剧为载体而开展的游戏。京剧本身作为一种反映人类生活的艺术形式，在人物情感、故事情节上源于对生活的真实写照。京剧如此，京剧游戏也是如此。

二、指向少数民族幼儿创造力培养的京剧游戏开展策略

1. 将京剧游戏与园本课程相结合，以实现价值最大化

教师需要将京剧、教学与游戏进行有效的整合，这个过程可以丰富幼儿的认知，还

可以培养幼儿批判性思维和创造性表达能力，进而促进其创造力的发展。其二，开展京剧游戏时，幼儿需要全身心的投入，通过肢体动作表达出来，参与活动。这一过程中可以锻炼幼儿大小肌肉动作的协调性，促进幼儿感觉统合能力的发展。其三，京剧游戏的顺利开展需要同伴之间相互配合。幼儿在开展游戏时可能会面临各种冲突和矛盾，这对提高其适应突发事件的应变能力和运用京剧语言创造性地表达自己想法的能力都是难得的锻炼机会。良好的游戏支持如同肥沃的土壤一样，可以孕育种子，帮助种子成长。京剧游戏是培养幼儿创造力的一种高质量的游戏。在当前游戏课程化的背景之下，以京剧游戏课程化为手段，将其融入园本课程之中，不仅可以取得物质支持，还可以更大程度发挥园本课程的教育价值，两者结合，得到一加一大于二的效果。幼儿园可以根据自身实际情况，将京剧游戏作为课程添加到园本课程之中，不仅能够丰富园本课程体系，还可以将京剧游戏作为特色课程的展示途径，在潜移默化中促进幼儿创造力的发展。

2. 家园共育，积极引导家长开展教育体验

父母是孩子的第一任老师，在幼儿创造力的培养中起着重要作用。《幼儿园教育指导纲要》明确指出，家长是幼儿园工作的重要伙伴。创造力的培养延伸到家庭，需要家园合作，共同促进幼儿的发展。在实际生活中，父母常常无意中扮演了幼儿创造力剥夺者的角色。部分家长由于缺乏正确的教育观、儿童观，以及不理解何为创造，仅简单地认为幼儿的创造就是发明。当孩子出现创造性行为时，家长很可能并不知道，甚至有可能将其扼杀在摇篮之中。对此，幼儿园有责任向家长传输正确的育儿观，提供正确培养幼儿创造力的方法。情境学习理论和活动理论认为，体验式学习是人类学习的最基本形式。通过这种体验，人们可以利用实践感知，形成某些态度和观念。我们可以用此理论连接家园合作，传达创造力培养理念。幼儿园可以借助综合艺术节的平台，为幼儿提供创造力展示机会，邀请家长深入体验参与京剧游戏活动，事后提供交流和分享的机会，以此提升家长教育方法，为家长在家时培养幼儿的创造力提供科学指导，更好地促进幼儿创造力的发展。

3. 借助绘本素材开展一日生活化的京剧教学

教师选择一些耳熟能详的绘本作为剧本，每个小剧本的演出时间五到十分钟，并根据幼儿的实际情况进行了相应的改变。每个小剧本都选用了大量的重复性台词。所以，在记台词方面，对幼儿来说不会太难。大多数角色都是贯穿整个故事的。幼儿参与绘本故事创编、集体排练、舞美道具制作等活动，完成一台绘本故事剧场的演出。例如，开展过京剧教学的幼儿们在音乐、故事、京剧情境和全英语环境创造的学习空间里，全身心投入自己的模仿、感知、表达和表现能力，在体验互动中实现语言、肢体、观察力、表现力及京剧素养的学习。幼儿来园时，让害羞的幼儿可以互动起来。教师可以变换打招呼的方式及部位，用屁股、脚、头进行打招呼，增加幼儿们的兴趣，他们也就乐意参与其中。户外活动中，体现超大场地优势。教师拍手打节拍变化不同的节奏、速度、力度等，幼儿用走的方式呈现，和教师拍手的速度合拍，暂停中让幼儿变成各种水果、各种动物，各种植物等，从独立到合作的形式，在京剧游戏中培养幼儿的灵活性和反应能力。在过渡等待环节，可以来玩玩建构空间游戏，如“电影院”。幼儿分别可以扮演屏幕、楼梯、椅子、门、投影灯等，让这个空间随着幼儿的加入更加丰满，来丰富幼儿想象力和空间感。用游戏的方式学习，幼儿会有较弱的挫败感，能坚持完成任务并从错误中学习，能提出更多的假设和解决问题的方法，自愿学习而不是逃避学习，在学的过程中能够笑得更多。

4. 基于京剧课程的特点开展体验式教学

幼儿参与编创结局、决定主人公的选择、提出自己的建议，为主人公设计台词和动作等。这些活动给了幼儿足够大的空间自己发挥，让他们在人、事、物之间的互动中获取知识、投入情感，建立合作关系。在学习过程中，教师更加倾向问题情景化，寓教于乐。极大程度上摆脱了传统教育枯燥的说教，打破了“教师—幼儿”单向式输入的授课模式，更加注重幼儿自身的参与。教师运用启发式提问，让幼儿们自己去想象，自己去发挥。不要求和教师做得一模一样。例如，在教学《景阳冈》这一京剧的时候，教师说：“你可以想想老虎是怎么叫的？它有爪子吗？它的爪子是怎么动的？你可以用身体告诉我吗？”幼儿作为故事中的一部分（角色或物品），感受故事的情境，获取经验，再通过观察反思，将自己的收获付诸实际。因为当幼儿在故事中亲身经历了这个问题后，解决方案就印在他的脑海里了。这就是体验式学习。京剧教育活动的种类很多，活动期间的难易度差别也大。从“哑剧活动”到“即兴口语对话”或“声音的模仿与创造”等，有些活动比较容易进行，有些活动的挑战性较高。在带领之初，教师可先以哑剧动作开始引导，要求幼儿只做出动作，不需要讲话。待大家有京剧经验后，就可要求其进行对话或口语沟通的活动。通过京剧教育活动让幼儿发展肢体动作、感官知觉与想象、声音与口语表达能力。例如，中班开展的《沙家浜》的教学中，幼儿们用布和身体一起为故事中的情境创造出了一个“山大王”的形象，同时经过幼儿的设计，“山大王”的形象更加鲜活。

5. 京剧课程如何与幼儿园现有主题课程相结合

教师可以选择本月幼儿感兴趣的绘本故事，或者当月的主题活动或者诗歌作为素材。例如，春天到了，小朋友会带小蝌蚪来投放到班级植物角。通过观察，幼儿了解青蛙的生长过程，教师加入京剧元素，在“青蛙成长记”题材中，教师可请幼儿观察青蛙成长的变化，接着让幼儿变成青蛙一同体验当青蛙的感觉，并将之编成青蛙成长日记。通常教师只要善于在幼儿的学习经验中加入京剧元素，这些随手可得的主题就可以吸引幼儿进入京剧中。教师可以将班级的美术区角结合起来，教师将幼儿们在京剧表演中需要的道具、手偶、服装等小制作，放入区角，让幼儿自由完成。例如，在《画脸谱》的绘本中，教师就是让幼儿自己来制作头饰及服装，幼儿对此乐此不疲，因为自己制作的道具，更能增加他们演出的兴趣。教师准备故事中的服装和道具，让幼儿自由扮演，教师不用干预太多。当幼儿不知道如何扮演的时候，教师可以播放故事中的音乐激发幼儿的扮演意愿，也可以将幼儿在课堂上扮演的片段用照片记录下来，并制作成“故事书”，幼儿根据故事进行扮演。在班级中可以开辟一块关于京剧主题区域，将幼儿正在进行的京剧活动内容呈现出来，并在每一次活动后丰富这个区域内容，包括墙面、背景、关于京剧内容的美工作品呈现等，让幼儿在活动中更加身临其境的表演，也让其他小朋友被吸引到目前进行的京剧活动中来。

综上所述，对少数民族幼儿而言，游戏是其天性，也是幼儿园教育教学的主要形式，其特殊价值在于激发幼儿对活动的兴趣，调动幼儿参与的积极性。幼儿游戏的种类丰富多样，京剧游戏就是其中一种比较受幼儿欢迎的游戏形式。少数民族幼儿天生好奇、活泼好动，酷爱幻想，有着与生俱来的京剧表演冲动。他们是天生的导演、演员、剧作家。利用京剧游戏培养幼儿的创造力可以达到事半功倍的效果。

参考文献

[1] 李芳．信息技术在学前教育教学活动中的实践［C］//教育部基础教育课程改革研究中心．2020年“教育教学创新研究”高峰论坛论文集．教育部基础教育课程改革研究中心，2020.

[2] 余晓兰．戏曲活动中的自主探究与学习——以“好玩的乐器”为例［J］．教育观察，2020，9（8）.

[3] 鲁琴．幼儿园引入京剧活动提高幼儿京剧素养［J］．中国文艺家，2019（8）.

[4] 胡卫萍．幼儿园京剧教学的探索［J］．课程教育研究，2019（10）.

农村少数民族地区幼儿园课程游戏化质量的策略研究

——以莎车县某幼儿园为例

陈小雨

一、引言

课程游戏化是目前幼教课程发展的需要。随着素质教育理念的广泛普及，在幼儿园里游戏被认为是一种有效的育人手段，游戏教学的方法使得课程活动开展变得轻松。幼儿园课程的游戏化能够调动幼儿的积极性，让幼儿在活动过程中获得知识与快乐，还能创设符合幼儿身心发展的环境。因此，研究幼儿园课程游戏化的现状及应对策略十分重要，不仅是幼儿学习知识、认知世界的需要，也是幼儿园课程改革的需要。相对于传统的教学方式来说，实施幼儿园课程游戏化能够为幼儿营造出符合学习、接受知识的情境，能够在最大的程度上激发幼儿学习的兴趣。课程游戏化也是当前学前教育课程发展的趋势，因为这不仅能够让幼儿在游戏中充分地发挥其想象力，还能够使幼儿的动手能力有所提高，有利于帮助幼儿各方面素质的提高。

《3—6 岁儿童学习与发展指南》指出："幼儿的学习是以直接经验为基础，在游戏和日常生活中进行的。要珍视游戏和生活的独特价值，创设丰富的教育环境，合理安排一日活动，最大限度地支持和满足幼儿通过直接感知、实际操作和亲身体验获取经验的需要"。在文件精神的指引下，大多幼儿园均推出了区域游戏，在这一环节中教师将创设环境，投放丰富的游戏材料。在一些角色区、生活操作区中能够再现生活场景，让幼儿自由结伴、自主选择游戏内容，通过直接感官和实际操作，在亲身体验中获得相关经验。然而，对于广大农村少数民族幼儿园而言，由于场地有限、经费不足，专用于游戏的区域很少。因此，本文结合个人教育教学经验，针对农村少数民族幼儿园的特性，提出幼儿园课程游戏化对策。

二、幼儿园课程游戏化概述

（一）幼儿园课程与游戏关系

游戏在教育活动中是一种不错的教育手段，是开展课程活动的重要途径。游戏还可以生成课程，教师在开展活动时通过及时了解幼儿的游戏状态和需要，建构一个新课程，让课程在游戏里自然生成。因此，我们要学会用完整的、系统的、全面的观点去看待幼儿园课程与游戏之间的关系。儿童的生活需要游戏，游戏与课程之间存在着必然联系。

游戏与课程之间是互为生成的关系，而此种互动关系是课程的预成性模式和生成性模式这两种课程形成方式相互补充、相辅相成关系的体现。通过把课程与游戏结合在一起能够有效地发挥出游戏的教育价值，游戏教育价值实现的基本路径就是游戏的课程化与课程的游戏化。

（二）幼儿园课程游戏化含义

幼儿园课程游戏化的目的在于让课程内容符合幼儿的身心发展，幼儿教师还要树立正确的教学观念，突出幼儿的主体性以及活动的开放性，让幼儿能够健康快乐地成长。"课程游戏化"的过程就是园本课程的建构过程，即通过对课程的园本化改造，让幼儿园课程更加适合幼儿，更生动、更丰富、更有趣，从而能够更有效地促进幼儿的多样化发展。

游戏化是幼儿园课程的基本特征，课程游戏化不是把幼儿园的所有活动都改为游戏，而是要在确保幼儿自由游戏的情况下，让游戏精神落实到一日生活的各个环节，使幼儿园课程更加生动、丰富、有趣，更加适合幼儿参与。课程游戏化是贯穿于整个一日活动之中去的，它不是一日活动中的某个环节，而是在课程教学的时候，课程形式与内容具有游戏性，是幼儿感兴趣，喜闻乐见的。通过运用游戏方式进行教学，传授幼儿各种各样的知识，让他们每天都能投入其中。其次是遵循幼儿身心发展特点，因地制宜地利用一切有关的资源为幼儿创设环境，让幼儿在一个好的环境中不仅自己能够玩得快乐，还能受到教育者有意识的知识传授，同时幼儿在游戏的过程中也对所学的事物有所认识并能够在生活中学会合理的运用。

三、农村少数民族幼儿园课程游戏化实施存在问题

（一）教师因素

1. 幼师对课程游戏化概念理解片面

由于课程改革不是一蹴而就的，需要时间慢慢地去完成，所以农村少数民族地区在课程改革的过程中比较容易出现滞后的问题，导致教师对认识幼儿园课程游戏化的认识存在误区，对于幼儿园课程游戏化的见解，有一些教师认为就是避免出现小学化教育方式，而有一些则认为是完全放开任由幼儿自由探索。这些片面的见解容易造成教学质量不能得到很好的提升。

农村少数民族地区部分教师不能正确地认识幼儿园课程游戏化的理念，他们简单地认为课程游戏化就是将游戏完全取代课程给足幼儿的自由游戏时间。而且对于游戏环境的创设认为是费时费力，很多的一线教育工作者不能够很好地在幼儿园里将游戏当成教育教学的一种基本手段存在有很多的因素，最重要的原因是自身的能力水平有限。

2. 幼儿园教师缺乏实践技能

教师是幼儿园课程游戏化过程中比较重要的环节，是幼儿与课程游戏化之间连接的枢纽。因此，教师的实践运用能力对活动的开展存在着很大的影响，会直接影响到活动的质量。研究发现，幼儿园教师缺乏实践技能，在大多数的工作机构虽然会提供培训的机会，但是不是每个教师都能够得到足够的培训机会。而且培训的内容往往都是以学科理论知识作为学习目标，忽视了幼师教学实践能力也是需要培训和提高的。

3. 教师对游戏的组织方式不恰当

农村少数民族地区部分教师对游戏的组织方式不正确，存在严重的两极分化。主要体现在对游戏教学的高控和过度的游戏两个方面。很多教师在进行课程游戏化活动时容易忽略幼儿的实际需求，有时候会干涉到幼儿的发挥，尽管是在给幼儿玩游戏的时间，但是幼儿多数都是没有自主选择的权利，都是教师为其分配，导致幼儿不是真的在进行游戏，而是被动地去完成任务。这样的游戏就不能体现出幼儿的自主性和趣味性。另一方面是教师过度地放任幼儿进行游戏活动，错误地认为课程游戏化就是幼儿的自由游戏时间，忽视了教师的责任。这样的教学方式难以取得进步，也不利于课程游戏化的推进。

（二）幼儿因素

1. 未能充分发挥幼儿的主体性

以往的学者研究关于幼儿园课程游戏化的优化策略，其中必不可少的意见就是要以儿童为中心强调儿童的主体性。但是怎样去充分发挥幼儿的主体性，对于落实到幼儿园课程游戏化过程中可推行的建议却很少，很多都是强调在游戏过程中如何去尊重幼儿的选择。

现如今，家园共育的合作理念已经被越来越多的人认可，由于大部分家长缺乏专业的理论知识，在育儿方面相对于专业人士还是有所欠缺的，就目前来看，幼儿园里也经常开展家长开放日的活动让更多的人能够彼此之间学习。但是，在这样的机会下，家长和教师的交流还是不够深入与透彻。大多数只停留在了表面，没有对幼儿的发展进行多

方面的了解。而且家园合作对于幼儿的心理状况、运动体能情况、思想情况这方面的内容也比较匮乏。此外在开展家园活动日时也存在家长过于繁忙，急匆匆地来走个过场便离去的现象。显而易见，家园合作流于形式，没有真正地发挥作用。

2. 传统教学观念的束缚

在推行农村少数民族地区幼儿园课程游戏化时，很多教师容易受到传统观念上的束缚，幼儿天性爱玩，课堂纪律不像小学那般整齐划一，然而教师经常以传统的方式去对待幼儿。比如要求幼儿小手背起来又或是坐好不准乱动，上课的方式是教师讲幼儿听，互动的时间比较少，这样的上课方式无异于中小学的上课模式。教师要打破这样的局面，敢于革新，在课堂中引进新的教学理念，将角色进行转换，以观察者、引导者的身份去开展教学活动。学会把游戏精神渗透到课程中的各个环节，让幼儿在玩中学、学中玩，身心得到全面的发展。教师不能总是被传统的教学观念所束缚，要学会不断更新自己的知识体系，促进幼儿园课程游戏化的发展。

3. 幼儿园课程游戏化缺乏整体化体系

幼儿园应该把幼儿园课程游戏化纳入教学的流程中去，把它当作是幼儿园教学中的一部分，构建一个完整的体系。通过这样的方式才能够很好地把游戏精神渗透到课程中，有利于在游戏中促进幼儿的发展。但是在一些幼儿园里，对幼儿园课程游戏化的概念理解不到位，导致不能将课程游戏化落实到教学活动中，从而没有构建成一个完整的幼儿园课程游戏化体系。由于这些问题的存在使得幼儿园课程游戏化的进程变得很缓慢。

四、农村少数民族地区幼儿园课程游戏化策略

（一）教师要不断学习，提高自身专业能力

目前，幼儿园课程游戏化的发展状态还是相对比较缓慢的，幼儿园课程游戏化的发展需要在实践中不断地去尝试，幼儿园课程游戏化的发展离不开每位教育工作者的不懈努力，幼儿教师要不断提高自身的文化素养和教学设计能力，幼儿教师不仅仅在课程游戏化和幼儿之间扮演不可或缺的角色，同时也还是幼儿在教学过程中能否通过游戏学习到知识的关键。

在农村少数民族地区幼儿园里对教师进行专业的培训和指导是很有必要的。因为教师的专业能力发展与幼儿园课程游戏化能否有效实施具有很重要的关系，如果教师没有理解什么是课程游戏化，那么在实践中就很难将课程游戏化落实到位。由此可见，开展专业的幼儿园课程游戏化相关教师培训和指导，也是幼儿园课程游戏化实施的有效路径。

在幼儿园里教师是课程的直接发起者，所以进行教师培训是非常有必要的，从教师培训这方面来说，在幼儿园里，一日活动中的各个环节都是课程，教师要在幼儿的一日活动中注入游戏精神，让幼儿能够以最愉悦的状态去学习。所以，加深幼儿教师对课程游戏化理念的认识和加强幼儿教师的实践运用能力是至关重要的。教师应该灵活地开展活动，一日活动里的很多环节可以以游戏的方式去进行，比如，晨间活动和户外活动。

在室外的时候，教师要充分利用场地进行布置，材料的投放以及区域环境的创设要符合幼儿的身心发展特点，是幼儿所能接受与理解的。在活动的时候，教师要经常用鼓励性的话语引导幼儿自主游戏并且大胆选择自己喜欢的运动项目，大胆地与同伴一起进行探索，这样不仅促进幼儿的动作发展还促进了幼儿与同伴之间的关系，建立良好的亲社会行为。教师在活动中要及时进行观察和记录，看幼儿是否需要帮助，根据需求适时地为幼儿投放游戏材料和给予帮助，不能随意介入游戏中影响幼儿的发挥。教师只有加深对课程游戏化理念的理解，才能为幼儿设计出符合年龄阶段发展的活动，向他们提供有层次的活动材料。教师的实践技能可以通过三个阶段进行加强，比如在职前、在职中和在职后。在入职之前的这个阶段，高校应该对幼儿园课程游戏化加以重视，注重培养学生的实践运用能力。可以让教师组织关于幼儿园课程游戏化相关理论的培训，提高高校学生对理论的认知，然后后期通过见习、实习活动的方式让学生理论与实践相互融合，在实践中能够运用自如，各大高校也可以把与幼儿园课程游戏化相关的课程一起加入学期学习中去，提高学生的游戏素养和组织游戏活动的能力。

在职阶段，教师要加强自己职业的认同感和满足感，在教学活动中，我们可以通过组织活动、幼儿观察、撰写活动记录、进行活动总结和教学反思等方式来提高自己职业的认同感和满足感。总之，只有教师的实践运用能力提升了，幼儿园课程游戏化才能够被教师更好地推广、落实到幼儿园的教育活动中去，促进幼儿的全面发展。

（二）幼儿园要善于利用现实的条件和资源

《幼儿园教育指导纲要》要求“充分利用自然环境和社区的教育资源，扩展幼儿生活和学习的空间”。因此，教师要有意识地借助幼儿园所在社区的自然环境资源，将游戏的场景从园内迁移到园外去，给幼儿打造更为广阔的学习、实践操作空间。在农村幼儿园周围，长满庄稼、蔬菜的田地，树木葱郁的山林，流水潺潺的小溪……独特的地理自然环境铸就了乡土氛围的形成。而无论是溪流，还是树木、果园，都可以成为幼儿们进行户外活动的游戏材料。例如，教师可以引导幼儿到户外收集沙子、谷物种子等制成沙包来开展扔沙包、跳房子等丰富多彩的户外游戏。再如，教师可以引导幼儿将采摘来的芦苇、玉米秆制成镖枪开展投掷游戏，或是将这些材料扎成花轿进行抬花轿等。再如，教师可以引导幼儿用草绳编成足球，用草绳编成长绳，用木墩充当梅花桩，自行制作各类游戏道具，开展游戏活动。

（三）渗透传统风俗，增加游戏趣味性

在五千年的漫长时光之中，中国传统文化承受了形形色色的考验，不仅没有灭亡，反而坚持走到了今天。而在中国传统文化之中，各个地方的民俗文化更是极具特色，是民族特性和国家软实力的象征。因此，农村幼儿园在设计户外游戏活动时，可以融入传统地方文化，帮助幼儿建立科学的世界观、健全的人生观、正确的价值观，并逐步形成良好个性和健全人格。

中华上下五千年，充满创造力与想象力的中国人民创作了难以计数的老少咸宜、花样繁多的儿童游戏，古有捶丸、蹴鞠、斗蟋蟀、投壶，现代有翻花绳、丢手绢、跳房子、滚铁环，而这些游戏所蕴含的中华传统文化，既是中华民族宝贵的精神财富，也是无比珍贵的教育资源，对于现代幼儿教育有着无可取代的价值，对学生的身心健康发展大有裨益。农村幼儿园可以将民间传统文化融入户外游戏活动中，组织幼儿进行舞龙、抬花轿、划旱船、踩高跷等游戏。在玩耍的过程中，幼儿们不仅能够了解民间传统风俗，还能够通过这些集体活动产生更强的合作意识。

五、结语

幼儿园课程改革的途径有很多种，而课程游戏化则是比较符合幼儿的身心发展规律，将“课程”与“游戏”相结合有利于幼儿的成长。在未来幼儿园课程游戏化在我国将不断被运用到实践中。

参考文献

[1] 关海秋．农村幼儿园课程游戏化质量的提升机制研究［J］．世纪之星——小学版，2021（4）．

[2] 黄彦，谭强，郑仁仙，等．农村幼儿园课程游戏化质量的提升机制研究［J］．教育观察，2021，10（48）．

浅析西部偏远地区农村学前教育发展现状及对策研究

——以莎车县伊什库力乡幼儿园为例

陈姣姣

学前教育作为终身教育的开端，是整个教育的奠基工程，也是社会公平的起点和重要组成部分①。然而农村人口基数仍然占据我国人口的绝大比例，农村学前教育的发展关乎着当地人力资本的水平，对于社会发展、经济发展有着潜移默化的影响，改善农村学前教育环境，提升农村学前教学显得尤为重要。

一、学前教育的重大意义

学前教育即由家长及幼师利用各种方法、实物，有系统、有计划而且科学地对孩童的大脑进行各种刺激，使大脑各部位的功能逐渐完善而进行的教育。学前教育阶段是人生最重要的训练和装备心灵的阶段。它不仅仅只为知识的传授，还不断发掘幼儿无限潜

① 卢迈，方晋，杜智鑫，等．中国西部学前教育发展情况报告［J］．华东师范大学学报（教育科学版），2020，38（1）：97－126.

能，注重意志品质培养，养成良好的生活习惯，引导正确的思维方式。不单一为小学做准备，更为人的一生做重要的奠基，直接影响着人类生命大厦的高度、广度和坚实度，既注重幼儿个性的彰显，又关注幼儿的全面发展。

全国上下继实现全面建成小康社会之后，正处于乡村振兴战略的关键时期，教育则是脱贫致富以及构建美丽新农村的重要手段，也是阻隔贫困代际传递的途径[①]。学前教育作为人类终身教育的起始阶段，也是整个教育的奠基石，我国是农村人口大国，努力做到农村幼儿在学前教育关键期受到良好公平的教育，这不只对幼儿个体的发展有着重大影响，小到对于当地的人力资本，大到国民的素质，社会的和谐发展也是有着深远的影响。

二、农村学前教育发展的现状——以莎车县伊什库力乡幼儿园为例

1. 发展背景

随着我国社会发展，教育受到社会各界的广泛关注与重视，学前教育也发生了从普及到普惠的转变，国家与各级政府也花费很大力气在改善学前教育环境，尤其针对农村学前教育的环境提出了有力的政策扶持。教育惠民政策的扶持给农村幼儿园带来了新的发展契机。

近几年国家大力度扶持中西部学前教育发展，新疆维吾尔自治区于2017年启动教育惠民政策“1号工程”，实施学前三年免费教育。大力倡导学龄前儿童应入尽入幼儿园，将农村学前教育两年制变更为学前三年免费，切实将学前教育普惠到每个农村家庭。将原有4~5岁入园的年龄段，提前至3~4岁入园，紧抓儿童早期教育的黄金年龄，更及时有效地介入农村幼儿的认知发展过程，缩小了农村与城镇幼儿早期教育的差距。

2. 硬件设施

新疆维吾尔自治区于2017年启动教育惠民政策“1号工程”，喀什地区莎车县2017年新建扩建共计222所，莎车县伊什库力乡幼儿园在原有的园舍基础上新建扩建10栋楼、7所幼儿园，2017年9月共有13所幼儿园全面投入使用。

通过国家教育惠民政策扶持，农村幼儿园园内硬件条件设施得到很大改善。莎车县伊什库力乡幼儿园每所园内均配有安全开阔的活动操场，生均室外活动场地面积达3.5平方米。园内绿化面积均达780平方米以上。每所幼儿园配备一台大型玩具，教学楼内配有宽敞明亮的教室、舒适的宿舍，配置标准行政办公室、大型活动室、厨房、保健室、物资储备室等，新建楼还会配备盥洗室、衣帽间。教室内均配有电子琴、电视机、幼儿桌椅、保温桶、消毒柜、毛巾架、水杯架、衣柜、区角柜、书架，班级活动室生均面积达2.0平方米以上。宿舍内配有幼儿床及配套床上用品，生均面积达2.0平方米。

① 李倩，孔芳芳．民族地区农村学前教育发展路径［J］．桂林师范高等专科学校学报，2021，35（2）：107－112.

良好的教学设施，给农村幼儿提供了更舒适、更有利孩子身心发展的学习生活环境。

3. 师资队伍

2017 年起新疆农村学前教育幼儿应入尽入，幼儿班级数量大幅度上涨，随之教师的招聘力度也不断增强。莎车县伊什库力乡幼儿园从 2016 年聘用的 53 名专任教师增至 2021 年的 117 名教师。莎车县先后通过自治区特岗教师招聘、“疆内外人才引进”计划、县上自主招聘等方式填充幼师队伍，县财政部门设置专项资金给各个幼儿园聘请保育员，确保农村学前保育与教育活动有序开展。

4. 育人成效

莎车县伊什库力乡幼儿园通过新、扩建教学楼，增添基础教学配套设备、填充师资力量，使幼儿园教育活动顺利开展并初见成效。在 2018 年莎车县教育系统庆“六一”文艺汇演中孩子们荣获三等奖，在 2019 年荣获莎车县教育系统庆“六一”文艺汇演荣获鼓励奖，在 2018—2019 年第一学期该园被教育局评为教育教学先进学校，2020 年荣获教育教学先进集体奖，2020 年荣获莎车县幼儿教师（保育员）技能大赛优秀组织奖，2020 年荣获乡镇幼儿园环创评比一等奖，2021 年荣获莎车县幼儿园“七彩童年，筑梦童年”童话剧比赛鼓励奖等。

通过分析莎车县伊什库力乡幼儿园近年学前教育质量，充分说明国家政策的扶持让农村幼儿获取了更优质的学习和生活环境，也为农村幼儿在人生启蒙的关键期带来了及时雨，促进农村学前教育迈上了新台阶。

三、当前农村学前教育发展中存在的突出问题

1. 缺乏优质师资力量

近些年新疆南疆各农村幼儿园，在教学的硬件设备设施上得到了很大的改善。根据学前教育的教育特点，注重利用“游戏化”教学方式，培养幼儿的习惯教养、社会交往、自我调控、规则意识、专注力等。在幼儿认知过程中，核心是幼儿 3 ~ 6 岁这个年龄段孩子的发展特点是通过直接感知、实际操作、亲身体验等方式获取知识经验，但整个农村学前教育的软肋是缺乏优质的师资力量。

首先，通过调查莎车县伊什库力乡幼儿园的师资水平，2017 年本科学历教师只有 23.9%。近五年中本科学历教师最多时期为 2021 年，占总人数 31.8%；学前教育专业毕业教师不到总人数的 50%，还有部分非师范类毕业生填充到教师队伍中。新疆南疆地区从学前两年制转变到学前三年制，虽然幼儿及时接受了教育，但教师队伍的扩充“量”大于了“质”。非专业和低学历教师对于学龄前儿童的教育能力和专业知识是欠缺的，这导致无法系统性地了解学龄前孩子特点，也就不能满足农村孩子发展需要。

其次，幼儿教师年龄普遍年轻化，因个人规划和家庭因素等，幼儿教师没有做好长期留任农村幼儿园岗位的准备，流动性较大，从而影响了班级教育活动的延续性，教师调离频繁也不利于幼儿的身心发展。

最后，教师个人专业水平能力提升意识淡薄，缺少个人规划。教师群体外派专业能力提升培训机会较少，目前线上培训方式多集中于面授方式，培训效果不明显。非专业教师缺少系统性培训，专业水平和能力较低的现状得不到改善。

2. 教育质量提升缓慢

农村学前教育教师专业水平低下，在幼儿教学过程中，没有利用绘画、音乐、舞蹈、乐器、玩教具等方式“游戏化”教学，忽略幼儿身心发展特点，灌输式、填鸭式地开展教学活动，这种方式使幼儿接受认知的过程从主动变成被动，遏制了幼儿的想象力、创造力，忽略了孩子个性化发展。新疆维吾尔自治区属少数民族地区，农村学前教育发展受很多因素影响。在南疆农村幼儿园中少数民族幼儿占绝大多数，结合幼儿3~6岁发展特点来说，该时期是学习语言的黄金时期，在少数民族地区培养幼儿学说普通话也是幼儿园教学课程的目标之一，通过观察莎车县伊什库力乡幼儿园教师日常教学活动，更多教师过于注重教授语言领域课程，根据教材内容，教师仅单一地使用课程资源配套的挂图、卡片，教学方法死板，多为反复诵读，幼儿学习语言领域内容多为词语、儿歌、故事，方法多为死记硬背，违背幼儿在认知过程中是通过直接感知、实际操作、亲身体验等方式获取知识经验的特点。同时，针对幼儿五大领域课程中的科学、社会、艺术等教学活动，教师忽略了其他领域课程的相辅相成的作用，不善于开发利用教学资源，从而发现在这种教学环境下的孩子过于呆板、不灵巧，缺少活力，整体农村幼儿园教育质量提升不明显。

3. 资源配置不均衡

近年虽通过国家教育惠民政策的扶持，农村学前教育基础硬件设备较齐全，环境得到改善。但绝大多数农村学前幼儿园仍存在缺少精细化、科学化教学设备，教学资源远落后于城市幼儿园。通过调查莎车县乡镇幼儿园发现普遍缺少多种类户外器具，沙池与水池的构建粗糙，玩教具种类单一，往往乡镇中心园是乡镇学前教育的核心，各资源配置又好于村级园，可见村级园的资源配置更加落后、不均衡。资源配置的不合理也直接影响教育的公平性。

4. 家长观念较落后

和以往相比较，农村家长很积极地将幼儿送往幼儿园接受启蒙教育，但家园共育这个意识，普遍农村家庭是缺失的。通过调查莎车县伊什库力乡幼儿园，存在一是年长的老人为监护人的现象，部分年轻的父母因外出务工，由家中年长的爷爷奶奶等负责照顾孩子，年长的监护人受健康因素、环境的影响，缺乏育儿观，老年人对幼儿园各类活动难以理解；二是幼儿在成长过程中，父母是孩子的第一任教师，农村的家长普遍低学历，文化程度不高，未能很好发挥家庭教育作用，家长观念落后，没有在孩子黄金发育时期介入，甚至很多孩子基本的生活卫生习惯多靠幼儿园教师培养，家长放任自流，对家园共育缺乏认识；三是农村幼儿的家庭条件与城市相比落后，没有提供有利孩子发展的绘本书籍、玩具、媒体设备，可供游戏的条件较单一和低端。农村家庭教育的缺失也严重制约了幼儿的全面的发展。

四、推进农村学前教育发展的对策

1. 加强师资队伍建设，提升教师专业素养

“百年大计，教育为本，教育大计，教师为本”，教师是整个教育传授的纽带。培养优质的农村学前教师，是发展农村学前教育的重要前提。首先，为农村学前教师的生活、工作和学习提供基础保障是拴心留人的重要方式；其次帮助教师做好个人发展规划，通过听取优秀讲师讲座、办理读书分享会、利用网络媒体帮助教师了解最新教育资讯打好理论基础。以开展新老教师结对子帮扶计划，用“传帮带”的方式帮新教师树立信心，有职业归属感，为“种子教师”提供土壤；再则，做好园本培训，开展园本教研、教师赛课、基本功技能比赛等活动促进教师相互学习，与县城幼儿园举行观摩、教研活动促进城乡幼儿园的交流学习；最后，争取农村学前教师外派培训机会，培养骨干教师团队，为教师“传帮带”活动做好奠基。

2. 合理利用本土资源，有效提升教育质量

农村幼儿园虽缺少精细、优质的教学条件，但得天独厚的自然资源很丰富，如农家土灶、树林里的小鸟、田地里的农作物、雨后的麦田，农耕活动等文化元素在城市幼儿园是缺少的，但在农村幼儿园却很常见。合理将农村本土资源转为教育的潜在动力，是提升农村学前教育质量的有利条件。将本土自然资源、风土人情等与学前教育教授的五大领域课程有效结合，更有利于农村幼儿掌握。改变灌输式、填充式教学方法，尝试让幼儿以探索、体验的方式进行教学，从而提升农村学前教育质量，促进农村学前教育均衡发展。

3. 加大成本支持力度，宣传学前教育意义

研究表明，学前教育作为终身教育的开端，是实现农村地区儿童教育公平的重要保障，是个体培养学习品质、塑造良好人格的关键阶段，是政府投资少回报率高的教育阶段①，因此各级政府部门还需从各方面加大力度推进农村学前教育的发展。在发展农村学前教育过程中，要扭转部分地方政府片面追求数量和规模的导向，改善园舍条件、提供适宜的玩具、提升教师专业水平也迫在眉睫。推进“以县为主、乡镇参与”的农村学前管理机制，明确县、乡政府管理责任，促使乡镇政府积极参与农村学前教育的安全、环境治理、幼儿发展中来②。社会各界齐头并进，合理配置教学资源，共同推进农村学前教育稳步提升。

4. 转变家长育儿观念，促进家园共育合作

幼儿家庭教育对幼儿成长有着潜移默化的影响，农村家庭里存在家长文化水平不高、思想观念落后的问题，往往单一认为幼儿园是照看孩子的场所，过于重视小学阶段知识教育，忽视学龄前儿童启蒙教育的重要性。可通过园内亲子活动、感恩教育活动、

---

① 李家黎．农村学前教育发展对乡村振兴的深远影响［J］．中国果树，2021（5）：119 –120.

② 贺红芳．我国农村学前教育发展中的主要问题、影响因素及政策建议［J］．现代教育科学，2018（9）：21 –26.

设立家园委员会、村委会宣讲学前教育政策、利用网络每周家长群宣传育儿小知识、幼儿一日活动小舞台展示等活动载体，让农村家长了解幼儿园生活，转变重知识轻素养的观念，普及学前教育的重要性，调动家长积极主动参与到幼儿成长过程中，促进家园共育，更好地促进农村幼儿发展。

五、结语

学前教育关系社会人口素质、经济发展、社会稳定，农村学前教育更关乎国家设计底层架构。一百个幼儿就有一百种语言，针对农村学前教育存在的问题，应通过加大政府投入、师资力量建设，广泛宣传学前教育，打造学校、社会、家庭共育环境，从而促进每位幼儿健康全面发展，将学前教育，特别是农村学前教育从普及到优质均衡发展，体现我国教育的公平性。

幼儿园“告状”行为的案例分析

陈　霞

一、日常中的“告状”行为的出现

每天总能听见“老师，谁谁谁打我了；那个小朋友讲话；谁谁带了玩具；谁又不喝水……”诸如此类的“告状”，这些鸡毛蒜皮的小事带出了我的思考：为什么我们班的孩子老是爱告状呢？

还有一次，在一节音乐舞蹈《宝贝爱读书》中，孩子们都在感受音乐，尝试自己编排舞蹈动作，这时有两个小朋友在旁边打闹，木合塔尔小朋友看到了全部过程后给我讲事情来由，我“教育”了两个不干“正事”的小朋友，还夸奖木合塔尔表述清晰，后面王荣也总是想要“揭发”各种不守规矩的小朋友，一会来一句“阿迪力江把别的小朋友打了”一会又来“努尔扎提骂脏话”“阿卜杜萨拉木喝完水不送杯子”，等等，总是想要我去主持公道、伸张正义才能罢休，诸如此类的告状让我不禁思考，孩子“告状”是什么目的呢？

二、产生“告状”行为的原因分析

基于幼儿“告状”事情的发生，我查阅学前儿童的相关资料，发现了 3 ~ 6 岁孩子经常会出现“告状”的行为，他们由于年龄的成长，思考的能力也在逐渐成长，他们这个年龄段的思维方式就决定了这个年龄段的孩子是从自身出发，不善于站在别人的角度思考问题，所以体现出来的“告状”也是以自我为中心发生的。从幼儿告状行为的动机和目的一般可以把“告状”分为以下 3 种。

1. 寻求帮助型告状

孩子受到年龄的影响，遇到难以解决的困难时不能及时想到合适办法解决，所以有的孩子会想到向老师寻求帮助，这时候要注意倾听孩子的需求，在引导孩子自己解决问题的前提下给予孩子一定的帮助。记得有一次在户外活动中带领幼儿进行足球游戏，班里只有一个足球，所以老师就组织所有小朋友一起踢一个足球，过了一会儿王荣小朋友很不开心地过来告状：“老师，小朋友们不给我传球，他们一直相互传球不让我玩儿。”基于班级只有一个足球的情况，我也只能耐心地安慰王荣说：“我们现在是集体活动，班里有 30 个小朋友，但是我们只有一个足球，所以我们踢足球的时候要相互理解，等一等总会有小朋友把球传给你，或者你可以有礼貌地跟小朋友说：‘可以把球传给我吗？我一次都没玩儿过。’”然后王荣就回到自己的位置上和正在传球的伊尔夏提说：“等一下可以让我传一下球吗？”然后没等一会就真的传球传到王荣这里来了，后来在进行材料不太丰富的集体活动中，王荣就会主动安慰急躁的幼儿，也会在活动中主动承担协调孩子游戏时材料不足的问题。

不管是由于孩子自身能力不足导致的问题，还是孩子之间经常会出现意见不合、争夺玩具等纠纷问题。当这些纠纷发展到一定程度的时候，有孩子就会告诉老师，以求得老师的公正或给予帮助。出现这些情况的时候，不能简单地评判对与错，要考虑到幼儿的依赖性较强，不要一听到孩子告状就插手他们之间的事，要指导他们自己想办法解决矛盾，这样既能锻炼幼儿独立思考和解决问题的能力，又能减少告状次数，还要引导幼儿自觉作为小朋友的榜样，不能用批评别人的方法来抬高自己。

2. 试探尝试型告状

有一次户外活动时，我组织孩子们练习跳绳锻炼孩子的连续跳跃能力，我让孩子们自己先去练习，连续跳 30 个后可以去拍皮球，我重点关注班里跳跃能力比较差的孩子，其中就有我们班的阿布都拉亚森，他是一个胆子比较小、体重却不小的男孩子，他的跳跃能力一直不好。大班第一个学期，班里其他小朋友都已经可以连续跳 10 个跳绳的时候，他还是只能一个一个地跳，并且他的自尊心也比较重，在自由练习了一会儿后，阿布都拉亚森跑过来说：“老师，夏木斯亚她们两个人一起玩跳绳了。”我告诉他，跳绳也可以两个小朋友一起玩，他听了后就走了。我刚一转身他就又跑过来说：“老师，祖拜达去拍皮球了，她自己一个人在那儿玩儿，不给其他小朋友玩。”没一会儿他又来说：“苏麦亚没有跳够就去休息了。”这个时候我没有理会他，转身去帮助其他小朋友进行往后跳绳练习，当我再转过身的时候就发现他跑到皮球区拿了一个皮球在拍球，这个时候我走过去问阿布都拉亚森：“你跳绳跳了多少个了？”他就慢慢地放下皮球，小声地说：“我只跳了 5 个。”我把他带到跳绳跟前对他说：“老师相信你一定可以连续跳 30 个，你看你上学期才只能一个一个跳，现在都能连续跳 5 个了，如果你再加油练习是不是就可以成功了呢？老师也知道你想去拍皮球，但是你一直不练习的话就不能去拍皮球了。”然后阿布都拉亚森就认真地去练习了，果然在最后结束的时候他已经能够连续跳 20 多个。

幼儿在成长的过程中总是会在日常活动中不断试探老师的底线，看看你是否在关注他，有没有看到他的变化，他会通过不断告状来试探老师对于他的关注度，一旦确认老师不再关注他，就会偷偷释放内心的“小九九”去干一些老师不允许的事情，这个时候老师就要时刻注意到孩子们的动向，及时帮助孩子改正思维方向，然后进行引导，让他们可以约束自己的行为，跟着老师开展活动。

3. 引人注意型告状

我们班的娜菲萨小朋友很爱美，在一节绘画课上，我带着孩子们练习线条画，她大声喊：“老师老师，努尔阿布杜拉把笔倒着拿，我这样拿才是对的。”说着高高举起拿笔的手给我看，没一会儿又大声说：“老师，苏比努尔笔盖掉地上了，我的都没掉。”最后活动快结束的时候，娜菲萨拿起自己的画走到我身边说：“老师，我都画完了，艾克热木还没画完”。还有一次，早晨刚踏进班级王荣就跑过来告诉我：“阿布都萨塔尔不拿椅子坐，到处走。”当时我就在想：都是大班的孩子了，拿不拿椅子这种小事还要告诉我干什么？就随口回了一句：“那你帮他拿一把椅子吧。”王荣听了就很高兴地跑过去帮阿布都萨塔尔搬小椅子，还高兴地说：“老师让我给你拿椅子。”从这往后，王荣就爱上了“帮助”小朋友。

孩子的年龄虽然小，但是想得到夸奖的心却不小，娜菲萨的种种行为就是想得到老师的夸奖，通过踩压别的小朋友来得到老师的夸奖，这种行为不值得老师提倡，对待这种孩子，老师也要注意给予适当的鼓励的同时，提醒他不要影响其他的小朋友。在幼儿园这样的大环境中，幼儿不能像家庭那样“一切都被照顾”，而老师不能同时照顾所有孩子的各个方面。这时，有些幼儿可能会被忽略，而有些孩子只想独自“占有”老师，他们希望老师一直关注自己。他们会通过告状以引起老师的注意，使老师的注意力集中在他们身上，并满足他们的要求。对待这类孩子，我们不能只给予宽泛的夸奖，这容易造成孩子虚荣、刻薄挑剔的心理，但也不能忽视他们的表现，要及时地肯定做得好的孩子的具体表现，比如坐得端正、涂色仔细等，这样可以在肯定他们行为的同时给予其他孩子榜样的力量。

三、结论

3 ~6 岁幼儿爱告状，是他们这个年龄阶段非常普遍的现象，作为教师必须充分认识“告状”对他们各个方面发展的价值，做一个有心人，从孩子的具体行为出发，分析孩子告状的原因，就会发现，在幼儿的世界里有许多成人不了解的东西，幼儿的头脑里也有许多成人不知道的想法，爱告状的幼儿并不是一无是处，他们也有许多的可爱之处。教师对告状行为的处理会影响幼儿之间、幼儿与教师之间的关系，并会对幼儿的性格和品质的形成产生影响。因此，对待幼儿的告状行为，我们教师不能熟视无睹听之任之，教师必须重视幼儿的告状，并予以恰当的方式引导。

传统民俗游戏与幼儿园五大领域活动教学中的有机融合

樊　凡

一、问题的提出

民间游戏属于各地方坊间流传的一些游戏形式，具有自身独到的艺术魅力，体现了中华传统文化的继承点，在幼儿活动中可以广泛地建设和使用。通常的情形下，限制性较小，浅显易懂，也符合孩子好玩、好动、好模仿的心理。如：体育类的民间游戏，抬轿子、扔沙包等；语言类的民间游戏，猜猜我是谁等；角色类民间游戏，过家家等都属于传统文化的范畴，并且体现了较强的趣味性和教育性的价值。民间游戏与五大领域活动（健康、语言、社会、艺术、科学）相互结合起来以后，就可以有效地传输传统文化知识，保持幼儿的全面健康发展①。提升幼儿智力建设，达到内容结合、形式结合、思想结合，与生活活动衔接，增强教学趣味性。因此，如何立足基础，有效地将民间游戏与幼儿园五大领域活动课程融合起来，就形成了在当前情势下必须研究的主要问题的基本内涵。

二、当前现状

我园土地总楼面面积约 30000 多平方米，占地面积约 11348 多平方米，活动场所宽敞，具有适宜进行民间游戏和幼儿园等五大领域有机融合教学的基本条件。我园专任教师 70 人，全日制本科 17 人，大专 38 人，中专 15 人。67% 学前教育毕业。具有学科素养的老师能给孩子提供优秀的活动环境和互动场地，使孩子在幼儿园多姿多彩的环境互动的实践中丰富活动内涵，达到愉快发展。幼儿园老师并不是书本知识的搬运工，而专业老师则必须在清晰掌握孩子心理发展规律的基础上，把专业知识加以浅显易懂的转化，让孩子从真实的生活情景和多样化的行为中体验知识，在游戏中巩固知识。让孩子们在探究、交流、感受和表现的过程中，在去认识问题和解决问题的过程中，得到经验，从而获得全面发展。专业教师必须具备通过观察和分析幼儿发展情况的能力、规划和设计各种活动的能力、发现和运用新资料的能力、环境创造的能力、组织教学活动的能力和评价的能力，这些能力是开展民间游戏与幼儿园五大领域有机结合课程的软实

① 尼珍．民族民间游戏引入西藏地区幼儿园教学的问题与对策［J］．开封教育学院学报，2018，38（10）：210－211.

力。我园幼儿在五大领域的课程中逐步可以听懂国语、简单用国语进行交流、分享。孩子们有一定的国语基础知识也是幼儿园开展民间游戏活动和中小学五大领域的有机融合课程的前提条件。在民间游戏过程中能听懂规则，有序开展游戏。

三、民间游戏对幼儿身心发展的重要性

假如将儿童比作播种的话，那些民间传统游戏就更好像是可以帮助生长的营养液。民间的传统游戏是孩子们与现实社会间建立联系的重要桥梁，对孩子的发展具有多重意义。

1. 促进幼儿身体素质发展

现在我们的日常生活越来越离不开电子，形形色色的电子产品层出不穷，这些生活在信息时代的孩子，随时都可以接触到电子。家长喜欢玩这些电子产品，幼儿也喜欢。殊不知孩子过多接触电子设备会造成兴趣减退，缩短孩子的其他活动时间，这不但会危害到孩子体格和心智的全面发育，同时也不利于孩子适应和融入社会。所以，民俗的传统游戏不但能够把小孩子从电子产品中解放出来，而且合理的民俗传统游戏也有利于孩子身心机能的健康发展，甚至一些民俗传统游戏还可以促使孩子心肺呼吸功能的健全发展和协调孩子的肢体活动。

2. 促进幼儿社会性的发展

对孩子的社会性发展，老师通常从语言、动作等层面出发，限制和纠正孩子的不良习惯，这很容易使得孩子们在教学过程中变得非常消极地接受老师的意愿或想法。这样的表现形式，相对简单而不易为孩子社会化发展带来根本性的帮助。但民间游戏既具备了传统游戏的互动性、体验感、趣味性、娱乐性，也具备了很强的社会感染力和情感传递力，所以，发展民俗游戏有助于孩子社会化意识以及相应的社交习惯的养成。

四、民间游戏项目与幼儿园等五大区域活动体验项目的融合路径

1. 将民间游戏贯穿于授课中，以提高课堂教学兴趣

从当前的形势上看，民间游戏种类繁多，有的需要动脑，有的需要动手．幼儿年龄较小，认知能力不足，精力不集中，并且意志力和坚持力偏低，但是模仿力较强，体现了很强的可塑性。幼儿对于趣味性较强的内容比较感兴趣，可以激发他们保持持久性的学习，一方面保证了幼儿的健康需求，另一方面，也可以为幼儿以后的可持续发展奠定良好的基础。例如，在学习文学作品《拔萝卜》的时候，教师就可以合理地统筹规划，以学生熟悉的内容故事为基础，融入趣味性的东西。刚开始时，教师可以看到，这是一个十分长的故事，里面还有重复的地方，如果将所有的内容都以“填鸭式”的方式呈现，那么就很难维持幼儿的注意力。此时，教师可把这个故事与民间游戏互动融合起来，以增加孩子们活动的趣味性，增强生活节点的律动性，让孩子们和自己一起做事，保持纪律性，集中幼儿的注意力。然后，教师就会讲解《拔萝卜》，在此时，你可以使用“瞎子摸鱼”的游戏，寻找幼儿回顾故事的情节。紧接着，教师可以选择二次叙述故事，使用“找朋友”的游戏，让幼儿扮演角色，表演故事，并且提高参与度。最后，

教师需要选择动静结合的方式，建立“木头人”游戏，活动就此完成[①]。

2. 民间游戏有效深入到社会生活，以提高环境保育效果

幼儿园一日生活中，包含的内容较为广泛，与五大领域课程的教育内容相互吻合。生活活动是幼儿进入幼儿园之后，每天都需要进行的基本活动，例如，进食、喝水、如厕。在烦琐的内容中，有关的工作人员也必须坚持科学发展观的主要思路，整合基础，精细化管理。但是，此种方式长久下去，不仅会给教师带来繁重的工作内容，还会导致疲惫感的出现。此时，如果将民间游戏落实到各个生活环节之后，就可以保持教学组织内容的紧密性和连贯性。本身民间游戏来源于生活当中，这样就可以有效地和幼儿生活教学内容保持高度的一致性。所以，民间玩法的加入，不但能够使原本烦琐的教学内容显得更为富有趣味性，还能够提高老师的教学效率。比如，《小兔子回家啦》，在开始的时候，老师可以通过律动游戏来教学，小兔子睡着了，帮助孩子们安全排队准备回家吃饭。小兔子回来了，可以使孩子们和小兔子一样轻松地到达老师身旁，并睡午觉。排排坐，吃些水果，然后准备吃午点，使用比开火车的方法有效，然后排好队，并且拿着水杯喝水[②]。使用找朋友的游戏，女孩分为一组，男孩分为一组，文明排队上厕所。最后，使用请你跟我这样做游戏，保持纪律稳定性，并且准备上课。民间游戏相对简单，可以成为孩子们童年回忆中的元素。

五、小结

随着社会的进步，儿童们在园内融入了各种民间游戏，一方面可以提升幼儿学习的趣味性；另外一方面可以提高幼儿的综合性技能。对民间游戏资源进行整合，加强游戏影响力，发挥出民间游戏在课程中的作用与价值。“民间游戏”是打开幼儿身心健康之门的一把“好钥匙”，可以使用多元化的方式，提高幼儿的主观能动性，缩小教学和生活之间的距离，开启大众期盼的健康大门，实现大家共同的中国梦。

重视环境创设，促进儿童身心发展

王望霞

幼儿教育是教育的萌芽阶段，也是教育的基础阶段，“环境教育，环境支持”，以幼儿园的目标和宗旨，结合幼儿的年龄特征，以健康舒适温馨的教学环境为主要目的，

---

① 张超，宁梦茹，张汇敏．以“中国功夫”为主题的传统文化趣味课程创新实证研究［C］//中国体育科学学会．第十一届全国体育科学大会论文摘要汇编．2019：1846 – 1847.

② 陆克俭．幼儿园体育游戏现状与改革——《指南》引领下的幼儿园体育改革［J］．山西教育（幼教），2015（10）：29 – 31.

培养孩子的德、智、体、美、劳，打造幼儿园的物质环境，营造直接影响幼儿身心健康发展的物质环境。健康有比较显著的影响，所以要营造一个优化的教育环境可以有效促进幼儿的发展，我主要讨论以下几点。

一、环境的创造要体现出多层次、多元化

环境营造就是要为幼儿创造良好的教育环境，用不同的形式和方法体现有用的教育价值，可以生动、直观地融入幼儿园的每一个角落。它可以是中国红风、青花瓷风、森林风、卡通可爱风、民族团结等不同风格的体现。所有这些都是围绕着我们现代科学技术的发展、中国文化的独特特征而嵌入的。

（一）幼儿园环境的营造要重视空间的充分利用

环境的创造，无论大小，简单还是复杂，都有其存在的价值，每个设计都有一定的信息来传达其代表的意义。

1. 立体性

在幼儿园，所有空间和地点都是环境创造的平台，有大门、地面、教室、走廊、楼梯、教室等空间将成为教师与孩子想象和创造的场所，随时随地体现文化教育环境，切实增强了教育潜移默化的作用，从而起到良好的教育效果。

幼儿园周边环境的营造：周边环境首先是我们醒目的大门，我们有设立卡通形象的宣传栏，做好家园共育与国家政策的知识宣传工作，从而打造扎实的中华民族共同体意识等色彩鲜艳的大红色，体现出对祖国的热爱，培养孩子从小热爱祖国。

墙部外侧环境的营造。被丰富多彩生动的中国美德故事所包围，有“孔融让梨”“司马光砸缸”等从小对孩子的启迪和感染，让幼儿知道友谊和孝顺、谦逊的美德，也是从小应该知道的道德常识，而道德常识是启蒙教育的基础阶段，融入日常生活和学习中，会为我们的孩子起到一个很好的铺垫过程。

幼儿园空间环境的营造。走廊大厅也是一种可以使用的资源。以当地美食特色为主的小吃街，营造结合现实的生活环境，如烤馕、羊肉串、大盘鸡、烤包子、新疆特色的干果店等，生活氛围的教育内容充斥着每一个空间。利用走廊楼梯上下楼梯的特点，营造以中式风格为主体的环境，京剧脸谱、扇子、中国结等，让孩子们感受独特的中国文化，并能利用走廊的顶部营造出中国风韵味，有民间剪纸 12 生肖、青花瓷、三字经等墙面装饰，起到双重教育的效果。名人名言牌匾“要创造艺术环境，就要教导整个环境表达艺术精神，使形式与内容一致”。“孩子们的工作是玩耍——从他们所做的每一件事中学习。”始终提醒老师以最好的外表、最好的心态、最高的激情面对孩子，同时教育每一位家长尊重孩子的性格发展，给予合理、适当的指导，使孩子的知识更广阔，人格更完美。

墙面环境的营造。幼儿期是活跃、好奇、善于模仿的年龄阶段，为了满足孩子自主创作的意愿，每个班级都设置了作品墙，专门给孩子画画和展示平台，以展示他们的技能和技巧。画面不拘一格，内容丰富多彩，全部由孩子们自己创造，这是孩子们的乐

园，也是共同发展知识和创造能力的宝贵成果；生动有趣的环境创造，满足了孩子的好奇心，善于提问，善于探索，善于发现，活跃的生理特性，动静结合，深受孩子们的喜爱；每面墙都围绕一个主题进行反射，结合中国文化元素和当前教学主题内容，比如我们在演出区打造的位置，即京剧、头饰、服饰等呈现方式不仅安全合理，还起到装饰美化的作用，同时它也是孩子们展示自己的舞台，在相互的衬托中起着巨大的作用。

2. 平衡性

幼儿园环境布局结合孩子特色教育活动，如我们的手工区和手工艺品活动作品展示区，这种美化环境是相辅相成的，在参与安排中幼儿也加入了自己的创作，如艺术作品要放的是孩子自己的作品，以幼儿的视角结合幼儿的艺术氛围呈现在我们的环境中，美化自己的生活，美化学习环境，更好地契合我们的现实。

3. 动态性

环境创造与安排的环节和内容，以幼儿教育为核心，既符合幼儿身心发展，又激发幼儿的探索兴趣，大胆尝试探索和发现学习。在走廊的墙上做一个艺术体验平台，它可以将生活中的废品回收利用制作发出音乐的作品，如用麻绳挂住锅盖、口杯、碗、盖子等，用木棍作为辅助乐器敲打发出声音，不同的器具在这种环境中发出不同的声音，激发幼儿的艺术细胞，体验不同的音乐感受。对于年幼的孩子来说，这就像一场音乐会，他们是能够充分发挥才华的艺术家，老师们也可以调动不同的景观设施，独立设计、制作和布置。也可以把一面墙设计成为一株植物的发育历程，可以鼓励幼儿了解植物生长的过程，并对环境做出合理的布局，反映不同季节和不同地区的鲜明特征。

（二）室内环境的创造

我们注重环境的创造，创造人与环境的初衷，为每个班级的室内装饰设置不同的特色，使每个活动室都能体现出独特的环境，适合不同特点的孩子年龄特征。幼儿园大班的主题装饰设计融入了更多的中国传统文化元素，让知识与创意环境有机结合，清晰易懂，中班以森林自然发展规律创造的环境，主要以清新葱郁的魅力吸引幼儿的目光，孩子们走进这样的环境就像走进一片美丽的森林，我们主要使用的材料是树枝、麻绳、树叶、牛皮纸等天然环保材料，好看，实用。同时，绿色代表着生机和希望。小班孩子主要以卡通可爱风格营造环境，小班孩子刚进入幼儿园时情绪波动较大，选择孩子喜欢的卡通人物作为主题，让孩子从心里爱上幼儿园，也适用于小班课堂。“环境教育”是幼儿园环境创造的终极目标，在教育人的过程中，发挥其无痕的教育力量。

（三）户外环境的创设

在现有玩具的基础上，我们还增加了一系列环保类型的玩具。爬坡架主要由废旧车轮胎、堡垒、秋千、小动物、轮滑轮胎等组成，用水桶做一些脚踏车，用木头做一些平衡木、木桩、拱桥、障碍物等，既经济又安全、实用。在设置方面，我们努力体现实用性：走过蜿蜒曲折的小桥，前面是一个考验孩子勇气、锻炼手脚协调能力的攀爬架；堡垒和木桩都在培养孩子的平衡能力方面起着重要作用。幼儿园的户外活动场地很少，我们挖掘角落和区域，形成自己独特的庭院文化氛围。从新教学楼左门的彩虹跑道，跳格子，到右门我们搭建宽敞的操场，幼儿可以进行各种户外游乐活动，新教学楼的右侧成排轮胎，可以锻炼幼儿的身体协调能力。老教学楼前铺有绿色草坪，适合幼儿进行较复杂的攀爬、钻孔、跳跃等协调能力活动，一个轮胎竖立的堡垒是孩子攀爬的好对象；大大小小的木桩制成的棋盘和凳子吸引了无数幼儿的参与；随机放置的木桩是孩子们休息的好地方。我们古老的教学楼后面有一个很大的植物区，种植了几棵柳树和果树，在单独的区域和班级种植蔬菜，并定期带幼儿去浇水、观察和记录他们的成长过程。实现布局合理、画面和谐统一，真正成为美丽温馨的特色教育文化。

二、区角环境及活动的体现

区角活动主要是利用适合幼儿的活动角，选择开放的环境和场地，投入适当的材料，让孩子通过自主、自由、自我选择等方式，促进和满足孩子自主发展的需要，跟随幼儿主体，增强孩子自主学习的能力。例如，每个区角的建立都是以幼儿为依据的，设置小区角的规则是3～5人在一个区角，每个游戏的目的和出发点是与孩子一起玩，独立选择自己喜欢的区角。

（一）区角环境及活动的设置

所有角落主要面向幼儿，开放式形式的设计让孩子可以独立选择，自由探索。因此，应根据本班孩子的年龄特征和活动特点进行设置。让小区角活动突出其鲜明特色，在现有传统区角活动项目的基础上，对反映当地特色的民俗活动内容进行填充，两者很好地融合在一起。

材料和玩具的选择和摆放应根据幼儿的实际情况，选择不同类型的不同摆放方式，从幼儿的角度安装在开放、低矮和安全的货架上，可以进行分类和摆放到不同的位置，但应粘贴匹配物品的照片，让幼儿一目了然，让幼儿自己找到自己需要的材料和玩具，让小孩子轻松拿起，把自己放在玩耍的过程中；确保活动自发进行，从小就培养幼儿良好的储存习惯。

合理利用每一个空间，使活动形式无处不在。在楼梯的拐角处，人来往往，流量大，这里设置了一个“小超市”，让孩子们可以相互交流，发现、探索、提高自己的意识和社交能力，锻炼孩子的口语表达能力。在两个楼梯的拐弯处形成一个大空间，设置了一个小厨房，里面有各种炉灶、餐具、桌子、蔬菜和多种生动图像，深受孩子们的喜爱。走廊尽头是阅览区，宽敞明亮，铺有地毯，并摆放了可爱的地垫、书架供幼儿使用，让幼儿在轻松舒适的状态下阅读。

（二）区角环境展开到活动中需要哪些条件

1. 材料的投放

活动区角落的价值体现在我们投入的材料上，因此活动区材料的提供强烈影响幼儿的运作和幼儿的发展。我们从三个主要方面开始：

（1）材料的投放突出层次性。区角材料的投放不仅要多样化，还要有难度的区别。比如，我幼儿园艺术区的角落里放了玉米秸秆、各种豆类、纸、盒子、石头和各种彩笔、颜料等，老师先引导孩子去理解，然后学习，最后整理涂色、手工制作，如简单的花、草、树、植物到兔子、小狗等小动物，这不仅是对所学知识的巩固，也充分体现了从简到难的步伐。

（2）材料投放的适用性。根据幼儿的年龄特点和现有的生活经验、活动兴趣和提供材料的能力，如益智区放吸管、毛线、吸管穿线可以进行孩子的协调和手部肌肉运动，这些材料都是为了培养孩子想做得更多而投入的。可以结合实际生活和孩子系鞋带为主题，培养孩子的动手操作能力。阅读区的书，可以开发孩子大脑，书籍是记录人类所有成就的主要工具，也是人类交融感情、获取知识、传递经验的重要媒介。在益智区投入放大镜，孩子们可以使用放大镜做实验，比如放大书上的文字和图片，这反映了孩子们对事物的探索精神，以获得自信和满足感。

（3）材料投放的可操作性。教师首先要考虑是否适合幼儿的操作和使用，如为反映幼儿在游戏操作中的探索和发展，进行建构区域，应投入相应的材料，像积木、木块、箱子等供幼儿锻炼。在孩子游戏的过程中，他们运用自己的大脑，自己独立创造，自由地体现物质的形象过程。这不仅培养了孩子的感知运动技能，还给予了孩子独立创作的机会，提高了孩子的协调能力和敏感能力。

2. 教师在区角活动中的作用

（1）教师是孩子学习活动的支持者、合作者和指导者。教师在活动中首先要组织指导，然后到孩子的游戏伙伴，观察者。观察后，干预指导，要做到先观察，后指导，教师的观察是不可或缺的环节，既要有“眼观六路，耳听八方”的综合性，又要有深度的凝视，还要捕捉敏锐的微妙信息，观察活动中偶尔发生的事件，教师干预，正确引导幼儿。教师在实践中通过总结促进所有幼儿的发展。

案例：在艺术区，孩子们下午来到他们最喜欢的活动区。艾力江小朋友每次都去建构区玩积木，不过今天他要进的区角里已经有五个孩子了。他在建构区旁边发呆，我没有干预，我想看看他是怎么解决的。过了一会儿，他仍然站在那里，一动不动，眉头皱起，嘴巴高高翘起。我走上前去，问他怎么了，我建议他下次再去。现在你可以去美工区画画，你一定会画得很好，艾力江小朋友没有别的选择，很不情愿地坐到美工区那里。在老师的要求下，他开始画画。孩子拿起画笔，认真地在一张纸上画画，过了一会儿，他举起画对我说：“老师，我画完了。”我问他在画什么？他说那是一座城堡，一座我在建构区自己建造的城堡，“哇，你是如此强大，原来我们的艾力小朋友是一位伟大的画家”，他脸上终于露出了骄傲的笑容。

教师必须是观察者。在孩子活动的过程中，当孩子遇到问题并面对问题时，教师不要急于告诉孩子解决方案，而是作为观察者加入活动；当孩子感到困惑时，当以正确的方式引导孩子；当鼓励和肯定他的结果时，孩子们很乐意参加他们不想尝试的区角，他们不仅获得自信，还培养了口头表达、观察、想象的能力等。

（2）区角活动记录。我们的观察记录主要包括观察对象的年龄、性别、地区角度、具体观察时间、活动过程记录、幼儿活动过程中一些现象的评价和分析、教师的干预和调整策略。重点是教师通过观察发现问题，分析存在的问题后进行干预，以正确的方式引导幼儿进行调整、纠正，及时总结经验，最后改进和调整策略，在日常的角落游戏中，不可避免地会遇到各种紧急情况，应及时发现问题，解决问题。

（3）将区角活动与一日生活结合。在开展一日生活区角活动的过程中，首要条件是选择适合孩子年龄特征的区角，结合家乡民族的传统文化元素，结合爱国主义教育，根据季节和节假日，结合幼儿教育活动区角内容的不断转化，如：春来临，室内布置成刚开始萌发绿芽的场景，活动内容选择歌曲《春天来》，棉签画《桃花》在活动区延伸；植树节、清明节、妇女节期间，结合主题内容，孩子们参与幼儿园植物区的种植，为母亲制作节日礼物献上祝福，提高了动手操作能力和口语表达能力，并接受了家庭教育。

每个幼儿都需要一个美丽的环境，营造温馨自然的空间环境，有利于幼儿形成积极稳定的情绪和情感。带着尊重，让幼儿的心走向自由；激励并允许孩子在生活中积极互动；开发，让孩子收获美好。我们永驻青春的血液和力量为了人民的教育事业努力，教师必须具备愿意做绿叶、园丁、梯子的奉献精神，为孩子们创造出丰富多彩的教育环境。

浅谈幼儿班本剧的创新与发展

肖雪莹

一、幼儿语言发展和班本剧的概念

2～4 岁是幼儿语言发展的关键期，学前教育专业的教师应该以幼儿身心发展的特点为依据进行班本剧课程的安排，教师要改变传统的课堂模式，将新式的班本剧课程加入现有的课程中，这样不仅能大大提升幼儿的课堂兴趣度，还可以增强幼儿的语言发展。

1. 幼儿的语言发展

语言是人类沟通交流的桥梁，也是传播文明的重要途径，2～4 岁是幼儿语言发展的关键期，3～6 岁的幼儿语言发展具有重要的意义，是推动幼儿语言发展的重要时段。幼儿语言的发展关键在于幼儿敢说、想说、会说、愿意说，在幼儿园时，教师可以将幼儿的语言发展渗透进一日生活中的各个环节，积极引导建立幼儿想说、大胆说、勇于表达的自信心，并规范幼儿良好的语言习惯。例如，在幼儿与幼儿之间讨论交流时，让幼儿养成说普通话的习惯，可以先从简单的字词开始，经过知识点的日积月累，最后组合成完整的、连贯的、通顺的语句，幼儿离园后通过家园共育，让家长鼓励幼儿将学到的句式运用到实际生活中。

2. 班本剧的概述

班本剧是以动态性和趣味性的内容为载体的剧本形式，以故事情节为基本内容，以表演为主要形式的一种故事剧本，班本剧主要包括两种：原创和改编。通过一系列的戏曲演绎，以舞台美术效果、歌舞表演呈现给观众。同时，它也是根据幼儿身心发展的特点而产生的文学形式。

二、幼儿对于班本剧的认识与了解

班本剧的本质就是游戏，要求幼儿用心观察、积极探索，发挥创造力和想象力，齐心协力完成有趣的班本剧剧本创编和表演活动。幼儿园阶段幼儿对周围陌生的环境和新鲜事物都充满了强烈的好奇心，随着幼儿年龄的不断增长，幼儿的好奇心也会随之下降。怎样提升幼儿的课堂兴趣度，更好地完成师幼互动的高效课堂，是当前最紧迫的问题。

在幼儿的认知里，班本剧就只是简单地表演故事的内容而已，然而并非是这样，幼儿需要从绘本或是其他阅读图画书里，挑选出自己感兴趣的故事题材，以游戏的形式，进行语言交流、夸张的肢体动作表演起来。幼儿要通过已有的生活经验，结合班级的实际情况，发挥自身的创造力与想象力，以具体的故事内容为主线，展开一系列的情景表演，表演的内容可以是童话故事、也可以是实际生活中发生的具体事件。让幼儿学会主动观察、主动探索，发现实际生活中的小问题，要学会思考，去解决班本剧中的问题。

三、班本剧的剧本创新与幼儿的发展

就当前教育形势而言，学前阶段的教育是基础教育的重要基石，当今无论从社会方面还是家庭方面，越来越重视学前儿童的身心发展。针对当前课堂模式而言，形式、方法过于单一，这大大降低了幼儿在课堂中的兴趣度。转变课堂模式是当前学前教育课堂活动的唯一途径，在此应遵循以游戏为基本形式的教学活动。

1. 幼儿班本剧的选材：以幼儿实际的生活经验为基础

教师在进行班本剧的选择时，要对班本剧的内容进行细致分析，从人物角色，到故事发展的线索，尽可能地找贴合幼儿生活实际的内容。

一是可以在班级内开设阅读区，并在区内投放内容丰富、形式多样的绘本，供幼儿自主选择，幼儿可以通过绘本故事内容，进行角色分配，添加幽默风趣的言语，以夸张的动作表演出来。

二是幼儿脱离原有的绘本故事内容，通过自主观察、探索实际生活中的问题。激发幼儿主动探索和想象的激情，让幼儿在戏曲表达和戏曲表演中感受到班本剧里所要表达的内涵，通过内涵，提升幼儿的人格素养，达到品德教育的目的。

三是以幼儿兴趣爱好为主，投其所好。多准备一些符合幼儿年龄特点、故事情节生动有趣、对白简单的剧本供幼儿自主选择。

2. 班本剧的观察与解决问题：学会发现实际生活中存在的问题

观察是幼儿获得经验的最佳途径，引导幼儿主动观察周围环境和发生的事件，让幼儿学会从中发现问题并解决问题，不仅可以培养幼儿自主探索的能力，还可以培养幼儿独立解决问题的能力。通过生活中的实际事件，可以让幼儿观察到多姿多彩的生活，发现生活中的真善美，有一个良性循环的空间，培养幼儿的道德情操和良好的品质。就目前社会现象而言，当今社会独生子女众多，无论是身体自理能力还是独立自主能力均缺失较为严重，故此，让幼儿通过多看、多想、多问、多参与等方式，从剧本表演中观察到故事线索里所表达的中心思想，从而引发幼儿思考，再联想到自己平时出现的小状况，并在以后生活中加以改正，这就是班本剧带来的连锁反应。

3. 班本剧剧本创编：尊重幼儿原创意愿及想法

创编剧本是在幼儿已知生活经验基础上，加以创造，不但可以激发幼儿的想象力与创造力，还是提高幼儿主动思考的有效途径之一。

剧本是一个团队、一个集体共同的心血，集合了团队里所有人的构思与想法，非常能考验团队的合作能力。在创编的过程中尤应注意，为幼儿提供想象的空间、充足交流和思考的时间，教师不宜过多干预原作者的创作，应学会放手，让幼儿在创作的海洋里翱翔。

在创编过程中时，根据 3 ~6 岁儿童年龄发展的特点有所区分，小班幼儿：由于小班幼儿的认知水平才开始发展，无论是观察事物的角度，还是空间方向都相对较弱，但这一阶段的幼儿具体形象思维较活跃，所以小班剧本多采用简单的字、词、句组合成的对话旁白，故事内容较为单一、主线索简单。中班幼儿：根据其语言发展、思维动态等情况，可以用较为完整的语句表达出自己的意愿和想法，幼儿思维活跃，有初步的学习欲望，喜欢观察、好问这是中班幼儿的一大特点，根据这一特点，中班剧本在创编时，幼儿开始自主讨论和交流，他们可以根据不同角色的特点，来创作出较为完整的对话和旁白，内容开始丰富，具有趣味性。大班幼儿：中班幼儿到了大班，无论是认知水平还是从生活经验看，都已经发展到了一定的高度，所以大班的剧本对话、旁白、故事内容、主线索、情节发展等都是非常生动有趣、波澜起伏的，通过观察可以看出大班剧本内容有些天马行空，充满着对现实世界的美好意愿，在人物角色分工上相对于中小班而言都有着明显的变化。

根据幼儿的个体差异，部分幼儿已知经验不足，造成剧本内容衔接不上、人物故事内容杂乱无章，基于这种情况，教师可以适当引导幼儿寻求同伴帮助、寻求教师帮助，当引导无效时，可以根据创作情况，适时直接干预，来达到预期效果。剧本代表幼儿目前最真实的想法和期盼，可以通过剧本的内容，来了解幼儿的心理状态，知道大脑最深处的潜在意识，可以更好地了解幼儿的心理动态和思想动态，从而反映出幼儿自身存在的问题。教师通过剧本创作的内容，找出内涵，更方便与家长沟通，关心幼儿的心理健康，做好心理健康教育工作，家园共育是为了更好地让幼儿园与家庭之间相互交流，全方位地了解幼儿。

4. 班本剧的道具准备：激发幼儿团结协作的意识

班本剧的道具也是剧本表演的重要组成部分，有音乐、服装、背景、展板、妆容、现场的美术效果等，在这个过程中，一是教师可以让幼儿尝试着通过相互合作、相互交流、相互讨论共同去完成剧本的道具制作工作，让幼儿在整个过程中，感受和体验到团结协作带来的快乐，不仅可以增进同伴之间的友谊，还可以培养幼儿的班级意识。二是教师可以与幼儿共同去完成道具的制作，部分制作工具较为危险，存在安全隐患，如剪刀等，所以教师需要在这种情况下协助幼儿，坚决杜绝不利因素，师幼合作可以增进师生情。三是家长与幼儿合作共同完成道具的制作，也可以增进家长与幼儿之间的情感。四是培养幼儿的良好品质，通过制作道具让幼儿在制作道具的过程中，学会分享、共用、不挣、不抢、交换等良好品德。

5. 班本剧剧本的体验与表演：引导幼儿自主参与剧本表演

剧本表演是区域活动中的小型演出，每一个孩子都有表演的欲望，人人都是小演员，将童话中的人物、生活中具体的场景带到舞台中，展示在大家的视野里，幼儿通过分配角色、分配对话与旁白、合作整理服饰和妆容等方面，可以看出小演员台前幕后的敬业程度。多给幼儿体验的机会，只有幼儿亲自参与到表演中，才能切身实地地感受到当时角色所表达出的情感。

四、结语

学前教师要发挥自身的主动性和聪明才智，认真对每一篇创编剧本内容进行分析，并让幼儿自主地选择适当的剧情进行表演，引导幼儿与各自选择的角色建立交流，在交流的过程中加深对角色的认知，增加角色的认同感，在班本剧的表演中发展幼儿的语言表达能力、想象力、创造力、团结协作等，最终完成幼儿自主表演的目的。

参考文献

[1] 林慧．幼儿班本戏剧课程的设计与实时策略——以绘本剧《如果不刮风》为例[J]．智力，2020（36）．

浅谈游戏化学习理念的幼儿园教学活动实施策略

寇莉君

一、引言

幼儿园阶段的幼儿由于年龄小，生性活泼好动，游戏是幼儿最喜欢的活动。相比于传统的教学方式，游戏化的教学方式更符合幼儿的学习兴趣和学习需求，将其运用到幼儿园教学活动中，可实现对幼儿园教育教学效果的有效保证。幼儿园教育是整个教育过程中的初始阶段，为小学教育作出了重要铺垫，对幼儿的健康成长十分重要。幼儿园在开展教育活动过程中，可以将游戏与学习完美地结合在一起。同时，游戏化教育模式必须遵循幼儿的身心发展规律，结合实际教学情况对教学活动进行创新和优化，通过这种教育模式培养幼儿的语言能力、学习能力、动手能力等，锻炼幼儿的思维，在游戏中不断激发幼儿的潜能，促使幼儿获得全面健康发展。

二、课程游戏化理念下幼儿园游戏教学背景分析

第一，课程游戏化代表的是游戏理念、游戏精神，而不是单单地把幼儿游戏加入课堂教学内，还要把游戏的精神有效展示出来，进而使幼儿教育摆脱传统幼儿教育存在的缺陷，要以幼儿发展的趋势作为前提条件，使幼儿身心健康发展能够呈现出多元化游戏模式。第二，要结合幼儿园教学活动组织方式作为前提条件，在幼儿园游戏教学时，要把课程游戏化的理念融合到为幼儿所设置的活动之中，如要能够与五大领域教育目标以及幼儿年龄段的差异性有效结合起来，使游戏化教学形式以多种形式呈现到不同的年龄段、各领域的活动里，使幼儿拥有更多活动空间，进而使五大领域教育活动的质量达到最佳的效果。最后，还要依据幼儿游戏化教学的内容来开展，传统的游戏教学内容不够丰富，仅仅依靠现有的游戏活动内容以及游戏活动进行教学，对于自己班级幼儿的实际情况衔接不够完善，这样一来，所采取的游戏教学发挥不出优势，更不能使幼儿的注意力被吸引住。总而言之，要想使课程游戏化理念融入幼儿园游戏教学，那么针对教学活动趋势的调整越发重要。使游戏化理念得以有效开展，这就对教师提出了更高的要求，那就是必须对游戏化有更深入的理解，这样才能更有助于游戏化教学的实现，进而保障游戏化教学效果。

三、游戏化教学在幼儿园活动中的应用现状

1. 游戏化教学模式没有得到重视

现如今，人们的生活水平有了翻天覆地的改变，那么人们就越来越关注幼儿教育的提升问题。对于幼儿身心健康成长发展有关的游戏化教学方式并没有出现，想要在活动中活学活用更是难上加难。这种现象的形成主要有以下两方面原因：一是幼儿教师认为把课程内容与游戏活动进行结合的话，那么课堂授课的要求就无法实现，因此大部分幼儿教师想要改变授课模式的意愿并不强烈。二是，游戏化教学的过程中，幼儿活动可能并不是绝对的安全，这是不采取游戏化教学辅助活动实施的重要因素之一。

2. 游戏化教学组织形式单一

在幼儿园内开展游戏化教学时，由于教学组织形式比较少，并没有进行相应的创新。现如今幼儿园课堂教学时，像这样的情况是普遍存在的。幼儿园内经常会面临着园内游戏设施的建设不到位的问题，主要还是由于缺乏资金的情况居多，因此，在进行游

戏化教学时，幼儿教师没有足够的资金成本去购买最新的教学设备，长此以往，那么游戏化教学的优势就得不到更好的展示，与此同时，幼儿教师只能够运用老旧的教学资源来实现游戏活动的进行，基于此，想要开展的游戏活动形式不能够有序进行，那么就会使得游戏化教学的使用价值无法看到成效。

3. 材料准备不到位

在游戏化教学中，游戏材料起到了决定性的作用。可是幼儿教师在进行课前准备时，并没有考虑到要把游戏材料和相应设施准备妥当，还有就是种类不够齐全。把一些存在着有害物质的材料和设施投入课堂之中，这无疑是未考虑到幼儿的身体健康。另外，投入一些比较老旧的游戏材料，使其失去了对幼儿的吸引力。

4. 空间有限

在实践过程中，实施起来的成效并不高。有些幼儿园对于空间的设计并不到位，班容量太大，空间上处于不足的情况。在同一个班级里有很多幼儿在学习，这就使得室内游戏空间受到限制，还有的幼儿园的室外游戏空间也存在着严重不足的现象，这样一来，游戏化教学就更无法得到保障了。

5. 设计不规范

在游戏化教学设计的过程中，个别教师会直接把网上的游戏内容投入到教学之中，经过这样的教学设计，所得到的教学效果并不是特别理想，幼儿对其也不会产生过多的关注，还可能适得其反。另外，一些教师能够对游戏化教学的理论知识有深入的理解，可是进行设计时只是生搬硬套，灵活性不够，严格按照游戏的要求来执行，还把问题和答案都提前设计出来，这样就会使幼儿的想象力和创造力都受到限制，在游戏化教学中，幼儿也无法自觉融入其中，使幼儿参与游戏化教学活动的兴趣有所降低。

四、浅谈游戏化学习理念的幼儿园教学活动实施策略

1. 为幼儿创造富有游戏性的教学环境

在幼儿园教育中，通常有室内环境与室外环境作为主要的教学环境，在教室空间安排时，教师可以利用设置游戏教学材料，进而使幼儿对学习环境更感兴趣。在教学环境中融入更多的游戏元素，这样就能让幼儿感官被充分吸引，促进幼儿情绪体验更加良好，因此对所学习的知识就会产生浓厚的兴趣。如在进行幼儿园整体环境规划的过程中，要适当利用色彩的搭配，就像暖色系可以使幼儿更加热情，再加入一些冷色系能够有效缓解幼儿的审美疲劳感。在对教室内部修饰的过程中，把幼儿比较熟悉的形状或符号融入其中，如童话插图、动物、积木等。

2. 开展智力游戏，启发幼儿思考

想要使幼儿的智力和思维得到有效的发展，那就必须要重视幼儿教育。这样一来，在运用游戏化教学的过程中，教师在进行智力游戏设置时，必须要保证教学与游戏能够有效结合起来，进而使幼儿思维与智力得到进一步的提升。在游戏教学的过程中，教师可以适当地把七巧板、魔方、积木等智力材料融入其中，这样就能够有效促进幼儿的抽

象思维能力和动手操作能力。不管开展任何活动，教师都要把幼儿的安全放在第一位，然后再通过户外活动的形式来进行体育课程教学，类似于丢手绢、踢毽子、击鼓传花等，像这样的户外游戏活动既能使幼儿主动地参与课堂之中，还有助于幼儿身心的发展，游戏化教学才能顺利地实施。

3. 教师应合理地选择相应的游戏

就目前社会发展的趋势和幼儿成长的阶段而言，教师可以多选择对幼儿智力和身体机能有所帮助的小游戏。在幼儿园教学时，幼儿园每天要适当安排学生进行体操活动。通过网络丰富的资源，教师所挑选的儿童歌曲要结合幼儿的喜好，再设计出幼儿可以完成的动作。例如，教师站在队伍的正前方做示范，根据所设置的音乐对学生说："小鸭子走来了，小鸭子走来了，大叫了三声。"接下来引导幼儿说："嘎嘎嘎。"伴随着音乐的节奏说："小青蛙蹦跳着走来了，小青蛙蹦跳着走来了，也同样叫了三声。"让幼儿试着模仿小青蛙的叫声："呱呱呱。"再结合所设计的动作，进而使体操训练得以完成。教师做示范让幼儿学习体操动作，使幼儿能够把最佳的状态参与到学习与游戏环节之中，将幼儿园教学中所运用的游戏化教学优势顺利地呈现出来。

4. 探究性课程游戏，引导幼儿建构知识

教师要充分挖掘幼儿的好奇心，整理不同样式的材料，还要开展一些探究性的游戏。当幼儿到达一个不熟悉的环境时，或是看到一个不熟悉的事物时，这时幼儿将会表现得异常主动；也可以找一些我们生活中熟知的事物，这些事物也会使幼儿的好奇心得以激发出来。这样，教师便可以把幼儿的喜好、疑惑、问题等进行有效结合，通过运用新旧事物为幼儿营造出具有专注力训练的探究性游戏。在平时吃午餐时，豆腐是幼儿比较熟悉的事物，且不少幼儿特别爱吃豆腐。在这个过程中，幼儿的脑子里可能会有很多疑问：豆腐是怎么做出来的？豆腐有哪些营养价值？很多幼儿很希望从教师那里得到问题的答案。教师就可以开展一次有关"好吃的豆腐"为主题的探究游戏。教学时，教师首先要根据主题内容提出问题："大家想不想知道豆腐的制作程序有哪些呢？想要制作出豆腐，需要什么样的工具呢？豆腐的原料是什么？"教师可以让幼儿根据自己的生活经验来解释，有的幼儿说："豆腐是由豆子制作出来的！"有的幼儿说："豆腐可能是靠石磨进行制作完成的。"所有的幼儿回答结束后，教师还要提出问题："只要有了黄豆和石磨，是不是就能制作出豆腐呢？"这时，教师结合幼儿的回答拿出提到的材料，再让幼儿思考还需要哪些素材，使幼儿的思维更加活跃。幼儿对于制作过程并不熟悉，所以操作起来就很难。在这个时候，教师可以把探究游戏的核心说出来：豆腐制作起来并不难，首先要把材料准备好，且要对制作方法非常熟悉，这样才能实现豆腐制作。接下来教师向学生展示豆腐制作的方法和流程，然后再鼓励幼儿进行制作。

通过这种模式来组织的探究性活动，幼儿可以通过教师的讲解来进行制作，且以健康成长作为主要依据。可是得到的素质教育其实并不理想，这是由于幼儿本身对于新事物的接受能力就有一定的困难，对自己的管理意识又比较薄弱。基于此，在进行游戏化教学时，教师要适当融入素质教育，把校本游戏内容注入课堂教学之中，让幼儿通过游戏形式来实践，这样在游戏的过程中使幼儿的自我意识得以提高，进而促进幼儿园素质教育达到理想状态。如，在幼儿园进行家庭教育时，可以通过“过家家”的游戏，让三个幼儿组成一组，通过角色扮演的形式，在游戏中为“孩子”制造难题，并让“父母”来试着解决，使幼儿通过游戏来体会到父母和孩子的关系。那么亲情教育才能得以顺利实施，幼儿对情感上理解更深刻，进而使幼儿的思想得到提升。通过游戏化教学，让素质教育更好地与幼儿认知相融合，情感上得到更好的体会，使素质教育的约束得到缓解，保证幼儿可以主动发生内变，进而使教育质量达到更好的效果。

5. 利用游戏道具，引导幼儿合作

在游戏活动中，游戏道具是必不可少的材料，幼儿园所拥有的游戏道具种类众多，设置的活动区域不同，使用的游戏道具也存在着差异，功能也是截然不同的，那么给幼儿带来的游戏体验也有所区别。所以，教师可以把游戏道具资源融入教学之中，进而使学生可以通过游戏学会合作，如开展球类项目时，传球与捡球是共同存在的，那么教师可以鼓励幼儿去主动邀请小伙伴，这样通过两人的合作，游戏得以顺利实施，还为幼儿提供了更多的合作机会，使幼儿的合作意识得以激发出来。

五、结束语

总而言之，幼儿园五大领域的课程相辅相成，作为启蒙性阶段的教育环节，五大领域的内容是全面的。虽然分为不同领域，但是相互之间又是相互渗透的，能够从不同的角度促进幼儿情感态度、知识基础以及能力等多方面素质的提升。将课程游戏化理念融入幼儿园五大领域活动中，能够将活动内容通过更加多元化的方式展现出来，让幼儿活动更加轻松、高效的活动场景，为幼儿创设轻松和谐的环境和氛围，有效地推动幼儿健康全面成长。

参考文献

[1] 唐娅．幼儿园教学游戏化存在的问题及解决对策［C］//中国智慧工程研究会智能与创新学习工作委员会．2020 课程教学与管理云论坛（重庆分会场）论文集．［出版者不详］，2020.
[2] 刘会云．幼儿课程游戏化教学的策略分析［J］．读写算，2020（28）.
[3] 高蓉．幼儿园课程游戏化和区域活动有机结合的策略探究［J］．知识文库，2020（18）.
[4] 梁艳君．对幼儿园课程游戏化建设的几点思考［C］//教育部基础课程改革研究中心．2020 年“区域优质教育资源的整合研究”研讨会论文集，2020.
[5] 黄小慧．幼儿园课程游戏化对幼小衔接的意义分析［J］．教育界，2020（38）.
[6] 施雨晴．幼儿园课程游戏化现状与指导策略［J］．幸福家庭，2020（18）.
[7] 甘红梅．幼儿园中班游戏化音乐活动的实践研究［J］．考试周刊，2020（80）.

[8] 黄霞. 将游戏化引入幼儿园语言教学活动中的实践与探究 [J]. 新课程, 2020 (39).
[9] 于鑫. 幼儿园课程游戏化建设背景下的课堂教学活动探究 [J]. 新课程, 2020 (39).
[10] 赵静. 浅谈幼儿园课程游戏化背景下的课堂教学活动 [J]. 新课程, 2020 (39).

利用新疆石榴资源，打造幼儿园办园特色的设想

——以莎车县第十六幼儿园为例

姚素素

幼儿园从陶行知的“生活教育”理论出发，以幼儿健康为基础，在幼儿教育中有效融入本土资源，回归自然，真正实现让幼儿亲近自然，实践中成长，特色化发展。

一、灵感来源石榴，特色来源生活

中国栽培石榴已有2000多年的历史，新疆南部的喀什与和田地区很有可能是中国石榴的原生或次生起源中心，据《博物志》记载：“汉张骞出使西域，得涂林安石榴种以归。”喀什与和田各绿洲地带百年以上的古石榴树随处可见，而且石榴拥有着丰富的营养价值和经济价值。石榴生长在自然界中，既可观花又可观果，且可食用；满枝的石榴花象征了繁荣、美好；石榴的外皮大多为红色，石榴籽也紧紧抱在一起，代表着团结，象征着全园各族师生携手同心，开拓进取，共创民族教育美好未来。

该园所处地区的石榴加工企业发展蓬勃，依托当地丰富的石榴资源，以及习近平总书记在党的十九大报告中提出的各族人民群众要像石榴籽一样紧紧抱在一起的思想，结合幼儿园谐音“石榴”，为此对办园特色有了新思路。

结合该园的办园理念，个性化发展、生活化教育、和谐中成长，如一颗完整的石榴就代表该园，那么老师、孩子与家长就是一颗颗石榴籽紧紧抱在一起，团结一心、共同构建和谐、友爱的大家庭；同时，结合重要思想，我们将民族团结、传统文化、中华民族共同体意识从小植入每个幼儿的心田。其次，每一颗石榴籽也是独一无二的，注重每一个教师专业化成长，注重每一个孩子个性化发展，注重每一个家长科学化育儿。

石榴树——石榴花——石榴，从种植到发芽、从发芽到长叶、从长叶到开花、从开花到结果、从结果到成熟丰收，一颗普普通通的石榴树处处都有不同的美，都有大大的学问，可以使幼儿在探索中成长，在观察中学习；像红灯笼似的石榴，像铃铛一样、像小喇叭似的石榴花，像水晶、像玛瑙似的石榴籽，可以让幼儿感受美、欣赏美；一颗颗石榴籽就如一群活泼可爱的孩子，每天都其乐融融地一起学习、一起游戏。对于幼儿园

的办园，不仅有外部硬件的打造，更要有内部文化，因此结合本土石榴资源、石榴的品质以及石榴籽的寓意，该园设办园特色为：自然、美、育。

自然：该园拥有得天独厚的自然环境，高大的白杨树，丰富的果树，五彩斑斓的花朵，这些都将给孩子带来无限的遐想和美的感受，使孩子的想象力得到更好的发展。

美：该园幼儿都是维吾尔族小朋友，结合该园的孩子天生具备的优势，他们在艺术方面天赋异禀；结合艺术领域目标感受并喜欢环境、生活和艺术中的美。

育：结合党的教育方针，结合该园五大领域教学活动以及石榴籽的寓意，将打造特色教育，培养德智体美劳全面发展的社会主义建设者和接班人。

二、创设自然环境，满足幼儿选择

自然环境，自然学习，自然成长，我们对户外环境进行改造创设，将石榴元素以及自然界中鸟、鱼、花、草、树、木、石等作为重要组成部分。例如，种植果树，开发蔬菜园等让幼儿在自然界中获得学习契机，在感受与体验中自发产生兴趣，自主尝试探索。

该园结合实际、与时俱进、开拓创新着力打造适宜的室内环境，例如：在楼道比较宽敞、明目的位置，给幼儿提供大量符合幼儿身心发展的美术作品、益智墙面玩具，供幼儿选用、欣赏与游戏。同时设“三园、六室、九区、十九班”，游戏区可满足所有幼儿的自主选择。孩子们在游戏中积极参与，勇于创新；老师们在游戏中发现幼儿，观察幼儿，了解幼儿，不断提升个人专业素养。

三、做生活化教学，在实践中成长

该园通过开展形式多样的主题活动，将健康、语言、社会、科学、艺术五大领域活动融入其中，真正做到生活化教学，让孩子从实践中成长。

例如，该园可以在春季开展“邂逅春天・乐在十六幼”寻找春天的足迹主题活动，此次活动将分为四个篇章，觅・春意、留・春色、诵・春色、种・春天。

在“觅・春意”篇章中孩子们可以在幼儿园的花园里、果树园、草坪里等地方寻找春天。在春雨的滋润下、在温暖的阳光照射下，黄黄的小草换上了嫩绿的新装，花朵散发的浓浓香味，那香气扑鼻而来，孩子们用鼻子去闻一闻它的花香，用手去触摸它们。在寻找春天的过程中，孩子们可以发现一种植物的变化，说出自己发现的春天的“秘密”。

在“留・春色”篇章中小朋友可通过与幼儿园的海棠花、桃花、小草、大树合影，留下春的记忆。大班的小朋友可以在花园中仔细观察、认真欣赏，将幼儿园的花、草、树留在透明的画纸上，将春景画在纸上，将绿色用小手印在纸上，通过观察、手工与绘画，发展幼儿感受美、欣赏美的能力。

在“诵・春色”篇章中孩子们能用稚嫩的声音朗读有关春天的古诗、用悦耳的声音歌颂春天的美好，孩子们也可在老师的故事中倾听春天的心声。通过诵春色活动，孩子们既可以提高自己的表达能力，也能在故事、古诗与歌声中感知春天的美好。

在“种 · 春天”篇章中，孩子们与老师们探索春天适合播种的植物，收集种子，一起在幼儿园的种植园里播种。活动中，孩子们认真翻土、除草、播种、浇水、用心呵护。在主题活动中，将五大领域融入其中，既能拓宽孩子们的视野，感受春天的美丽，探究春天的奥秘，更重要的是此次活动能在孩子们的心中播下一颗关注自然、热爱生命的种子，还可以激发幼儿热爱大自然、爱护花草树木、爱护环境的环保意识。

同时该园可以进行为期一周、一月、一季的主题活动，还有为期一年的主题活动。例如，利用石榴资源开展为期一年的“四季石榴”主题活动。春季，孩子们在老师的带领下走进石榴园，观察石榴树的变化、发芽的过程并且记录；夏季，小朋友们可以观察石榴花开的情况，观察石榴花的形状可以进行美工活动，例如：绘画、手工、粘贴画、制作石榴裙、泥工、纸工等；秋季，是收获的季节，幼儿可以通过采摘石榴、了解石榴、品尝石榴、石榴的加工等一系列活动，获得收获的喜悦，也提高自身的实践动手能力；冬季，孩子们可以利用掉落的树叶进行树叶画创作、标本的制作，也可以用剪掉的树枝进行装饰创作。

四、打造班级特色，师幼共同成长

该园师幼都是个性化发展，在创建班级特色时，老师根据自己的特长、爱好以及班级幼儿的性格等方面打造班级特色；该园教师利用自然资源，勇于探索，解放思想，将不起眼的石头、木头、纸箱等变废为宝，打造独具一格的班级特色。例如：果果一班根据班级教师的美术特长，可以打造美术特色，从不同角度选材，以自然界木、石、动物等为主；芽芽一班教师乐感很好，可带领幼儿利用瓶子、纸、木头、石头等制造不同的声音，进行节奏训练。

五、开展园本教研，提炼特色文化

《幼儿园课程指导》指出：“幼儿园的课程方案是一个有意图而可灵活调整的开发的系统。”其目的在于提供幼儿园建构课程体系的基本框架，我们可通过园本教研活动，探究和探讨该园特色的整合课程以及确保课程的实施，提炼园本文化。例如：在中国传统节日、二十四节气等时节各年级教研组根据不同年龄段的幼儿的身心发展结合五大领域制定阶段性以及长期性的主题活动，将五育融入活动。

六、结束语

总之而言，特色办园不仅是硬件的投资，更是内涵的升华，在幼儿教育中充分挖掘和利用本土资源，完善教育内容、教育形式、教育渠道，实现生活化教学，实践中成长，让孩子拥有一个健康、快乐、精彩的童年！

参考文献

[1] 教育部基础教育司．幼儿园教育指导纲要（试行）解读［M］．南京：江苏教育出版社，2002.

[2] 教育部．3－6岁儿童学习与发展指南［M］．北京：首都师范大学出版社，2012.

[3] 宋林飞．乡土课程理论与实践［M］．上海：上海教育出版社，2002.

如何运用游戏促进幼儿语言的发展

陈佳佳

《幼儿园教育指导纲要》指出："语言是在使用的过程中发展起来的，发展幼儿语言的关键是创设一个能使他们想说、敢说、喜欢说、有机会说并能得到积极应答的环境。"在生物或心理层面，语言是人类特有的沟通方式。它反映人类高度演化的心智能力，在社会文化层面上反映人类文明进步。人类最核心本能的语言能力即口语、书面语甚至手语，在对幼儿的教育活动中，我们可以通过这三个方面培养、加强幼儿语言能力。幼儿时期是人一生中的重要阶段，也是孩子发展的黄金时期。这个时期的孩子，具有胆小、好学、善于模仿等一些特点，所以说此时的言传身教很重要，无论是在家里还是在学校，甚至在社会，我们都需要做孩子的好榜样，用正确的行动教育孩子，自主的模仿是很容易被孩子长期记忆的，我们可以利用该特点，让孩子更主动地掌握语言技能。教师应该创设一个符合幼儿时期特点的环境，轻松愉悦的氛围下幼儿会有更好的学习体验，也会更轻松地学习，让幼儿处于宽松的学习环境下，他们才愿意开口表达自己的想法。幼儿的学习过程更多的是通过让他们体验到快乐再从中有所收获，不能太过刻意地严格要求孩子。这时就需要教师充分发挥作用，用创新思维探索出更多符合幼儿身心发展规律，且有利于孩子学习的教学方式。

幼儿园环境主要包括物质环境和心理环境，它是影响幼儿身心发展的主要因素之一。良好的教育环境能有效影响幼儿的行为和情感，提高幼儿的活动兴趣，发展和加深幼儿对周围事物的认识，甚至能够起到长期的影响作用。① 因此我们重视儿童早期发展，并鼓励父母在儿童早期运用恰当的游戏互动技巧和孩子建立良好的亲子关系，在游戏互动中促进孩子各方面能力的发展。游戏是孩子的语言，也是孩子最擅长的工作，在孩子还没有学会说话前，游戏是父母和孩子最好的沟通方式，也可以通过游戏互动帮助孩子发展前语言学习，这对促进孩子的语言发展有极大的意义。

教师在教学过程中运用游戏的方式会让幼儿更好地掌握所需的知识，同时在幼儿的

① 李杨．以有效的环境创设促进幼儿身心发展［J］．教育，2020（28）：80.

语言发展中，游戏教学起着很大的作用。游戏就是儿童的兴趣之所在，只有通过游戏才能更好地释放幼儿的天性，强调游戏的价值所在，可以通过游戏充分调动幼儿的各种感官，不论是在有目的或者无目的的游戏中，幼儿都能得到充分的经验积累。①

一、运用游戏促进幼儿口语的发展

幼儿园语言教学运用“游戏故事”的载体形式，以故事为蓝本，可以帮助幼儿养成读、听故事的习惯；在“游戏故事”分享过程中，又能够帮助幼儿养成说的习惯。②幼儿时期的孩子，表达能力已经很清楚，我们可以借助故事书、角色游戏等一些复述或讲述类的小游戏促进孩子的口语发展。

1. 复述类小游戏

小朋友们一起在教室或者室外较安静的地方，可以排成一排站着或坐着，如果参与的教学人员足够多的话，更有利于游戏的进行，且效果更好。教学人员可以站在孩子们中间，也就是尽可能地站在两个或三个孩子中间，保证游戏可以进行下去，而且第一个开头的也是老师。站好位置后，就可以开始游戏了，比如，第一位老师向旁边的孩子悄悄说“你真可爱，大家都喜欢你”，这时，第一个孩子就要将这句话向下一个孩子或者老师传递下去，最后再由最后一位老师表述出来，校对准确率。为了确保游戏的教育意义，我们可以适当调整每次参加的孩子人数，可以少量多次。并且前期传递的句子可以适当地简短一些，让孩子准确地表达出来。需要注意的是，该游戏可能会将一个班的孩子分为好几组进行，确保每位孩子参加游戏的公平性，更重要的是不能遗忘任何一个孩子。

这种复述类的小游戏锻炼了幼儿的口语表达能力，也让孩子有信心和勇气将话讲出来。

2. 讲述类小游戏

老师准备一些随机成语或者一段小故事，可以采用抓阄的方式让孩子在这些写有简单词语的小纸条中随机选出一些，然后根据上面的词语说出自己联想到的东西，或者与所写词语有关的东西。比如“小白兔”，孩子就可以根据这个词汇将自己想到的东西表达出来，如“它是白色的”“它有两个可爱的耳朵”“胡萝卜”等，当孩子们的能力提升后，老师可以先设置一段故事的开头，让孩子们将故事发挥自己的想象接着讲下去，比如“从前，有一个很可爱的小青蛙来到了河边……”

这种小游戏不仅锻炼了孩子的表达能力，更充分发挥了他们的想象力，孩子的想象力很丰富，可以说是天马行空，但也很有趣，我们需要让他们保持这种善于想象、善于思考的能力，这样才会对孩子的发展有更好的帮助。而且在讲述的故事中，需要有清晰的人物关系及他们的身份、特点。这些方法都很好地训练了孩子的逻辑思维。

---

① 程琳．运用游戏教学法进行大班幼儿英语集体教学的现状调查［D］．重庆：西南大学，2021.
② 徐萍．以“游戏故事”为载体　促进幼儿语言能力发展［J］．教育界，2020（44）：71－72.

二、运用游戏促进幼儿书面语言的发展

创设室内外环境，从幼儿园大环境入手，在幼儿园的布局装饰中体现出语言的美——礼貌用语小提示牌、过道长廊里的经典绘本简介、中国优秀国学推荐等。孩子会在这种环境中产生对语言文字的好奇和热爱。

教师可以采取“你画我猜”的小游戏，提前准备一些简单的图案，此处的简单是指图案所表达的内容，需要用来描述的汉字语言是简单的，图案可以形象具体一点，这样有助于孩子的表达，比如，是一个画着苹果的纸张，孩子看到后就需要将“苹果”这两个字写在所画图案的下方，此处只是举例，具体实施需要根据孩子的书写水平有所改变，要符合大部分孩子的实际，以免打击孩子的自信心。同样，当能力有所提升后，我们可以找一些简单的插画，让孩子简短地写出画中的东西。有些美术课堂会要求孩子画出自己心中对某些东西的认识，比如“你认为你生活的家庭是怎样的呢，画出在家的时候爸爸妈妈和你的相处模式”，孩子可能会画出和谐的一家三口，或者和爸爸妈妈大手拉着小手，这些简简单单的画里都有着孩子的想法和看法，他们也许表达不了某些感情，却可以通过绘画的形式表达出来，就像很多年前上学时的“对未来的自己的一封信”，思考空间很大，所以孩子的自我发挥空间也很大，不会对孩子造成思想上的拘束。这也就很好地验证了孩子的潜能是无穷的，未来充满了可能性。

为了提高幼儿的书面语言表达能力，我们需要找到一些特殊的记忆方式，比如说，阿拉伯数字“2”，写出来很像一只在水上游的小鸭子，而数字“7”，就像是一把可以割草的镰刀，“6”像一个每天早上跑步时，老师嘴里吹响的哨子，这些与我们生活很贴近的例子，我们可以这样讲给孩子让他们进行联想，从而记忆深刻地掌握它的书写形式。我们也可以教孩子书写自己的名字，这就像孩子的一个特长一样，当别人问起你叫什么名字时，可以很骄傲地告诉他我还会写出来呢。不仅让孩子感受到语言的魅力，而且增强了孩子的自信心，让孩子在以后的书写中有成就感。

在此过程中我们也需要注意不能揠苗助长、急于求成。不能给孩子太大的压力，需要让他们练习书写的字必须在他们的认知范围内，也必须在他们的能力范围内，不然会物极必反，让孩子产生抵触的心理。吸引孩子的是有趣的东西，我们需要抓住这一点来对孩子的教育做出一些小小的改变，让孩子在游戏中学习、有所收获。

三、运用游戏促进幼儿肢体语言的发展

肢体语言是人在沟通交流中必不可少的语言辅助，如果没有肢体语言会显得拘谨、不自然，影响人的表达以及对方对语言的接收。当然过多或者不太合适的肢体语言同样也会让人不舒适。当自然的肢体语言与表达相结合时，才会使人们的沟通更加有效自如。总而言之，恰当的肢体语言给人可靠性，增加信服力，可连续地传达信息且具有极强的互动性。鼓掌表示兴奋、顿足表示生气、搓手表示紧张等这些都是我们生活中很常

见而且很有感染力的肢体动作。

首先我们需要充分了解幼儿肢体语言的发展特点和重要性。对幼儿园的小朋友来说，他们的口语表达能力还不是很强，却可以通过一些肢体语言表达或者理解对方所表达的意思，老师在教学过程中对孩子摸摸头，他们会觉得很开心，会觉得自己表现不错，甚至受到了老师的鼓励。这些都足以表现肢体语言的重要性。

在对幼儿的教育中我们当然不可忽略这方面的教育，我们可以通过以下的游戏加强幼儿对肢体语言的理解和掌握。

小孩子都非常喜欢的角色游戏——过家家，几个小孩一起扮演爸爸妈妈和孩子，他们会模仿生活中看到的大人的样子，模仿他们的肢体语言、模仿他们的生活习惯，他们会做饭、切菜、给小孩喂饭，这些动作的模仿都会让他们的肢体语言更灵活。让他们扮演客人去别人的家里做客，客人需要在进门前敲门问问有没有人在家，这个过程体现了孩子的礼貌教育问题，作为主家的孩子们需要知道如何招待来家里的客人，端茶倒水、拿水果等之类，这些都源于我们的生活，也是我们一生都需要不断学习和掌握并熟练应用的技能。看似简单的动作也需要我们从小孩子开始教育，这是一个小孩子中很常见的小游戏，在没有家长老师的参与下，一堆小孩子聚在一起也会自己玩起来，所以是很容易展开的一个小游戏。

老师也可以通过给孩子们以动作的方式描绘一个词语，让孩子猜测这个动作表达的是什么意思，当孩子们都熟悉这个游戏的意思之后就可以互换角色了，孩子们可以自己做出一些动作让老师或者其他同学来猜测自己所表达的意思，这个过程不同的孩子有不同的想法，所以游戏的进行对老师来说稍有挑战性，不得不承认的是孩子的思维和大人的思维在一定程度上有很大的差异。例如，在一次偶然的机会中和一个小班的孩子在一起玩了起来，他拿了一堆积木小颗粒然后把它全都整整齐齐地拼在了一起，他告诉我这是他拼的小船，其实很难看出它和船的共性，接下来他会拆掉几个补在其他的位置，然后说是其他的物体，他好几次都在说它是一只船。可能这个孩子很喜欢小船，后来他又创新了，拼成了玩具枪，不过这次确实很像玩具枪。这个例子告诉我们孩子的想法很天马行空，我们作为成年人有时很不理解，无法有他们的奇思妙想的思维，所以我们要有极强的包容性和耐心，不能把孩子的想法扼杀在摇篮里。我们需要通过一些积极的行动和语言鼓励强化孩子表达自己的想法，不论是大人还是孩子都希望听到好的评价，当我们表达一些想法时，如果听到别人对自己精心准备的话语是不好的评价，在下一次的发言中我们可能就会有所退缩，进而慢慢不敢表达自己的真实感受和想法。孩子的这种心理更是强烈，当没有涉及一些原则性的问题时，我们需要尽可能地鼓励和夸奖孩子，让他们更有自信心和勇气。

游戏是伴随孩子成长的必不可少的课题，在小孩子的世界里有趣大于有用，当然我们不会为了有趣而失去有用的价值。所以这也就要求老师有创新思维和极好的行动力，带着孩子们一起探索有趣又有益的小游戏以促进孩子们的发展。

教师需要做充分准备，教师要有创新精神和思维，不能以一成不变的教学方式对待不同的学生，我们需要有所创新，与时俱进，也要在面对不同的孩子时有更适合他们的教育方式，正如孔子在教育中所主张的“因材施教”原则，要从孩子的实际情况、个别差异出发，有的放矢地进行有差别的教学，使每个学生都能扬长避短，得到最大化的发展可能性。

教师、学校要创建孩子语言发展的环境。环境是影响人发展的重要因素，孟母三迁的故事就告诉了我们这个深刻的道理，同样地，近朱者赤近墨者黑，也告诉我们身边的人会对我们的发展有所影响，在幼儿园这个环境里我们需要营造出良好的学习氛围，让孩子感受到知识的魅力，感受到语言的魅力，从而自觉地走进知识的海洋，平时学习上课的地方的布置就需要有足够的吸引力，比如教室后面黑板上的充满乐趣的板报，走廊里的有趣的国学故事插画，孩子的目光会被图片所吸引，所以需要图片表达多于文字表达。这些小小的布局都会增添孩子对学校和学习的热爱。

适宜的成长环境与良好的教学方式结合起来就会营造出一个更好的学习氛围，寓教于乐、寓学于趣，把语言教育的内容渗透到健康、有益、向上的娱乐活动之中从而有超乎意料的收获，在幼儿游戏过程中，他们能够更加地集中精力，全身心地投入进去。教师应该抓住机会，对幼儿进行正面积极的引导，将枯燥的知识以更加形象生动的形式展示出来，通过幼儿游戏起到寓教于乐的教学效果，让幼儿在游戏中成长起来。在选择幼儿游戏的时候，要细致全面地进行考虑，找到最适合的游戏类型，发挥游戏的积极作用，挖掘幼儿潜力，助力幼儿成长。

简述如何利用幼儿园一日生活及常规教育提升幼儿表达能力

陈莎莎

在幼儿园教育教学活动中一日生活教育是幼儿园保教工作的起点，常规教育直接关系到幼儿的成长与教师组织活动的质量，如果常规没有建立好，幼儿就无法形成良好的习惯。教师在组织各环节活动中要分散精力去维持规则从而影响活动的质量，只有培养好了常规，教师在开展各项工作中才能得心应手，通过常规教育发展幼儿的语言能力，是在为幼儿的发展奠定基础，做好了常规工作，在以后开展教育教学活动中，能够使老师有更多的时间进行新知识点的教育而不是时时刻刻在抓纪律。下面，我将根据我在工作中观察的小细节来简述如何利用幼儿园一日生活及常规教育提升幼儿表达能力。

在进小班之前，少数民族幼儿的国家通用语言接触率几乎为零。初入幼儿园时，与老师的交流方式和家里一样，全部使用本民族语言，入园第一周，能够学会“老师”

“我”等词语，并且初步树立自我认知，老师点名时知道答到，并且能够逐渐适应幼儿园的一日生活，入园两周，已经能够按照幼儿园的一日作息时间开展活动，并且知道上厕所之后要洗手，还能够排队开展各项活动，建立了一定的规则意识，在这个阶段，即使表达能力还达不到与老师交流的水平，但是能够听懂老师的指令，基本能够在纯国语的教学指令中完成，如早晨来园，小朋友都会拿一个小椅子坐在位置上，在刚入园时，需要老师示范拿一个小椅子坐下，并且告诉小朋友，这是“椅子”，经过几天的练习，小朋友不仅知道来园后要拿椅子坐下，还会在有小朋友进班时主动提醒其他幼儿“拿椅子坐下”，这是日常的常规教育中的一个缩影。在幼儿园阶段，幼儿正处于一个个性形成和能力培养的启蒙阶段，这一时期的幼儿好动、好玩、敏感、脆弱、情绪波动大、缺乏安全感。作为幼儿教育工作者，既要具备专业化的学前教育知识，还要有良好的职业素养，对幼儿要有耐心、爱心，多从幼儿的立场出发，为幼儿营造一个相对轻松、民主、愉悦的环境氛围，在非正式的教学活动中，发散天性，探索符合幼儿发展特点的个性方式，使幼儿敢说、敢表达。反复、多次地尝试，让幼儿练说。幼儿语言能力的发展与培养不是一蹴而就的，而是需要不断地积累和反复地练习，在非正式的活动中，教师要多关注幼儿的变化，把握好每一次非正式活动创造的条件，让幼儿多去操作、多去练习说，在潜移默化中锻炼幼儿的说话能力。在一日生活中，教师要运用简单、规范的语言，让幼儿学会说。正式教学活动的创设是基于幼儿的认知特点、教学需求等多个方面的内容，突出的是对幼儿语言能力培养的某一方面的特定指导和教育，具有很强的目的性和针对性。在正式教学活动中，教师需要掌握教学的规律性和方法性，循序渐进地强化对幼儿语言能力的培养和语言技能的提升。运用简单、规范的语言引导幼儿去说，去探索不同的语言条件下所表达的不同含义，营造开放式、自由的语言课堂，层层递进地增强幼儿的语言表达能力，引导幼儿学会抽象、概括的语言表达。在一日生活中，重视对幼儿良好语言习惯的培养，让幼儿会说。对于幼儿语言表达能力的发展不仅仅体现在幼儿能说、想说方面，还要让幼儿会说，学会用所学语言去解决生活中的实际问题，学会发挥语言的沟通性和交际性，学会在不同的语言环境和氛围上选择更为恰当、准确的语言，使幼儿感受语言带来的乐趣和魅力，并切实地丰富幼儿的语言情感，提升幼儿的语言表达能力。掌握幼儿学习语言的规律，有步骤地培养幼儿语言学习水平。

在一日常规教育中，幼儿学习语言要与周围的人、物、大自然及社会现象紧密相连，通过各种感官听、看、触、摸、尝、闻等直接感知，奠定幼儿语言发展的根底。例如：在一次户外活动中，小一班的老师拿了一个话筒，小朋友们都很好奇，纷纷说道：老师拿着唱歌的东西来了，老师根据幼儿的兴趣为切入点，教会了幼儿新的词汇——“话筒”。例如，在一次午餐后的散步过程中，我班幼儿对墙面上的故事插图非常感兴趣，我们便停下脚步，依次给幼儿讲解图画所表达的内容：小猫钓鱼、拔萝卜、三只蝴蝶等，又一次借助幼儿园环境丰富了幼儿的词汇；在阅读区看图画书时，并不要求幼儿只看主图内容，我会引导幼儿观察这一页的所有内容：你看到了什么？幼儿在学过的名词上比较自信，有的说“蝴蝶”，有的说“花”，有的说“树”，在此基础上，我会引导幼儿使用完整的句子进行表述“我看到了……”，再加入新的量词及形容词，“我看到了三只蝴蝶”“我看到了红花”“我看到了柳树”等，对于幼儿不认识的名词，幼儿通常用“这个”来代替，再一次有了丰富词汇量的机会，图片页脚装饰用的小鱼、太阳等图案，也是一次教学的好机会，幼儿只看了两页书，就获得了至少十个词语和两句完整的句子；再例如，在等待家长来接幼儿放学时，我会利用这一等待的时间和幼儿进行简短的谈话，以幼儿的兴趣为切入点，询问幼儿今天在幼儿园里的收获，学到了什么？发现了什么？你学到的儿歌想唱给谁听？等等，幼儿能够用简单的词语或句子和我进行交流，与此同时，幼儿表达不到位的地方会引导幼儿使用正确的语法和词汇，再鼓励幼儿进行复述，幼儿掌握后还会获得小红花等奖励，也以此激发了其他幼儿的积极性，从一开始的只有三五个幼儿与我交流，到最后发展成为每天一有空闲时间就找我聊天，幼儿其实很喜欢表达和表现自己，只要给他们一个表现自我的机会，就能收获不同的惊喜，有些幼儿在受到一次表扬后，会每天向我重复同一件事，我会告诉他，这件事我知道了，你要说一件我不知道的事，幼儿就会努力地组织语言，并且向口语表达能力强的幼儿请教，某些词语应该怎么说，在无形中又促进了幼儿互相帮助、共同进步的学习习惯，因此，我班幼儿在国家通用语言的倾听与表达能力上有了显著的进步。

不仅仅是特定的班级常规能够影响幼儿的国家通用语言听说能力，在班教师的言谈举止和行为方式也在潜移默化地影响幼儿，并且与教师日常所用语种息息相关，汉族教师所带的班级，一日常规中的所有活动都是使用国家通用语言进行，经过一段时间以后，幼儿能够在教师的指令下熟练地开展一日活动，而少数民族教师所带的班级，则仍需要少数民族语言发布指令后，幼才会有所反应，经过一段时间的观察，我发现之所以出现这样的差异，是因为汉族教师在多次重复一个词语或一句话后，如果幼儿没有作出反应，老师会亲身示范这个词语或这个句子所表达的含义，幼儿才会明白，原来老师说的“椅子”是屁股底下坐着的这个东西，“桌子”是我们看书和吃饭的时候围着坐的，“抓饭”里的羊肉、胡萝卜、洋葱、大米都有对应的形象和名称，因此，我们设置了班级的“小播报员”，每天进餐时间都会引导幼儿播报今天的餐食，内容是：今天我们吃的是 × × 饭，是用 × × 制作的，多吃蔬菜可以让我们的身体更健康，我们要做一个不挑食的好宝宝。具体内容根据不同年龄班的幼儿特点增加或减少难度。班级教师给小播报员录制视频，配上合适的轻音乐，发到班级家长群里，经过一段时间的练习，幼儿都想当“小播报员”，在这个时候，就可以适当地鼓励幼儿自己创编播报内容和情景，再增加讲故事、表演故事、歌曲、手指操等，不仅利用碎片时间丰富了幼儿的词汇，提升了他们表现与表达的能力，也获得了家长的认可与支持。

总之，语言教育在幼儿期是非常关键的。通过一日活动的各个环节渗透语言教育，幼儿各方面的能力都可以得到发展，为他们以后的学习、生活、工作打下坚实的基础，让我们从幼儿生活的点点滴滴中发展幼儿的语言。

论城乡接合部幼儿园家园合作的现状分析及策略
——以莎车县某幼儿园为例

李艳玲

《幼儿园教育指导纲要（试行）》中指出："家庭是幼儿园重要的合作伙伴，应本着尊重、平等、合作的原则，争取家长的理解、支持和主动参与，并积极支持、帮助家长提高教育能力。""幼儿园应与家庭、社区密切合作，与小学相互衔接，综合利用各种教育资源，共同为幼儿的发展创造良好的条件。"① 在教育新形势下，国家更加重视基础教育工作，而幼儿教育是基础教育组成的重要部分，做好幼儿教育工作，必须注重家园合作，强化家庭和幼儿园的联系，增加家长和幼儿教师的联系，为广大幼儿营造一个宽松、健康、愉悦的生活及学习环境，以促进广大幼儿德、智、体、美全面发展。

一、家园合作的概念

家园合作是幼儿园与家长沟通的桥梁，教师与家长相互沟通交流、支持合作，促进幼儿各方面能力综合发展。

二、家园合作的意义

1. 有利于家长树立正确的家庭教育观

城乡接合部幼儿园的家长群体，整体素质不高、文化程度不高、对学前教育的理念的认知基本上为零，在大部分家长的心里，幼儿园等同于托儿所，孩子到幼儿园吃好、不出事故就行，将孩子送到了幼儿园，家长就可以撒手不管，教育就全部都变成了老师的事情。因此，对莎车县城乡接合部的幼儿园来说，家园共育工作开展起来比较困难。而通过教师给家长宣传学前教育的理念、政策，通过开展半日活动、在家长群中分享幼儿在园的一些集体活动、小组活动等让家长实实在在地感受到学前教育，转变他们对幼儿园的错误认知，真正地了解幼儿园的一日活动，从而树立起正确的家庭教育观。

2. 有利于家长了解幼儿在幼儿园的情况

通过家园合作，教师向家长汇报幼儿在园情况，从而让家长更加深入地了解幼儿在幼儿园的各项表现，配合教师做好各项家长工作，这样不仅发挥了家长的作用，同时也能大大提高教师的成就感以及社会层面对幼儿园的认知度。

---

① 教育部．幼儿园教育指导纲要［M］．北京：北京师范大学出版社，2001.

3. 有利于儿童身心健康全面发展

幼儿园是幼儿童年生活的主要活动场所，幼儿园教师是幼儿除了父母之外的第一任启蒙老师，而今时代，对幼儿园教师的要求越来越高，幼儿园教师需要具备非常强的教育能力和经验，能够根据幼儿的年龄特点制订不同的教育计划。家庭是幼儿最主要的成长环境，家长对幼儿的了解比老师更加全面具体。因此，应该通过家园合作，让教师与家长沟通交流育儿理念，确保幼儿有一个良好的家庭环境和幼儿园环境。

4. 有利于大班幼儿更好地进入小学

虽然处在城乡接合部，但是监护人大多数是爷爷、奶奶，幼儿在家里都是衣来伸手、饭来张口，家长不注重幼儿自理能力的培养和发展，导致幼儿进入小学后，很难适应小学生活，为此，幼儿园与家长应该合作且达成共识，要求幼儿自己能做的事情自己做，比如：自己整理自己的衣柜、书包及玩具、自己放自己的桌椅等，除了这些还要学会为集体出一分力，如：帮其他小朋友发书、安排值日生工作，在家里帮忙摆碗筷、擦桌椅、摘菜、洗杯子、自己安排准备第二天要穿的衣服等，培养幼儿的自理能力，让幼儿尽快适应小学生活。

三、影响城乡接合部幼儿园家园合作的主要原因

1. 家长对学前教育的概念不清楚，对幼儿的教育不重视

部分家长认为幼儿园就是托儿所，仅仅只是管幼儿白天的吃喝拉撒睡，有的家长认为幼儿园教师就是看好孩子，因此，将幼儿送到幼儿园就是给自己省事。甚至有个别家长教育观念落后，觉得孩子还那么小，不愿意将幼儿送到幼儿园接受学前教育，是老师非要让孩子去幼儿园。

2. 家长的文化程度低

根据莎车县某幼儿园的现状，随机从大班、中班、小班的家长中调查了 106 名家长，从家长的学历、年龄和职业三方面进行了统计，统计如下。(表 1)

表 1　莎车县某幼儿园 106 名家长学历、年龄、职业统计表

项目	学历							年龄					职业				
	文盲	小学	初中	高中	中专	大专	本科	00 后	90 后	80 后	70 后	60 后	公职人员	个体	打工	无业	农民
统计人数	1	15	59	17	6	7	1	1	55	45	3	2	8	47	30	17	4

根据统计表可以看出，从被调查家长的学历来看，14% 的家长是小学学历，55. 6% 的家长是初中学历，16% 的家长是高中学历，而大专学历的占比只有 6%，本科学历的占比只有 0. 9%；从调查家长的年龄来看，51. 8% 的家长是 90 后，42. 4% 的家长是 80 后，占了被调查家长的 94. 2%；从被调查家长的职业来看，44. 3% 的家长是个体，28. 3% 的家长给别打工，16% 的家长无业，只有 7% 的家长为公职人员，有稳定的工作。从调查统计表可以看出，家长群体的整体年龄不大，但是文化程度却相对较低，教师的家园合作工作开展起来相对比较困难。

3. 家园合作工作停留于表面

虽然家园合作这一教育理念提出了很久，但是幼儿园采取的家园合作的形式比较单一，幼儿园在家园联系中还是扮演着主要的角色，家长仅仅是配合老师的工作，并未和教师达成相同的教育理念，也忽视了自己在幼儿教育上的主导作用，在幼儿的教育上并没有给老师提出一些可行性的建议和意见，甚至有的家长觉得老师说的什么都是对的，从不给老师提出意见和建议，导致家长根本不知道什么是家园合作，从而导致家园合作工作成了纸上谈兵。

4. 教师对家庭教育知识的缺乏

幼儿教师是一个比较年轻化的群体，多数幼儿园教师都未成家养育子女，教师对于家庭教育的知识是比较缺乏的，对家长的家庭教育工作上给不了正确的指导，因此，教师和家长之间的沟通效率低，降低了家园合作的效率。

四、家园合作的策略

1. 加强学前教育宣传，转变家长观念，给家长树立正确的教育理念

对于城乡接合部的家长，要考虑家长的时间、精力和能力，将家访作为给家长宣传学前教育的重要途径，扎扎实实地开展家访工作，通过家访，可以更加深入地了解幼儿的性格、特长等情况，还能够给家长宣传育儿知识，同时，还能够了解家长的真正需求和想法，做到教师和家长的双向交流，确保家园合作的实效。除此之外，可以通过社区，给家长宣传《幼儿园教育指导纲要》和《3—6 岁儿童学习与发展指南》等，让家长意识到在幼儿的教育上，家长起着非常重要的作用，帮助家长转变落后的教育理念，做到幼儿园和家庭双向教育，促进幼儿身体和心理健康和谐发展。

2. 开展多种形式的活动，让家长真正成为幼儿园教育的合作者

开展家长开放日，让家长亲身感知幼儿在幼儿园的生活。在条件允许的情况下，幼儿园要积极地开展家长开放日活动，通过家长开放日活动，转变家长的错误观念，让家长真切地感受到幼儿园不是管理幼儿吃喝拉撒睡的地方，幼儿园老师也并不是高级保姆，需要具备很强的专业知识。幼儿在园的生活也丰富多彩，早锻炼、餐前活动、集体活动、户外活动、区角活动等的活动中不仅让幼儿学到了知识，行为习惯方面也得到了培养。同时，在家长开放日活动中，家长也能一对一看到自己孩子在园的情况，也会更好、更有针对性地与老师沟通交流。

3. 学期末开展幼儿学习成果汇报演出

三年的幼儿园生涯也是幼儿童年生活的重要组成部分，三年来，幼儿的成长和变化很大，每学期期末，幼儿园可以开展幼儿学习成果汇报演出，汇报演出的形式多样化，将幼儿所学以各种各样的形式展示给家长，也是对幼儿的一种鼓励，对家园合作起到积极作用。

总之，随着社会的发展，学前教育越来越受到重视，而家园合作是做好学校教育与家庭教育的重要途径，家长与幼儿园应该本着对幼儿负责的态度，给幼儿创造一个健康、和谐、温暖的家庭环境和幼儿园环境，促进幼儿德、智、体、美全面发展。

参考文献

[1] 黄晓娜．幼儿教育中开展家园合作的策略 [J]．读与写（教育教学刊），2020，17（1）．

[2] 郭艳，岳军祥．新时代“幼小衔接”文献研究 [J]．文教资料，2021（12）．

[3] 潘艳．谈幼儿教育中开展家园合作的策略 [J]．读与写（教育教学刊），2018，15（5）．

健康成长　静待花开

——莎车县某某幼儿园幼儿个案观察

刘亚丽

一、研究目的及意义

《3—6 岁儿童学习与发展指南》全面、系统地明确了 3～6 岁各个年龄段幼儿在各学习与发展领域的合理发展期望和目标，也对实现这些目标的具体方法和途径提出了具体、可操作的建议。为我们全面、深入地观察和了解幼儿提供了清晰的框架，便于我们有目的、有计划地观察、了解幼儿。因此，以《指南》为重点，对玉米提江·阿布都卡依木小朋友的日常表现的追踪观察，剖析幼儿行为背后的原因是可行的、可操作的。

二、研究对象

玉米提江是莎车县第六幼儿园中一班的一位小朋友，今年 5 岁了，个子很瘦小，一张瓜子脸，脸上还有两个小酒窝，一双圆溜溜的眼睛，樱桃般的小嘴，可爱极了，说话声音甜甜的，性格开朗、活泼，是一位特别喜欢笑的小男生。不管在班级活动中受到老师的批评还是夸赞，总是笑盈盈的一脸不在乎的表情，有时老师特别生气看着他时他才稍稍收敛一下微笑。等老师转过身他又重新施展。他总是在活动中搞一些小闹剧，经常有其他小朋友向老师“喊冤叫屈”。慢慢地班级内的小朋友就不愿意和他在一起玩了。喜欢笑的他在活动中也是漫不经心、心不在焉，注意力最多几分钟就转移了，他情不自禁常有些不良行为，如扯衣服、推板凳等。在玩游戏、搭积木时总是做到一半就不做了，不能持之以恒坚持到底，也不遵守幼儿园的规则，不能很好地控制自己的行为。

三、研究方法

本次研究采取了观察法、文献查阅法及访谈法。通过与研究对象及研究对象的教师以及家长进行访谈，了解幼儿在园和在家的行为状况，在访谈中获得了有效的资料。除此之外，本文研究还通过查阅《3—6岁儿童学习与发展指南》以及通过图书馆等渠道进行文献查阅，收集并了解幼儿的各类行为做出了初步的教育指导建议。最后的研究结果是结合观察法、访谈法、家访以及文献查阅来处理完成的。

四、观察实录

实录一：活动时教师正在教授知识并没有让小朋友回答问题，玉米提江小朋友一直叫“老师老师老师……”直到老师回应他，说“怎么了你说”，他说“老师，我要放屁”，惹得老师又气又好笑，其他小朋友捧腹大笑！他却开心地一会儿扯衣服，一会和其他小朋友说话。

实录二：在户外活动中玉米提江小朋友自由散漫，不受约束，经常会因为想要其他小朋友手中的玩具而推搡小朋友，这时赵玉珊哭诉“老师，玉米提江推我，他把我的呼啦圈抢走了”。当老师用眼睛看到他时，乃孜热小朋友已经被玉米提江推倒在地，玉米提江手里拿着篮球在旁边微笑着看着乃孜热躺在地上。户外活动结束，小朋友已经回班好一会儿了，玉米提江小朋友才提着一件衣服悠哉悠哉地走回班。教师问：“你去哪儿啦”，他开心地说：“我看到老师们在种花。”完全没有意识到自己脱离了队伍。

实录三：午餐时、起床时、穿鞋时，总能看见他瘦瘦小小的身影在最后一个发着呆慢悠慢悠地吃着饭、穿着衣服和鞋子。有天老师再看午休时，当天来了30位小朋友，其他小朋友都睡了，教师就开始数人数，来回数都是29人，当时把老师吓坏了，经核查发现玉米提江不知去向，教师就去门外面找，看见玉米提江还在慢悠慢悠地脱着鞋子，老师说：“玉米提江你能快一点吗？其他小朋友都睡着了。”玉米提江：“老师老师老师，我不想睡觉。”老师说：“不睡觉下午就没有精神了。”玉米提江一脸无辜地说：“老师，我不想有精神。”

五、研究分析

根据实录可以看到此幼儿的特点：

(1) 对幼儿园一日活动不熟悉，非常自由、散漫，缺乏对注意事物的耐心，不知道该在什么时间做什么事情。

(2) 好奇尚异。不管对什么事物都很新奇。教室里的指偶、手偶出现的植物、人物、动物，都能诱惑住他，有的东西他总想了解清楚因此就摆弄、把玩，玩的过程中有时候会把东西损坏，这样的行为不是故意的，但是结果肯定是不如人意的。

(3) 嫉贤妒能。嫉妒是一种消极的心理反应，大部分人都有的心理，比如我们看到别人有好玩的好看的肯定也希望自己有，特别是像玉米提江这样的小朋友为了满足自己的拥有欲甚至有进行推抢的行为。

（4）因小见大。从小细节上可以看出大事情来，活动中表现为手脚不停，让其安静下来难度较大。

针对以上情况我们利用休息进行了一次家访，在家访中我们了解到玉米提江一直是由爷爷奶奶带着，爸爸是莎车县叶尔羌街道办的干部，妈妈是一所乡里幼儿园的老师，由于工作的特殊性爸爸妈妈把更多的心思放到了工作上，白天玉米提江在幼儿园，爸爸妈妈没有办法陪伴孩子，到了晚上爸爸妈妈下班都比较晚，等回到家时玉米提江都已经睡着了，有时回家早一些也不陪孩子互动，长时间如此他们之间的距离也越来越远，亲子关系总是不好，在学习中更是忽略了对孩子的交流沟通，由于爷爷奶奶年龄都比较大，又是隔辈亲，对孩子比较娇惯，导致幼儿想干什么就干什么，没有一点约束，回到家也没有其他小朋友与他玩，缺少同伴，不管在生活中还是学习中爸爸妈妈都没有参与到其中来，孩子想和爸爸妈妈互动时爸爸妈妈却没有给予正确的回应，爸爸妈妈的教育方式出现了问题，没有给予正确的引导，才会使孩子出现情绪的不稳定，孩子的不良行为家长也没有及时纠正，也不会去分析幼儿背后的原因，采取有效的解决办法，只能把幼儿身上的问题抛给爷爷奶奶，由于爷爷奶奶年龄有些大，对于以上问题也不知道该怎么教育，对教育子女问题方面的经验少之又少。幼儿在3～6岁时各方面心智还不太成熟，所以老师和家长要在平时的生活中注意从小培养，培养幼儿讲文明懂礼貌，让幼儿从小知道懂礼貌，做一名讲文明的好孩子，入园时见到老师要主动问好，见到小朋友要主动打招呼，喜欢微笑是一种优势，也是非常值得珍贵的东西。告诉幼儿其实微笑也是礼貌的一种，想和其他小朋友做游戏、活动时一定要使用正确的语言表达自己的想法，如“我也想和你们一起做游戏，可以吗？”或者是“你们这看起来很好玩，我可以加入你们一起玩吗？”一定要使用礼貌的语言来表达。当接受别人帮助时，一定要说“谢谢”。当做错事情时，一定要诚恳道歉，说“对不起”。这些都是礼貌用语，使用礼貌文明用语时，会让人感到很舒服，也要及时鼓励幼儿去说去做。久而久之，就会养成礼貌文明的好习惯。对于不礼貌的行为习惯我们也要及时制止，孩子还小，有些事情分不清对与错，如果幼儿出现了不良的行为习惯不及时制止的话很容易让幼儿出现坏的习惯。我们可以去爱和包容孩子，但是我们不能放任纵容孩子，我们要时时刻刻提醒孩子什么是正确的行为，什么是错误的行为。我们要有理性地去爱去包容孩子，为幼儿提供一个良好的家庭环境，我们要潜移默化、言传身教地影响孩子，生活、学习中成为幼儿学习的榜样，让幼儿成为有礼貌讲文明守规则的好孩子。

六、教育策略

（1）利用家长接送幼儿时间与家长交流教育观点及方法，反馈幼儿在园的表现，让家长在家也多抽一些时间亲近孩子、陪伴孩子，多和幼儿做一些亲子游戏，采取平等原则使用循序渐进的方式慢慢地改变玉米提江身上的种种不良习惯。

（2）生活中也多注意幼儿的一举一动，时刻关注幼儿，把爱心、耐心给予幼儿，做到对幼儿无微不至的关怀。在游戏、活动中也时刻督促，激活孩子的兴趣，不以命令的口吻把控幼儿的行为，和幼儿交朋友。真正地去了解孩子的需求，真诚地帮助解决幼儿遇到的问题。

（3）支持、鼓励他改变不良习惯，善于发掘孩子身上的闪光点及时抓住表扬鼓励的机会，让孩子感受到老师对他的欣赏与关爱，让他知道老师和小朋友都很喜欢他，老师和全体小朋友一起帮助他改掉不良行为习惯。

七、成效与启发

经过近一个月的观察，玉米提江小朋友推人的现象明显减少，小朋友也慢慢开始和他交朋友，他变得更加自信、大胆、有纪律性了，虽然有时候还会推别的小朋友，可是推别人的次数明显减少，我相信只要坚持适时调整教育策略，玉米提江推别人的习惯会改掉的，我们也会全面关注幼儿的发展，制定符合他的规则，有了规则意识，才能更好地遵守规则，慢慢帮助幼儿养成良好的规则意识，寓教于乐，针对玉米提江小朋友开展一系列的活动，尽快纠正幼儿的行为，促进玉米提江小朋友从小养成良好的行为习惯，为以后打下良好的基础。

参考文献

[1] 蒋静．以幼儿为本 促进幼儿自主发展［J］．动漫界，2018（48）．
[2] 钱兵．《幼儿行为观察与指导》课程开设现状的调查研究［J］．教育导刊（下半月），2018（11）．
[3] 何惠丽．幼儿行为观察中存在的问题及有效实施策略［J］．黑河学刊，2018（4）．

户外游戏在小班幼儿教学活动中的妥善应用方法研究

闵阿丽

户外游戏活动是一种能满足幼儿户外攀爬悬吊、奔跑投掷、建构扮演、科学探究、艺术表达的活动。笔者本着对不断优化“户外游戏活动”的思考，通过构建有价值的户外游戏区域环境，做好有准备的户外游戏活动管理，引发大家对“户外游戏活动”的共鸣。

一、幼儿园户外游戏开展现状探究

在目前阶段的户外游戏中，虽然一些教师已经提供了相应的游戏道具，也制定了相应的游戏规则，同时也给予了一定的指导策略，但是最终发展出来的结果却没有达到很好的效果。例如，在超市角色扮演的户外游戏中，教师想要达成的目标有以下几个，一种是幼儿通过售货员和收银员的视角来参与进超市的运营之中，一种是通过消费者的视角，以消费的行为购买超市商品来体验购物的形式，但这些目标最终都没有完成，因为在户外游戏中，幼儿出现了一些出乎教师意料的情况，作为消费者的幼儿，对于每一种超市的商品，都表现出了强烈的兴趣，他们将自己感兴趣的多种商品都放进购物车进行购买，又衍生出了两种情况，一种是购买回家之后，没有及时进行使用，导致最后过了保质期，一种是将商品大量放进购物车之后，在进行结算时却发现资金不够的情况。作为收银员的幼儿并没有很好地履行自己的职责，他们面对消费者提交上来的商品并没有很好地进行服务，由于心不在焉，有时候会少算了一些商品，有时候又计算错了价格，导致两个幼儿之间产生了争辩，情绪都开始变得负面起来。还有一些同样角色的幼儿，他们一直处于状况外，并没有参与进来，在一整节活动中，都只是坐在自己的位置上无所事事，没有表现出任何的参与欲望，其他的一些幼儿则是在活动过程当中追逐打闹，没有顾及规则的限制，甚至还出现毁坏道具的行为。这都是因为幼儿过度地以自我为中心来进行游戏，无法与其他同学团结在一起共同完成目标所造成的结果。

二、幼儿园户外游戏开展的实践策略

1. 构建良好的游戏环境

环境是影响幼儿成长的重要因素之一，游戏环境对于幼儿来说也是一样的道理，想要让幼儿能够在游戏当中迅速成长，首先就要让他们能够融入进来。教师可以为孩子们准备丰富的游戏资源和道具，让他们在道具中都能找到自己满意的游戏物品，让他们在游戏道具的选择上就能直接进入自主模式，因为如果没能达到直接开启自主性的目的，就会严重破坏他们的参与感，让教师的教学进度寸步难行。另一方面，虽然在幼儿的游戏过程中教师不应该有过多的干涉，但是可以在游戏开始前就为幼儿们划定好相应的游戏区域，才能保证每一位幼儿能够在其中有着更好的参与兴趣，可以把幼儿以分组的形式划定区域的活动范围，但不会像之前一样死板，可以把每一个区域都设定为一个有着特别作用的地点，这样既能让幼儿在规定的区域中进行游戏，也能让他们在这些区域之中学习到相应的游戏技能，让幼儿的综合素养得到有效的发展以及坚实的巩固。

2. 因地制宜、合理规划，打造开放性的户外游戏设施

完善户外区域游戏环境是基于园所原有条件下的建设，不能照搬，也无法复制。建设户外游戏环境需要长期规划，根据园所现有地面资源、经费情况进行有目的的改造与创设。幼儿园用于改善办园条件的经费是有限的，不宜重金打造大型游乐设施、主题式的游戏场景。这些贵重的设施无法让孩子在游戏中根据自己的想法，改变、组合它的外形，不能满足孩子在游戏中扮演角色的需要。例如，户外山洞，山洞可以简单一点，山洞南北透风、洞内干燥，孩子在游戏时可以根据游戏情节大做文章。又如，在作解放军游戏时，可以用油桶作掩体变成军事基地；在玩新郎新娘游戏中，可以加上帘子变成新郎的家。幼儿园在增加户外游戏设施时，材料和造型要适合户外活动的需求。精细、繁琐的加工，不仅不能满足孩子的想象还会限制孩子的游戏。如幼儿园的书屋是户外设施中常见的一个设施，结构简单、富有一定挑战性的楼梯、扶栏是孩子的最爱。他们在简易的楼梯、亭台上安装了丝网，系上了绳索，用攀爬方式上楼梯，在锻炼平衡发展孩子臂力的同时，走楼梯、上平台成了一个有趣的运动。反之用工考究、固定不变、没有一点挑战性的设备不能长久地吸引幼儿。上了油漆的、考究的材料，更不能让孩子根据游戏的需要刷色，成了一件昂贵的摆设。

3. 游戏引导更加科学合理

在幼儿进行游戏的过程中，教师需要灵活把握幼儿的游戏过程向更有效和更全面的方向发展，这就需要教师能够在幼儿进行游戏的过程中，适时引导他们用正确的方式进行游戏活动，因为幼儿虽然喜欢游戏活动，但这并不代表他们能够完全掌握游戏方式的进程，在游戏过程中可能存在各种错误的游戏方向，这种错误会让幼儿完全失去对游戏的掌控，从而让他们陷入负面的情绪之中，并且任由这种情绪发散，直至完全失去对于此次游戏的兴趣，因此，这就需要教师能够及时去进行引导，用合适的提问或指引，来纠正这些错误的游戏方向和游戏方式，让他们重新恢复甚至更进一步提升游戏兴趣，同时还要及时对他们进行鼓励和支持，这样能让幼儿在整个游戏活动中得到最大的自由发展，也提升了更有成就感的自信心。教师不仅要在游戏中保持教导幼儿参与游戏的耐心，在游戏结束后，也需要让幼儿明白在过程中发生的事情和需要改进和学习的地方，这样的评价对于户外游戏来说，应该是全方位的教学评价，既需要有与幼儿之间相互交流的沟通评价，也需要有对幼儿在游戏中具体行为表现的评价，还需要对幼儿在游戏中所展现出来的思维广度的评价。这些方式不只是简单地对游戏过程进行总结和评价，让学生认识到自己的不足，保证在下次继续进步，还可以让幼儿与大家一起分享自己的喜悦和快乐带来的满足与成就感，保持他们对于户外游戏活动的浓厚兴趣，教师也需要同样重视幼儿在游戏中的能力运用发展以及生活品质的培养，才能让幼儿体会到户外游戏真正的意义和本质。

4. 开发资源、整合优势，完善适应性的户外区域环境

幼儿园户外环境的建设是一个不断完善、优化的过程。幼儿园树木、设备设置也要定期更换更新，重新布局。幼儿园户外游戏活动环境的完善，要用好外援，整合资源，发挥最大的优势。利用本地区的项目改造工程，如在市政项目工程海绵城市建设中，要改变路面结构，排除积水。幼儿园可以利用项目改造机会，为幼儿园创建一条高低不同、有平衡攀爬功能的林间小道；为幼儿园户外游戏活动谋划山坡、沟渠、石头小路等基础设施。开发利用好家乡的优势资源。幼儿园处在不同的环境，就有不同的教育资源。有的幼儿园处在农村，利用农村的资源，收集种子，发动家长义务来园种植蔬菜，管理好蔬菜园地，可以为幼儿园提供丰富的学习资源。在春季可以收获花生、棉花等植物的种子，在夏季采摘蔬菜，是幼儿园丰富的课程资源。有的幼儿园处在城市，商业气息很浓，幼儿园户外游戏活动可以模仿街面，做一个个小摊位，学习装饰、布置小摊位，收集制作各种物品、美食，成为一条龙的服务。开发利用好人的资源。收集轮胎、油桶、木头、木片等物均可以发动家长和教职工。这些材料都是可回收材料，只要有渠道就能源源不断满足幼儿园游戏的需要。捡来的木棍“变身”——平铺连接在一起就变成一座小木桥；可回收的塑料瓶“变身”——平铺重叠在一起变成一艘小船；枯树桩“变身”——一个个树片变成一幅幅树桩画。充分利用、开发好各种资源创设环境，支持幼儿通过与环境、材料互动及有效的师幼互动，支持幼儿在游戏和生活中学习与探究。

5. 多方联动、动态跟进，优化合理性的户外区域功能

户外游戏区域的功能定位是动态的，是追随幼儿的兴趣与需要，跟进户外游戏活动的话题产生不同的功能。为此，户外游戏活动的区域是多元的、开放的，在优化的过程中要多收集教师、幼儿、家长、居民的想法。户外区域游戏环境的创设要以优化、美化为原则。户外游戏中的饲养区是孩子们最喜欢去的场所，但是饲养的山羊、鸡鸭的体味、粪便味会影响到居民的正常生活。因此设置地最好能远离居民区，在隐蔽、通风的地方为宜。户外游戏环境的创设不是一蹴而就的，需要在一次次游戏中听取孩子的建议，在创建开始前，通过与小朋友的互动，了解孩子的兴趣与需要。在幼儿园设置小路、小池塘、山坡等设施的过程中，不要都做好，可以留下许多工作让孩子共同完成。例如，小路的铺设，用什么材料铺，铺什么形状的小路等。依此类推小池塘的挖泥、铲泥、晒泥，池塘边的铺设、小桥的建造都是孩子共同建构的内容。家长是课程资源的一个重要组成部分，在每年改造幼儿园环境的过程中，多听取家长的意见，不仅能让家长了解幼儿园课程的内容，还能充分挖掘家长的资源。家长的工作范畴分布很广，每年家委会都有不同的成员加入。有的家长本来就做工程开发，他可以提供很多设计理念，或者提供一些资源给幼儿园，起到一举多得的效果。

综上所述，幼儿园户外游戏的开展不仅需要教师灵活地在游戏过程中不断地对幼儿进行正确的引导和指导，加强幼儿对于游戏规则的理解能力，同时也可以通过自身组织者的身份，以多样化的方式不断激发学生的兴趣和参与性，让他们能够长久地保持住这样的持久热情，同时也需要注意到的是，每个幼儿的性格和需求都是不一样的，教师也需要对每个幼儿的情况了如指掌，才能设计出更有效的户外游戏内容，以寓教于乐的形式促进幼儿整体的主观能动性，成为游戏中的主角，也能成为团队中的一名重要角色。

参考文献

[1] 凌莉. 浅谈幼儿户外活动中“一物多玩”的实践与研究 [J]. 科学咨询（教育科研），2021（4）.

[2] 初瑞瑶，栾晓辉. 3—6 岁幼儿家庭户外活动现状及优化对策——以青岛市城阳区为例 [J]. 林区教学，2021（3）.

[3] 王珂，胡万山，田萍. 户外活动对幼儿人际交往的影响及促进策略 [J]. 汉江师范学院学报，2020，40（6）.

[4] 田尾香．开放式户外体育活动中幼儿学习品质培养策略［J］．福建教育学院学报，2020，21（11）．

论有效开展幼儿园语言教学活动的策略

涂雪莲

一、引言

幼儿园是幼儿进行语言学习与发展的关键时期，幼儿在语言表达过程中时常会采用模仿的方法使用相应的语言，幼儿教师需要承担起重要的语言教育训练任务，让幼儿能够自信、稳定地度过语言关键发展时期，全面提升幼儿的语言表达能力，让幼儿可以自主自发地认识探索事件。[①]《3—6岁儿童学习与发展指南》明确指出应为幼儿创设自由、宽松的语言交往环境，幼儿教师需要进一步丰富语言环境，通过丰富的刺激让幼儿主动发展语言，借助丰富多彩的活动培养幼儿掌握更多的表达技巧，提升幼儿的语言表达能力，让幼儿能够快乐健康地成长。

二、幼儿园语言教学活动的含义及价值

1. 含义

幼儿园语言教学活动主要是指对幼儿园的小朋友开展有目的、有计划以及有特定方法的语言学习，是一种集体性的教学活动，是幼儿教育工作的重要组成部分。参与语言教学活动，可全面提升幼儿的倾听能力以及表达能力，培养并发展幼儿认知与行为，继而全面提升幼儿的语言运用能力。

2. 价值

幼儿语言发展与其思维有着紧密关系，幼儿园语言教学活动的开展可引导幼儿正确掌握语言这一社交工具，学习使用语言与他人交流思想、信息和情感，与他人分享对周围世界的理解和看法。通过学习并掌握语言，幼儿对外界事物的认识逐渐突破了只能通过感知获得有关事物个别、表面和单一特征的阶段，开始借助语言，获得事物一般的、概括性的特征，概括的内容也逐渐丰富，可不断积累语言经验，培养发展幼儿的情感与行为。[②] 与此同时，语言教学活动在幼儿的认知发展环节中也有一定的价值作用，帮助

---

① 岳永燕．幼儿园大班语言教学活动中师幼有效互动的策略［J］．文科爱好者（教育教学），2021（5）：216－217.

② 李婉蓉．民间游戏在幼儿园教育教学活动的有效开展策略探究［J］．考试周刊，2021（47）：165－166.

幼儿直观认识事物、学习知识，推动幼儿全方面成长。此外，幼儿的语言能力与其智力也有着密切关联性，幼儿学习语言的过程也是发展幼儿思维的重要过程，幼儿在正确学习与使用语言时，幼儿的智力也能得到同步性发展。

三、开展幼儿园语言教学活动的原则

1. 适应性

幼儿教育是基础教育的重要组成部分，是幼儿的启蒙教育，幼儿园一日活动的组织安排均是为了促进幼儿身心健康发展。为此幼儿教师需要遵循以幼儿为本的理念，结合幼儿语言活动要求创建相应的语言环境，体验语言交流的乐趣，激发幼儿表达欲望，从而提升幼儿的语言表达能力，保障幼儿语言教学活动能够顺利实施。

2. 趣味性

幼儿具备好奇性、好动性的特征，对于趣味性强的游戏活动十分喜爱，为此在幼儿园语言教学活动开展过程中，教师可在趣味性原则的指引下，尽可能挖掘教学活动中的趣味化元素，集中幼儿课堂上的注意力，让幼儿能够积极主动参与语言学习活动，全面提升幼儿的语言应用能力。

3. 启发性

课堂提问是幼儿园语言教学活动开展的重要环节，课堂提问不仅能够锻炼幼儿的语言倾听能力，也能锻炼幼儿的语言表达能力。为此需要遵循启发性原则逐步优化教师的提问方式，对于提问内容进行层层设计，推动幼儿思维健康发展。

4. 融合性

幼儿的语言能力与幼儿的情感、思维以及社交能力有着极大的关联性，在对幼儿语言能力培养环节中，需要将其他教学内容融入其中，为幼儿提供丰富的空间，让幼儿获得良好的生活体验。

四、幼儿园语言教学活动有效开展策略

1. 利用有效提问调动幼儿语言学习积极性

传统幼儿园语言教育过程中幼儿教师主要采取提问式教学方法，由幼儿教师根据教学内容针对性地提出问题，幼儿根据问题作出回答，在此环境下缺乏有效的活动，课堂教学活动不利于幼儿语言表达能力以及思维能力的培养，影响幼儿语言能力的提升。在幼儿语言教学活动设计过程中，幼儿教师不可出现过于束缚幼儿的情况，注重营造平等的师幼关系，在平等的沟通交流环境中实现幼儿教师与幼儿的高效交流。[①] 在幼儿园语言教学过程中，幼儿教师所提问的内容需要充分结合教学内容，充分了解幼儿所具备的认知水平与个人能力。幼儿教师在设计教学活动过程中首先需要根据幼儿的年龄特点及认知水平确定教学目标，在设计教学活动中需要深入了解本次活动的教学重难点，有效

---

① 杨文君．浅谈在幼儿园开展音乐教学活动的有效策略［J］．天天爱科学（教学研究），2021（6）：107－108.

突破幼儿园语言能力教学难点，在强化幼儿园语言教育教学效率的同时，全面提升幼儿学习语言的兴趣。幼儿教师可通过有效提问的方法有效培养幼儿的思维能力，让幼儿能够从不同角度分析问题，拓宽幼儿的视野与知识。同时幼儿教师在运用提问教学方法时，需要明确提问的原因，所提问出的问题内容需要符合幼儿的个性发展特点与其知识接受能力，认识到有效的提问方式促进幼儿身心全面发展。

2. 优化幼儿园语言环境

生活环境会给幼儿带来最为直接以及深刻的感知学习体验，幼儿自身已有语言沟通的技巧，在幼儿园借助良好的环境熏陶让幼儿对语言的认知更加清楚透彻。在幼儿园组织语言教学过程中，若只针对幼儿发音、认识词语卡片等内容进行灌输式学习，不符合幼儿语言教育的特点，违背了语言的本质功能。幼儿的语言发展速度极快，丰富多样的语言教学环境可激发幼儿使用不同的表达方式，让幼儿能够快速掌握语言表达技巧。因此在创设幼儿园语言教学环境过程中，需要尽可能创造出普通话语言环境，引领幼儿开展语言学习活动，让幼儿在一日活动中使用国家通用语言进行交流沟通，适当让幼儿模仿教师标准语言，鼓励幼儿多说多做，充分发挥幼儿教师的榜样作用。如：在讲述故事《火警电话 119》时，教师可将故事中“小猴”以及“小狗”“消防员”的形象制作成“头饰”或“胸牌”，并投放至阅读活动区域，让幼儿在故事学习后续阅读活动中看到“头饰”或“胸牌”便能联想到其中所发生的事情，按照故事内容和其他小朋友进行角色扮演。幼儿在幼儿园接触次数最多的人是教师，教师需要以同等的心态与幼儿进行交流沟通，不能制定过多的条条框框约束幼儿，在保证正常活动的情况下允许幼儿能够低声与其他小朋友语言交流，以多种方式鼓励幼儿积极回答问题，并及时对幼儿的回答进行点评，让幼儿愿意与他人进行沟通与交流。

3. 语言游戏化活动设计

（1）营造趣味化的游戏氛围。趣味化的游戏范围可充分调动幼儿的表达欲望与兴趣，让幼儿以放松的心态与玩乐嬉戏的形式进行学习。在幼儿园语言教学活动过程中，幼儿教师可营造趣味化游戏氛围，让幼儿拥有身临其境的感觉，积极学习多种类型的语言知识。为此幼儿教师可组织幼儿开展扮演类游戏。在幼儿园语言活动开展过程中，幼儿教师可指引幼儿扮演不同类型的角色，通过布置教学情境与幼儿共同制作动物角色的头饰，设计不同情境下的对话，让幼儿深入理解故事内容，有效调动幼儿的表达欲望，有效提升幼儿的语言沟通能力。

（2）结合幼儿身心特征选择语言游戏。在幼儿园语言能力教学时，幼儿教师需要将幼儿作为活动教学主角，结合幼儿的实际生活情况设计语言方面的游戏活动。[①] 在幼儿语言教学过程中，幼儿教师为幼儿设计不同的情境，提供充足的实际操作与主动思考的机会，有效导入语言教学内容，全面提升幼儿的表达能力。例如，幼儿教师组织幼儿开展卖东西游戏时可进行角色扮演活动，对于抽到超市老板的幼儿需要与抽到售货员的

---

① 何菲．幼儿园语言教学活动中教师有效提问的策略［J］．天津教育，2021（9）：151－153.

幼儿进行开会探讨，尽可能卖出更多的商品，而售货员需要向扮成顾客的幼儿积极主动问好，帮助顾客挑选良好的货物，在合作交流游戏环境下，充分锻炼幼儿的语言能力，推动语言游戏化活动呈现于幼儿课堂中。

4. 充分家园合力作用

好的幼儿教育不仅需要得到幼儿园与幼儿教师的努力，也要得到幼儿家长的大力支持，在幼儿园语言教学活动开展过程中，幼儿教师需提升与幼儿家长的沟通水平，充分利用家庭教育资源，让幼儿家长认识到语言教育的重要价值与意义，提升家园共育，助力幼儿语言能力发展。在家长的支持下，幼儿能用国家通用语言表达自己的想法，为此幼儿教师可将幼儿园每天的语言教学活动内容利用微信、QQ 等网络途径分享给幼儿家长，通过布置语言教育延伸与拓展活动，帮助幼儿积累语言词汇。此外幼儿教师需通过召开家长会、半日活动、家访等方式指导家长在日常生活中不断为幼儿创造语言表达机会，达到幼儿园语言教学活动向家庭教育延伸的目的，从而全面提升幼儿的语言表达能力。

五、结语

总言之，幼儿园语言教学活动的开展可全面提升幼儿语言能力，培养并发展幼儿的思维能力。为此幼儿教师逐步优化幼儿园语言教学活动，打造良好的语言能力发展环境，全面提升幼儿的综合素养，为幼儿身心健康发展奠定坚实的基础。

幼儿园区域活动材料投放的实践与思考

王亚琦

一、引言

在进行幼儿园教学的过程当中，区域活动可以说是幼儿园教学当中重要的活动之一，是孩子们体验与参与的主要内容。随着区域活动不同的主题与活动材料的更换，教师也要适时更换一些活动主体，为区域活动材料的制作与环境创设提供新的途径与内容。区域活动不仅要站在材料与活动发展的角度上开展，还要对材料的提供、活动的变化、幼儿年龄等特点进行分析，确保区域活动开展的合理性。

二、区域活动在幼儿园教育中应用的意义

对于幼儿园的整体教学而言，区域活动主要指的就是在一定的区域内进行区域活动，幼儿相比于中班小班的幼儿来讲，活动能力也更强。区域活动本身就具有一定的启蒙意义，虽然用区域活动进行教学，但是没有特定的教学模式，而幼师在教学的过程

中，可以自由选择教学的方式。通过区域活动的加入来吸引幼儿的注意力，让幼儿对知识充满好奇心和求知欲，并在生活中也能感受到区域活动的魅力。由于幼儿的年龄比较小，思维能力发展得还不完全，一些知识并不能充分地理解。所以，教师在运用区域活动进行教学的时候，也要对幼儿进行相应的指导，让幼儿在进行区域活动的过程中感受到知识的意义，这也为幼儿的思维能力提供了帮助。因此，幼师在进行教学的过程中，不仅要认识到区域活动的重要性，还要根据幼儿的实际情况去选择不同的区域活动内容，在此基础上进行一定的指导，让幼儿能够丰富自己的思维，提高幼儿的思维能力与学习水平。

三、幼儿园区域活动材料利用的措施

1. 重视区域活动材料的趣味性

幼师在探究区域活动的过程当中，要对幼儿的实际情况进行了解，并在此基础上对幼儿进行一定的指导与引领，并运用一些区域活动器材进行相应的教学。通过参与不同的区域活动内容，能够有效地提高幼儿的学习兴趣，让幼儿在参与的过程中学习到一定的知识。在学习兴趣的驱使下，幼儿也会对知识进行学习和探索，所以幼师在教学的过程当中，不仅要对教学方式进行创新，还要运用不同的区域活动材料，让幼儿教学课堂变得更加多样化。幼师运用这样的方式，也会为幼儿搭建一个通往知识的区域活动桥梁，当幼儿走过这个桥梁，就能更好地理解到知识，从而提升自己的学习能力。

就一般情况而言，如果是在室内进行区域活动，教师可以选择一些制作难度比较低的，进行区域活动的过程中也能使用一些材料，像制作一双“大鞋”、折纸飞机等一些在室内就能完成的材料，且还能通过比赛来制定相应的区域活动材料，让幼儿在参与的时候能够感受到更多的趣味性。如若是在室外进行区域活动的话，教师可以引领幼儿去制作一些沙包、球类等这些能用于运动，比较大、比较沉的材料。在制作材料的过程中，教师要选择根据区域活动的特点去制作材料，并且要具有简易性，毕竟幼儿还小，没有办法去制作特别难的材料。在区域活动结束后，幼儿也能认识到自己身上的问题，使幼儿能够在良好的教学氛围当中进行学习，从而形成一个活泼、开朗的性格。因此，在进行区域活动的过程当中，幼师应当将区域活动的内容与教学内容进行结合，区分这两者的基本概念，也要认识到区域活动在幼儿园教学过程中具有怎样的作用。幼儿马上就要步入小学，而这段时期正是衔接小学教育的重要阶段，所以其教学目的、教学性质也与其他年级的幼儿教育有所不同。

2. 通过自制区域活动材料激发幼儿的积极性

教师在自制活动材料和进行区域活动的过程中，可以根据幼儿的心理特点进行教学，让幼儿在参与的过程中提高自己的积极性。例如，在区域活动的进行中，教师可以运用进行区域活动的方式来解放幼儿的天性，运用自己自制的玩具进行区域活动，不仅能够增强幼儿的学习兴趣，还能以此增加幼儿的积极性。在玩具制作和选择的过程中，教师可以借助幼儿比较感兴趣的动画片和人物来进行制作，让幼儿在参与的过程中增强自己的好奇心。在自制材料之后，教师也可以让幼儿运用已经制作好的玩具进行区域活动，让幼儿能在实践当中激发自己的成就感，从而保持对于学习和参与区域活动的热情。

比如，教师可以选择生活中常见的事物进行制作，像“房屋、衣服、车”等，并结合动画片中的场景，制作出像《海绵宝宝》中的菠萝屋，《黑猫警长》中的摩托车等，这不仅会让幼儿能认识到更多的事物，而且将幼儿看过的动画片运用到制作工具的过程中来，也会在一定程度上吸引幼儿的制作兴趣和积极性。比如，教师在对幼儿进行上肢的力量训练中，“哑铃”可以说是最适合的设施了。所以，教师也要再一次地发挥自己引领的作用，让幼儿开始制作哑铃，从而完成体育训练的活动。教师可以让幼儿去准备一些生活中常见的易拉罐，以十个易拉罐为一组，为幼儿分发一根 30 厘米左右的木棒，在教师的引领下制作哑铃。幼儿可以运用胶带，将五个易拉罐粘在木棒的一边，剩余的五个易拉罐粘在木棒的另一边。并且在制作的过程中，教师也要提醒幼儿在制作的过程中要注重质量和外表。在制作完成之后，幼儿就可以利用自己制作的哑铃来锻炼自己的上肢力量，以此来提高幼儿参与的积极性。

3. 运用竞技比赛的教学方式

由于幼儿有着天真活泼的性格，在幼儿园中，幼师可以加入一些具有趣味性的竞技区域活动，让幼儿每天除了跑、跳等运动外，都能感受到区域活动背后的意义。通过这样的方式，不仅能够吸引幼儿注意力，还能在参与比赛的过程中，真正地了解到团队意识以及竞争意识。此外，幼儿正在成长的过程中，在进行区域活动的时候难免有一些摩擦，而幼师要做的就是在幼儿在出现摩擦后进行引导，使他们能够握手言和，甚至成为最要好的朋友。因此，幼师不可对幼儿进行训斥，需要正确地对幼儿进行引导，使幼儿能够树立正确的沟通交流意识，从而养成良好的核心素养。

比如，教师在举行障碍跑的区域活动中，可以指导幼儿对障碍物进行制作。第一步就是让幼儿去寻找一些比较大的纸盒，作为本次障碍跑中的障碍物。由于裁剪的过程比较危险，所以教师可以让幼儿准备好胶布和剪刀，并代替幼儿制作赛跑的障碍物，将纸盒制作成一个长 50 厘米、宽 20 厘米、高 30 厘米的“凹”字形障碍物。之后，教师可以让幼儿用水彩笔在“障碍物”上画一些图案，将障碍物进行美化。在这之后，教师要将幼儿进行合理的分组，尽量保证每一组的人员都是相同的，根据幼儿的组数制定相同数量的障碍物。在活动开始前，幼儿要站在赛道的起点，赛道中安放有障碍物，幼儿在赛跑的过程中通过跳跃障碍物的方式来完成赛跑，最后用时最少的一组获得本次障碍跑活动的胜利。幼儿在这次参与区域活动和自制障碍物的过程中，不仅能够提高幼儿的动手能力，还能让幼儿更好地参与到区域活动中，从而感受到区域活动与竞技比赛中的快乐。

四、结束语

纵观全文来看，作为一名幼师，在实际的教学与区域活动开展的过程中，幼师也要及时地对自己的教学方法进行创新，根据幼儿的情况设计合理的教学方法和游戏，在促进幼儿教育事业发展的同时，也为幼儿日后的发展打下基础。

参考文献

[1] 王嘉怡．幼儿园公共区域活动中材料投放与利用的研究［J］．启迪与智慧（中），2020（12）．
[2] 顾晓梅．浅谈低结构材料在幼儿园区域活动中有效利用［J］．山西青年，2020（7）．
[3] 王婷，孙高峰．幼儿园区域活动中废旧材料利用的价值挖掘［J］．东西南北，2019（1）．
[4] 杨云贤．农村县城幼儿园区域活动材料开发利用策略［J］．当代家庭教育，2018（10）．

浅谈乡镇学前特殊儿童教育的现状及其研究
——以莎车县伊什库力乡为例

杨滨酸

3～6岁儿童接受学前教育是促进幼儿在身体、社会性、语言、认知等方面良好发展的关键点，适龄幼儿接受合适的学前教育是必不可少的。3～6岁幼儿都有接受学前教育的权利，不管是普通学前儿童还是学前特殊儿童，都应该保证应入尽入。但对于乡镇的学前特殊儿童来说，就是否入普通幼儿园进行教育就是一大分水岭，更别说专门的特殊教育机构。与此同时，学前特殊儿童进入幼儿园后能否与幼儿园普通儿童学习和生活是一大难关，在同时拥有学前特殊儿童和普通儿童的班级里怎样缩短幼儿间的个体差异也是一大困境。

一、学前特殊儿童的概念界定、教育概念和分类

1. 学前特殊儿童的含义

学前特殊儿童是指学前有特殊教育需要的儿童，也指在发展过程中存在着个体发展特别需要的0～6岁儿童。广义的学前特殊儿童是指学龄前期在身体、心理等方面发展水平低于或高于普通儿童的需要特殊帮助和教育的儿童；狭义的学前特殊儿童是指0～6岁在智力、身体、情绪、精神等方面发展水平低于普通儿童的幼儿。社会群体普遍把“发展低”的幼儿作为特殊儿童，因此，本文所探讨的学前特殊儿童是指年龄在3～6周岁之间，在心智特质、感觉能力、神经动作或生理特质、社会行为和沟通能力方面，发展

低于常态儿童，或具有多重障碍的学前特殊儿童。

2. 学前特殊儿童教育的概念

学前特殊儿童教育，是为各种不同特殊需要儿童所提供的促进其发展的特别帮助和支持。这个概念适用于特殊教育。当有特殊教育需要的幼儿在一般的环境中学习时，他们自身在接受教育时产生困难，同时得不到很好的发展，有可能对其他同时受教育者的学习造成干扰，这里就需要我们考虑提供适应其发展需要的特殊教育。

3. 学前特殊儿童的分类

为了教育者工作的方便，我们需要将教育机构内的特殊需要儿童加以分类。在特殊儿童分类的问题上，特殊教育界一直存在着不同的分类纬度和分类方式。从我国学前教育机构的实际状况出发，立足于儿童发展的角度，将身心特质相近的特殊需要儿童合并介绍。因此，学前教育机构内比较常见的特殊教育需要儿童有以下几类：①认知发展障碍儿童，也称智力残疾、智力低下、智力障碍、智力缺陷、弱智等，我国按智商和社会适应行为标准把智力落后分为四级，一级（极重度）、二级（重度）、三级（中度）、四级（轻度）；②生理发展障碍儿童，主要包括听觉障碍、视觉障碍和身体病弱儿童；③语言发展障碍儿童，主要表现为语言发展异常、构音异常、发声异常与流畅度异常；④情绪和行为问题儿童，主要包括孤独症儿童、多动症儿童和其他情绪行为障碍儿童；⑤超常儿童，包括智力型、语言型、艺术型、创造型和领导型。本文主要对①~④类儿童的教育现状进行分析。

二、莎车县的特殊教育机构的现状

1. 基本情况

莎车县县城关于专门的特殊教育机构有两所，莎车县特殊教育学校和莎车县盲人学校。两所学校一套班子，是九年一贯制寄宿学校。

莎车县特殊教育学校建校于2012年，初期投资650万元，建筑面积5074.3平方米，有一栋三层教学楼和一栋两层宿舍楼，可容纳学生300名；2018年招商局援建价值600万元的塑胶操场和楼道无障碍设施；2020年上海市援建资金900万元新建一栋4层教学楼，建筑面积3600平方米、可容纳270名学生以及一栋价值305万的综合报告厅，建筑面积900平方米、可容纳650名学生。莎车县盲人学校建设项目总投资860万元，建筑面积5997.46平方米，有三层教学楼、三层宿舍楼和一层食堂，可容纳学生180名。两所校园占地面积34400m^2，于2011年5月开工建设，2013年9月正式投入使用，两校建筑面积15571.76平方米，绿化面积为6773平方米，可容纳750名学生。

两所学校现有教师131人，学生677名，班级45个。生源为莎车县各乡镇和莎车县附近县市，如麦盖提县、泽普县、喀什市、克州、塔县、和田地区等。

2. 办学条件

两所学校共有15个功能室，包括：作业治疗室、感统室、蒙台梭利教育功能室、言语训练室、烹饪室、盲生计算机室、盲部按摩室、视觉康复室、律动室、音乐活动室、美工室、情景模拟室等。

3. 教育现状

学校坚持“以人为本、以爱为先”及“教学生活化，努力促进学生能适应社会，成为自食其力的劳动者”的办学理念；秉承“有爱无碍，自强不息”的校训，以“铸造健全人格，练就生存技能，融入主流社会”为办学目标，为学生自立社会创设支点，为教师自主发展搭建平台。对学生进行德、智、体、美、劳全面素质教育的同时，实施有针对性的个体化康复训练，有效地矫正和补偿其身心缺陷，既注重开发智力，又注重情商和良好人格的培养。为使他们将来能够适应社会，成为自食其力的劳动者打下良好的基础。最终让每个孩子都能有一技之长，都能自食其力，都能适应生活、都能适应社会，都能被社会所接纳。

4. 教育成果

历年来在莎车县特殊教育学校和莎车县盲人学校毕业 159 人，去新疆残疾人职业技术学院深造学生有 27 名，其中盲生 6 人（其中一人在国家盲人门球队，代表自治区参赛），听障生 21 人。去乌鲁木齐盲人学校 3 人，巴州特殊教育学校 1 人。

莎车县特殊教育机构还包联了 105 名身患残疾送教上门学生，莎车县特殊教育学校不仅为这些残障孩子家庭送上了免费的康复教育，还关心残障孩子家庭的方方面面，对家长进行康复知识指导，并为孩子带去学习用品，为他们送去了温暖。

莎车县特殊教育学校和莎车县盲人学校的学生们积极活跃在莎车县教育系统的各种竞技舞台上，充分展现了自己的风采。同时两所学校以单位的形式也参加了各项评比，成绩突出。

2016 年 12 月获得地区文明单位；2017 年 5 月获得莎车县教育党工委开展“学讲话、转作风、促落实”活动知识竞赛二等奖；2018 年 5 月获得莎车县“2018 年度学习贯彻党的十九大精神”群众文艺竞赛一等奖；2018 年 6 月获得莎车县教育系统“请祖国放心”庆“六・一”文艺汇演一等奖；2019 年 6 月获得莎车县教育系统“阔步新时代，壮丽 70 年”庆“六・一”文艺汇演二等奖；2019 年 12 月获得莎车县教育系统“我和我的祖国”系列活动“我爱你中国”主题艺术活动二等奖；2020 年 9 月获得自治区文明校园；2021 年 1 月获得民族团结进步示范学校；2021 年 5 月获得优秀少先队集体；2021 年 6 月获得先进基层党组织；2021 年 6 月获得莎车县教育系统第四届“奋斗百年路　启航新征程”主题才艺大赛器乐项目集体三等奖、舞蹈项目集体三等奖。

综上可见，莎车县的两所特殊教育机构以教育成果来说无疑是成功的。然而针对的年龄段超过了学前教育的范畴，接受学生从 7 岁开始，以义务教育阶段作为生源。

学前教育对学前儿童很重要，学前特殊儿童教育对特殊儿童尤为重要。学前教育是促进社会政治、经济、科学文化、人口素质等发展的开端。学前特殊儿童教育是帮助具有特殊需要的儿童在发展的关键期内建立全面发展的基础；学前特殊儿童教育高度强调儿童的个体差异，有利于最大限度地促进儿童的潜能发展；学前特殊儿童教育有助于家长减轻精神和物质方面的负担。由此，学前特殊儿童纳入特殊教育机构刻不容缓。

三、莎车县乡镇学前特殊儿童接受普通幼儿园教育及融合教育的现状

1. 学前特殊儿童入普通幼儿园就读现状

2016 年，新疆大力发展社会事业。实施教育保障、学前教育和职业教育帮扶工程，加强薄弱学校改造和寄宿制学校建设，推进城乡义务教育均衡发展。通过选派机关干部支教、应急举办农村学前教育等特殊措施，加快推进南疆四地州农村学前三年免费双语教育，使南疆率先基本实现 15 年免费教育，为全疆实现 15 年免费教育奠定了重要基础。新疆基本实现农村学前三年适龄幼儿入园应入尽入。

综上可了解到，莎车县乡镇学前特殊儿童进入普通幼儿园基本能达到 100%。莎车县伊什库力乡幼儿园为例，学前特殊儿童入园率能达到 98%，剩下的 2% 是身体状况不适合入园学习的特殊儿童。根据新疆关于印发《关于做好义务教育阶段重度残疾儿童少年送教上门服务工作的指导意见（试行)》的通知要求，对于不能入园的学前特殊儿童，莎车县伊什库力乡幼儿园积极开展送教上门活动，保证整个乡的适龄学前特殊儿童都能接受不同程度的教育。

2. 学前特殊儿童进入普通幼儿园融合教育现状

以莎车县伊什库力乡幼儿园 2021—2022 学年为例，全乡各村级幼儿园总入园特殊儿童有 23 个。就特殊儿童融入幼儿园的问题来说实在是谈不上，伊什库力乡幼儿园入园特殊儿童在幼儿园里大多时候都沉浸在自己的世界、独自游戏或者满园捣乱。与此同时，在走访、交流莎车县其他乡镇幼儿园学前特殊儿童情况后，综合可了解到学前特殊儿童融入普通幼儿园难这一问题。为何学前特殊儿童融入普通幼儿园难呢？在这里以莎车县伊什库力乡幼儿园为例做一下简单的分析总结：

（1）班主任教师在开展常规教学活动的同时无暇顾及特殊儿童。幼儿园每班的师资配比都为一教一保，班额 20 ~ 40 不等，一个班主任面对大群体教学活动时很难做到区别对待个体特殊儿童。

（2）普通幼儿园日常开展的教学活动不适用于特殊儿童。目前幼儿园日常教学开展多以国家通用语言教学和游戏活动作为主体，一些语言发展异常、智力低下和身体存在缺陷的特殊儿童并不能有效参与，且这些活动并不有益于学前特殊儿童的发展。

（3）学前特殊儿童因身体缺陷不能完整地参与幼儿园一日生活。幼儿园一日生活丰富，从入园到离园环环相扣，对于身体病弱儿童、孤独症儿童、多动症儿童和其他情绪行为障碍儿童而言较为繁重。

（4）乡镇幼儿园教师队伍欠缺专业的学前特殊儿童教育者。乡镇的幼儿园教师师资水平有限，大多为学前教育，更有甚者没有专业知识，靠的是经验教学。正常的学前教育师资如此，那么学前特殊儿童的正规教育该当如何？教师在没有学前特殊儿童教育的理论基础下，很难为学前特殊儿童提供满足其需求的教育，不适宜的学前教育也会阻碍特殊儿童的发展，导致特殊儿童融入难。

（5）家长的漠视与不重视。多数家长都视特殊儿童为累赘，把幼儿园当作减轻压

力的港湾，早上赶早送过来入园，离园不按时接。在心理上给特殊儿童无意暗示，导致特殊儿童情绪异常，加大了特殊儿童融入普通幼儿园的难度。

四、莎车县乡镇学前特殊儿童教育教师队伍建设的发展

1. 专业技能的培训

莎车县乡镇幼儿园的教师基本上都受到过幼教、师范教育或教师培训，但并无学前特殊儿童教育相关的知识和技能，普通幼师没有学前特殊儿童教育的理论基础和实践操作经验，不能对学前特殊儿童进行“救助性”“发展性”教育。特殊教育机构的老师具有资质但学校不招收 7 岁以下学生。所以，教师的技能培训和与专业教师的交流非常重要。

2. 正确的学前特殊教育理念的树立

一个人的行动由思想支配，所以我认为教师对于教育观的正确树立非常重要。尤其是面对学前特殊儿童的教育。幼儿教师对待学前特殊儿童大多只有一个“工作目标”，只在幼儿园内不出安全事故便一切大吉，并未对特殊儿童进行实质性有益的“救助性”“发展性”的教育。与此同时，部分少数教师对特殊儿童仍带有偏差认知，总以“特殊”去判定这个儿童所有的一切。所以，让幼儿教师正确认识学前特殊儿童，认识学前特殊儿童教育，从特殊儿童的需要的特殊发展要求出发，针对性地开展“救助”“发展”教育，有利于学前特殊儿童未来的发展。

五、莎车县乡镇幼儿园学前特殊儿童的专业教育与康复教育的发展前景展望

在全疆 15 年免费教育的重要基础上，新疆将加大对特殊儿童学前教育的经费投入，乡镇的学前教育事业为学前特殊儿童开启一个“绿色通道”，保证每个乡镇的幼儿园都有一个专门为学前特殊儿童设置的班级。开展对学前特殊儿童有针对性的学前特殊儿童教育。

随着国家的号召，学前特殊儿童教育也将被重视起来。莎车县乡镇残联与幼儿园展开“手牵手”交流合作，同时扩宽莎车县特殊教育机构入学范围，为学前特殊儿童开辟出一片天地指日可待。

在对学前特殊儿童的教育发展上更加专业化、个别化。针对不同的特殊幼儿需求制定不同的教育方案。尊重差异，一人一案。根据每个学前特殊儿童的生理心理特点、残疾类别和个人潜能等实际情况，为其制定切实可行的个别化教育方案，科学施教。

参考文献

[1] 任加艳. 学前特殊儿童难以融入普通幼儿园的原因及对策研究 [J]. 绥化学院学报，2015，35 (1).

[2] 冯晓华. 浅谈发展农村特殊儿童学前教育的重要性 [J]. 吉林农业，2011 (7).

［3］王琳玲．学前特殊儿童康复教育的政策保障及其实现策略——以重庆市为例［D］．重庆：重庆大学，2014.
［4］周兢．学前特殊儿童教育［M］．大连：辽宁师范大学出版社，2002.

如何在游戏中促进幼儿社会认知与社会活动能力的发展

冶雪莲

进行游戏化教学是目前大多数幼儿园所采取的教学方式，这种方式也十分适合幼儿身心健康发展。幼儿园教师在进行教育教学工作中要对教学方法与教学模式不断进行探索，寻找有效途径提高幼儿游戏教学的有效性，做到寓教于乐。让幼儿在学习的过程中也能体验到游戏的快乐，培养幼儿的思维能力、表达能力与人际交往能力。教师要充分发挥幼儿的自主能动性，为幼儿进行游戏化学习创造有利的学习环境，满足幼儿发展的需要。随着我国国家的进步，人们的思想观念日益更新，对教育也提起非常高的重视。

一、为幼儿创设丰富的游戏环境，扩展幼儿的游戏空间

教师在进行教学设计时要充分考虑幼儿的学习兴趣，为幼儿创设丰富的游戏环境，在教学过程中使幼儿的好奇心得到最大程度的激发。同时，在幼儿进行学习的过程中要适度扩展幼儿的游戏空间，不要仅仅将空间局限在班内，也要扩展户外幼儿进行游戏的空间。这样可以使幼儿在接触外界新鲜事物的过程中开阔自己的眼界，也可以适度培育幼儿进行科学探索的能力，将学习知识与适度放松相结合。例如，教师在展开教学活动的过程中，可以在班内放置一些幼儿感兴趣的东西，在课前教师要对游戏器具展开严格的挑选与检查，要以保证幼儿的安全为前提进行东西的放置。例如，教师可以在班内为幼儿开辟出适当的游戏空间，放置装有电池的小火车与轨道，教师可以让幼儿将散乱的火车以及轨道零件进行整理拼接。教师要密切注意幼儿的拼接过程，可以对幼儿加以适当的引导和帮助，幼儿能够在对火车轨道进行拼接的过程中，可以逐步尝试慢慢探索。在完成拼接之后，幼儿会获得极大的满足感，增强对于学习的自信心，幼儿的动手能力得到了有效提升。教师可以突破室内空间的限制，为幼儿在室外选取合适的游戏场地。让幼儿们围成一个圆形，并告诉幼儿他们自己的标号让幼儿们记牢，单独选出一个幼儿，让幼儿去寻找比自己大的奇数编号所对应的人，然后再由被找到的人寻找下一个。幼儿在进行游戏的过程中可以学到数字的知识，也会体验到游戏的乐趣，一举两得。

二、科学设计游戏活动，稳步提高幼儿社会认知与社会活动

爱玩是每个孩子的天性，游戏更是每个幼儿日常生活中不可或缺的一部分。在游戏活动中，每个幼儿会对周围的一切充满好奇心，他们会不由自主地去观察与了解周围的人和事，会积极主动地去学习怎样说话，怎样表达自己的内心。他们会感叹周边一切事物的变化，对每一个新生事物充满好奇心，内心充满了求知。幼儿教师应该充分利用各种资源，优化游戏活动氛围，创造良好环境。可以在教室里设置角色扮演游戏区域，利用互联网资源下载一些不同行业和岗位的劳动者工作视频，统一组织幼儿观看，并鼓励小朋友扮演这些角色，让他们在游戏活动中畅所欲言。自信心对一个人的发展是极其重要的，可以帮助儿童勇于表达自己的看法，使其不被一些挫折所击败。在平时的生活和学习中，有些孩子内心自卑，任何事都不敢去尝试，害怕失败，害怕同学会嘲笑自己，对自己的想法不敢表达，久而久之，自己长期的自我否定，也会严重影响社会认知与社会活动能力的发展。幼儿在 3～5 岁是口语表达发展的重要时期，增强游戏体验的同时要促进幼儿社会认知与社会活动能力的发展。教师应该根据幼儿的年龄发展特点以及兴趣爱好，增加教学内容的丰富化，充分利用游戏教学，促进幼儿教育的高效性、有效性，积极引导幼儿参与到活动中来，培养社会认知与社会活动的表达能力。例如，幼儿教师在教授学生辨别高矮、长短的时候，可以请几个幼儿出来，让他们进行“比个子”的游戏，也可以让幼儿自己说，自己比谁高（长）？又比谁矮（短）？同学们一定会非常愿意参加，满足小小的成就感，通过玩乐的方式明白高矮长短是什么意思？进行高矮的对比和长短的比较是一个道理。在这个过程中，也让幼儿提高自己的表达能力。

三、寻找合适的材料让幼儿进行游戏，创新教学方式

幼儿本身年龄较小，而且对于世间的一切事物都存在着莫大的好奇心，但是他们的热情保持时间较短。当对某件事物的好奇消退之后，就不会再想着去接触。所以教师要对幼儿进行游戏所需要的材料精挑细选。除此之外，教师要严格审查游戏材料是否适合幼儿的发展阶段，二者要达到相匹配的程度。同时，教师要考虑到游戏玩具的数量，避免出现因数量不够幼儿之间产生冲突。例如，幼儿园教师在开展游戏教学的过程中，可以在幼儿的活动空间内放置一些符合幼儿年龄与学习阶段的绘本。绘本是幼儿进行知识学习的重要载体，里面有着带有拼音简单的文字叙述与丰富多彩的插图，能够吸引幼儿的学习兴趣。教师可以在幼儿园小班的图书角放置一些童话书，如《好饿的毛毛虫》，幼儿可以在阅读的过程中了解毛毛虫从幼虫蜕变为蝴蝶的过程中所作出的积累与努力，体会到毛毛虫破茧而出完成蜕变那一刻的兴奋与激动的心情。教师可以在幼儿阅读完毕之后，让幼儿以自己的社会认知与社会活动对故事进行重新叙述，锻炼幼儿的口语表达能力。随后，教师可以选取几名表现良好的幼儿让他们以毛毛虫的蜕变为主题，从毛毛虫到蝴蝶的蜕变过程中所涉及的角色进行合理的分配，然后展开情景剧表演。幼儿可以

自己发挥想象力，为人物编写台词。之后，可以让其余的小朋友对他们的表演进行打分，并说出他们的表演还可以进行怎样的完善。幼儿在这个过程中可以对绘本故事有更加深入的认识，也可以极大程度上锻炼幼儿的表演能力。

四、利用游戏讲评，增加发展幼儿社会认知与社会活动的机会

游戏对每一名孩子都有着巨大的吸引力，可以提高他们的兴趣，满足他们的欲望需求，所以是每一名孩子最喜欢的活动。幼儿教师为了提升幼儿的表达能力，可以利用有趣的游戏活动以吸引幼儿的注意力，让他们勇于参与进来，并在团结合作的过程中，增加与其他小朋友的交流，激发他们说话的兴趣。众所周知，幼儿有着十分丰富的情感，每天充满了喜怒哀乐，游戏活动中的情感流露也掺杂了他们独特的社会认知与社会活动。幼儿教师不仅应该注重游戏进行过程中的重要作用，对游戏后的综合评价也不能有所忽略，也是提高幼儿社会认知与社会活动能力的关键环节。例如：在游戏之后，幼儿教师应该根据幼儿在游戏过程中的表现、社会认知与社会活动表达表现、与小朋友之间的互动、团队协作表现，进行综合评价，为幼儿社会认知与社会活动的发展发挥积极的引导作用。例如，在游戏互评中，教师可以问一下幼儿觉得这个游戏好不好玩？最喜欢哪个环节？并加以鼓励和表扬，充分建立幼儿的自信心以及表达欲望，从而提高社会认知与社会活动能力。

五、在幼儿进行游戏的过程中教师加以指导

新时代下，教师也应该与时俱进，积极树立新型教育理念，不断进行学习，加强自身对于幼儿的心理状态研究，进行行之有效的游戏教学法，并不断精进。另外，幼儿教师应该加强自己的职业道德，仔细观察幼儿的表现，及时发现幼儿的优点以及不足，并针对这些问题，着重对幼儿予以正确的引导，努力营造有趣的游戏教学氛围，培育幼儿的自信心，勇敢表达自己所听所感，进而提高幼儿的社会认知与社会活动表达能力、创新思维能力、理解能力等综合素养。幼儿的眼光与思维不同于成年人，教师要在游戏化教学过程中深入幼儿的内心世界，了解他们的想法。但是不要对幼儿进行干扰，或将自己成年人的想法强加给幼儿，要适当引导幼儿，帮助幼儿塑造正确的三观。不要剥夺幼儿的游戏自主权，要做到尊重幼儿的想法。教师可以在幼儿进行游戏过程中遇到困难与瓶颈导致无法继续的时候对幼儿给予帮助与思维引导。例如，幼儿园教师在开展游戏化教学的过程中，要将自己的身份进行转变，成为幼儿游戏化学习过程当中的伙伴。在幼儿进行积木搭建的过程中，如果幼儿遇到积木达到一定高度总会倒塌的问题，而幼儿没有意识到问题的源头在哪里时，教师可以与幼儿展开对话。询问幼儿用了多少块积木搭建城堡，进而引导幼儿思考积木倒塌的原因是因为进行积木堆积的过程中所用到的积木数量太多而城堡的地基不够稳固。幼儿在进行游戏的过程中教师加以适当的引导，培养自己动脑思考的能力。

六、提高幼儿进行评价的参与度，体验游戏带来的快乐

幼儿是祖国未来的希望，一个良好的幼儿教育，会使孩子拥有一个健康的心理、良好的品性，使幼儿一生受益。良好的社会认知与社会活动能力，不仅可以向别人传达自己的情感和看法，也为自己日后在生活和工作中人际交往的能力加分，尤其是当前社会竞争力越来越大，想要脱颖而出，首先，就要让别人先认识你，对你有一个良好的第一印象。幼儿时期的培养至关重要，所以，幼儿教师要提起对幼儿学习知识的高度重视，充分认识到幼教工作的重要性，为幼儿打造一个美好的未来。幼儿进行游戏的重要环节是进行游戏评价，在对游戏进行评价的过程中，教师应当让幼儿成为点评游戏效果的主角，让幼儿在评价过程中可以对之前的游戏进行回顾与总结。同时，教师也可以增加游戏评价的主体，让教师、幼儿以及家长都参与到游戏评价当中。例如，幼儿园教师在进行游戏化教学的活动过程中，幼儿可以针对自己在课堂当中进行的游戏进行评价，如在数数、丢手绢与根据数字踩格子等游戏中自己是否有做得不合适的地方，如会出现经常将数字顺序搞混、分不清奇数与偶数等问题。教师与幼儿家长可以通过观察与了解幼儿，帮助幼儿认清自己的不足。同时，教师要发挥家校之间的纽带作用，与家长要展开积极有效的沟通，共同促进幼儿的进步。教师要不断完善对于幼儿游戏教学的评价机制，丰富幼儿进行游戏的内容，在教学过程中及时发现存在的不足与缺陷，查漏补缺，提高自己的教育能力。

综上所述，幼儿园教育，是幼儿学习的启蒙时期，也是有效开发儿童思维能力、社会认知与社会活动核心经验的最佳时期，但是儿童思维注意力总会分散，会对周边的新鲜事物感兴趣。所以，幼儿教师要充分利用幼儿这个特点，通过游戏活动，既能培养儿童的社会认知与社会活动表达能力以及形成社会认知与社会活动经验，又丰富幼儿的日常活动。

参考文献

[1] 张雪英．基于实践场景的幼儿归属感培养的教学设计与反思——以大班社会活动“让世界变得更美丽”为例［J］．教育科学论坛，2021（35）．

[2] 徐赵梅．幼儿教学活动设计与实施的问题及优化——以中班社会活动《看得见的情绪》为例［J］．教育现代化，2019，6（A3）．

[3] 吴晓晖．自然之淙淙细流汇聚教育之源泉——谈如何在幼儿教学中让幼儿亲近自然［J］．才智，2018（36）．

[4] 金芳，郝爽．3—6 岁幼儿参与家庭活动状况及与家长陪伴的关系［J］．陕西学前师范学院学报，2018，34（7）．

七、综合学科学术争鸣

疆域内外学生化学学习方法的差异性研究
——以莎车县阔什艾日克乡中学为例

阿布都卡地尔·吾布里阿希木

一、问题提出

众所周知，良好的学习办法是打开学生知识文化宝库的金钥匙，是通向胜利的桥梁。特别是在当今，知识变更不断加快，更需要掌握科学的方法，有独立能力，获得重要的知识。很多学生在生活中没有掌握科学的学习方法，不会预习，不会听课，不会复习，不会总结所学过的知识点，不知道怎么样学习最有效，导致学习效率低。国内有很多地方非常注重学生学习方法的培养，但是还有很多地方忽视了这一点。

近些年新疆引入大量化学教育专业人才，以促进新疆化学教育事业的发展。近年来引进的疆外化学教师与疆域内的化学教师工作在一起，形成了疆域内外化学教师合力。这对疆内学生的化学学习提供了非常好的条件，但是尽管国家大力支持新疆教育，新疆学生的化学成绩还是一直提不上来，我在实习过程中发现有些学生不怎么喜欢化学，多数学生化学基础差，老师上课又听不懂，极少学生从心底喜欢化学，但他们大多数觉得化学很难，很难学。所以我觉得大多数学生迫切希望了解科学高效的学习方法。所以我选了《疆域内外学生化学学习方法的差异性研究》一课题，试图从学生学习情况入手，通过比较研究内地学生化学方法，找出目前学生存在的不好的学习方法的原因，总结科学的学习方法，向学生提供高效的学习高中化学的学习方法，借此提高新疆学生的化学学习成绩。

二、相关概念阐述

1. 学习方法

学习方法，简单来讲，指的是学生为提高学习效率及成绩所采取的方法和技巧。学习方法没有标准，能提高学习成绩和学习效率的就是好方法，对于一个学生来讲好的学习方法是必不可少的。

2. 中学化学学习方法

中学化学学习方法是通过学习和事件，快速掌握化学知识的一种方法，选对学习方法对于每一名中学生来说是很重要的，好的化学学习方法能直接决定学生化学成绩，好的学习方法能提高学生成绩。

三、研究目的与意义

1. 研究目的

相比其他科目，学生第一次知道化学这一学科，初次接触对学生尤为重要，初中大部分学生都喜欢化学，但是绝大部分都认为化学难，不好学，老师讲的课不好理解等。再加上新疆学校办学条件有限，经验不足，有的学校还没有化学实验室，有实验室的没有实验操作人员，教师职业水平有限，所能传达的知识信息不多，不全面。随着近几年大量的内地人才教师融入新疆教育行业中，这为新疆各所学校提供了宝贵的机会，但是由于学生已习惯以前老套的化学学习方法，一时间难以改变，特别是初中阶段，所以我选择通过对比疆内疆外的学生学习方法，研究利弊，帮助新疆的学生制定更好的学习方法，给出一些建议。

2. 研究意义

（1）了解疆内疆外学生化学基本的学习方法的差异。

（2）剖析影响新疆学生化学成绩的因素，为提高疆域内学生化学成绩提供依据。

（3）通过比较研究疆域内外学生的学习方法，找出差距，剖析目前新疆学生存留的不正当的学习方法及产生原因，及时调整。

四、研究设计

1. 研究对象

本文在同质原则基础上以新疆莎车县 × 中学若干名学生与哈尔滨第二十一中学若干名学生为研究对象，考察他们化学学习方法的差异状况。

2. 研究内容

当前学生学习现状及形成原因：对学生不好的学习方法现状进行调查，掌握第一手材料，主要包括：①学生对所学知识的复习，课前预习情况，听课、作业完成情况等；②设计问卷，了解两所学校学生主要的学习方法，学生的学习问题互相评价。了解内地的学生怎么学习的，怎么预习、复习，怎么准备考试。两所学校学生在化学学习方面存在的共同困难。

3. 研究方法

（1）调查法。对两所学校的学生进行各方面的问卷调查，进行比较分析。

（2）访谈法。以了解学生化学学习方法为目的，找学生谈话，了解学生当前的学习成绩、学习中所遇到的主要困难。

五、疆域内外学生化学学习方法的差异性分析

1. 现状调查分析

为了解学生现阶段的学习方法，本人上班期间和朋友一起进行了调查，调查中采用了访问法、座谈法。调查对象是莎车县阔什艾日克乡中学学生与哈尔滨第二十一中学，

一共100人（两所学校各50人）。调查结果如下（见表1、表2）：

（1）你认为化学学习方法在化学学习过程中重要吗？

A. 很重要　　B. 重要　　C. 不重要

表1　学习方法的重要性调查

选项	阔什艾日克乡中学人数	百分比	哈尔滨第二十一在中学人数	百分比
选A	29	58%	43	86%
选B	21	42%	7	14%
选C	0	0%	0	0%

（2）你对你现在的化学学习方法是否满意？

A. 很满意　　B. 比较满意　　C. 不是很满意　　D. 不满意

表2　学习方法的满意度调查

选项	阔什艾日克乡中学人数	百分比	哈尔滨第二十一在中学人数	百分比
选A	13	26%	24	48%
选B	16	32%	20	40%
选C	19	38%	4	8%
选D	2	4%	6	12%

由表1、表2结果表明，58%的新疆学生认为学习方法很重要，黑龙江有86%的学生认为学习方法很重要，这说明当前新疆的学生对学习方法的重视度没有黑龙江的学生深刻，并且对自己学习方法的满意程度还很高，其中满意和比较满意人数占58%，说明还认为自己的学习方法很不错。对于黑龙江的学生有86%的认为学习方法在学习化学的过程中起着非常重要的作用，同时对自己的学习方法满意程度比较低，认为应该还有更好的学习方法没有掌握。这说明，黑龙江的学生比新疆的学生更加重视好的学习方法，更期望通过好的学习方法来提高学习化学的效率，进而提高化学学习成绩。这次调查座谈中发现学生学习化学过程中存在的一些问题：①黑龙江的学生，对于学习方法的认同感很强，会逐步建立自己的学习方法，并不断改进已达到更好的学习效果。但是基于学生学习量太重、平均分配到化学学科的学习比重就会降低，这也是影响成绩提高的因素。甚至存在由于学习的压力、做不完的习题、频繁的考试而出现不想学习、甚至会讨厌学习的情况①。②新疆的学生，则存在学习方法不够完善、缺乏适合自身的学习方法等问题，化学概念、原理和一些性质都是从课本或者在课堂上得知。新疆的办学条件没有内地充足，所以新疆的学生都是靠朗读和背诵来学习的。比如，学生都知道氧气不易溶于水，但是没有通过实验过程观察过，所以会经常跟别的气体搞混。学习方法不适

① 王晓巍．基于高中化学自主学习下教学模式的研究［D］．武汉：华中师范大学，2012，111－115.

合学生自身，造成学习成绩不理想，这是目前大部分新疆学子存在的问题，我认为要解决这类问题，要多向发达城市学校学习，用科学的方法解决问题。

2. 预习情况（见表 3 ~ 5）

（3）你在化学课前有预习的习惯吗？

A. 有　　B. 偶尔　　C. 没有

表 3　课前预习习惯的调查

选项	阔什艾日克乡中学人数	百分比	哈尔第二十一中学人数	百分比
选 A	23	46%	40	80%
选 B	13	26%	7	14%
选 C	14	28%	3	6%

（4）你会如何准备化学课的预习？

A. 认真看书并画出重点　　B. 比较认真　　C. 随便阅读一遍

表 4　预习方法的调查

选项	阔什艾日克乡中学人数	百分比	哈尔第二十一中学人数	百分比
选 A	7	14%	29	58%
选 B	9	18%	15	30%
选 C	34	68%	6	12%

（5）你在预习的时候能大概掌握的程度。

A. 70%　　B. 50%　　C. 30%　　D. 30% 以下

表 5　预习内容掌握程度的调查

选项	阔什艾日克乡中学人数	百分比	哈尔第二十一中学人数	百分比
选 A	7	14%	29	58%
选 B	9	18%	15	30%
选 C	18	36%	3	6%
选 D	16	32%	3	6%

表 3 ~ 5 中学生预习情况表明，只有 46% 的新疆学生有课前预习的习惯，有 26% 的新疆学生偶尔会进行课前预习；对于黑龙江学生，有 80% 的学生有课前预习的习惯，有 14% 的人偶尔会进行课前预习。黑龙江学生课前预习的习惯比较好，而且 94% 的学生可以做到认真预习。而在新疆的学生中，能保证预习习惯并能认真进行预习的不到一半。通过这一比较，不难看出，新疆的学生缺乏预习习惯，对待预习的态度以及预习效率都不如黑龙江学生。少数能够预习的新疆学生还存在效率不高、抓不住重点、预习过程毫无意义等现象，甚至老师不布置，就不预习了，把预习被动地当作任务，缺乏主观能动性，缺乏自觉性。所以说疆内大部分学生学习方法都存在很大的问题，学习中，缺

乏主动去学习的习惯，很多学生学到一半就不想学了，缺乏耐心，韧性。在教师教授课程中，学生课前预习不仅能帮助学生快速掌握课堂内容，还能帮助学生理论上的思考和辅导，但是，现阶段的大部分新疆学生，预习方法不对，效果不好，明明是预习了，但还是无法掌握好教学的内容。调动新疆学生的学习积极性，并培养学生的自控能力是提高化学学习效率的制约因素。

3. 听化学课情况（见表6～9）

（6）听化学课时是否喜欢记笔记，参与讨论？

A. 完全符合　　B. 符合　　C. 比较符合　　D. 不符合

表6　课堂笔记情况调查

选项	阔什艾日克乡中学人数	百分比	哈尔第二十一中学人数	百分比
选 A	20	40%	35	70%
选 B	12	24%	15	30%
选 C	10	20%	0	0%
选 D	8	16%	0	0%

（7）听化学课时能够打起精神运用自己的方法来适应老师的讲课节奏，并能适应得很好。

A. 完全符合　　B. 符合　　C. 完全符合　　D. 不符合

表7　课堂注意力情况的调查

选项	阔什艾日克乡中学人数	百分比	哈尔第二十一中学人数	百分比
选 A	12	24%	32	64%
选 B	18	36%	13	26%
选 C	6	12%	5	10%
选 D	14	28%	0	0%

（8）听化学课时我经常会把不明白的地方记下来。

A. 完全符合　　B. 符合　　C. 比较符合　　D. 不符合

表8　课堂疑难问题解决方案的调查

选项	阔什艾日克乡中学人数	百分比	哈尔第二十一中学人数	百分比
选 A	18	36%	35	70%
选 B	10	20%	15	30%
选 C	5	10%	0	0%
选 D	17	34%	0	0%

（9）下化学课以后我会把不明白的地方及时跟老师沟通。

A. 完全符合　　B. 符合　　C. 比较符合　　D. 不符合

表 9 学生与老师之间的沟通情况的调查

选项	阔什艾日克乡中学人数	百分比	哈尔第二十一中学人数	百分比
选 A	13	26%	30	60%
选 B	13	26%	11	22%
选 C	6	12%	6	12%
选 D	18	46%	3	6%

根据表 6 ~ 9，学生听课情况表明，有 84% 的新疆的学生有听课时记笔记的习惯，而内地是 100% 的学生都会记笔记；有过半数的新疆学生可以很好地适应老师的讲课节奏，相比较内地学生 90% 的结果，可见新疆师学生在课堂上自控力上还存在欠缺；黑龙江 100% 的学生可以做到及时把不明白不懂的地方记下来，94% 的学生会在课下跟老师沟通以达到解决问题的目的。但是新疆学生在这方面的意识比较薄弱，课后更有近 50% 的学生不会跟老师沟通，此种情况可归结于学习习惯的养成和学习积极性的问题。通过以上比较，我们可以得出以下结论：新疆学生听课记录的习惯并没有养成，很多学生除了没有做笔记的习惯，更是不懂如何调节自己的关注度来适应课堂上老师的节奏，进而造成学不会、学不懂甚至厌学的情况。同时疆内大部分学生与老师之间沟通比较少，学生很少找老师提问，因此学生在难题攻克上很难有突破。所以说课堂上学生要养成好好听课、不明白要及时问的习惯，才会让学习效果更明显，学习化学的成绩有所提高。

4. 复习化学及课后作业情况（见表 10 ~ 11）

（10）我会把所讲过的化学课程内容及时复习？

A. 完全符合　　B. 符合　　C. 比较符合　　D. 不符合

表 10 复习情况的调查

选项	阔什艾日克乡中学人数	百分比	哈尔第二十一中学人数	百分比
选 A	16	32%	32	64%
选 B	14	28%	13	26%
选 C	6	12%	5	10%
选 D	14	28%	0	0%

（11）我会把化学课后作业自己独立完成？

A. 完全符合　　B. 符合　　C. 比较符合　　D. 不符合

表 11 作业完成情况的调查

选项	阔什艾日克乡中学人数	百分比	哈尔第二十一中学人数	百分比
选 A	10	20%	33	66%
选 B	8	16%	11	22%
选 C	6	12%	6	12%
选 D	26	52%	0	0%

通过表10～11，学生在学习化学知识后的复习与课后作业完成情况，相比黑龙江的学生，新疆学生在各方面都有很大的差距，疆内只有20%的学生会自己独立完成课后作业，32%的学生会及时复习所学内容，对比内地学生66%和64%的数据，从化学学习角度来看，疆内学生对化学学习的态度和学习习惯都存在着一些亟待解决的问题。需要教师和学生同步努力才能解决化学学习效率不高、成绩不理想的现状。

5. 学生家长支持学生化学学习情况（见表12）

（12）我的家长会非常支持我的化学学习。

A. 完全符合　　B. 符合　　C. 比较符合　　D. 不符合

表12　家长对学生化学学习的支持情况调查

选项	阔什艾日克乡中学人数	百分比	哈尔第二十一中学人数	百分比
选A	23	46%	50	100%
选B	13	26%	0	0%
选C	12	24%	0	0%
选D	2	4%	0	0%

通过表12，从学生家长支持学生学习化学的情况来看，新疆学生中虽然大部分家长非常支持孩子学习，但是相比较内地100%学生家长都会全力以赴支持学生学习化学的情况，新疆学生家长在学生学习化学方面的帮助存在一定的欠缺。而且还有2%的学生家长不支持孩子学习，这就表现出新疆学生的家长在对学习的重要性认知上与内地学生家长存在较大差异。在访谈过程中，疆内学生一般放学回家都会陪家里人做家务活、种地等，在新疆家长眼里，能好好陪他们干活的就是好孩子，读书呢，顺其自然，如果学生自己勤奋，学出了成绩，大部分家长会支持孩子继续上学，而少数家长呢，因为经济和各种原因不会支持学生学习，当然，随着新疆的发展，家长们的思想上有了很大的改变，政府也更加支持教育，现在，还有极少数的家长不会支持学生学习，相信这种情况，很快就会结束。

6. 学生对化学学科的认识和老师讲课方式的满意程度（见表13～15）

（13）你觉得语言水平对你化学学习影响很大。

A. 完全符合　　B. 符合　　C. 比较符合　　D. 不符合

表13　语言水平对化学学习的影响程度的调查

选项	阔什艾日克乡中学人数	百分比	哈尔第二十一中学人数	百分比
选A	30	60%	0	0%
选B	13	26%	0	0%
选C	4	8%	0	0%
选D	3	6%	50	100%

通过表 13 我们可以看出，新疆的大部分学生认为，自己的语言水平对化学学习影响大，因为新疆在祖国西边，相距内地有点远，新疆人普通话水平普遍相对比较低，甚至包括教师在内，所以新疆很多学生普通话水平也很低，再加上课本是普通话版本，在学习化学方面就更显得不占优势。尽管现在新疆汉族老师也挺多，但还存在好多新疆的学生课堂上听不懂老师语言，思路跟不上老师，考试抓不住重点，导致化学学习成绩差。要解决这样的问题，首先还是要保证新疆学生的普通话的普及并且达到一定的水平，作为教师也要尽可能地做到放慢教学进度，把复杂的知识简单化，让学生接受起来相对容易，这样才能有效地提高学生化学成绩。

（14）我了解化学是一门什么样的学科。

A. 完全符合　　B. 符合　　C. 比较符合　　D. 不符合

表 14　学生了解化学程度的调查

选项	阔什艾日克乡中学人数	百分比	哈尔第二十一中学人数	百分比
选 A	8	16%	20	40%
选 B	13	26%	11	22%
选 C	11	22%	11	22%
选 D	18	36%	8	12%

（15）我喜欢化学课。

A. 完全符合　　B. 符合　　C. 比较符合　　D. 不符合

表 15　学生对和化学科目的喜爱程度的调查

选项	阔什艾日克乡中学人数	百分比	哈尔第二十一中学人数	百分比
选 A	10	20%	25	50%
选 B	14	28%	9	18%
选 C	16	32%	9	18%
选 D	10	20%	7	14%

通过表 14 ~ 15 我们可以知道，新疆的学生单单对化学这一门课的认识还不够充分。大部分学生都不了解化学，不了解化学研究的领域，更不知道化学给我们生活带来的方便，因为不了解才会不喜欢，大部分学生不喜欢学化学，不喜欢做化学作业，甚至有的学生不喜欢化学教师，我们思考到底是什么原因才会造成这种情况，这也是我选择这篇论文的原因。经过这次调查和访谈，发现新疆学生化学成绩不理想，学习效果不好分为两个方面，一方面新疆学生对化学学习的认知上存在不足，不了解也不主动了解，并且主观能动性不足，学习方法不合理的同时没有想办法改进的意识；另一方面是教师方面存在的问题，新疆本地的教师对化学知识的掌握有所缺乏，而内地的教师由于语言和习惯等问题，在讲授课程的时候不能因地制宜，针对新疆学生本身的情况

去解决化学学习问题。基于新疆学生基础相对比较低的情况，在化学课程讲授的过程中最应该从生活中的化学起步，通过一些常见的现象引起学生学习兴趣和思考，课堂上要注重和学生的沟通，课后也要跟进学生的知识巩固。总之两方面同时推进才能让新疆学生在学习化学方面有所成效，以达到提高对化学知识的掌握程度，并提高化学成绩。

六、结论

调查结果显示，当前学生学习情况，就化学这一门课而言，疆内学生表现远远没有内地好，学化学三个多月，对化学认识还不深，课前预习、课后复习、做作业情况都不太乐观，这说明，我们疆内学生还需向内地的学生学习。

七、讨论

为了能帮助广大新疆的学子，我利用这次调查总结出了集中学习方法，主要有以下几点。

1. 学习兴趣的激发

研究表明学化学过程中兴趣的激发很重要，因此教师向新疆学生讲第一节课时，首先要给学生说一说化学在我们生活中存在的意义，给我们生活带来的方便，说说化学研究领域，还要通过化学趣味实验来激发学生兴趣，讲课时还须注意与学生之间的互动。课堂上注重沟通，课后积极跟进学生对化学知识的巩固。

2. 从实验中学习化学

化学是一门以实验为基础发展起来的学科，化学的任何理论知识都是通过实验探究来获得的。促进新疆学生学习理论知识，首先要从理论知识来源和过程入手，一切从实验现象展开，通过实验现象扩展到知识理论。但是新疆学校普遍存在教育资源缺乏等情况，大部分学校都没有实验室，或者实验室功能不全，这就需要教师利用现有的网络资源，通过视频或者虚拟教学来解决真实实验不能进行的问题。通过多网络媒体，线上线下同时推进化学学习的成效，来促进新疆学生对化学的兴趣，提高新疆学生的化学知识成绩。以下有几个可以参考的学习方法。

（1）歌诀记忆法，唱歌的方式比较快捷有效，由于刚开始学化学的时候理论知识内容比较多，而且都需要背，这个时候我们就可以通过唱歌的方式，结合生活中的小常识来背，这样记不仅能快速掌握知识，还不易忘掉。

（2）会意记忆法，方法是将一些难以掌握的理论知识通过联合生活小常识变成自己的C语言来记，通过整理实验现象，用更简单的语言加强记忆。比如，在加热高锰酸钾制取氧气的实验中，加热前要先逐步加热，然后再进行加热，加热时要用外焰加热，实验结束先移走导管再进行灭火。

（3）抄写记忆法，就是针对一些难以掌握的或者是容易忘掉的知识，进行抄写，以便牢固记忆。

3. 教师要不断提高自身的教育修养

新疆大部分学校教师普通话水平不好，而课本是普通话版本，这样一来，学生在课堂上很难明白教师的意思，教师也不能很好地把书本上的内容完全传达给学生，最终受害者还是学生，所以教师一定要注意提高自己的教学水平，同时还要不断提高自身的教育修养，要对每个学生负责任，密切关注学生成绩，针对一些学习方法不好的学生要多加指导，帮助学生掌握良好的学习方法。

4. 学生要端正自己的学习态度

新疆学生本身存在学习态度不端正、主观能动性不强等情况，对于化学的学习有强烈的被动性，对化学知识的兴趣不强烈，不主动改善不合理的学习方法等。学生要学会跟教师的及时沟通，对于化学知识要保证课上课下及时解决难题，不留困惑。通过良好的知识反馈促进学生进一步对知识的渴望，以达到增加兴趣、提高成绩的目的。

参考文献

[1] 王玮. 高中化学学习困难的预防的认知诊断方法研究 [D]. 上海：华东师范大学，2011.
[2] 赵连利. 化学学习方法浅谈 [J]. 考试周刊，2013 (61).
[3] 韩延明. 课堂教学艺术通论 [M]. 济南：山东大学出版社，1992.
[4] 崔效杰. 教育教学工作漫谈 [M]. 北京：中国文联出版公司，1998.
[5] 朱华. 关于高效高中化学学习方法的研究 [J]. 科技创新导报，2013，10 (36).
[6] 王赛中. 构建高中化学高效课堂教学模式的研究 [D]. 长沙：湖南师范大学，2012.
[7] 杨硕. 利用化学实验培养学生的探究能力 [J]. 教师，2010 (22).
[8] 李友根. 高中化学学习方法 [N]. 学知报，2011-4-25.
[9] 李学永. 高效记忆法巧记高中化学知识 [J]. 东方教育，2015 (8).
[10] 王立敏. 关于初中化学记忆方法的教学体会 [J]. 都市家教（下半月），2017 (3).
[11] 刘艳丽. 浅谈高中化学的衔接问题 [J]. 内蒙古师范大学学报，1999 (4).
[12] 吴俊明，王祖浩. 化学学习论 [M]. 南宁：广西教育出版社，1996.
[13] 钟祖荣. 我国中小学学法指导的经验总结 [J]. 教育理论与实践，1994 (2).
[14] 李晓萍. 高中生化学学习方法的调查 [J]. 科学大众（科学教育），2011 (9).
[15] 杜敏. 高中化学学习策略的研究 [D]. 武汉：华中师范大学，2003.
[16] 刘宁. 中学化学学习方法探究 [J]. 新课程研究（基础教育），2009 (4).

初中英语阅读教学中突出学生主体地位的策略分析

陈玉兰

以往，初中英语阅读教学的重点在于文本中的关键知识点的灌输，却很少凸显出学生的主体性，学生只能在课堂中当“听众”，被动接受教师塞到脑海中的语言知识点，自身的思想、思维等都被禁锢在了教材和课堂中，不能得到独立、个性的发展，初中英语阅读教学效果非常不理想。为此，广大初中英语教育实践者需要在新课标理念的指导下，将阅读课堂还给学生，让学生切身体会到做英语阅读学习主人的美好滋味，从而能够促进初中英语阅读教学工作的有效进行。下面，我将对初中英语阅读教学中突出学生主体地位的策略进行阐述和说明。

一、创设互动情境，增强阅读兴趣

初中英语教师在互动情境中与学生就知识、技能、情感等进行深入的交流，让学生敢于在课堂中表达自己的想法，可以增强学生探索阅读文本的兴趣，从而能够转变学生在阅读课堂中装聋作哑、逃避阅读学习的现状，不断促进满意阅读教学产出的获得。为此，广大初中英语教育实践者要引导学生在互动情境中对阅读文本进行深度分析，不断助力学生强烈阅读学习满足感的获得。

以“*Life is full of the unexpected*”为例，首先，我和学生讨论了以下问题：同学们，你们在生活中有没有遇到过意料之外的事情呢？学生根据自己的生活阅历，讲述了没有预料到的事情，快速将自己在课下玩散的思维归拢到了阅读课堂当中。然后，我为学生出示了阅读文本的题目，并说道：“同学们，根据文章的题目，你认为这篇文章将会讲述什么内容呢？”学生在我的鼓励下对文本内容进行了预测，降低了掌握文章中心的难度。最后，学生带着课后任务对文章进行了仔细的分析，做到了阅读有针对性，提高了初中英语阅读教学高效性。总之，互动情境的创设打造了动态的阅读教学过程，使学生更有活力地学习了文本知识，取得了最优化的初中英语阅读教学效益。

二、组织多样游戏，引发阅读渴望

学生非常喜欢游戏教学法，他们在有趣、吸引人的游戏中可以长久保持阅读学习兴趣，能够获得与阅读学习投入相匹配的产出，从而不断促进学生英语阅读学习积极性的良好提高。为此，广大初中英语教育实践者要积极组织多样化的阅读游戏，引发学生阅读文本的渴望，从而能够取得满意的初中英语阅读教学成绩。

例如，以“*What are the shirts made of?*”为例，首先，我为学生组织了常见的接力游戏，让学生按照一定的顺序阅读和翻译了教材文章。在这一环节中，如果有学生翻译得不到位，我会运用“其他同学是怎样翻译的呢？”“你们有没有不同的翻译方式呢？”等语句，鼓励其余学生讲述自己的翻译方式，充分发挥学生共同学习的优势，加快了学生对文本内容的理解。然后，我为学生布置阅读任务，如判断句子正误、回答与各个段落相关的问题等，并让学生进行举手抢答，保持学生活跃的阅读思维。最后，学生结合抢答的结果，改进了自身在知识和能力方面存在的问题，得到了良好的自我提升。总之，有趣阅读游戏的组织增加了英语阅读教学的诱惑力，使学生产生了强烈的阅读欲望，助力了高效初中英语阅读教学的施教。

三、指导阅读策略，维持阅读动力

初中英语教师做到授人以渔，教给学生一定的阅读策略，维持学生的阅读动机，可以转变学生不会阅读、主动放弃阅读学习的现象，从而能够更好地完成新课程标准所提出的新的阅读教学要求。为此，广大初中英语教育实践者要积极对学生进行阅读技巧的指导，促进学生阅读技巧的完善，从而能够为学生今后在阅读学习实践中取得极大的进步提供助力。

在具体的阅读教学实践中，我先让学生交流了自己的阅读方法，有的学生说到，要先对题目进行分析，根据题目初步了解文章内容。有的学生说到，要根据文章的首尾段落以及各个段落的中心句来整体认识文本内容。还有的学生说到，要带着问题对文章中的细节进行认真分析，剔除无用信息，真正获得有用的文本信息。然后，我肯定了学生提出的技巧，并为学生讲述了他们没有提到的措施，如怎样猜测陌生单词的含义，怎样找到不同类型的问题的答案等，助力了学生阅读方法的进一步完善。最后，学生在阅读训练活动中巩固了所学到的技巧，获得了一定的进步。总之，对学生进行正确的阅读指导，使学生走出了一条适合自己的阅读道路，促进了学生的可持续发展。

总之，广大初中英语教育实践者需要认识到让学生成为英语阅读教学课堂主角的必要性，并要对传统的英语阅读教学策略进行改良，让学生感受到英语阅读学习的无限乐趣，将自身的身心百分之百地融入阅读教学课堂，从而能够取得满意的初中英语阅读教学效能。

参考文献

[1] 朱瑜洁．初中英语阅读教学应突显学生主体性［J］．中学课程资源，2018（11）．

[2] 张怡．初中英语阅读课堂中以学生为主体的拓展性研究［J］．英语画刊（高级版），2016，16（16）．

“双减”政策下，如何提高地理课堂效率

姜海燕

“双减”政策的发令枪响，无疑是一场推动减轻孩子课业负担、构建教育良好生态的“及时雨”。为落实“双减”政策，实现立德树人、五育并举的目标，这就需要提高课堂教学的有效性，无论是什么阶段的学习，课堂上提高效率无疑都是非常重要的，如何提高课堂效率？教师要做到三点，分别是灵活设置新课导入环节、合理安排新课讲授环节、认真对待复习巩固环节。

一、灵活设置新课导入环节

教师在新课导入环节的主要目标是激发学生的听课兴趣，兴趣是最好的老师，激发学生的兴趣就好比是点燃火药的导火索。为此，教师要根据教学内容精心设计课题的引入方式，课堂教学导入应该以最少的时间、最快的速度拉近学生与教师、学生与教材的心理距离，使学生尽快进入学习状态。一开始上课就把学生的兴趣给调动起来。

①板图导入。教师可根据教学需要，用一副板图统帅全课。例如，讲授“中国主要山脉”一节时，首先在黑板上熟练地一笔勾勒出中国形似“鸡状”的轮廓图，学生顿时“哗”然，深深被教师的“手艺”吸引，接着讲述几种走向的主要山脉，这样的版图贯穿整堂课的教学，使学生一目了然。

②歌曲导入。通过播放与该课内容相关的歌曲来导入，让学生在轻松的教学氛围下对新课产生吸引力。比如，讲“交通运输方式和布局”时用歌曲“天路”引出青藏铁路进而导入新课。

③视频导入。运用媒体播放与授课内容相关的录像，让学生有身临其境的感觉，充分调动学生学习积极性。例如讲“ 荒漠化”时，先播放视频“消失的楼兰”，通过设疑调动学生学习的积极性。

④故事导入。地理故事包罗古今中外。例如，讲到“季风”一节时，老师先讲述孔明借东风火烧赤壁的故事，从而自然地引出季风。

⑤诗词导入。利用诗词设计新课导言，能创造一种美的意境，激发学生学习新课的兴趣。例如，张艳彦老师在讲“中国地形概况”一节时，利用诗词“一江春水向东流”“大江东去，浪淘尽，千古风流人物”“滚滚长江东流水”引出我国河流向东流进而得出我国西高东低的地势特点。总之，导入手法不能千篇一律，要设计巧妙，力求新颖，每堂课都给学生全新的感受，从而提高学生的听课效率。

二、合理安排新课讲授环节

1. 有精准的教学目标

教学目标是课堂教学的出发点和最终归宿，是教学的灵魂。因此，新授课时应先让学生明确学习的具体目标，去诱发学生的学习动机，唤起追求学习目标的欲念，能积极主动地投入学习。

2. 有合理的教学方式

俗话说："条条大路通罗马。"我们要圆满地完成教学目标，有很多方法，不同的学生、不同的教师、不同的场合，所采用的方法未必相同。

教学是教与学的统一，是师生交往的过程。课堂上教师应成为学生们学习的助手，学生应成为学习的主人。在课堂教学活动中，应以学生为主体，积极创设符合教学内容的问题情境，教学内容的组织以学生的活动为主要形式，启发学生在观察、分析、思考、讨论中灵活运用地理知识。中学生地理学习的心理特点，存在着个体上差异性和群体上的共性，这些需要教师认真观察、分析、归纳和总结，摸清学生地理学习的心理特征。教师要观察学生学习的情况，掌握学生学习的态度和方法以及心理的变化情况。在教学中做到有的放矢，因材施教地采取合适的应对策略，努力克服学生在地理学习上的心理障碍，全面提高学生的综合素质。

3. 有愉悦的教学氛围

（1）营造和谐的课堂氛围。教师是学生的引导者、启发者，所以师生应该是彼此尊重、互相信赖、互相合作，只有在这样平等和谐的课堂氛围中，师生之间才能形成互动、交流的对话平台，学生才能轻松愉快、活泼热情、兴致盎然地发挥想象力，以最佳状态进入学习掌握知识的氛围当中，才能真正焕发出高效课堂的魅力。

（2）激励鼓励的评价言语。少年儿童即使是成人都是渴望被赏识的。老师要关注学生成长的每一点进步，帮助学生发现自我、肯定自我、认定自我，从而不断进步，最终也许会无心插柳柳成荫！

奖赏是最好的奖励孩子的良药，它是激励孩子茁壮成长的必然条件，是学生走向成功的力量源泉。课堂上我们应该采用多种表扬方式：比如"你说得真好！""你的想法真棒！""你想象力真丰富！"或用亲切和蔼的动作，拍拍肩膀、轻轻地抚摸一下头或是一个浅浅的微笑，等等。

只要是真真切切实实在在的，都能给学生以极大的鼓励，有了赞赏这一"催化剂"，高效课堂就来了。学生在学习中就能常常感受到成功的喜悦、学习的乐趣，课堂气氛活跃，学习效果更好。

（3）倾听孩子的想法动态。传统的课堂教学多是教师一言堂、填鸭式教学，而现在的新课标提出了要以学生为中心。

这样我们教师势必要学会倾听学生的发言。通过"听"可以使教师更好地了解学生，可以真正使教师领悟“教学相长”的真谛；通过学生的“说”可以锻炼学生会说、乐说、自信乐观积极的学习态度。让学生踊跃发言，学会放开学生的思维，给学生创造想象的平台。从而了解学生的动态情况，有针对性进行引导，更能激发学生学习的兴趣，焕发出课堂的活力。

（4）教师在新课讲授环节要合理控制讲课时间。初中阶段学生的心智尚不成熟，注意力很容易被外界的新鲜事物所吸引，学生的关注点容易被转移，学生在课堂上的注意力不集中，导致学生无法跟上老师的教学进程。生动活泼的教学氛围能促进学生自觉遵守课堂纪律，集中学生的注意力，积极参与地理教学过程。学生依靠自己对地理知识的渴求来独立学习。这种教学方法不仅提高了学生对初中地理课程的兴趣，而且提高了学生的学习能力。学生在课上的学习效率高，学生课下需要学习和巩固的任务就简单了，极大地减轻了学生课下学习的负担。

三、认真对待复习巩固环节

首先，要给学生布置一些经典的练习题，练习是复习巩固地理知识的主要途径，作业是课堂教学的延续，可以帮助学生复习、巩固知识，同时，通过各种有趣的、形式多样的作业培养学生的各种能力和创新精神，帮助学生养成良好的学习习惯，作业很重要的一点就是复习、巩固所学的知识。

其次，教师要对学生完成的课堂练习的质量给予合理的评价，不仅要充分肯定学生做得好的地方，表扬那些课堂表现突出的学生，还要一针见血地指出学生存在的共性问题和个性问题，并鼓励那些学习情况不太好的学生积极参与谈论，主动提出问题，这样做就能有效提高课堂效率。

例如，七年级上册第四章第一节《天气和气候》，这章主要是让学生记忆各种典型的气候特征，书面作业也是为了记忆这些知识点，所以，教师就不必为学生留太多的书写或抄写的作业，反而可以留背诵作业，让学生利用课下的时间对这些气候知识点进行背诵，自己在第二节课上进行检查抽背，检验学生背诵效果。如果学生在上课时认真听讲，那么这些背诵任务对他们来说就不困难，这些学生的课下作业压力就会大大减小。如果学生在课上没有认真听讲，他的背诵会非常困难，这个背诵作业就是对他的惩罚。这种学习方法使学生的学习效率提高，为课上的教学省去了许多麻烦，课堂自然就会空出时间供学生做地理练习册，并不会落下学习进度，反而提高了初中地理教学的效率，达到更好的听课效果。

“双减”政策下，全体教师聚焦课堂，不断优化课堂教学具体环节，向有限的课堂时间要效率、要效果，不断提升教学效能，努力打造高效课堂，向“减负增效”的目标不断迈进！我们坚信培养和提升学生自主学习力，助力孩子乐学、善思，才能打造优质高效课堂。

如何创建初中生物高效课堂

魏海燕

随着新课改的不断深入，我越来越认识到高质量的课堂教学不仅要有效，而且应该高效。所谓高效，应该是用最少的精力和时间取得最佳的教学效果。高效课堂的创建一是需要学生的配合，但更主要的是老师的引导，只有老师采取合理的方式进行引导和促进，才可以使学生的主体性和创新思维得到更好的发展，在教学过程中，应根据学生的心理特点和学生的学习情况来采取合适的方式进行教学①。

一、改变教学模式，打造高效课堂

1. 改变教学模式

在教育体制逐步改革以及新课程标准全面实行的今天，教师应紧跟时代的步伐，改变传统的教学模式。在实际教学的过程中，应真正做到以学生为中心，帮助他们树立正确的主人翁意识；在安排教学内容的过程中，应严格依照循序渐进的规律，帮助学生由浅入深地掌握知识。同时，在课堂教学的过程中，教师应根据实际情况，给予学生自主学习、自主思考的时间以及空间，使学生能够充分地“消化”所学到的知识②，这样才能形成高效课堂。

2. 优化教学措施，才能打造高效课堂

以新课程标准为教学指导思想，以激发学生的学习兴趣为突破口，打造高效的生物课堂。初中生物所涵盖的知识面较广，与学生的实际生活有着密切的联系，在教学不断创新的现今，教师应对传统的教学策略进行改革，并积极引进一些具有创新性的教学措施来引领学生进入生物世界，以激发学生的学习兴趣，调动学生的积极性，让学生在学习过程中感受到生物学科的奥秘和魅力，从而使初中生物教学的有效性得以全面提升。

二、精心创设教学情境，提高学生学习的积极性

1. 创设教学情境

要想创建高效课堂，教师就得围绕教学内容，根据学生的接受习惯，创设有趣的、能调动学生积极性的问题情景，调动学生的学习热情，这样就让学生在资源共

① 苏春雨．高效课堂在初中生物教学中的构建［J］．读与写，2014，11（12）：137.

② 周伟祥．创建自主快乐的初中生物高效课堂［J］．新课程导学，2016（5）：78.

享、互动交流以及老师的纠错和引导下，自然提高学生的学习效率，提高了课堂教学的有效性。

2. 利用多媒体辅助教学情境，提高学生兴趣

教师在创设教学情境的过程中应尽量选择与学生实际生活有关的事物作为资源。例如，教师在讲解“种子萌发”的相关知识时，由于学生在实际生活中很难观察到种子发芽的整个过程，因此，教师就可以利用情境教学的方式，为学生创造一个观察种子的机会，从而让学生更加深入地了解到生命的奇妙与力量，教师可以在教学开展的过程中利用多媒体给学生播放有关种子发芽成长的小视频，以更加直观的方式让学生学习这一系列的相关知识①。充分利用多媒体，提高学生兴趣，达到高效课堂。现行的教材所配的教学影片相当精彩，如果能充分应用，一方面会比教师口头讲解更为直观，另一方面也肯定可以吸引学生的兴趣，就更能达到高效课堂。例如，讲解《小羊多莉的身世》之前让学生看看影片，对学生分析细胞核是遗传信息库这个问题时有很大的帮助，而且直观的影片也使学生对整个克隆过程有更深刻的理解。

教学的艺术不在于传授，而在于激励、启发与引导。教师的职责不在于“教”，而在于指导学生如何“学”。个性化的教学艺术，必须有轻松幽默的一面。轻松的教学、幽默的启发，能沟通师生之间的情感，营造良好的教学氛围。个性化的教学艺术，在教学上要“运其才智，相机诱导，体悟传神，发展个性”，就是运用教师的才智发展学生的才智，以个性培养个性，以情感增进情感，从而充分发展学生的思维和个性②。

三、注重分层教学，尊重学生间的差异性

随着新课改的不断推进与落实，要求教师在教学过程中应增强教学的全面性，使教学活动面向全体学生。在教学中运用分层教学的方法可以帮助教师更好地实现这一目标，而要想通过分层教学来更好地实施教学，教师就要对学生的学习能力、性格特点以及学习动机等有一个全面性的掌握。

生物教师在安排课程内容以及授课的过程中，应尊重学生的差异，保护生物学习较差的学生的自尊心。将学生进行合理分组，这样学生能够从学习成绩较好的学生身上学到良好的学习方法③。要采取因材施教的教学方式，即分层教学，重视进步较慢的学生，继续提升进步较快的学生，对每个学生的学习目标给予充足的尊重。比如，教师可以将学生分为 ABCD 四个等级，并设定不同的教学目标和教学作业，在课下对学生进行不同的辅导，对成绩好点的学生，可以促进学生广泛阅读，并且对生物实验、生物理论等各方面的知识进行扩展，让他们获得更大的提升。对成绩差点的学生，进行补差辅导，并且从学习信心、学习作业上对其进行鼓励和辅导，帮助其掌握基本的教学知识，

① 宋丹．浅议打造初中生物高效课堂的策略［J］．新课程导学，2016（11）：27.

② 韦花春．打造初中生物高效课堂探微［J］．中学教学参考，2016（17）：102－103.

③ 苏春雨．高效课堂在初中生物教学中的构建［J］．读与写，2014，11（12）：137.

达到基本的教学目标①。

四、加强实验教学，合理运用教具模型，开展合作探究

1. 加强实验教学，体现学生的主体地位

作为以实验为基础的生物学科，实验在教学中有着独特的功能和作用。实验是获取知识、进行知识创新的重要手段，要培养学生获取知识的能力，培养学生的创新能力，要提高学生的科学素质，就不能不重视发挥实验应有的作用。例如，初中生物七年级上册“探索生命的方法”一节中，蚯蚓在什么样的物体表面爬得最快的探究实验。让学生自己去实验去探究。有的学生将蚯蚓放在玻璃上，有的放在硬纸板上，有的放在软软的海绵上，还有的将蚯蚓放在水里，通过观察，最后得出结论：蚯蚓在粗糙的硬纸板上爬得最快。理由是蚯蚓的运动依靠刚毛的协助，只有在粗糙的表面蚯蚓爬得最快。初一学生对实验有较强的好奇心和浓厚的兴趣，他们乐于动手，热衷实验。教师只要做好组织引导，巧妙地抛砖引玉，让学生大胆实验，为学生能通过自由自在的探究享受到成功的乐趣助一臂之力。

2. 合理运用教具模型，启发学生思维

在日常教学中，我们可以合理利用教具模型形象直观的特点将抽象、枯燥、深奥 、单调的生物内容演绎为具体、趣味、浅显易懂的生物知识，进而调动学生学习的积极性，提高课堂教学效率。因此，在教学中合理利用自制教具模型，能够激发学生的求知欲望，启发学生的思维，使课堂充满活力。

3. 开展合作探究，重视课堂互动

改变学生的学习方式，引导学生主动参与，乐于合作探究，培养学生动手与交流的能力，演绎高效的初中生物课堂，这一直是新课标倡导的新理念。为此，在初中生物教学中，教师必须注重学生合作探究活动的开展，引导学生以小组为单位进行学习，使组员之间分工明确，共同围绕学习内容展开研究讨论，既各司其职又合作交流，增强他们的合作意识和竞争意识。总之，构建高效的初中生物课堂，需要教师积极转变教学观念，不断探索新的教学方法，做到因材施教、因人施教，只有这样，才能最大化、最优化地实现生物教学的目标，创建高效课堂。

五、结语

生物高效课堂的引进拓展，不仅是对当下初中生物课堂教学结构的调整优化，也是对处于瓶颈期的生物教学体系的直接鞭策以及间接警醒。穷则变、变则通。在现阶段初中生物学科教学中，需要的就是求变、实践、检验和改进。

总之，要想创建初中生物高效课堂，教师必须改变以往的教学模式，精心创设教学情境，提高学生学习的积极性；注重生物的分层教学，尊重学生间的差异性；加强实验

① 黄长福．优化初中生物教学措施，打造高效课堂［J］．中学课程辅导（教师教育），2017（14）：39.

教学，体现学生的主体地位；合理运用教具模型，启发学生思维；开展合作探究，重视课堂互动。初中生物是与我们生活息息相关的一门学科，它涉及面广，内容丰富，是提高学生综合素质不可缺少的内容。因此，在初中生物教学中，只要教师能根据学生的学习需求，严格制定目标，采用有效的教学方法调动学生的积极性，就能打造出高效的生物课堂，促进教与学的发展和提升①。唯有学生主动参与到课堂教学中来，感受成功的喜悦，激发学习的自信心，高效课堂才能实现。打造高效的生物课堂，需要我们全体生物教师不断努力，不断创新，只有如此我们的生物课堂才能更快、更好地走上优质、高效之路。

浅谈怎样在课堂中更好地进行歌唱教学

赵婷婷

歌唱是最动人的、最具表现力的艺术，歌喉是每个人都有的得天独厚的乐器，唱歌是学生学习音乐的重要方式，是他们表现美、创造美的主要手段。因此我们说，歌唱教学在中小学音乐教学中有着独特的重要意义。无论是传统的音乐课堂教学，还是注入了新课程理念的音乐课堂教学，歌唱始终是音乐教学中必不可少的学习内容之一。我们在教学中也不难发现，在实际的教学中，许多教师不知道该如何设计歌唱教学的前置教学，对于在演唱中如何帮助学生调动丰富的面部表情以及引导学生有感情地演唱，使得声音听起来更美也没有有效的办法。那么，如何改进歌唱教学来提高教学实效呢？又怎样才能更好地进行歌唱教学呢？针对这些常见的问题，对歌唱教学提出几种有效的教学途径，供广大教师探讨学习。

一、紧紧围绕歌唱教学的“三个目标”——审美教育、情感教育和知识教育进行歌唱教学

首先，要在激发学生学习歌曲的兴趣基础上对学生进行必要的审美教育。音乐课堂教学是坚持以审美教育为核心的教育，它注重培养学生对音乐的兴趣、爱好及情感。教师如果想让学生在情感上达到共鸣，教师自己就必须要以饱满、准确的情绪唱出歌曲所要表达的情感，这样才能引起学生的情感共鸣，使学生在听觉上保持对音乐的热情。听觉乃是知识之门，如果这道知识之门从来都未曾开启，会对学生的情感投入产生很大的影响，从而不能更好地激发学生对学习音乐的兴趣。但如果这道知识之门是由音乐老师亲手开启的话，那么，在学生的心目中也会慢慢树立音乐老师的地位与形象。他们会很

---

① 郭秀芳．如何打造初中生物高效课堂［J］．吉林教育，2017（6）：33.

自豪地认为："我们的音乐老师歌唱得可好听啦，我们可喜欢上音乐课了……"这是把音乐美的魅力和美的灵魂传递给学生的先决条件，从而能保障学生学习音乐的热情。老师深情的范唱是音乐教学过程中的一个重要步骤，是音乐课的一个良好开端，也是成功的一半。

其次，要注重与学生的情感交流，使学生能够感受歌曲的情感，能够有感情地唱歌，这是最重要的目标。众所周知，歌曲创作者是歌典的首任创编者，而能使歌曲的情感得到再次的升华，则是由演唱者来表现的。因此，演唱者就是歌曲的第二个创作艺术家，通过艺术家特有的方式来表现，或活泼或忧伤或欢快或悲壮，使人们从中受到美的熏陶和情操的陶冶。俗话说"乐由情起"这充分说明了音乐由情感引起，也正是这种情牵动着无数人的心，使之受到美的感染。我们的孩子也是一样，他们更喜欢亲切的、生动的、活生生的歌声，而并非是那些所谓的制作精美的歌带。这就是我们常说的在音乐教学中要创设歌唱教学情境。人的情感总是在一定的情境中产生的，要培养学生伴随老师快乐地投入课堂的歌唱学习中，须创造良好的情感氛围，让学生置身其中，使学生动情。创设歌唱教学情境，目的是培养学生良好的学习心境，唤起学生的歌唱注意，当学生进入一种特殊环境面对特定的学习对象，新鲜感便会油然而生。注意力全部集中于眼前的景致。

我常对学生说："唱歌不是力气活，不能用蛮劲，也不是单纯的发声匠。要有音乐，要动脑子，将技巧与音乐有机地结合起来去唱，否则是唱不好的。"这就要求我们在演唱时，要打开思维，发挥自己的想象力，根据歌曲的内容创设出一种意境，将自己融入进去，做到情中有声，声中有情。例如，当我在教学生演唱内蒙古民歌《牧歌》时，根据歌词所描绘的情景，带领学生展开想象：在一望无际的绿油油的大草原上，天上是低低漂浮的白云，地上是白皑皑的游动着的羊群，一片宁静、祥和、色彩鲜明的大自然美丽的画卷，仿佛展现在我们眼前。进而触景生情，在歌声中尽情地抒发牧民对大自然、对家乡的热爱之情。于是"声情并茂、情景交融"的歌唱艺术效果便自然地产生了。

最后，要引导学生在兴趣中学习音乐知识与技能。歌唱方法的学习过程，就是掌握声乐艺术表演技能的过程。技能掌握得是否熟练，和人的意志作用有直接的关系。为了能够学习和掌握高超的演唱和表演技能，必须加强和注意心理素质的培养，明确学习的目标，在学习与实际中有目的地去支配、调节自我的行为动作和心理状态。在演唱时，调整我们的心理活动到最佳状态，克服各种心理障碍，积极地投入到歌曲的表现中去，我们的声乐学习才能逐步得到改善和提高，我们的歌声才能越唱越美。

二、重视教师歌曲示范教唱的积极作用

我们大家都知道在音乐课堂教学中，音乐教师是传递歌曲信息的第一使者，让学生能从整体上认识歌曲的也是教师，所以说，一个音乐教师的范唱是相当重要的，就好比语文老师的范读、美术老师的范画……可以这么说，老师的示范是学生与学

习内容间的桥梁，而音乐老师的范唱更是学生与歌曲间的桥梁，也就是说没有准确、到位的范唱学生无法更好地学好歌曲、理解歌曲。范唱作为唱歌教学的重要一环，对一堂课的成败起着举足轻重的作用。如在教学中，音乐教师专注、投入的神态，和蔼可亲的教态，并加上有感情、激动的范唱等，都给学生一种健康向上的感觉。反之，我们有些音乐教师为了省事，用歌带代替自己进行范唱，但教学效果往往并不理想，失去了与学生间的情感交流。教师的神态、语言、动作、指挥、范唱都要传达情感的信息给学生以美的感受和启发。罗马诗人贺拉斯曾说过："只有唯一的方式可以打动人心，就是向他们显示自己被打动。"因此，教师要求学生唱好歌，首先自己必须唱好。唱是音乐教学的重要手段，是体会形象美、表现形象美的关键。课堂中老师的范唱是运用歌声的表现形式，把学生吸引到新的意境中去，从感受美的内涵以达到鉴赏美的目的。有时，恰如其分地融合范唱，有利于更好地解决课程中的重点、难点部分的教学。

在课堂教学中的范唱多种多样，以范唱的形式而言，有自弹自唱和随伴奏带演唱；以范唱的篇幅而言，有全曲范唱和局部范唱，老师范唱前半句，学生接唱后半句；以范唱的意图而言，有示范性范唱和对比性范唱，这又有利于学生辨别歌曲演唱时的正确性，从而提高他们对音乐的判断能力。通过这些不同形式的范唱，启发学生判断旋律的情绪、风格、体裁，分析歌词的主题思想和语言表现手法，引导他们深入探索作者的意图，有根据地、恰如其分地进行艺术想象和艺术联想。范唱的目的是运用歌曲中的艺术特征以演唱直接感染孩子，使孩子对所学歌曲有大体的认识，从而发生兴趣，产生迫切要求学习的愿望，它是唱歌教学中一个重要的步骤，对唱歌教学的成功与否有重大的意义。范唱主要包括录音范唱和教师范唱，而应该如何教好孩子唱好歌曲，老师的范唱是很重要的。教师在范唱应注意规范性，给学生一个正确的观念，使学生受到感染，产生共鸣。教师"范唱"是师生之间感情的交流，教师的"范唱"应用要得体，以增强教学效果。这就是音乐教师在歌曲教唱中要淋漓尽致地发挥范唱的积极作用。

三、丰富教学设计、提高课堂教学效率

传统的唱歌教学过多地注重教师的教唱学习，使许多教师依赖于练声、视唱、节奏训练、学习歌谱、歌词的教学套路。学生在教师的指挥棒下失去自我发展的空间，致使唱歌教学显得呆板、枯燥、缺乏生机。在教学中运用相应的教学手段丰富教学设计，会有效提高课堂教学效率，使唱歌教学变"要我学"为"我要学"。

（1）多次聆听，把握歌曲特点。唱歌教学中的听包括学唱前的聆听、听教师的范唱、听同学的演唱等多个方面。每一次的聆听都有着重要的不可忽略的作用。就学唱前的聆听来说可以分层次、分步骤地反复进行，每次聆听提出不同的要求和问题。使学生在多次的聆听中不但熟悉歌曲的旋律、感受到歌曲的情绪，同时，在聆听过程中积极主动地思考问题，在理解的基础上学唱歌曲。

（2）运用肢体语言，带动学生参与课堂。作为一种非语言的表达方式，肢体语言对唱歌教学起着积极的辅助作用，它不但能通过手势帮助学生解决歌唱中的音准问题，还可以通过舞蹈、动作、表情等肢体语言帮助学生理解歌曲的情感，准确、有效地表情达意。

经常采用多元的歌唱教学模式，使原本枯燥乏味的歌唱活动变得生动有趣，既激发了学生的学习兴趣，又促进了学生情感、态度、创造性能力的发展。当然，歌唱教学的方法有很多，需要我们在教学中不断探索、不断创新。让学生在我们的“拨动”和“激励”下，在“有效”策略的引领下，进入音乐的最佳表现状态，在快乐中学习，在自由中表现。

四、音乐教师在进行歌唱教学时要注重范唱的艺术处理和技巧把握

唱歌这一形式始终是音乐教学中不可缺少的一部分，唱歌对音乐的审美、表现、兴趣、创造等均起着不可估量的作用。而歌唱教学中，范唱又是重中之重，它对能否激发学生对歌曲的兴趣与信心都将起到举足轻重的作用。

范唱乃一首歌曲的演唱范本，是一首歌曲的完美艺术再现。笔者认为，教师除了应具备良好的歌唱嗓音之外，还应唱出台风，唱出表情，唱出方法，唱出乐句段落层次感等。

所谓唱出台风，即应有舞台感觉与风范，能够不怯场，松弛洒脱，全身心地投入到歌唱中去，用情唱歌，以情感人，以声动人；应具备良好的心理素质，有充分驾驭舞台的能力，能够与观众建立沟通与交流，能够与观众进行很好的互动，能够调动观众的热情等。课堂上的台风要求与实际舞台要求其实大同小异，只是课堂上的范唱面对的是50名左右的学生，稍微注意控制一下舞台的夸张程度，不然过分夸张会失之真实而显得滑稽。应做到像演员一样而不过分夸张，动作恰到好处而不矫揉造作，表情丰富而不滑稽，表情丰富而不呆板。总之要落落大方，掌握好与作品情绪相一致的分寸。

所谓唱出表情，即在范唱过程中要有与歌曲情绪相一致的或相关的表情体现、眼神流露等，如喜、怒、哀、乐、悲、愁、恨等相关表情与眼神的恰如其分的表现。音乐是情感艺术，而情感艺术又需要演员的表演才能感动观众，故又是表演艺术。因此，作为教师的范唱一定要注意自己的表情，而表情的展现是由教师对作品的理解程度而定的，所以教师要在教唱某一首歌曲之前，做好前期准备，分析作品意境、思想、喜、怒、哀、乐。表情是否到位，同样需要教师去体验回味。笔者认为“声情并茂”中的“情”一定包含着恰如其分的歌唱表情，有了这种歌唱表情的表现与流露，才有可能激发和燃烧起学生歌唱的欲望；而且实际上有了这种歌唱表情的自然真实、朴实真挚的表现，也就意味着教师对于歌曲内在情绪的正确表达，正所谓“眼睛是心灵的窗户”。很多时候，我们要求提笑肌，抬眉毛，惊讶状等，但也不要一味将其定位为歌唱表情的不变真理，不同情绪的歌曲表达应有与其相应的表情流露。

所谓唱出歌唱方法，即教师进行范唱时，应具有一定程度的关于美声或者民族唱法的歌唱技术功底，并能根据具体歌曲风格特点，相应调整出符合歌曲风格以及情绪表达特色的所谓“美通唱法”“民通唱法”“通俗唱法”“原生态唱法”“自然唱法”等音色特点。

总而言之，歌唱艺术是以音乐和语言来表达歌曲思想情感的，歌唱时心理素质和心理状态的好坏，对于音乐学习和演唱将起着很重要的作用，在歌唱教学中应引起师生的足够重视。

因材施教，以学生为主体，让课堂活起来

张 敏

义务教育阶段的生物学课程是自然科学领域学科课程，它既要让学生获得基础的生物学知识，又要让学生领悟生物学家在研究过程中的观点以及解决问题的思路和方法，期待学生主动地参与学习过程，在亲历提出问题、获取知识、寻找证据、检验假设、发现规律等过程中习得生物知识。从被动的灌输式课堂教学向学生的自主学习转变，引导学生自我思索、自我探究，要以培养学生的科学素养为目的，采用不同的教学模式，取得高质量的课堂教学效果，从而提升课堂教学的实效性。

一、创设情境，把时间交给学生

要以提高学生生物科学素养为主要目的，要注重培养学生的合作能力、动手能力、发现问题、提出问题和解决问题的能力。因此在生物课堂教学中要以学生为主体，充分发挥学生的主观能动性，把课堂 40 分钟交给学生，而老师只是起到主导作用。传统的教学方式一般是以组织教学、讲授知识、巩固知识、运用知识和检查知识来展开的。采用这样的教学方式，教师主要以纪律教育来维持教学秩序，以讲授来传授知识，以背诵、抄写来巩固已学知识，以多做练习来运用知识。这样的教学方式是以知识的传授为核心，把学当作接纳知识的容器，没有突出学生的实践能力和创新精神的培养，也没有突出学生的主体性、主动性和独立性。为此，教师应不断反思，不断改进。例如，我在讲“发酵现象”实验时，先是下载一个小视频让学生看，学生并不是盲目看，在播放视频之前给他们提出一些问题，如发酵实验需要哪些材料，如何进行操作，实验会出现哪些现象等一系列有关的问题，这样，学生就不会脑海里一片空白，而是带着任务去看视频，这样就形成一种导向。看完视频以后，再让学生亲手来完成这个实验，从而培养他们的动手能力，学生看完视频以后，心里就有了整个实验的操作步骤，就比较容易完

成。同学们都比较积极，纷纷举手都想尝试，可见，学生很喜欢尝试，也乐于动手，这样，在他们动手的同时，形成一定的价值取向。当学生把发酵粉和白砂糖放入温水中并不断用玻璃棒搅拌，会发现有气泡产生，学生心情比较喜悦。其他同学也都很好奇。当然，提出问题比解决问题更重要，所以，我抓住这个机会，让他们提出一些心中的疑惑，为什么用温开水？为什么放入白砂糖而不是盐？气球会怎样？等一系列关于实验的问题。对于学生提出的相关问题，我先不作出回答，让其他有能力的学生帮助他们解答，对于一些实验现象，可以带领学生一起观察和分析总结，这个过程关键是让学生去发现，让学生分析总结。这样得出的结果和结论对学生来说才是最宝贵的价值，也是记忆最深刻的。

二、提供条件，让学生动起来

在初中生物课堂教学中，如果教师仅仅是遵循传统的讲授方法，呆板地灌输枯燥乏味的理论知识，学生往往会感到无趣，渐而丧失对生物学习的兴趣。所以在课堂教学中，教师只是起到主导作用，学生是参与者。如果只是让学生一动不动地坐着听课，必然会枯燥无味，甚至会打瞌睡。在课堂上调动学生的积极性，让学生动起来，让整个课堂活跃起来，有利于他们在交流中学习。比如，在上《常试对生物进行分类》这一课时，我采用的是小组交流讨论的形式展开，不同组之间竞争，看哪个组回答得又快又准确，这样，就给了学生一个激励，激发他们求知的欲望。同学们讨论得非常激烈，都能把动植物的分类、地位、特征、等级归纳出来，最后，我只需要对他们的结果给予适当的评价并进行总结，再次加深印象。如此，整堂课开展得很顺利，也达到了预期目的。

三、因材施教，让每位学生都能理解

课堂教学方法和课堂教学手段是影响教师授课效果的重要因素，直接关乎课堂教学质量的高低。学生的程度不同，所采用的教学方法和教学策略也不尽相同。我带的几个班中，有些班的学生来自农村，除了基础知识，普通话水平和其他班相比有很大的差别，如果采用统一的教学模式是无法展开的，学生也很难理解。在讲“辐射对称”时，为了让学生能够理解，我就在班里用花盆作示范，即花盆分不清前后左右，如果要把花盆分成完全相同的两半，可以采取很多角度来分，这样，既通俗易懂，又很直观，学生很轻松就理解了，而且更能加深印象。在讲“遗传物质”时，为了让他们更能理解，我就打比方：你和你的爸爸妈妈长得很像，这就是遗传物质在起作用，学生就把“相似”“一样”和遗传物质相联系。因而，在初中生物教学中，通过营造氛围、激发兴趣以及优化课堂教学等途径促使学生从被动走向主动，真正认识生物，掌握更多的生物知识，实现自身的全面发展。

以学生为主体，充分发挥他们的主观能动性，提高学生提问的积极性，增加学生对生物学习的兴趣，为中学生提供一个较为轻松愉快的学习环境，让他们在合作中学习，在学习中交流，充分发挥学生在课堂上的主要作用，针对学生不同程度，采用适合他们的方法进行教学，给学生创设良好的学习条件，促进学生主动学习，利用学生积极主动地参与学习过程，全面达成教学目标。

附录

做自我觉醒的教育工作者

张　权

时代风云变幻，当下为万年中兴，千年之机，百年变局，华夏吾辈，当时时“觉之”“醒之”，用心理学时髦的语言唤作“自我觉醒”。

《庄子》中庄周蝴蝶梦醒用语为“俄然觉”，此“觉”悟生道之。诗云“大梦谁先觉”，“觉”义亦为睡醒；后引申为醒悟、觉悟。作为当代中国的教育工作者，我们更要“自我觉醒”，时时内省。三年多在祖国新疆166万平方千米的土地上驰骋，在南疆地区教育的土地上耕耘，耳闻目睹祖国西部边陲的教育万千现状，为百年教育大业计，为千年文明赓续计，为万年华夏民族复兴计，更要发出让这里的“教育工作者”自我觉醒的振聋发聩的呐喊声！

觉醒是一个并列结构的合成词，即“觉”和“醒”同义，本义都是睡醒，从睡梦中醒来的意思，现喻指醒悟、觉悟。作为合成词第一次出现是在续范亭先生著的《警告中国抗战营垒内的奸细分子》：“你们的目的是不能达到的，因为中国人民已经觉醒了！”茅盾先生在小说《幻灭》中这样写道：“这不是虚荣心，这是责任心的觉醒。”

“现代教育工作者”在教育活动中起着主导作用，规划、管理教育活动的方向和目标，传递信息的内容和方式。教育工作者愿意施教有若干因素：其一出于人的利己性。人是社会性的动物，每个人都希望得到他人有效的支持和帮助，要是可以支持和帮助自己的人的能力不足，那么获益也将有限。如果通过教育提高了可以帮助自己的人的能力，其获益即可扩大。其二出于人的利他性。我们希望他人通过接受教育而生活得更好。其三出于人的竞争性。竞争性有两个方面，一方面通过教育使己方的竞争力加强；另一方面借助教育活动，削弱对方的竞争力。

在现代教育活动中，教育工作者不一定非要面对面地向受教育者传递信息，可以通过各种方式和媒介，甚至通过他人（他物）进行。而这个他人（他物）不一定是教育工作者，因为教育工作者是以改变他人的观念、素质、能力为目的，利用他物的现代化、信息化、高科技传导性而传递信息的。凡是接收到其信息，并且是其传递意向的人就全部成为其教育对象。

我们作为教育工作者，也是一个社会实体，其自我的产生依赖于三个条件：语言——有意义的符号、玩耍、游戏。个体自我发展要经历三个阶段：玩耍阶段、游戏阶段和概化他人阶段。

个体的自我意识与个体的成长发展息息相关。自我意识在个体成长和发展中具有导向、激励、自我控制、内省调节等功能。

导向激励功能的目标是人才发展的导航机制。一个人要想成就一番事业，就必须从自身的实际出发，制定明确的目标，只有如此才会调动自身的潜能，激发强大的动力。人通过正确地自我认识，确立较为合理的“理想自我”，就为个人将来的发展确定了目标，对个人的认知、情感、意志、行动会产生很大影响，是个体活动的动力。自我意识健全的个体，在从事一项活动之前，活动的目的和结果就以观念的形式存在于头脑之中了，并依此作出计划，指导自己的活动，从而激发起强大的动力，达到预期的目标。

自我控制功能显示出个体要想将来有所建树，首先要有科学的目标，同时还要有自立、自主、自信、自制的意识，并对自己偏离目标的情感和行动加以调节和控制。在通往成功的大道上，很多人与成功失之交臂，并不是因为缺乏机会和才华，而是因为缺乏自我控制的意识和能力。自我控制是自我意识发挥能动作用的一个重要表现，它是目标的保护神，是成功的卫士，是自我意识的一项很重要的功能。缺乏自我控制的意识和能力的人，是一个盲动、情绪化、缺乏恒心与毅力的人，这样的人终将一事无成。

内省调节功能的作用不仅能够确立符合个体的“理想自我”，而且能够通过自我控制来实现预期目标。由于主客观条件的制约，“理想自我”的实现常常会遇到各种障碍，致使个体产生不同程度的挫折感。这时，自我意识就会对自己的认识、情感、意志、行为等进行反省，找到受挫折的主客观原因，并重新调整认识，形成新的“理想自我”，使其与“现实自我”趋于统一。内省和调节就是个体成长中所进行的自我监督和自我教育，每个人要想使自己成为自我实现的人，就需要有积极的自我意识，随时对自我的认识、情感、意志和行为加以反省和调节。

《孟子·尽心上》云：“君子有三乐，而王天下不与存焉。父母俱存，兄弟无故，一乐也；仰不愧于天，俯不怍于人，二乐也；得天下英才而教育之，三乐也。”。许慎在《说文解字》中解释，“教，上所施，下所效也”“育，养子使作善也”。“教育”成为常用词，是在19世纪末20世纪初的事情。19世纪末，辛亥革命元老中国现代教育奠基人何子渊、丘逢甲等有识之士开风气之先，排除顽固守旧势力的干扰，成功创办和推广新式学堂。随后清政府迫于形势压力，对教育进行了一系列改革，于1905年末颁布新学制，废除科举制，并在全国范围内提倡新式学堂。地方科举考试停止以后，西学逐渐成为学校教育的主要形式。可见“教育”一词的通行，与中国教育的现代化联系在一起，反映了中国教育话语由“以学为本”向“以教为本”的现代性转变。

可见，文化教育的本质也许可以概括为：用我们已经掌握了的关于我们的对象及对象关系的知识，教给新的个体以应对对象的方式方法。它以一种意识改变另一种意识，以意识之间的碰撞、磨合、渗透及变革为目的，是一种意识覆盖以至消除另一种意识的、令个体可能产生痛苦的过程。由于任何两个个体所面临的对象均有不同，从不同对象中得来的意识之间就具有差异性或冲突性，文化教育活动的受体也就具有一定的排斥性。现实社会中，人们为了减弱受体的排斥心理，一是让教育活动主要在长幼之间进行。年长者（或者先得知识者）一般居于教育者地位，年幼者（或者后得知识者）知识匮乏，像个白板，因而是被教育者。二是通过功利等方式加以诱导。比如古代有“学而优则仕”、今天有“知识就是财富”等教育目标的召唤，使得教育活动能够正常地开展下去。人类通过文化教育增大了个体的意识空间，从而找到了教给个体选择对象的方式方法的捷径。人类的文化成果通过教育者附着在个体的意识当中，塑造了新的个体，为个体关于未来的指向提供了显微镜。

学校教育中包括了教育、训练、学习、资助等各种培养活动，因此学校教育属于宏观教育的范畴。教育的逻辑起点自然是人类社会的产生。从猿到人的转变是由于生产劳动，猿在劳动中逐渐形成以大脑和手为核心的主体机制。大脑可以思维，手可以操作，这就使人区别于一般动物而变成“高级动物”。有了主体机制才有可能成为具有实践认知能力的主体——人，人类才能把自己提升为认识和改造客观世界的主体，从而把客观世界变成人类改造和认识的客体。而要认识和改造客观世界是需要有主体能力才可以的。人类社会是人类在社会实践中创造出来的自身存在形式。

巍巍昆仑，莽莽帕米尔高原被称为“万山之祖”“万水之源”，是道家哲学的思源地，更被考古界认为是华夏文明的发源地之一。盘古开天辟地、女娲补天造人、西王母教化三界、神农尝百草等神话传说无不源于此地。孔子自我觉醒问道于老子，庄子自我觉醒梦蝶哲论，百年前五四新文化运动觉醒一代先贤，当下改革大潮此起彼伏，波涛汹涌，我们教育工作者更要有自我觉醒的理性和勇气，为天地立心，为生民立命，为往圣继绝学，为万世开太平。

2022 年 9 月 23 日笔于新疆喀什莎车